Alfonso Caycedo

Le parcours hors du commun du créateur de la Sophrologie

Première édition en langue française : novembre 2018
Deuxième édition en langue française : juin 2019

Edifici Areny, 39 – Bloc E
AD 400 Arinsal
Principauté d'Andorre

www.sofrocay.com
Réalisation éditoriale : Reverté-Aguilar, Barcelone
Impression : Arlequín
Conception de la couverture : Pierre Lautier
Illustration de la couverture : Isa Loureiro

ISBN : 978-99920-3-178-0
Dépôt légal : AND.575-2018

Alfonso Caycedo

Le parcours hors du commun du créateur de la Sophrologie

Éditions
Sofrocay®

À toi, mon père,

Ce livre n'aurait pu voir le jour sans les nombreux échanges que nous avons eus pendant tant d'années.

J'étais sur le point de naître lorsque tu mettais un terme à l'écriture de L'Inde des yogis, *en Inde. Tu t'en es allé au moment où je terminais de rédiger les derniers chapitres de ce livre... Ton parcours et celui de la sophrologie, si intimement liés, s'inscrivent dans cet espace de temps. Il me revenait de les retracer, en remerciement de cette œuvre qui fut celle de ta vie.*

Je te remercie de tout mon cœur pour cette merveilleuse Méthode que tu nous laisses : plus que jamais, elle permet de répondre aux besoins de l'homme de notre temps, en quête de sens.

À mes parents, Alfonso et Colette qui m'ont donné la vie. Sans eux, la sophrologie non plus n'aurait pas vu le jour. Merci pour leur amour, pour leur vie de travail portée par leur idéal... Merci pour leur exemple qui m'a profondément marquée et qui a orienté mon existence.

À Koen, mon cher époux et compagnon de vie, pour la force de son amour et son soutien inconditionnel pour que nos rêves deviennent réalité.

À Paola, Elena, Laura et Sofía, nos filles, que nous aimons profondément et qui sont les soleils de nos vies.

À Alfonso Javier, mon cher frère avec qui j'ai partagé une enfance et une jeunesse pleine de gaieté et de complicité. Merci à lui et à son épouse Janneth, pour le magnifique travail de sophro-pédagogie qu'ils font dans leur École près de Bogota – Colegio Abraham Maslow.

Remerciements

Je remercie vivement toutes ces personnes qui m'ont encouragée et soutenue tout au long de l'écriture de ce livre :

Koen van Rangelrooy, mon cher époux, pour ses relectures et ses commentaires constructifs. Son sens pratique ainsi que son aptitude à détecter l'essence de chaque chapitre ont été d'une grande aide.

Colette Desprez, ma mère, pour son amour inconditionnel, son sourire et sa disponibilité qui m'ont accompagnée toute ma vie. Sa contribution aux premières traductions des textes de mon père, sa participation à la recherche de documents originaux et sa grande mémoire qui nous a permis de dater avec précision des événements relatés dans ce livre, ont été très précieux pour l'élaboration de cet ouvrage.

Marie-France Kremer, enseignante de formation, sophrologue caycédienne, pour sa disponibilité et l'enthousiasme avec lequel elle a entrepris ce long et délicat premier travail de traduction en langue française d'une grande partie des textes de ce livre. La qualité et l'élégance de sa traduction ont constitué une base solide pour la mise en forme de cet ouvrage. Qu'elle en soit vivement remerciée.

Geneviève Lautier, enseignante de formation, sophrologue caycédienne, directrice de l'École de Sophrologie Caycédienne de Carcassonne. Je la remercie très chaleureusement pour l'accompagnement indéfectible qui a été le sien tout au long de l'élaboration de ce livre, pour ses suggestions pertinentes et ses conseils avisés. Geneviève a mis tout son cœur dans ce travail ; elle a été une collaboratrice précieuse, investie et stimulante. Elle a su – avec son regard de sophrologue expérimentée, son esprit rigoureux, et ses qualités littéraires – donner une unité de ton à l'ensemble de cet ouvrage et à la mise en forme finale, tout en veillant à en respecter le contenu. Sa contribution a été essentielle dans ce travail d'écriture.

Bernard Barel, psychologue clinicien et sophrologue caycédien, directeur pédagogique de l'Académie de Sophrologie Caycédienne de Paris, pour ses commentaires judicieux et constructifs.

Michèle Bernuès et Anne-Marie Bernuès, respectivement professeur d'espagnol et professeur-documentaliste, sophrologues caycédiennes, pour leur contribution à la mise en forme définitive de cet ouvrage. Leur connaissance de la langue espagnole, leurs conseils et leur savoir-faire dans les retouches judicieuses de chaque chapitre – chacune apportant son expertise – ont été des plus précieux. Je les remercie pour le temps qu'elles ont consacré à ce travail rigoureux qu'elles ont su mener en étroite collaboration avec Geneviève Lautier ainsi que pour leur implication et leur intérêt pour ce projet.

Le professeur Blas Blanco, philosophe et ami proche. Professeur reconnu de philosophie dans plusieurs universités de Bogota et auteur de plusieurs livres. En tant que doyen de l'École internationale de sophrologie de Bogota de 1987 à 1989, il collabora étroitement avec le Dr Caycedo, apportant aux études de sophrologie, les bases philosophiques et phénoménologiques. Sa grande connaissance de la philosophie et ses liens avec la sophrologie ont été une aide très précieuse pour la rédaction des passages de ce livre traitant de sujets philosophiques.

Joan Francesc Rosell, diplômée en sciences humaines et experte en traduction littéraire, pour sa relecture et les corrections de style de ce texte en langue espagnole. Merci pour sa patience. Ses conseils avisés concernant l'écriture des termes en sanscrit du chapitre consacré à l'Inde, ont été d'une grande aide.

Pierre Lautier, ancien directeur artistique, photographe publicitaire et designer graphique, pour son art de l'optimisation de chacune des photographies de ce livre ainsi que pour la co-création de sa couverture. Son expertise professionnelle et ses commentaires constructifs – toujours teintés d'une pointe d'humour – ont été très importants dans la conception graphique de cet ouvrage.

Hélène Desprez, directrice artistique, pour ses recommandations concernant l'élaboration de la couverture de ce livre.

Susana Aguilar et l'ensemble de l'équipe éditoriale, pour leur dévouement et leur professionnalisme.

Je remercie également les sophrologues qui ont accepté que la description de leurs vivances – phénodescriptions – figure dans ce livre. Ces écrits témoignent des bénéfices apportés par chacun des Degrés de la Relaxation Dynamique de Caycedo et s'inscrivent dans la perspective d'une connaissance toujours plus approndie de soi et de notre relation au monde.

Je remercie enfin les sophrologues qui, par leurs écrits, travaux de recherche, conférences, ont contribué à faire connaître la sophrologie et à la faire progresser. Sans oublier bien sûr tous ceux qui, tous les jours, sur le terrain, font progresser la recherche dans ses différents champs d'application et oeuvrent au rayonnement de cette discipline.

Avant-propos

Un grand nombre de livres ont déjà été écrits sur la sophrologie. Mais l'histoire de ses origines ainsi que le contexte de sa création y sont exposés en général de façon brève et incomplète.

S'imposait à moi maintenant – en tant que témoin privilégié du travail de mon père et en tant que dépositaire de documents uniques concernant sa recherche – la nécessité d'écrire ce livre qui retrace le parcours du Pr Caycedo, créateur de la sophrologie.

Cet ouvrage est l'aboutissement de plusieurs années de réflexion et d'échanges privilégiés avec mon père. Pour rendre compte de son cheminement de plus de cinquante ans, dans toute son authenticité, il m'a fallu mettre entre parenthèses nombre d'impressions et d'idées personnelles afin de garder la distance voulue pour décrire de façon claire et objective ce *« parcours hors du commun »*.

Pour élaborer cet ouvrage, je me suis surtout basée sur les échanges réguliers que j'ai eus pendant des années avec mon père. Je me suis également appuyée sur des entretiens avec ses proches et tout particulièrement avec ma mère qui, par son soutien inconditionnel, joua un rôle essentiel dans la vie personnelle et professionnelle de mon père.

J'ai fait le choix de relater les épisodes que je considère comme étant les plus marquants dans le parcours du Pr Caycedo et j'ai tenté de mettre en lumière qu'à chaque événement important de sa vie personnelle est liée une avancée significative dans le développement de la sophrologie.

J'ai intégré dans cet ouvrage – après en avoir fait une révision critique et objective – tous les écrits relatant de manière plus ou moins directe, l'histoire de la sophrologie. J'ai sélectionné des conférences magistrales, des publications et des Déclarations faites par Alfonso Caycedo à divers moments du processus historique de la création et du développement de la sophrologie. Ces documents – qui figurent dans la deuxième partie de ce livre – servent de support au récit de cet itinéraire singulier. Il m'a semblé important d'inclure aussi quelques photographies – précieux témoignages à valeur historique – représentatives de moments et d'étapes-clés de l'histoire de la sophrologie.

Lorsque le Dr Caycedo fonda la sophrologie, il la dota d'un référentiel théorique et d'une sémantique propres. Il s'agissait de faciliter la communication entre sophrologues et d'éviter des confusions avec des concepts comparables appartenant à d'autres disciplines – dans le cas d'une utilisation des mêmes termes recouvrant des significations différentes.

Celui qui ne connaît pas la sophrologie pourra être interpellé parfois même désorienté par sa terminologie inhabituelle et par ses néologismes qui, loin d'être gratuits, tentent de décrire des dimensions qui ne trouvent pas de correspondance dans le registre ordinaire. Ainsi, pour ne citer que quelques exemples, les termes *conscience, existence, intuition*, etc., seront accompagnés des qualificatifs "phronique" et "sophronique"[1] et porteront toujours une majuscule pour éviter toute confusion avec le langage courant. Le lecteur trouvera la signification de ces termes non ordinaires dans le texte ou en notes de bas de page.

Je tiens également à préciser que lorsque j'évoquerai le séjour d'Alfonso Caycedo en Orient, j'utiliserai systématiquement dans le texte la transcription occidentalisée et standardisée de certains termes (par exemple : ashram au lieu d'*âshram ou âshrama)*. Je suivrai la même convention concernant la sémantique propre aux trois disciplines – yoga, bouddhisme et zen – qui ont inspiré le créateur de la sophrologie. L'éthymologie et la transcription originelle de ces termes feront également l'objet de notes de bas de page.

J'ai choisi d'illustrer chacun des douze Degrés de la Méthode Caycedo avec des descriptions de l'expérience vécue[2] par les pratiquants lors de leurs séances : le lecteur pourra ainsi se faire une idée plus précise de l'intérêt que peut présenter la pratique de la sophrologie.

Enfin, conscients que rien ne remplace l'expérience, nous offrons au lecteur qui le souhaite – dans l' « Espace pour la pratique », en fin d'ouvrage – la possibilité d'expérimenter et de vivre par lui-même, trois techniques sophrologiques de base, accessibles sous forme d'enregistrements vidéo.

Ces indications contextuelles étant précisées, je vous propose de suivre le parcours du Pr Caycedo, celui d'un pionnier qui fit de sa création, l'œuvre de sa vie, et de sa Méthode, une pédagogie de l'existence.

---

1 La Conscience phronique se réfère à la conscience interne et profonde ; la Conscience sophronique a trait à l'harmonisation du rapport entre la conscience interne et la conscience externe.

2 Cet exercice prend le nom de *phénodescription* (description des phénomènes) et clôture toute séance de sophrologie. Il consiste à décrire l'expérience au plus près des phénomènes qui se sont présentés lors de la séance – sensations, perceptions, émotions, sentiments –, en mettant de côté tout jugement, toute analyse, tout savoir constitué (attitude phénoménologique).

Introduction

« Dr Caycedo, vous verrez qu'avec les années, le "phénomène" se présentera dans vos mains comme une réalité incontestable et vous pourrez le contempler comme une évidence ! » Ainsi s'exprimait le Dr Ludwig Binswanger lors d'un de ces entretiens réguliers qu'il avait avec le jeune Dr Caycedo, alors médecin stagiaire dans la clinique psychiatrique de cet éminent psychiatre suisse. Cette phrase fondatrice accompagnera mon père tout au long de sa recherche sur la conscience. Elle résonne souvent en moi et vibre aujourd'hui avec plus de force encore car ce livre, après une longue période de gestation, émerge maintenant comme une réalité, *un phénomène qui se présente dans nos mains*.

Le processus historique de la création de la sophrologie et de son développement s'est élaboré au cours du temps, dans des lieux et des contextes diversifiés, au fil de rencontres multiples et privilégiées.

Nous verrons comment la vie du scientifique qu'était mon père s'est développée dans cette atmosphère nourrissante, comment son œuvre vit le jour, se structura et arriva à maturité, comment elle s'enrichit – tant sur le plan de la pensée comme des connaissances – au contact de personnalités présentes à ses côtés à un moment ou à un autre de cette « aventure » que fut la création de cette discipline.

L'histoire de la sophrologie a commencé par cette question : « Comment puis-je connaître la conscience ? », question qui prend sa source dans les préoccupations et interrogations médicales et humanistes qui s'éveilleront dès les premières années de la vie professionnelle du Dr Alfonso Caycedo. Alors qu'il exerce comme jeune psychiatre à l'Hôpital Provincial de Madrid, il s'interroge sur les thérapies utilisées à l'époque pour le traitement des maladies mentales. Il va décider de se consacrer à l'étude de la conscience et à la recherche de méthodes visant à l'harmoniser, afin d'améliorer la santé mentale des patients. Mais comment étudier la conscience ? Après avoir fait des recherches sur ce que disent d'elle les sciences d'alors, c'est dans la philosophie et plus concrètement dans la phénoménologie1, que le Dr Alfonso Caycedo trouvera la méthode qui lui semblera être la plus adaptée à l'étude et à la connaissance de la conscience.

Tout au long de sa vie, mon père – sans jamais déroger à sa posture rigoureusement scientifique – vivra et suivra fidèlement les étapes de la méthode phénoménologique : la réduction et la mise entre parenthèses, l'intentionnalité et la lecture attentive des essences. Il ne se contentera pas d'en faire une méthode de

---

[1] Nous ferons souvent référence à la méthode phénoménologique décrite par Husserl qui nous apprend à étudier la conscience et à en dévoiler son essence en mettant entre parenthèses les idées préconçues, préjugés ou interprétations pouvant en dénaturer la connaissance.

recherche de la conscience, il l'intègrera à sa vie et fera de la phénoménologie une manière de penser, d'être et d'agir.

Médecin, chercheur, philosophe, Alfonso Caycedo, en véritable anthropologue, étudiera la conscience tout en considérant et en contemplant l'être humain dans son intégrité et dans « son être-au-monde », dans son essence et dans son existence.

La sophrologie deviendra le sens même de sa vie. Elle l'amènera à parcourir le monde, à vivre des moments particulièrement intenses, à faire face à des difficultés, à prendre des décisions radicales et surtout à se passionner pour les mystères de la conscience, avec une intentionnalité claire : la santé et le bien-être de l'être humain.

Nous verrons comment ce jeune psychiatre initiera sa recherche sur la conscience. Nous le suivrons dans l'élaboration progressive de la sophrologie qu'il façonnera à la fois comme une science – avec des bases conceptuelles et méthodologiques solides et une sémantique originale – et comme une discipline, avec sa Méthode vivantielle : *la Relaxation Dynamique de Caycedo*. Nous l'observerons perfectionner sa Méthode, la retoucher, l'enrichir et en élargir les possibilités et les applications au champ social.

Le parcours d'Alfonso Caycedo ne sera cependant pas toujours de tout repos. Nous le verrons confronté à des difficultés qui l'amèneront à sauvegarder l'originalité de son œuvre et à prendre la décision d'ajouter au terme de sophrologie, le qualificatif « caycédienne ».

Guidé par son intuition, sa créativité et sa ténacité, il structurera et diffusera son enseignement en créant des Écoles de Sophrologie Caycédienne auxquelles il confiera l'enseignement du Premier Cycle de la Relaxation Dynamique de Caycedo. Il poursuivra également sa recherche et enrichira sa Méthode de deux autres Cycles tout en ne cessant d'organiser réactualisations, symposiums, congrès et conférences.

Enfin, considérant sa mission accomplie, mon père me transmettra le flambeau : il me demandera de poursuivre cette recherche sur la conscience, de continuer son œuvre et de la diffuser plus largement. Épaulés par une équipe de professionnels, nous avons peu à peu amélioré la formation des élèves, la professionnalisation des sophrologues et l'organisation de la Sophrologie Caycédienne.

Au fil de ce récit, vous suivrez ce chemin plein d'histoire et d'histoires, d'espoirs et de réalisations qui ont permis de donner naissance à la sophrologie, cette belle discipline qui dispose désormais de théories, de méthodes et de techniques capables de donner une réponse – qui reste ouverte – à cette première question que se posa Alfonso Caycedo et à laquelle je vous propose de réfléchir : « Comment puis-je connaître la conscience ? »

Chapitre 1

Une vocation au service de la santé mentale

Alfonso Caycedo s'interroge sur les thérapies utilisées en psychiatrie.

Nous allons dans ce premier chapitre faire un bref portrait du jeune Alfonso Caycedo et voir comment cet étudiant en médecine se passionna pour l'étude de la conscience. Nous l'observerons s'interroger sur les thérapies utilisées à la fin des années 1950, découvrir la phénoménologie et, encouragé par son maître en psychiatrie, créer cette science qui s'intéressera à l'étude de la conscience en équilibre et à laquelle il donnera le nom de *sophrologie*.

Enfance et adolescence

Alfonso Caycedo naît à Bogota, capitale de la Colombie, le 19 novembre 1932, au sein d'une famille d'origine espagnole. Son père, Marcos Caycedo Burgos, architecte, est un homme au tempérament calme, intelligent et travailleur. Sa mère, Olga Lozano Caballero, est une jeune femme entreprenante qui se consacre à sa famille, mais aussi à la vie politique locale et à l'écriture d'ouvrages traitant de la réalité historique et sociale colombiennes. Alfonso est le deuxième de leurs trois enfants. Tout jeune, il fait déjà preuve d'une forte personnalité, d'une persévérance étonnante ainsi que d'une intelligence et d'une intuition très vives.

Mon père fait ses études primaires et secondaires à Bogota, en tant qu'interne[1], au Collège Virrey Solís, dirigé par les frères franciscains. Dans la Colombie des années 1940 – tout comme dans de nombreux pays d'Europe –, l'éducation est entre les mains des communautés religieuses. L'éducation prodiguée dans ces institutions est basée sur la discipline et l'étude. L'enseignement des humanités y occupe la première place tout comme les valeurs de dépouillement, d'humilité, de générosité et de respect. Cette influence humaniste va accompagner mon père tout au long de sa vie.

---

[1] En 1942, les médecins recommandent à mon grand-père paternel qui souffre d'un grave problème cardiaque, de mener une vie moins intense et plus saine. Bogota étant située à 2600 m au-dessus du niveau de la mer, ils conseillent à mes grands-parents de déménager dans une région de plus faible altitude. Ils décident alors de s'installer dans le village de Guaduas – département de Cundinamarca –, situé à 110 km environ au nord-ouest de Bogota, à quelque 1000 mètres d'altitude, où ils achètent une grande propriété afin d'avoir de meilleures conditions de vie. Alors qu'aujourd'hui il faut environ 3h en voiture pour aller de Bogota à Guaduas, à l'époque, cela représentait un voyage bien plus long. Afin de ne pas interrompre les études de leurs aînés, mes grands-parents décident de les placer en internat, comme c'était alors le cas pour de nombreux enfants de bonne famille. Compte-tenu de la distance, Alfonso ne pouvait rendre visite à ses parents que lors des vacances scolaires. C'était une époque où les jeunes apprenaient très tôt à être autonomes et indépendants.

Mon père a 16 ans, quand, en 1948 – après l'assassinat de Jorge Eliécer Gaitán, chef du parti libéral – se produit le « Bogotazo » qui marque le début d'une guerre civile entre les partisans extrémistes des partis politiques dominants – libéral et conservateur. Des troubles civils violents ont lieu dans les rues de Bogota, faisant 1.500 morts et quelque 20.000 blessés. Pendant dix ans, une guerre civile sanglante va opposer le camp des libéraux et celui des conservateurs : la peur et la terreur règnent sur tout le territoire national. Au moment de faire la paix, en 1958, l'on recense plus de 200.000 morts et un nombre plus grand encore de personnes déplacées. Mais les affrontements et la menace de la guérilla se poursuivront pratiquement jusqu'à nos jours.

Alfonso Caycedo à l'âge de 3 ans à Bogotá, Colombie, 1935.

C'est donc dans une atmosphère contrastée, au sein d'une famille unie et travailleuse, dans un collège qui prône la vivance des valeurs mais dans une ville dangereuse où règne l'insécurité, que mon père grandit et se forge un tempérament fort, indépendant et rêveur.

L'étudiant en médecine

Alfonso obtient son baccalauréat à l'âge de 18 ans. Très tôt, il manifeste un vif intérêt pour la science médicale et nourrit le rêve de faire ses études à la faculté de médecine de Madrid qui jouissait d'une réputation internationale et attirait des quatre coins du monde les jeunes scientifiques hispanophones. Il décide de poser sa candidature dans cette université. Il y est admis.

Il fait alors ses adieux à sa famille et entreprend en solitaire un long voyage de huit jours en bateau pour « partir à la rencontre de son destin » en Espagne et étudier la médecine dans son université préférée. Après avoir quitté sa ville natale de Bogota où régnaient l'agitation et l'insécurité, il arrive dans une Espagne gouvernée par le Général Francisco Franco, repliée sur elle-même et encore très affectée par les conséquences d'une guerre civile. Pour pouvoir financer ses études, il doit travailler de nuit, en fin de semaine et durant l'été.

Sa décision de partir étudier à Madrid s'avère être une bonne initiative. Alfonso découvre avec bonheur l'étude de la médecine. C'est un étudiant exemplaire qui progresse avec aisance dans les disciplines médicales. Parmi ses professeurs de médecine préférés, mon père me parle de Don Pedro Laín

Alfonso Caycedo à l'âge de 20 ans. L'étudiant en médecine devant l'Hôpital Provincial de Madrid, 1952.

Entralgo[2], professeur titulaire de la chaire d'histoire de la médecine mais aussi historien et philosophe espagnol de renommée internationale. Il est surpris du peu d'intérêt que rencontre cette matière – l'histoire de la médecine – auprès de ses camarades étudiants. C'est avec une certaine nostalgie qu'il ajoute : « Nous étions à peine une dizaine d'étudiants à assister à ses cours. » Les cours et ouvrages du Pr Pedro Laín Entralgo, notamment *La guérison par la parole dans l'Antiquité Classique*, seront en grande partie à l'origine de cette passion que nourrira mon père pour les classiques grecs. J'expliquerai un peu plus loin, dans quelle mesure les œuvres de Platon et d'Aristote lui inspireront certains concepts qu'il intégrera dans les modèles théoriques et conceptuels – épistémologie – qui constituent la sophrologie.

---

[2] Pedro Laín Entralgo naît à Urrea Gaén, dans la province de Teruel, le 15 février 1908 et meurt à Madrid, le 5 juin 2001. Médecin, historien, essayiste et philosophe espagnol, spécialiste d'histoire et d'anthropologie médicales. Il reçut *le prix Prince des Asturies* de Communication et Humanités en 1989.

L'interne en psychiatrie et en neurologie : la rencontre avec la conscience pathologique

Une fois obtenue sa licence en médecine et chirurgie à la faculté de médecine de Madrid, il décide de se spécialiser en psychiatrie. Son intérêt pour les maladies mentales et plus particulièrement pour la psychiatrie, l'amène à se rapprocher du Pr Juan José López-Ibor[3], sommité de la psychiatrie espagnole, à la renommée internationale. En tant que « médecin-résident[4] » en neuropsychiatrie, il travaille en étroite collaboration avec ce professeur dont il devient l'un des plus proches collaborateurs. Mon père qui le considère comme son grand maître, voit aussi en celui qu'il appellera par la suite « Don Juan José », un second père[5].

Avec le Pr Vallejo-Nagera et le Pr Ramón Sarró Burbano – tous deux titulaires respectivement de la chaire de psychiatrie de Madrid et de celle de Barcelone –, le Pr López-Ibor fut à l'origine de l'ouverture de la psychiatrie espagnole à la psychiatrie européenne moderne. C'est lui qui introduisit la phénoménologie[6] comme méthode

---

[3] Juan José López-Ibor naît à Solana, dans la province de Valence, le 22 avril 1908 et meurt à Madrid en 1991. En 1940, il est nommé professeur de psychiatrie de l'Institut de médecine Ramón et Cajal du Conseil Supérieur de recherches scientifiques. En 1943, il devient chef du département de neuropsychiatrie de l'Hôpital Central de Madrid. En 1950, il est admis à l'Académie royale de médecine, chargé de la chaire de psychologie médicale. Il crée la Société de médecine psychosomatique et de psychothérapie, et plus tard, avec le Pr Vallejo-Nájera, la Société espagnole de psychiatrie. Il fonde la Revue *Actas Luso-Españolas de Neurología y Psiquiatría* qui paraît trimestriellement depuis 1943, et *la Bibliothèque de psychologie et psychothérapie* qui jusqu'en 1970 et en moins de quatre ans, publiera 9 volumes. Son apport personnel à la psychiatrie a été réuni dans différentes revues internationales et dans les livres suivants : *Lo vivo y lo muerto del Psicoanálisis* (1936) ; *Neurosis de guerra* (1942) ; *Epilepsia genuina* (1943) ; *La agonía del Psicoanálisis* (1948) ; *Los problemas de las Enfermedades Mentales* (1949) ; *La angustia vital* (1950) et *La neurosis como enfermedad del ánimo* (1966). Sous López-Ibor, la phénoménologie comme méthode d'étude des altérations psychiques, atteint de nouvelles possibilités, riches d'enseignement.

[4] En Espagne on donne le nom de *résident* au médecin qui est en période de spécialisation : médecin interne.

[5] Lorsque son père Marcos Caycedo Burgos décède le 4 avril 1954, Alfonso n'a que 21 ans.

[6] La phénoménologie (du grec *phainomenon* : "ce qui apparaît" et *logos* : "discours, science") se définit comme la science descriptive des phénomènes. Ce terme désigne également le courant philosophique initié par Edmund Husserl (1859-1938), philosophe et mathématicien allemand. La phénoménologie de Husserl s'appuie sur la notion d'intentionnalité ("Toute conscience est toujours conscience de quelque chose") et sur la réduction, méthode qu'il mit au point pour étudier la conscience et qui consiste à mettre entre parenthèses le jugement, les a priori, les certitudes, l'analyse, l'interprétation, le savoir, pour s'approcher des essences de la conscience. La phénoménologie propose de porter un regard neuf sur l'expérience vécue. Husserl est le père de la phénoménologie. Son disciple, Heidegger, développera la phénoménologie autour de la question de l'Être, initiant le courant de la phénoménologie existentielle. La phénoménologie de Husserl influencera la pensée d'Heidegger, Sartre, Merleau-Ponty, Levinas...

Le Dr Alfonso Caycedo à l'âge de 29 ans en compagnie du Pr Juan José López-Ibor. Chaire de psychiatrie de la Faculté de Médecine de Madrid, 1960.

de recherche dans la psychiatrie espagnole. C'est dans cette proximité avec son maître que s'éveillera chez mon père l'intérêt pour la phénoménologie, discipline née de la philosophie et appliquée comme méthode de recherche en psychiatrie.

En tant qu'interne et assistant de son maître, le Pr López-Ibor, mon père rencontrera à plusieurs reprises le célèbre psychiatre autrichien, Viktor Frankl[7]. À cette époque-là, certains parents de patients schizophrènes qui vivaient à Madrid, demandaient un deuxième avis à des psychiatres européens de renom, dans l'espoir de trouver un traitement efficace pour leur enfant. C'est dans ce cadre que cet ami du Pr López-Ibor viendra à plusieurs reprises à Madrid pour apporter son expertise dans le diagnostic et le traitement de plusieurs patients. Le Pr López-Ibor demande à mon père d'accompagner le Pr Viktor Frankl et

[7] Viktor Emil Frankl naît à Vienne, en Autriche, le 26 mars 1905 et y meurt le 2 septembre 1997. Neurologue et psychiatre de renom, il est le fondateur de la Logothérapie. De 1942 à 1945, il connaît l'horreur des camps de concentration – Auschwitz et Dachau – dont il sortira vivant. Suite à cette expérience, il écrira de nombreux ouvrages, dont le best-seller mondial : *Découvrir un sens à sa vie*.

Le Dr Alfonso Caycedo à l'âge de 32 ans, en compagnie du Dr Viktor Frankl et de son épouse lors d'une de leurs rencontres à Londres, 1964.

de s'occuper de lui pendant son séjour à Madrid : il est chargé de l'accueillir à l'aéroport et de l'assister lors du diagnostic et du traitement des patients. Il peut ainsi observer sa façon de travailler : Frankl traitait les patients qui lui étaient recommandés, avec un grand professionnalisme ; il était très réaliste quant aux possibilités thérapeutiques et dans son pronostic. C'est ainsi que mon père découvre de façon très directe les célèbres théories de la *Logothérapie*[8], École créée par Frankl autour du sens de la vie.

Il voit avant tout en lui une personne d'une grande qualité humaine. Alors qu'ensemble ils visitent Madrid, Frankl lui raconte ses expériences dans les camps de concentration. Il lui confie que ce qui lui avait donné la force de vivre – dans ces conditions de vie infrahumaines –, c'était l'espoir de retrouver sa chère épouse dont

[8] La logothérapie est une psychothérapie qui pose le sens de la vie comme motivation première de l'être humain ; cette dimension psychologique, inexplorée jusque là par les paradigmes psychothérapeutiques, va être fondamentale dans l'orientation de la prise en charge pour le complet rétablissement du patient.

il n'avait pas de nouvelles depuis qu'ils avaient été séparés à Auschwitz. Il lui explique que l'espérance est la base de son existence. Frankl fut libéré par les soldats américains le 27 avril 1945 mais il ne revit jamais sa femme. Plus tard, après cette épreuve, il aura l'opportunité de refaire sa vie. Cette proximité de mon père avec Viktor Frankl lors de ses séjours en Espagne sera à l'origine d'une belle amitié et d'un échange épistolaire rempli de références au sujet du traitement de leurs patients, ainsi que d'anecdotes personnelles. Les idées de Viktor Frankl influencèrent plus tard certaines techniques sophrologiques.

La psychiatrie des années 1960 en Europe

Les interrogations de mon père trouvent leur origine dans le contexte des pratiques de la psychiatrie des années 1960 basées sur la psychanalyse, la thérapie comportementale, l'hypnose, les électrochocs et les comas insuliniques. C'était le tout début des psychotropes, comme la chlorpromazine par exemple, découverte dans les années 1950.

Dans la clinique psychiatrique du Pr López-Ibor – à la renommée internationale –, l'on traite de nombreux cas psychiatriques graves, entre autres, ceux de personnes atteintes de schizophrénie et de dépression profonde. Mon père est un des médecins chargés de la thérapie par électrochocs. À cette époque, ce traitement était appliqué aux patients psychiatriques les plus sévèrement atteints, de façon quasi systématique, sans anesthésie ni relaxants musculaires. Il s'agissait de délivrer un courant électrique – décharges de 110V –, au moyen de deux électrodes placées directement sur le crâne. Après avoir subi cette secousse, le patient entrait dans un état convulsif comparable à une attaque épileptique – contractions musculaires dans tout le corps –, qui obligeait à lui protéger la tête, surtout la langue et les dents, ainsi que les autres parties du corps afin d'éviter des lésions corporelles. Mon père pouvait administrer jusqu'à trente électrochocs par jour. Il appliquait aussi les fameux comas insuliniques ou traitements de Sakel qui consistaient à injecter de fortes doses d'insuline induisant chez le patient un état de coma dont on le faisait progressivement sortir en lui administrant par sonde nasogastrique, un mélange d'eau et de sucre. Lorsqu'ils reprenaient conscience, on pouvait constater des résultats très différents selon les patients : pour certains, une amélioration ; pour d'autres, aucun changement ; mais pour d'autres encore, des complications liées à ce traitement. L'objectif de ces deux thérapies était de produire un état modifié de conscience qui contribuerait à l'amélioration de la santé mentale des patients.

Nous voyons comment mon père – dans sa pratique de la psychiatrie de l'époque –, était au contact direct des états modifiés de conscience. Les traitements qu'il applique – les électrochocs et le coma insulinique – suscitent chez lui des sentiments ambivalents. Il se demande si l'on ne pourrait pas envisager le traitement d'une autre manière et s'il n'y aurait pas des méthodes plus humaines pour traiter la conscience pathologique.

C'est ce souhait de chercher d'autres voies scientifiques et d'autres solutions thérapeutiques pour traiter la pathologie mentale qui va le conduire à s'intéresser aux techniques d'hypnose et de relaxation, connues à l'époque sous les noms respectifs de *relaxation progressive de Jacobson* et d'*entraînement autogène de Schultz*.

Naissance de la sophrologie

Lors de nos échanges, mon père me confie que toutes ces expériences ne faisaient qu'accroître son intérêt pour la connaissance et la compréhension de la conscience humaine. Il considérait comme un vide scientifique le fait que lors de sa formation académique à la faculté de médecine, pas même une seule heure n'ait été consacrée à l'étude de la conscience[9]. C'est la raison pour laquelle, en octobre 1960 – il n'a que 28 ans –, il décide de créer une nouvelle discipline médicale orientée vers l'étude de la conscience et la recherche de méthodes qui développeraient son équilibre.

Lors de sa formation en psychiatrie, il avait étudié l'étymologie grecque du terme « schizophrénie », proposé par le psychiatre suisse Eugen Bleuler (1857-1939) : de σχίζειν, *schizein* : « diviser, scinder, fendre, casser » et φρήν, *phrēn* : « entendement, raison, esprit ». Si le mot schizophrénie renvoyait à la rupture, au déséquilibre de l'esprit, il allait falloir partir en quête de la science qui étudierait comment retrouver cet équilibre de l'esprit. Ainsi, à partir du *schizein* (rupture) il chercherait le *sos* (équilibre). Mon père avait également en mémoire les écrits de Laín Entralgo qui redonnaient vie au terme grec *sophrosyne*[10], mentionné dans les dialogues de Platon[11]. Riche de ces connaissances, il décida de créer un nouveau

---

[9] Le thème de la conscience en tant que tel commence avec le philosophe néoplatonicien Plotin, qui dans ses *Ennéades* fait déjà référence au terme et à son contenu. Il se poursuivit avec la philosophie chrétienne du Moyen Âge, puis avec Descartes, Kant, etc., dans les Temps modernes, mais toujours comme conscience épistémologique et aussi comme conscience morale. La phénoménologie, courant déjà très avant-gardiste, s'est intéressée à l'étude de la conscience pure. Toutefois, l'étude scientifique, psychiatrique, de la conscience en état pathologique et de la recherche des moyens pour le rétablissement de son équilibre et de son harmonie, n'avait pas été abordée jusque-là.

[10] Pour approfondir le thème de la *sophrosyne*, consulter : Blanco B. (2011). La Sophrosyne en tant que référence étymologique et sémantique du terme "sophrologie". *Sophrologie Caycédienne*, 65, 24-29.

[11] Mon père affirme que la lecture du *Charmide*, dialogue de Platon qui traite de la sérénité, la sagesse ou modération – *sophrosyne* en grec –, a influencé sa pensée et par conséquent, occupe une place significative dans la sophrologie.

Le Dr Alfonso Caycedo dans son cabinet, Madrid, 1962.

terme : « sophrologie », à partir des trois vocables grecs : *sos* σωs, « équilibre », *phren* φρηυ, « conscience, esprit » et *logos*, « discours » – oral ou écrit – et par extension « étude » ; ainsi, le terme « sophrologie » désignerait-il l'étude de la conscience en équilibre.

En décembre 1960, avec l'autorisation du Pr López-Ibor, mon père décide de réaliser un premier rêve professionnel : en présence de ses collègues et élèves, il inaugure le *Département de sophrologie et de médecine psychosomatique*, à l'hôpital Santa Isabel de Madrid, dans lequel il commence à proposer les bases d'une nouvelle méthodologie : la méthodologie sophrologique.

C'est dans ce Département qu'il expérimente et pratique les premières techniques avec ses patients. Il donne à la première technique le nom officiel de *sophronisation de base*, laquelle servira d'introduction à la sophrologie, l'étude de la conscience en équilibre. Il introduira ensuite le *sophro-déplacement du n*égatif, avec dès le début, de très bons résultats. J'expliquerai un peu plus loin comment il s'inspirera de la Relaxation progressive de Jacobson pour décrire la technique du sophro-déplacement du négatif. Encouragé par ces progrès, il commence son parcours scientifique, inaugurant une nouvelle méthodologie qui devait plus tard améliorer la qualité de vie de milliers de personnes.

Le 15 juin 1961, il donne une conférence intitulée : *Sofrología Médica*[12]. *Su aplicación a la odontología – Sophrologie médicale. Son application à l'odontologie* –, au Collège officiel d'odontologie de Madrid, devant un auditoire de dentistes et de stomatologues. Y apparaissent, de façon embryonnaire, plusieurs concepts qui vont progressivement constituer certains des fondements théoriques et conceptuels de la sophrologie :

Le Terpnos logos[13]

Mon père redonne vie au terme grec *Terpnos logos*, décrit par Socrate dans le *Charmide* de Platon ; il se réfère à la manière d'utiliser la parole lors des séances de sophrologie, pour favoriser chez le pratiquant[14] un niveau de conscience équilibré et serein[15].

L'union substantielle corps-esprit, comme fondement incontestable de la sophrologie

Mon père insiste sur l'union substantielle du corps et de l'esprit. Dans cette phase initiale de la sophrologie, il la définit comme une union « psychosomatique ou somato-psychique ». Il lui apparaissait clairement que le dualisme corps-âme présenté par Platon n'avait pas sa place dans la sophrologie, surtout si l'on prend en compte le peu d'estime et de valeur que ce philosophe grec accorde au corps. Dans cette nouvelle discipline médicale que le jeune Dr Caycedo était en train de créer, le corps et l'esprit sont intimement liés. Toute pratique sophrologique les implique tous deux nécessairement.

---

12 Caycedo, A. (1961). Conférence. Sofrología médica : su aplicación a la odontología, *Boletín del Colegio Oficial de Odontólogos y Estomatólogos*, Madrid, 15 juin 1961.

13 Le lecteur peut consulter les articles sur le *Terpnos logos* écrits par mon père dans les publications : Caycedo, A. (1969). Suggestion et Terpnos logos. *Progrès en sophrologie* (pp. 177-187). Barcelone, Emegé ; Caycedo, A. (1995) Sémantique Caycédienne. *Sophrologie Caycédienne*, 3, 19.

14 La personne qui pratique les techniques de sophrologie est souvent appelée "sophronisant". Le sophrologue accompagne le "sophronisant".

15 Dans le *Charmide*, Socrate dit : « C'est de l'âme que *viennent pour le corps et pour l'homme tout entier, tous les maux (...). C'est l'âme qu'il faut tout d'abord et avant tout soigner, si l'on veut que la tête et tout le corps soient en bon état. Et l'âme se soigne avec des incantations* (Terpnos logos) *et ces incantations ce sont les beaux discours. Ces discours engendrent la sagesse dans les âmes* (Sophrosyne) » Platón. *Diálogos I. Cármides*, 157 a. In Platón (1981). Traducción de E. Lllédó, C García y J Calonge. Madrid : Gredos.

La vivance

Depuis le début de la sophrologie, son créateur, dans ses discours et conférences, mentionne à plusieurs reprises l'importance de la *vivance* dans la méthodologie sophrologique. Ce néologisme a son origine dans le vocable allemand *erlebnis* – expérience vécue – que nous retrouverons chez le philosophe allemand Wilhem Dilthey qui s'intéressera à l'expérience vécue dans sa particularité. Husserl fera de cet acte de conscience le point de démarrage de sa réflexion phénoménologique. En 1913, Ortega y Gasset proposera le terme *vivencia*. Selon ce philosophe espagnol, le mot *vivance* signifie « impact émotionnel » : c'est un impact qui pénètre et qui laisse une empreinte. Ainsi, ce choc émotionnel et l'empreinte qu'il laisse « s'incorporent » à la vie même. Ce n'est donc pas un fait passager mais quelque chose qui participe de toute la vie psychique. Dans la langue française, nous n'avons pas de terme correspondant ; le terme « vécu » est trop faible pour exprimer cette expérience intégrée, cette expérience de la vie en train de se vivre. La vivance se réfère à la perception du vivant dans la conscience et à l'empreinte émotionnelle qu'elle y laisse.

C'est avec ce concept en tête, que le Dr Caycedo proposera plus tard le terme de *vivance phronique*[16] qu'il définira comme un acte de conscience, une rencontre profonde entre le corps et l'esprit, qui se réalise sur le temps de pause qui suit tout exercice de sophrologie. Cette rencontre mobilise les structures profondes de l'être. Grâce à la méthode sophrologique, elle permet de découvrir, de conquérir et de transformer la conscience.

Deux mois après cette conférence au Collège officiel d'odontologie de Madrid, en août 1961, Alfonso Caycedo se rend avec le Pr López-Ibor, au congrès de psychiatrie de Vienne, où pour la première fois, il présente la sophrologie devant la communauté des psychiatres.

Rencontre avec Colette Desprez

En 1962, le Dr Caycedo fait la connaissance à Madrid, de Colette Desprez, une jeune française d'Halluin (Lille). Elle est la fille de Pierre Desprez[17], ingénieur chimiste, et de Louise Pierson, l'une des premières femmes pharmaciennes du nord

---

[16] La description de la vivance phronique figure dans : Caycedo, A. (1997). Vivance phronique. *Sophrologie Caycédienne*, 8, editorial et Caycedo, A. (1997). Vivance phronique (2). *Sophrologie Caycédienne*, 9, editorial.

[17] Mon grand-père fut « passeur d'hommes » entre la France et la Belgique pendant la deuxième guerre mondiale et faisait partie de la Résistance française OFACM (Organisation franco-anglaise Capitaine Michel). L'Association nationale des filiéristes passeurs d'hommes de Belgique lui a remis une médaille pour le courage dont il fit preuve en aidant les prisonniers.

Alfonso Caycedo et Colette Desprez lors de leur lune de miel. Grèce, 1963.

de la France. Ils se marieront un an plus tard, à Genève. Colette est une personne douce, optimiste, discrète, intelligente et persévérante. Malgré les différences de langue, de culture et d'éducation, tous deux trouvent chez l'autre, l'âme sœur. Incarnant l'amour de la famille, le travail et le soutien inconditionnel, ma mère sera pour mon père un véritable socle, source de sécurité, de paix et de bonheur, tout au long de sa vie. Elle sera toujours à ses côtés dans ses projets personnels et professionnels. Il ne fait aucun doute que sans elle, mon père n'aurait pu cheminer comme il le fit et que la sophrologie ne serait pas ce qu'elle est aujourd'hui.

Thèse doctorale et abandon de l'hypnose

Tout en travaillant à l'Hôpital Provincial de Madrid, dans le service de son maître le Pr López-Ibor, et toujours dans le but de trouver de nouvelles méthodes thérapeutiques en psychiatrie, mon père se forme aux techniques d'hypnose telles qu'elles étaient pratiquées dans les années 1960. Il prendra contact avec le Dr André Cuvelier, de Nancy, psychiatre et expert en hypnose, et se rendra chez lui à plusieurs reprises. Il deviendra son ami et traduira en espagnol sa thèse de doctorat : *L'École hypnologique de Nancy*.

Son expérience professionnelle en hypnose l'amène à constater que si la suggestion est efficace dans le traitement du patient, elle tend à créer une relation de dépendance qui entrave sa liberté et ne lui permet pas d'être acteur de son traitement. Bien que notant l'efficacité de l'action thérapeutique de la parole utilisée en hypnose, il cherche par ailleurs à s'en dégager, à cause de sa connotation négative. C'est la raison pour laquelle il va s'intéresser à d'autres techniques, comme l'entraînement autogène de Schultz. C'est dans ce contexte qu'il décide de travailler à sa thèse, qu'il intitulera : *La technique de relaxation de Schultz et l'hypnose dans la pratique médicale*.

Dans la première partie de sa thèse, il propose une nouvelle approche du concept grec de *sophrosyne* – faisant allusion à l'utilisation thérapeutique de la parole dans son contexte originel, à l'époque grecque. Il développe ensuite l'histoire de l'hypnose, de Mesmer à Charcot. Il poursuit son propos en exposant les différentes théories biologiques et psychologiques relatives à l'hypnose et en présentant les méthodes d'hypnose clinique utilisées à l'époque. Il fait également une explication détaillée de l'entraînement autogène de Schultz ainsi qu'une présentation d'une nouvelle sophronisation dans laquelle, sans faire appel à la suggestion, il utilise la parole – Terpnos logos – pour guider le patient vers un niveau de sommeil qui facilite l'introspection. C'est dans ce niveau de conscience que le patient pratique l'entraînement autogène de Schultz. Le Dr Caycedo souligne que grâce à la sophronisation et à la relation privilégiée qui s'établit entre le médecin et le patient[18], cet entraînement est non seulement efficace chez certaines personnes mais de plus, il présente le sérieux avantage de pouvoir être assimilé en un mois alors que sa pratique traditionnelle en demande trois environ. Dans cette même thèse, il réalise une étude comparative entre des volontaires sains et des patients en état hypnotique et sophronique, en utilisant des tracés électroencéphalographiques. Il conclut en proposant le terme de « sophrologie médicale » et en présentant la sophrologie comme une méthode qui se sert de la thérapie verbale utilisée par les Grecs dans l'Antiquité classique, et non plus de la suggestion ; une méthode se démarquant donc de l'hypnose, dans laquelle le patient est sujet et prend une part active à son propre traitement, ce qui renforce sa liberté, sa responsabilité et son indépendance thérapeutique. Dès les premières techniques de sophronisation, cette méthode a démontré son efficacité et a commencé à acquérir une identité propre.

La rédaction de sa thèse demandera deux ans de travail à Alfonso Caycedo. Résidant en Suisse[19], il devra revenir à Madrid pour la soutenir. Le jury, présidé par son maître López-Ibor, lui accordera la mention très bien, avec félicitations, à l'unanimité.

L'attrait de la phénoménologie

À cette époque, un nouveau courant en terme de méthodologie psychiatrique, inspiré de la philosophie, est en plein développement. Il s'agit de la phénoménologie, qui propose une méthode de connaissance de la conscience différente du mode opératoire cartésien. En Espagne, le pionnier dans l'exploration de cette nouvelle méthode est le Pr López-Ibor. Toutefois, dans le cadre de la psychiatrie européenne, c'est le psychiatre suisse Ludwig Binswanger qui, avec la *Daseinsanalyse*[20], fait autorité dans le maniement de la méthode phénoménologique et existentielle adaptée à la thérapie psychiatrique. Mon père montre un grand intérêt pour ses œuvres et suit de près tout ce qui fait l'objet de publications le concernant. Désireux de rencontrer ce grand nom de la psychiatrie, il demande à son maître, le Pr López-Ibor, de bien vouloir lui rédiger une lettre de recommandation afin d'envisager la possibilité d'effectuer un stage dans sa clinique psychiatrique de Kreuzlingen, en Suisse.

---

18 La sophronisation cconsistait, à l'époque, à détendre le corps de la tête aux pieds pour abaisser le niveau de la conscience. Quant à la relation privilégiée qui s'instaure entre le médecin et le patient, elle prendra plus tard le nom d'« alliance sophronique ».

19 Voir le chapitre suivant.

20 *Daseinsanalyse ou Analyse existentielle*. Voir chapitre suivant, note de bas de page n° 3.

Chapitre 2

Kreuzlingen : la vivance de la phénoménologie existentielle

On ne peut pas comprendre la phénoménologie dans un livre : il faut la vivre.

Dr Ludwig Binswanger

Recommandé par le Pr López-Ibor qui l'avait sensibilisé à la phénoménologie, le Dr Alfonso Caycedo va voir son rêve se réaliser : se former à l'utilisation de la méthode phénoménologique et existentielle en psychiatrie auprès du Dr Ludwig Binswanger[1], l'un des pionniers de cette approche de la conscience pathologique. C'est donc dans le sanatorium Bellevue, à Kreuzlingen – Suisse alémanique – où exerce ce psychiatre de renom, qu'Alfonso Caycedo va découvrir ce courant novateur qui intégrait dans le cadre de la médecine, une méthode de connaissance de la conscience humaine, différente de la méthodologie cartésienne, prisonnière du dualisme psychosomatique.

La rencontre avec Binswanger

La décision

Au cours d'un de nos échanges, mon père me fait part des réflexions qui furent alors les siennes au sujet de son projet de formation[2] auprès du Dr Binswanger :

Dès le départ, cela fut clair pour moi : je souhaitais rencontrer le plus éminent représentant de l'École phénoménologique en médecine. Il était encore en vie, mais je savais qu'il s'agissait de ses dernières années, peut-être même de ses derniers mois de vie. C'était pour moi une opportunité unique... Mais j'étais bien sûr conscient des inconvénients que cela présentait : Binswanger vivait en Suisse et si je partais, le Pr López-Ibor perdait un collaborateur - bien qu'à l'époque je ne fus que son assistant. Le Pr López-Ibor lui-même m'amena à réfléchir à ce qui s'en suivrait si je partais à la recherche de la phénoménologie et de Binswanger : il me faudrait abandonner la chaire de professeur, mon cabinet de consultation et ma

---

[1] En 1907, Binswanger obtint son doctorat en médecine à l'université de Zurich. Dans sa jeunesse, il a étudié et travaillé avec quelques-uns des meilleurs psychiatres de l'époque, comme Carl Gustav Jung, Eugen Bleuler et le neurologue Sigmund Freud. Bien qu'étant devenu l'ami de Freud, il ne partageait pas complètement ses théories psychanalytiques. Binswanger a été davantage influencé par la philosophie existentielle, surtout après la Première Guerre Mondiale, à travers les ouvrages de Martin Heidegger, Edmund Husserl et Martin Buber, évoluant finalement vers son propre style – original – de psychologie : la psychologie phénoménologique existentielle. Binswanger est considéré comme le premier médecin à avoir associé la psychothérapie avec les idées phénoménologiques existentielles, un concept qu'il expose en 1942, dans son livre *Grundformen und Erkenntnis menschlichen Daseins*. Dans cet ouvrage, il présente l'analyse existentielle ou Daseinsanalyse comme une science empirique qui consiste en une approche anthropologique du caractère essentiel individuel de l'être humain. De 1911 à 1956, Binswanger a été le directeur médical du sanatorium Bellevue, à Kreuzlingen.

[2] Pour plus d'information à ce sujet, lire Caycedo, N. (2013). Séjour du Pr Caycedo à Kreuzlingen. *Sophrologie Caycédienne*, 72, 6-9.

vie déjà bien établie à Madrid. C'était une aventure risquée : je devrais renoncer alors à ma vie dans la capitale espagnole ainsi qu'au projet professionnel que j'y avais déjà bien engagé et qui semblait en bonne voie, tout comme l'était celui de certains de mes camarades qui firent le choix de faire carrière à l'Université en tant qu'enseignants. Toutefois, après avoir considéré les choses, je renonçai à tout et dès que je le pus, je partis pour la Suisse, « à la recherche de la conscience ».

Je n'étais pas en quête d'un nouveau thérapeute, ni d'un courant analytique qui proposerait des séances sans fin, ni de méthodes qui s'apparenteraient à celles des comportementalistes. Non ! Je n'étais pas à la recherche de thérapies ! Moi, ce que je cherchais, c'était la conscience - d'un point de vue théorique -, quelque chose qui me permettrait d'ouvrir la conscience à la connaissance d'elle-même. En fait, je cherchais à savoir comment la phénoménologie pouvait devenir une méthode de recherche pure et se situer au-delà de la thérapie. Car cette méthode n'était en aucun cas de la thérapie ! Pour aller dans ce sens et pour comprendre les phénomènes, les phénoménologues parlent de vivance, de convivance, d'expérience ; c'est pourquoi il me fallait « vivre » cette connaissance-là. Je devais pour cela, me rendre dans le Saint des Saints de la psychiatrie phénoménologique qui venait de voir le jour grâce à Ludwig Binswanger, dans cette clinique de Kreuzlingen, située face au lac de Constance, dans le nord de la Suisse.

Avant de pouvoir y être accepté, que de vicissitudes... Car dans cette clinique, il n'était pas d'usage d'ouvrir les portes à des médecins étrangers à l'établissement. Ce n'était pas une clinique à l'américaine avec des étudiants en stages pratiques, des médecins internes ou des spécialistes de passage. Absolument pas ! Il me fallut donc patienter. En attendant, je dus travailler dans d'autres cliniques suisses. Mais mon objectif restait le même : rencontrer Binswanger. Muni de la lettre du Pr López-Ibor, son ami personnel, je pus enfin être admis à la clinique Bellevue, en tant que médecin interne.

L'attente

Le plus grand souhait de mon père était de faire un stage dans la clinique du Dr Binswanger. En attendant la réponse de ce dernier, il travaille à sa thèse doctorale, dans le service de psychiatrie du Pr López-Ibor.

Fin 1962, il se rend en Suisse. Ce pays était alors à l'avant-garde de la recherche médicale concernant les traitements psychiatriques : des thérapies innovantes étaient déjà appliquées dans plusieurs cliniques du pays. C'est ainsi qu'il fit la connaissance de grands noms de la médecine : le Pr Grünthal de la clinique psychiatrique de Waldau, le Pr Manfred Bleuler – fils du grand Eugen Bleuler, connu pour avoir créé le terme de *schizophrénie* et pour sa contribution dans le domaine des maladies mentales – qui travaillait alors à l'asile de Burghölzli, à Zürich. Au Manoir de Saint Prex, près de Genève, il fit également la connaissance du Pr Oscar Forel, disciple de Freud, ainsi que celle du Pr Julian de Ajuriaguerra, éminent neuropsychiatre espagnol qui dirigea en Suisse l'hôpital psychiatrique Bel-Air et la clinique psychiatrique Rives de Prangins.

Après leur mariage, mes parents s'installent tout d'abord à la clinique de La Métairie à Nyon, dans la région de Genève, dans l'attente de la réponse de Binswanger. Entre-temps, mon père se rend régulièrement à Madrid pour finaliser sa thèse doctorale. Ce n'est qu'au début de l'année 1964 qu'ils reçoivent – enfin ! –, la bonne nouvelle : ils peuvent partir s'installer au sanatorium Bellevue à Kreuzlingen, propriété de la famille Binswanger. Celle-ci comptait plusieurs générations de psychiatres : le grand-père de Ludwig Binswanger – dont il portait le prénom – avait fondé le sanatorium Bellevue de Kreuzlingen et son oncle, Otto Binswanger, avait été professeur de psychiatrie à l'université de Jena. Mon père se réjouissait à l'idée de connaître ce grand maître et d'approfondir ses connaissances sur la conscience, au moyen de la méthode phénoménologique.

Le sanatorium Bellevue de Kreuzlingen

Le sanatorium Bellevue – transformé en 1980 en un complexe immobilier – se trouvait dans la rue principale de Kreuzlingen, dans le canton de Thurgovie, au bord du lac de Constance, limitrophe de la ville allemande du même nom. Situé au milieu d'un parc où l'on pouvait se promener et se reposer sur des bancs, il comprenait plusieurs villas spacieuses de style classique ; mes parents occupèrent l'une d'elles, la Villa Roberta qui comptait trois grandes pièces.

Leur premier enfant, mon frère Alfonso Javier, naît à la clinique de Münsterlingen le 2 juin 1964 ; Binswanger est son parrain. Ma mère me parle parfois de cette époque. Elle me raconte comment se passèrent les premiers mois au sanatorium Bellevue. Ils habitaient dans un des appartements de la clinique avec leur nouveau-né et partageaient la salle à manger avec d'autres psychiatres venus de différentes parties de l'Europe. Les patients pouvant aller et venir librement au sein de la clinique, ma mère rapporte qu'un jour, alors qu'elle revenait de la salle à manger, elle se trouva nez à nez, dans son propre appartement, avec un patient schizophrène qui était en train de caresser mon frère Alfonso en le regardant avec une grande tendresse... Il est facile d'imaginer l'immense surprise qui fut la sienne lorsqu'elle pénétra dans la chambre de son enfant ! Cette cohabitation avec la maladie mentale fut le quotidien de mes parents durant leur première année de mariage.

Le Dr Ludwig Binswanger, alors âgé de 83 ans, vivait dans une villa proche de celle de mes parents, jouissant d'une retraite active, occupée à écrire son dernier livre : *La phénoménologie du délire de persécution*. Mon père, qui souhaitait mieux comprendre la méthode phénoménologique afin de pouvoir l'appliquer à l'étude de la conscience humaine, eut le grand privilège d'être reçu chez lui, deux fois par semaine, pour des entretiens au cours desquels Binswanger lui expliquait

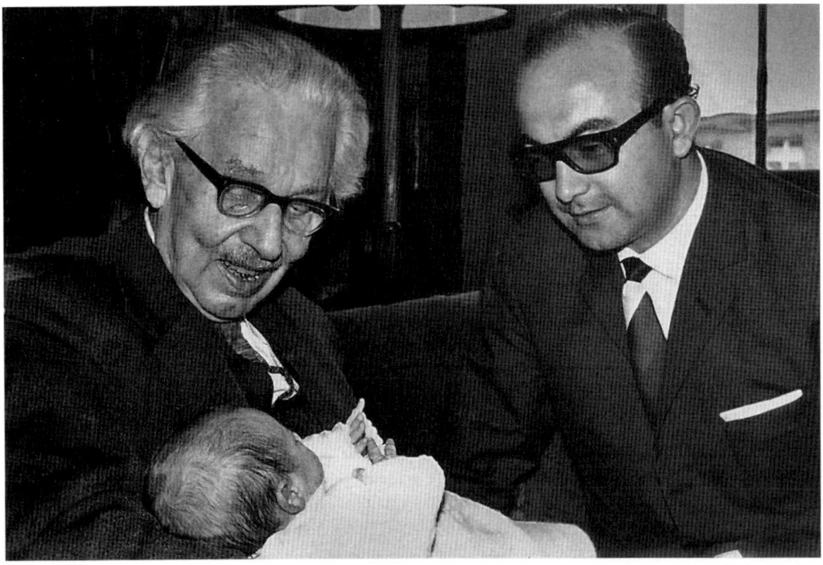

Le Dr Alfonso Caycedo avec le Dr Ludwig Binswanger tenant dans ses bras Alfonso-Javier Caycedo né quelques jours avant à Kreuzlingen, Suisse, 1964.

comment adapter la phénoménologie à la psychiatrie et en quoi consistait la *Daseinsanalyse*[3].

---

[3] *L' analyse existentielle* ou *l'analyse de l'être-là*, est une forme de psychothérapie d'inspiration psychanalytique, philosophique et phénoménologique, née en Suisse. *L'analyse existentielle* a son origine dans l'ouvrage *Être et Temps*, publié en 1927, dans lequel le philosophe allemand Martin Heidegger reconsidère la question de l'être, laissée dans l'oubli, pratiquement depuis Parménide. Toutefois, méthodologiquement, le philosophe établit l'essence du *Dasein, l'être-là* de l'être humain ou son existence, puisque c'est en lui qu'il est possible de trouver une ouverture à son propre être. En ce sens, Heidegger placera les fondements d'une *analytique existentielle du Dasein* qui lui permettra de disposer d'un modèle de compréhension de l'être humain (Menschensverständnis), proprement anthropologique, unique dans le domaine des psychothérapies. *L'analyse existentielle* s'appuie légitimement sur la praxis psychoanalytique et à partir de cette expérience, elle propose un taitement, dans lequel elle réfute l'intuition freudienne de la psychopathologie en établissant que les symptômes psychiques peuvent être motivés et avoir un sens occulte. *L'analyse existentielle* devra procéder avec la méthode phénoménologique, qui est avant tout une méthode d'explicitation (Auslegung) et non une procédure interprétative (Bedeutung). *L'analyse existentielle* a été créée par Ludwig Binswanger et Médard Boss, tous deux psychiatres qui exerçaient en Suisse alémanique. Le Dr Binswanger concevait *l'analyse existentielle,* avant tout comme une méthode de recherche pour la connaissance de l'être humain. Il ne fut jamais intéressé par sa dimension psychothérapeutique ; c'est pour cette raison qu'il ne créa pas une École pour enseigner cette discipline.

Dans ce lieu, précise mon père, *on utilisait bien évidemment certaines pratiques, car il s'agissait d'une clinique thérapeutique. Cependant, en psychothérapie, on appliquait la* Daseinsanalyse. *En vérité, le secret espoir de tous les jeunes médecins qui nous trouvions là, c'était de rencontrer le maître car nous voulions essayer de comprendre par la pratique ce que signifiait cette conscience théorique.*

Le programme Landeg

Mon père poursuit son récit :

Je fus impressionné par l'aspect extérieur de ce lieu : nous étions là, dans la clinique Bellevue, une clinique avec ses petites maisons typiquement suisses, au bord du lac de Constance, dans une enclave de toute beauté, un endroit paradisiaque, avec partout, des malades... Le Dr Binswanger dirigeait parfois le programme de psychothérapie appelé Landeg. *Il n'aimait pas le terme de psychothérapie et préférait utiliser celui de « rencontre » car disait-il :* "Nous n'en sommes pas encore au point de nous ériger en instaurateurs de thérapies." *Il s'agissait d'une rencontre existentielle avec des patients psychotiques, des schizophrènes chroniques qui vivaient à la clinique. Ces malades logeaient dans une petite maison typiquement suisse, sans être encadrés par des thérapeutes, sans domestiques ni cuisiniers, ce qui était « une pure folie » et fit que la clinique devint célèbre dans le monde de la psychiatrie.*

Là, dans sa clinique, Binswanger se permit le luxe de faire une expérimentation : laisser les malades mentaux dans une parfaite et totale liberté. Lorsqu'il me confia ces malades dans le cadre du programme Landeg, *je dois avouer que j'étais passablement inquiet. Au cours de l'un de mes entretiens avec lui, il me fallait verbaliser le sentiment d'angoisse que je ressentais face à ce groupe de vingt-cinq à trente malades mentaux, délirants.*

Lorsque j'entrais dans la maison où ils vivaient, je pouvais parfois me trouver face à face avec eux, en train d'éplucher des pommes de terre, de couper de la viande et de cuisiner..., avec d'énormes couteaux à la main ! Quel psychiatre, à la vue d'un pareil spectacle, n'éprouverait pas une profonde angoisse, non seulement par peur de ces malades, mais aussi par crainte qu'au cours du délire de l'un d'entre eux, un couteau puisse se tromper de destination et aille s'enfoncer dans le dos de quelqu'un ?

Mais, précise mon père, *c'est là qu'ils habitaient et vivaient leur folie. Certains, pris dans un complet délire, dormaient à même le sol. Il y avait par exemple, un jeune homme dont la famille était propriétaire d'une importante firme d'automobiles. Il possédait lui-même deux voitures décapotables. Vers trois heures du matin, il sortait, prenait sa voiture de course et allait jusqu'à Zürich, à 75 km de là. Il faisait le trajet en quelques minutes, en proie à un délire continu.*

Alors que je faisais part à Binswanger de mes craintes que ce garçon puisse un jour se tuer, il me répondit - et cela, jamais je ne l'oublierai - qu'au cours de séjours dans d'autres cliniques, il avait fait plusieurs tentatives de suicide (il s'était jeté une fois par une fenêtre du deuxième étage et une autre fois, s'était coupé les veines...) mais que jamais rien de semblable ne s'était produit au sanatorium Bellevue... Le docteur ajouta : "Cela fait plus d'un an qu'il est ici et il n'a pas encore essayé une seule fois d'attenter à ses jours. Il va à Zürich et il en revient dans le même état délirant." *Lorsque je lui demandai ce qui se passerait s'il venait à se tuer dans un accident, voici ce qu'il me répondit :* "Eh bien, ce sera son destin !" *En fait, non seulement cet homme ne se tua pas, mais sa santé mentale s'améliora de façon significative.*

Une leçon de réduction phénoménologique

Deux sessions hebdomadaires avec Binswanger et des pratiques journalières avec les malades psychiatriques, me permettent de commencer à comprendre ce que l'on appelle en philosophie, la parenthèse ou épochè[4]. C'est ainsi que je commençai le processus de la réduction, dans la ligne de Husserl, tout d'abord. Je venais de créer la sophrologie et en me rendant à Kreuzlingen, mon intentionnalité était claire : demander à Binswanger de m'initier à l'usage de la mise entre parenthèses, à l'étude de la conscience à l'aide de la phénoménologie - chose que je n'avais pas comprise quand j'étais en Espagne mais dont je pressentais l'importance et la grandeur. Je voulais absolument « faire phénomène » avec Binswanger. J'avais besoin de lui. J'étais venu, ni plus ni moins, pour lui demander de me faire vivre une vivance... Et au final, ce fut une véritable vivance, une vivance d'entraînement à ces questions, avec et grâce à celui qui avait réussi à introduire la phénoménologie en médecine, par le biais de la psychiatrie.

---

[4] *Épochè* ou *épokhè* : du grec εποχη, qui a été traduit par « réduction ou mise entre parenthèses ». Dans son sens purement phénoménologique, ce terme désigne la contemplation désintéressée de quelque chose, la contemplation libre, sans aucun intérêt psychologique, économique, religieux ou autre. Pour que l'élaboration du phénomène soit correcte et contienne l'essence même de la chose, il est nécessaire que l'intentionnalité soit libre de préjugés et de conditionnements, d'intérêts, car ceux-ci l'entourent, la manipulent, la troublent et finissent par fausser l'authenticité du phénomène. C'est la raison pour laquelle Husserl établit *l'épochè*, pour réduire, mettre entre parenthèses, cette attitude appelée *naturelle*, afin que l'intentionnalité soit libre et que le phénomène produit soit authentique.

Les comparaisons

Un après-midi, alors que mon père rentrait à la maison après une séance avec les groupes Landeg, il trouva Binswanger assis au soleil sur un banc du parc. Il prit place à ses côtés et ils se mirent à converser. Mon père souhaitait dissiper quelques doutes au sujet de la réduction phénoménologique. Alors qu'il était en train de parler, Binswanger l'interrompit et lui indiquant le ciel, lui dit :

- Ne trouvez-vous pas que ce nuage ressemble à la Tour Eiffel ?

- Oui, en effet, lui répondit mon père, en regardant distraitement le ciel et en continuant de poser ses questions.

Binswanger l'interrompit à nouveau et lui reposa la même question :

- Ne trouvez-vous pas que ce nuage ressemble à la Tour Eiffel ?

Mon père regarda à nouveau le ciel et lui répondit :

- Oui, en effet.

Le vent se mit à souffler et le nuage se dissipa. Binswanger lui dit alors :

- Regardez, Dr Caycedo, le nuage ne ressemble déjà plus à la Tour Eiffel.

Et mon père, sans comprendre la raison de cette insistance, répondit :

- En effet, la ressemblance a disparu.

Binswanger précisa alors sa pensée :

- Vous devez apprendre dès le départ à vous comporter en vrai phénoménologue. Pour ce faire, il faut effectuer l'effort mental qui consiste à essayer - dans nos raisonnements - de partir de zéro, en évitant toutes sortes d'associations. Il s'agit en somme d'apprendre à contempler les phénomènes, sans les altérer par des théories préconçues. Pour approcher directement le phénomène pur, il est impératif d'oublier toutes les connaissances acquises auparavant et de veiller à ne pas céder à la tendance à faire des comparaisons. Prenons un exemple : si en étudiant un nuage, l'observateur commence à trouver que celui-ci ressemble à la Tour Eiffel, il aura altéré le phénomène « nuage » et se sera éloigné de la méthode phénoménologique. Pour procéder correctement en phénoménologie, le chercheur doit commencer par se dire : "Je suis en train de voir un nuage", rien de plus. Ainsi, et au moyen d'étapes successives son esprit s'habituera peu à peu à pénétrer l'essence même de ce nuage.

Binswanger me disait à l'époque : « Si vous apprenez à lire le phénomène, il vous suffit d'ouvrir les mains et de laisser le phénomène vous présenter lui-même ce que vous voulez découvrir. Ce n'est pas vous qui construisez le phénomène, c'est le phénomène qui se construit lui-même. Il ne vous reste alors qu'à recueillir dans vos mains ouvertes les éléments structurels du phénomène. »

Binswanger répétait souvent un de ses grands principes, qui pourrait à peu près s'énoncer ainsi : dans l'approche phénoménologique, le plus difficile est de respecter la liberté du phénomène que l'on étudie, sous peine de l'altérer par nos propres déductions. C'est précisément de ce respect des phénomènes et bien entendu de la formation de chacun, que dépend le progrès de la recherche phénoménologique. En effet, nous devons préparer notre propre conscience pour pouvoir étudier le phénomène des autres.

Lors de mon court séjour comme médecin chez Binwanger, je lui ai moi-même entendu dire ceci : "Il n'y a pas d'autre possibilité. Ce n'est pas avec un livre qu'on peut comprendre la phénoménologie : il faut la vivre." *Il avait raison. On ne peut apprendre l'art de la parenthèse que par la pratique.*

Donc, cette première étape qui consiste à revenir au phénomène en tant que tel, en partant de zéro, c'est ce vers quoi j'essaie maintenant de vous conduire, vers cette première étape que nous devons franchir en cherchant à faire abstraction des théories des autres. En faire abstraction ne signifie pas les ignorer, car dans ce cas, le meilleur des phénoménologues serait un parfait ignorant. Nous, les sophrologues, nous devons nous préparer et savoir ce que disent d'autres auteurs. Nous devons connaître les phénoménologues mais également ceux qui rejettent la phénoménologie - les matérialistes purs -, et voir comment d'autres approches ont conduit dans telle direction ou telle autre.

La phénoménologie est une méthode de recherche pure de la conscience humaine et ce n'est rien d'autre. En sophrologie, en plus d'une recherche de la conscience, nous avons créé des techniques qui s'inspirent de la phénoménologie pour aborder cette même conscience, de façon pratique.

Binswanger, ajoute mon père, *était psychiatre et il avait passé toute sa vie dans sa clinique psychiatrique - où il était né et qui avait appartenu d'abord à son grand-père et ensuite à son père. Cependant, et c'est là un paradoxe, il parle de* l'être-au-monde *avec amour, mettant en évidence le concept d'amour existentiel chez l'homme.*

C'est précisément ce concept d'amour existentiel qui me tient particulièrement à coeur et qui me touche tant. Lorsque j'aborderai plus loin, le Sixième Degré de la RDC, je parlerai de l'importance de l'amour comme valeur fondamentale de l'être humain. Car j'ai l'intime conviction que, grâce à sa vivance, nous nous réalisons en tant que personnes et atteignons un bonheur et une plénitude qui influent positivement sur tout notre être, sur nos pensées et sur nos actes et bien entendu sur la cohabitation harmonieuse avec les autres.

La rencontre avec la psychanalyse

Mon père fait ici allusion à quelques réflexions en rapport avec cette expérience :

La sophrologie eut le privilège d'être présente dans ce canton de Zurich, en Suisse alémanique, une enclave où se croisaient d'éminents psychiatres. Je me souviens d'un jour où, abordant ce thème sur le mode de l'anecdote, Binswanger fit allusion au Dr Freud – il faut se souvenir que Freud et Binswanger étaient amis, malgré leur différence d'âge. Freud avait été là, me dit-il, dans ce même bureau, assis sur cette même chaise où lui était assis à ce moment-là..., et il s'était mis à parler de la psychanalyse et du concept d'inconscient...

Durant son séjour au sanatorium Bellevue, il se lie d'amitié avec le Dr Heinrich-Karl Fierz, avec lequel il effectua sa psychanalyse jungienne. Voici ce qu'il me dit lors d'un de nos échanges :

Lorsque je dis à mon maître en phénoménologie, qui m'avait formé à la Daseinsanalyse, *que j'étais en train de suivre en même temps un « entraînement » analytique, il me répondit :* "Si c'est avec Fierz, c'est un grand thérapeute."

Il me fit part d'une anecdote qui m'impressionna et qui a trait à ce que nous venons de mentionner. Fierz avait un ami médecin qui avait perdu la raison et avait fait un épisode schizophrénique. Il se trouvait à Zürich, dans l'un des asiles les plus réputés au monde, le Burgözli, où Bleuler créa le terme de schizophrénie. *Fierz lui rendait souvent visite, à la grande surprise de nombreux psychiatres classiques qui estimaient que son ami avait définitivement sombré dans la démence. Lorsqu'il allait le voir, Fierz s'asseyait près de lui et lui tenait la main durant environ une heure, en silence, puisque son ami délirait et qu'il n'était pas possible de parler avec lui. Lorsqu'il sortit de cet accès catatonique, ce médecin, ami du Dr Fierz, raconta à Binswanger qu'il devait son salut à la présence chaleureuse et affectueuse du Dr Fierz lorsque ce dernier lui tenait la main alors qu'il se trouvait dans cet état catatonique*[5]*. Ceci était la preuve que, même dans les cas les plus extrêmes, l'affection et l'amour ainsi que la simple présence du psychothérapeute auprès du malade – comme ce fut le cas ici – constituent une force suffisante qui a le pouvoir de lui permettre de sortir, lui-même, d'un état dont beaucoup ne sortent jamais plus. Si je rapporte cette belle anecdote, c'est parce qu'elle est un bel exemple pour les psychothérapeutes et qu'elle suppose aussi, de la part des sophrologues, un véritable engagement personnel ; en effet, notre École ne peut se limiter à être une simple école d'accompagnement ; elle doit insuffler dans la relation une réelle qualité de Présence.*

---

[5] Catatonie : syndrome psychomoteur que l'on rencontre dans certaines formes de schizophrénie et qui se caractérise notamment par le négativisme, l'opposition, la catalepsie et des gestes stéréotypés.

Le Dr Alfonso Caycedo avec le Dr Ludwig Binswanger, Kreuzlingen, Suisse, 1964.

Le défi de l'Orient

À cette époque-là, ma mère avait l'habitude de faire quelques exercices de yoga, tous les matins. Mon père l'observait et s'interrogeait sur cette discipline millénaire. Il pressentait qu'elle pourrait apporter des techniques qui feraient progresser la connaissance de la conscience, cette conscience qu'il cherchait tant.

Lorsqu'il aborda le sujet de l'Orient avec Binswanger, mon père s'attendait à ce que ce dernier lui dise que c'était une idiotie de s'y intéresser, que ces fameux yogis dont il avait entendu parler n'étaient que des mages pleins de rituels et que leurs techniques ne pouvaient constituer un apport valable pour l'étude de la conscience et pour sa guérison. Mon père raconte :

> *Je me souviens parfaitement que lorsque je questionnai Binswanger au sujet de l'Orient, je dois dire que je n'avais pas envisagé de prendre la décision d'y aller, car j'étais en Suisse et l'Inde était très loin. De plus, je n'ai jamais fait l'apologie de l'Orient, même si ensuite mes premiers livres furent écrits et publiés en Inde. Mais avec la phénoménologie, ce sont des choses qui arrivent. Ainsi, à la fin de l'une de ces « rencontres », comme il les appelait, - au cours desquelles il me formait peut-être comme l'un de ses derniers élèves -, j'osai lui demander ce qui se passait en Orient, m'attendant à ce qu'il se mette à rire et rejette mon questionnement hors sujet.*
>
> *- Qu'en est-il de l'Orient ? lui demandai-je. Pourquoi ici ne connaissons-nous, ni Ramdas ni tous ces philosophes orientaux ? Pourquoi ? Ne sont-ils tous que des mages, des mystiques et des illuminés ?*

Ce qu'il me dit alors allait être déterminant pour l'orientation de la sophrologie :
– Si j'avais votre âge, muni du flambeau de la phénoménologie et des quelques petites choses que vous avez pu apprendre ici, eh bien moi, j'irais là-bas ; mais j'irais pour y vivre. J'irais y vivre un temps, car eux, savent. C'était la réponse d'un phénoménologue. Il ne me dit pas : "Ils connaissent" *ou* "Ils comprennent". *Il me dit :* "Eux, savent."

La réponse surprenante de Binswanger aux questions que je me posais, fut déterminante. Ce séjour en Inde, initialement programmé pour six mois, se prolongea l'espace de deux ans, deux ans totalement consacrés à la recherche et à l'apprentissage des techniques orientales que je fis dans une « convivance » quotidienne avec les sages qui les enseignaient. L'apport de la médecine orientale à la médecine occidentale fut en ce sens, formidable. Même si les médecins orientaux pratiquaient leurs techniques dans le cadre de leur univers mystique – que la sophrologie ne partage pas mais qu'elle respecte profondément –, l'apprentissage de ces techniques allait permettre, en les adaptant à la médecine occidentale, une approche infiniment plus délicate de la conscience humaine ainsi que la possibilité de traiter les malades autrement.

Suite à son séjour chez Binswanger, à la clinique Bellevue de Kreuzlingen, mon père, sur les conseils de son maître, décide de se rendre en Inde. Là-bas, il découvrira quelques-unes des bases de la méthodologie sophrologique.

Chapitre 3

Le séjour en Orient : à la recherche de méthodes qui favoriseraient l'équilibre de la conscience

Tout être humain a cette possibilité existentielle qui n'avait pas été décrite en Occident et à laquelle j'ai donné le nom de « conscience sophronique ».

Alfonso Caycedo

Le séjour d'Alfonso Caycedo dans la clinique suisse du Dr Binswanger, grand maître de la psychiatrie phénoménologique, lui apporta de solides connaissances en phénoménologie existentielle. C'est à partir de ce moment-là qu'il adoptera la phénoménologie comme méthode de travail pour aborder l'étude de la conscience humaine. Cependant, la phénoménologie en elle-même, ne lui fournit pas les outils pratiques, méthodologiques et thérapeutiques qu'il cherchait pour le traitement de ses patients. La réponse surprenante du Dr Binswanger[1] face au désir ardent qu'il avait de connaître l'Orient, l'encouragera à entreprendre le voyage pour ces terres lointaines.

Le départ pour l'Orient

Ce voyage avait pour objectif la recherche d'une méthode qui mènerait à l'équilibre de la conscience, comme l'exprime ici Alfonso Caycedo :

Mon but était de connaître les différents types de yoga qui existaient en Inde afin de trouver un remède efficace, une méthode qui pourrait aider les malades mentaux. Nous savions que les maîtres du yoga atteignaient des états de conscience alors inconnus en Occident, qu'ils entendaient des sons, voyaient des choses imperceptibles en état de conscience ordinaire. Ils pouvaient non seulement entrer dans ces états-là, mais chose plus remarquable encore, en sortir intentionnellement.

Mais comment faisaient-ils donc ? Comment parvenaient-ils à sortir de ces états de conscience fortement altérés qu'ils expérimentaient fréquemment lors de leur pratique du yoga ? Le yoga représente un défi tellement grand pour les limites de la conscience, que les yogis qui le pratiquent passent par de véritables états de psychose. Je savais qu'ils pouvaient entrer dans certaines phases délirantes et en sortir. Cela me faisait penser aux malades mentaux des hôpitaux psychiatriques qui passaient par ces mêmes phases, sans pouvoir en sortir. Il était important de savoir quels mécanismes étaient utilisés par les Orientaux. C'est cette intentionnalité qui me poussa vers la connaissance du yoga.

Les adieux

J'ai alors programmé un voyage en Inde avec Colette, mon épouse, pour un temps approximatif de six mois, croyant que cela serait suffisant pour une première approche de l'étude que je me proposais de faire. Ce voyage dura deux ans !

---

[1] Voir le chapitre antérieur : *Le défi de l'Orient* : « Si j'avais votre âge, muni du flambeau de la phénoménologie et des quelques petites choses que vous avez pu apprendre ici, eh bien moi, j'irais là-bas ; mais j'irais pour y vivre. J'irais y vivre un temps, car *eux, savent.* »

Nos adieux au Dr Binswanger et à son épouse furent très émouvants. Ils nous avaient accueillis très cordialement et nous avaient fait l'honneur de leur amitié lors de notre séjour dans leur clinique, dans laquelle j'avais été admis comme médecin psychiatre stagiaire. Le Dr Binswanger me considérait comme son dernier élève. La santé de mon grand maître était alors très fragile ; lors de nos adieux, nous pressentîmes que c'était la dernière fois que nous nous voyions.

Ses enseignements ont toujours été présents lors de mes rencontres avec les maîtres de la conscience en Orient ; ils ont toujours été et seront toujours là, tout au long de mon approche de l'étude de la conscience humaine.

L'arrivée en Inde

À leur arrivée à New Delhi, le premier objectif de mes parents est de trouver un endroit où ils pourraient vivre à peu près décemment. Souhaitant réaliser de nombreux voyages dans cet immense pays, ils avaient besoin d'un lieu qui leur servirait en quelque sorte de quartier général et où ils pourraient reprendre des forces entre deux voyages. Ils trouvèrent une maison convenable dans le quartier de *Defence Colony* et s'y installèrent du mieux qu'ils purent.

Au début, ils furent fortement impressionnés par l'extrême pauvreté de l'Inde qu'ils découvrirent à travers la vie quotidienne à New Delhi. Mais ils s'habituèrent peu à peu au mode de vie hindou – à la façon de se nourrir, de se vêtir, de se comporter – et plus tard, aux coutumes des bouddhistes tibétains et à celles des Japonais qui suivaient les enseignements du bouddhisme zen. Ils apprirent à partager leur univers : leur culture, leur mentalité, leurs traditions...

Voyons ce que dit le Dr Caycedo concernant son premier contact avec l'Inde :

Je dois admettre que les situations de la vie... sont tellement différentes ! Les langues, les religions, les croyances, les pratiques, les coutumes... Nous devions vraiment être capables d'effectuer l'épochè - la suspension du jugement ou réduction phénoménologique - pour rester neutres dans certaines situations que nous étions amenés à vivre.

Une fois installés, le défi fut de savoir où rencontrer les personnes pour pouvoir mener à bien l'étude phénoménologique. Il n'existait aucun guide qui pourrait nous informer sur les centres de méditation les plus sérieux.

Mon père avait entendu parler d'européens qui étaient allés en Orient dans l'intention de trouver des centres où ils pourraient apprendre le yoga, mais qui au final s'étaient retrouvés avec des hindous peu recommandables cherchant à accrocher les touristes avec des spectacles de fakirs, dans le but de gagner quelques roupies.

Afin d'éviter de tomber entre de mauvaises mains, il prit la décision de prendre contact avec des médecins de Delhi qui pourraient l'orienter vers ce qu'il cherchait.

Pour obtenir une meilleure étude phénoménologique et existentielle, il organisa des rencontres et des entretiens avec les grands yogis. La méthode d'étude qu'il utilisa en Orient était basée sur l'approche phénoménologique. Elle suivait systématiquement les quatre étapes suivantes :

– *sélection* des personnes qu'il allait interviewer. Lors de ces rencontres, il leur poserait des questions qu'il aurait préparées à l'avance, il les écouterait sans apriori ni opinions préconçues et enregistrerait ces entretiens tout en prenant des notes sur ses observations.

– *pratique*, avec ces personnes, de la méthode ou des techniques qu'elles expérimentaient quotidiennement ;

– *transcription* de leurs vivances ;

– de retour à Delhi, *archivage de tout ce matériel, pour une étude ultérieure*.

À la recherche des yogis et des ashrams[2]

Dans le quartier de Defence Colony où nous habitions, à quelques maisons de la nôtre, se trouvait un centre de yoga dirigé par le Swami[3] Dhirendra Brahmachari qui enseignait un type de yoga appelé sukshma vyayama. *Il avait été le gourou de Nehru et de sa fille, Indira Gandhi. C'était un hindou très grand, toujours vêtu d'une tunique d'un blanc irréprochable, une belle personne avec laquelle nous tissâmes des liens d'amitié.*

Invité à se rendre aux Etats-Unis, il voulait connaître nos coutumes : il nous enseignerait le yoga et nous lui ferions connaître les coutumes occidentales. Il venait tous les jours chez nous. Avec d'autres collègues médecins, il nous recommanda – en fonction des objectifs qui étaient les nôtres – les centres à visiter ainsi que les maîtres de yoga à connaître. Il y avait à Rishikesh un des ashrams que notre ami nous recommanda. Nous nous mîmes donc en route pour visiter ce centre de yoga si respecté par ceux qui pratiquent cette discipline.

---

2 *Ashram* (du sanskrit *āśrama*). En Inde, ce terme désigne un lieu de méditation et d'enseignement hindouiste, aussi bien religieux que culturel, dans lequel élèves et maîtres cohabitent.

3 *Swami* : ce terme sanskrit signifie « Celui qui sait et qui est maître de lui-même ». Il se réfère principalement à un titre honorifique hindou et est utilisé aussi bien pour des hommes que pour des femmes.

Le Dr. Alfonso Caycedo avec Dhirendra Brahmachari, Delhi, 1965.

Rencontres et vivances avec les yogis hindous

Nous arrivâmes à Rishikesh, qui était alors une petite bourgade – qui n'a rien à voir avec la ville actuelle. C'était un tout petit village au bout duquel se trouvait l'ashram que nous cherchions : le célèbre Ashram de Sivananda, premier objectif de notre voyage.

Je me présentai comme médecin psychiatre et créateur de la sophrologie, science qui étudie la conscience en Occident. Je fis part de mon intérêt pour les expériences sur la conscience menées par les grands maîtres du yoga en Inde.

Je dois reconnaître que le sujet de la conscience intéresse et passionne généralement tous les hindous, comme nous le verrons plus loin. je pressentais que les grands maîtres n'émettraient aucune réserve à me parler de leurs travaux et de leurs expériences, sans toutefois aller jusqu'à dévoiler certains secrets propres au yoga. Je me rendis compte que mes recherches sur la conscience les intéressaient aussi.

Ashram de Rishikesh dirigé par Swami Sivananda où le Dr Caycedo se rendit à diverses reprises pour interviewer plusieurs yogis qui résidaient là, Rishikesh 1965.

La pratique du yoga doit être envisagée dans le cadre de la tradition et de la culture hindoues. Bien que le yoga ne soit pas une religion, c'est un système de techniques qui peut être utilisé pour le développement spirituel, son histoire étant liée à celle de l'hindouisme.

Pendant notre séjour en Inde, nous nous rendîmes cinq fois à l'ashram de Sivananda, avec l'intention d'approfondir le dialogue et la cohabitation avec les yogis qui y résidaient. Nous y restâmes chaque fois plusieurs semaines, hébergés dans un kutir *- chambre simple de l'ashram - dont la fenêtre donnait sur le Gange ; de là, nous pouvions observer l'entraînement des membres de l'ashram qui venaient tous les matins faire leurs* kriyas[4] *au bord de la rivière sacrée des hindous.*

---

[4] *Kriyas* (*kriyās*) : procédés de purification que réalisent les yogis avant de pratiquer leurs exercices ou *asanas*.

Rives du Gange où se trouvait l'Ashram de Rishikesh, 1965.

Lors de notre premier séjour, nous fîmes la connaissance du directeur de l'ashram, Swami Chidananda, qui nous présenta aux membres les plus importants du centre, avec lesquels nous établîmes de vrais liens d'amitié ; ils nous offrirent leur collaboration pour nos interviews.

Nous passâmes de longues heures à converser avec Swami Chidananda, successeur de Sivananda, fondateur de l'ashram. Il nous proposa de filmer ses asanas *dans un endroit tranquille et d'une grande beauté, sur l'autre rive du Gange, où il allait souvent méditer. Pour s'y rendre, il fallait traverser la rivière qui à cet endroit-là avait un fort débit, en empruntant une barque qui faisait la liaison. À cette époque, l'énorme pont qui fut construit plus tard n'existait pas, tout comme n'existait pas la*

Swami Chidananda pratiquant le Raja-Yoga sur les rives du Gange. Rishikesh, 1965.

foule qui traverse actuellement cette zone[5]*. La région de Rishikesh, à l'époque où nous nous y rendîmes, en 1965, était habitée par des* sadhus, *personnes qui recherchent leur réalisation et l'hyper-conscience grâce à la prière et à l'isolement.*

---

[5] En 1999 j'ai réalisé un de mes rêves : voyager en Inde, avec Koen, mon mari. Nous avons visité Delhi, Rishikesh où nous avons pu voir combien cette ville avait changé, avec son énorme pont et la quantité de touristes, hindous et étrangers qui viennent là, chercher la paix. Nous avons connu Swami Chidananda, qui s'est rappelé de mes parents avec beaucoup d'affection et nous avons pu partager avec lui et d'autres hindous, quelques jours de méditation et de recueillement. Nous avons aussi visité Bombay et sommes allés à Lonavla où nous avons rencontré le grand ami de mon père, le Dr. Bhole, qui nous a gentiment reçus chez lui. Quelques années plus tard, nous nous sommes retrouvés en Belgique, où il était venu donner un cours de yoga, dans un village proche de Liège.

Les vivances étaient tellement riches et intenses que nous fûmes obligés de rentrer à Delhi pour remplacer le matériel, faire développer les photographies et les films que nous avions faits. Nous étions alors limités en bandes magnétiques, en films de 8 millimètres et en pellicules photo que nous devions faire développer rapidement afin d'éviter qu'ils ne se détériorent, à cause de la chaleur et de l'humidité ambiantes.

Lors de la seconde expédition, nous nous centrâmes sur le Swami Karunananda. Âgé d'environ 70 ans, il en paraissait 25, tant il était agile physiquement. Cet authentique maître des asanas nous fit une grande démonstration des exercices qu'il pratiquait. Son corps semblait en caoutchouc : il pouvait effectuer des contorsions incroyables sans avoir l'air de faire le moindre effort. Le voyant chaque jour répéter ces exercices je lui demandai le motif de son insistance. Sa réponse attira mon attention : "Dr Caycedo, je fais ces asanas depuis des années. Au début, après chaque exercice, je sentais la présence de mon corps et cela me suffisait. Plus les années passent, plus je ressens le besoin de faire davantage d'exercices, plus complexes, plus difficiles, pour continuer à sentir mon corps. C'est très important pour moi."

Cette réflexion me marqua profondément. Elle me permit de prendre conscience de l'importance du « sentiment du corps », pendant la pratique.

Le Dr Caycedo interviewant Swami Karunananda sur l'importance du corps dans sa pratique, Rishikesh, 1965.

Nous savons aujourd'hui que toutes les techniques sophrologiques, depuis le premier jusqu'au dernier Degré de la Relaxation Dynamique de Caycedo, prennent en compte la présence du corps dans la conscience. Le commentaire de Swami Karunananda laissa de toute évidence une empreinte profonde chez Alfonso Caycedo ; cette empreinte sera particulièrement visible dans ce qu'il devait appeler plus tard *le principe du schéma corporel comme réalité vécue*. Que ce soit à travers le mouvement, l'attention ou la contemplation, le sophrologue transmet ce principe fondamental aux personnes qu'il accompagne, et ceci tout au long de leur entraînement.

Dans les expéditions suivantes à Rishikesh, mon père s'attachera à faire plus ample connaissance avec les Swamis Krishnananda, Sharadananda et Nadabrahmananda. Chaque yogi était spécialisé dans un domaine, ce qui allait être une source d'enseignement particulier pour le Dr Caycedo. Nous nous arrêterons tout particulièrement sur Nadabrahmananda, le grand yogi du *Nada-Yoga*, le yoga de la musique que mon père décrit ci-dessous :

> *Ce grand yogi était fascinant, non seulement pour ses grandes valeurs en tant qu'être humain, mais aussi pour les merveilles qu'il faisait avec son corps. Il vibrait littéralement avec la musique. Les personnes sensibles à la musique perçoivent parfois ce sentiment et sentent « vibrer » les fibres de leur corps lorsqu'une mélodie les émeut tout particulièrement. Mais les vibrations émises par le corps de ce yogi étaient visibles physiquement. Il pouvait à son gré les diriger vers différentes parties de son corps. Tout son corps était comme un grand diapason ; les vibrations qui émanaient de lui étaient plus ou moins profondes selon l'endroit où il les dirigeait : celles de son bras étaient différentes de celles de sa colonne vertébrale, de la base de sa nuque ou de sa gorge. C'était tout simplement incroyable !*
>
> *Nadabrahmananda était un grand musicien qui jouait à la perfection de tous les instruments existant en Inde. Il nous offrit plusieurs concerts, rien que pour nous. Nous jouîmes de sa compagnie et nous nous liâmes d'une très grande amitié*[6].

---

[6] Quelques années plus tard, alors que nous vivions en Colombie, j'eus l'occasion de faire la connaissance du Swami Nadabramananda – qui vivait depuis quelques années aux USA –, lors d'une tournée qu'il fit en Amérique Latine. C'était une personne charmante, extravertie, humble et disponible. Mon père et moi allâmes le voir. Lorsqu'ils se retrouvèrent, ils furent saisis d'une grande émotion et eurent plaisir à se remémorer les moments qu'ensemble ils avaient vécus à Rishikesh, des années auparavant. J'imagine que ce grand yogi dut ressentir une certaine nostalgie en revenant sur cette étape de sa vie. Je pus observer qu'il jouait de nombreux instruments de musique orientaux avec encore une grande facilité. Nous pûmes constater comment il faisait vibrer les différentes parties de son corps, ainsi qu'un diapason placé tout d'abord sur son coude puis sur la surface de son crâne. Nous apprîmes quelques années plus tard, qu'il était retourné en Inde pour passer les dernières années de sa vie. Il est décédé à l'âge de 98 ans.

Le Dr. Caycedo constatant l'impact de la pratique du Nada-Yoga dans le bras gauche de Swami Nadabrahmananda, Rishikesh, 1965.

Nous nous rendîmes également dans le nord de l'Inde pour visiter le centre Radha Soami Satsang de Beas *(RSSB), à quelques kilomètres d'Amritsar, la ville sainte des sikhs où se trouve Harmandir Sahib, le célèbre Temple d'Or. Les sikhs sont ces hindous que l'on peut aisément reconnaître à leur turban caractéristique et leur longue barbe. Cette communauté fut fondée par le gourou Nanak et était chargée de défendre le pays contre les envahisseurs.*

Jusque-là, le Dr Caycedo avait connu le yoga en tant que discipline pratiquée par de très nombreux hindous comme mode de vie ou comme méthode pour atteindre des états supérieurs de conscience. Son intérêt pour l'application du yoga en médecine l'amena à prendre contact avec plusieurs collègues qui utilisaient également le yoga comme thérapie.

Plus tard, raconte-t-il, nous partîmes à Jaipur afin de visiter l'ashram d'Anandananda. C'est là qu'exerçait le Dr Narain Varandani, médecin connu pour son utilisation du yoga dans les thérapies de patients présentant des problèmes d'asthme et de diabète. Il affirmait que la pratique du yoga amenait une amélioration significative des pathologies et évitait de prendre trop de médicaments.

Le Dr Varandani, affable et compréhensif, nous reçut très cordialement et nous aida considérablement en nous permettant de filmer les exercices enseignés dans son centre. En 1970 et 1975, le Dr Varandani assista aux deux congrès mondiaux de sophrologie que j'organisai à Barcelone.

De plus en plus intéressés par la recherche des différentes applications thérapeutiques du yoga, mes parents décidèrent de se rendre à Lonavla pour visiter un centre très connu de yogathérapie :

De Delhi, nous nous rendîmes à Bombay. C'est une jolie ville côtière avec une baie très accueillante, longée de palmiers, un lieu qui invite à la promenade. De là, nous fîmes le voyage vers l'est pour aller à Poona, où nous séjournâmes un certain temps. De Poona, nous prîmes une tonga *- petite charrette tirée par un cheval et couverte pour se protéger du soleil brûlant - jusqu'à Lonavla, où se trouvait le centre de yogathérapie de Kayvayananda. Là, nous fîmes la connaissance du Dr Vinekar - médecin qui devint un grand ami - et de son collaborateur le Dr Bhole qui appliquait dans ce centre les thérapies yogiques.*

Le Dr Bhole[7] *était le moteur de ce centre de yoga qui possédait une immense bibliothèque sur ce thème. On soignait là surtout les patients qui souffraient d'asthme. On y réalisait également des travaux de recherche scientifique sur les différents types de respiration du yoga. Nous devînmes amis.*

Mes parents se déplacèrent également dans d'autres villes de l'Inde où ils rendirent visite à beaucoup d'autres personnes qui pratiquaient des formes différentes de yoga. Ils allèrent près de Chennai – ancienne Madras –, à Tiruvannamalai, au pied du Mont Arunachala, la montagne sacrée où se trouve l'ashram de Ramana Maharshi. Ils visitèrent également l'Anandashram, fondé par Ramdas, situé à Kanhangad, dans le nord du Kérala. Ils y firent la connaissance de la yogini Mère Krishnabai et de son disciple Swami Satchidananda.

À Pondichéry, ils visitèrent l'ashram d'Aurobindo – célèbre philosophe et yogi. Là, ils eurent le privilège d'être reçus par la Mère, disciple et fidèle collaboratrice d'Aurobindo, qui lui succéda à la mort de ce dernier. C'est également en ce lieu qu'ils firent la connaissance du psychologue Indra Sen, qui organisa des conférences pour que le Dr Caycedo explique ce qu'était la sophrologie ainsi que les raisons de son intérêt pour les techniques yogiques. Ce psychologue devint lui aussi, un grand ami.

[7] Quelques années plus tard, le Dr Caycedo invitera le Dr Bhole à prendre part aux deux congrès mondiaux de sophrologie qui se tinrent respectivement en 1970 et 1975, à Barcelone.

Le Dr. Caycedo avec le Dr Mukund Bhole, parlant de ses expériences sur la respiration dans la pratique du yoga. Centre de yoga-thérapie de Lonavla, 1965.

À travers les échanges et les expériences qu'il eut en Inde, Alfonso Caycedo eut l'opportunité de se familiariser avec les cinq grandes Écoles de yoga[8] : le *Raja-Yoga*, qui concerne la vie spirituelle, le *Hatha-Yoga* – le plus connu en Occident –, qui utilise les exercices physiques et mentaux, le *Gnana-Yoga* ou yoga de la connaissance, le *Bhakti-Yoga* ou yoga de la dévotion et le *Karma-Yoga*, yoga de l'action, du travail. Indépendamment des écoles citées, il existe de nombreuses autres formes de yoga : le *Nada-Yoga* – mentionné plus haut –, le *Shabda-Yoga*, le *Tantra-Yoga*, le *Japa-Yoga*, le *Kriya-Yoga*, le *Nama-Yoga*, le *Maha-Yoga*, le *Yoga-Vedanta*, etc.

Chez tous les pratiquants de ces différents yogas, le dénominateur commun qu'Alfonso Caycedo relèvera et retiendra avant tout, c'est l'expérience de la présence du corps : l'attention portée au corps, la concentration sur le corps.

L'Inde, le yoga et les yogis impressionnèrent ce jeune psychiatre en quête de méthodes susceptibles d'être appliquées en psychiatrie et laissèrent en lui une empreinte profonde. Les enseignements qu'il reçut et les vivances qu'il expérimenta dans ce pays s'avéreront très importants : ils apporteront à la sophrologie une

---

8 Les rencontres avec les différents yogis, la connaissance des différentes formes de yoga et la plupart des expériences et conclusions du Dr Caycedo sur son voyage en Orient, sont décrites en détail dans : Caycedo A. (1977). *La India de los Yoguis* (2a ed.). Barcelona : Andes.

pratique, une méthode et également une théorie qui allaient progressivement s'affiner, au fil du temps.

Rencontre avec le bouddhisme tibétain

Suite à l'invasion de leur pays par la Chine, les bouddhistes tibétains durent s'exiler. Beaucoup furent accueillis par la population indienne de Dharamsala. C'est donc là qu'Alfonso Caycedo se rendit pour découvrir le bouddhisme. Il eut un entretien avec Tenzin Gyatso, l'actuel dalaï-lama, XIVe du nom, alors âgé de 32 ans – tous deux avaient plus ou moins le même âge –, qui lui fit part de son chagrin face à l'exil et à la situation politique de son pays.

Sa Sainteté lui parla du *dhumo* tibétain, forme de yoga pratiqué au Tibet. Il le présenta à ses médecins qui manifestèrent un réel intérêt pour la sophrologie. Il fit également visiter à mes parents les installations de l'hôpital qu'ils avaient ouvert à Dharamsala et dans lequel on soignait les réfugiés tibétains. Les médecins y pratiquaient la médecine traditionnelle tibétaine qui n'utilisait que des remèdes naturels, car en raison de leur extrême pauvreté, ils manquaient absolument de tout.

Le dalaï lama expliquant au Dr Caycedo quelques concepts du bouddhisme tibétain. Dharamsala, 1966.

Le Dr Yeshley Donden[9] médecin personnel du dalaï-lama accompagnerait Alfonso Caycedo et l'instruirait dans la connaissance des quatre Écoles du bouddhisme et des principes fondamentaux qui leur étaient communs.

Le Dr Caycedo apprit auprès des Tibétains plusieurs formes de méditation et de contemplation, en dirigeant l'attention vers la respiration, un son, un objet de la nature ou un thème de méditation précis. Parmi toutes ces formes de méditation, c'est la *méditation dhyana* qui retint le plus son attention. Le bouddhisme tibétain travaillait en profondeur cette méditation – toujours présente dans la pratique du yoga et héritée d'un lointain passé. La méditation dhyana, dont la racine signifie « unir, attacher, maintenir », comprend trois étapes fondamentales : tout d'abord, *la concentration*, ensuite la méditation proprement dite ou « support mental » de l'objet de *la concentration* et enfin *la contemplation* de ce même objet quand il se maintient sans effort mental.

Avant de rentrer en Occident, le Dr Caycedo accueillit pendant quelques jours, dans sa maison, à Delhi, un groupe de bouddhistes tibétains avec lesquels il s'était lié d'amitié à Dharamsala. Il fut surpris par leur façon de méditer : ils utilisaient des mantras qu'ils répétaient inlassablement.

Des années plus tard, en Colombie tout d'abord puis en Andorre, il se souviendra de ces exercices et les adaptera à la Relaxation Dynamique en utilisant la voix et le son comme stratégie vivantielle, dans les techniques sophrologiques.

L'expérience du zen japonais

Mes parents séjournèrent également quelque temps au Japon, avec l'intention d'y étudier le bouddhisme zen et de visiter les monastères les plus importants de l'École Soto.

Zen est la prononciation japonaise du mot chinois *chan* (禪), lui-même issu du sanscrit *dhyana*, qui signifie « méditation ». La méditation dhyana est une des étapes que recommande le Raja-Yoga, d'origine indienne. Nous pouvons voir que la filiation entre ces disciplines est évidente et que leur méthodologie respective s'est transmise de génération en génération et ceci à travers les siècles. Cela dit,

---

9 Le Dr Caycedo invita aussi le Dr Yeshey Donden, médecin personnel du dalaï-lama, à participer aux deux premiers congrès mondiaux de sophrologie qui eurent lieu à Barcelone en 1970 et 1975. Le Dr Donden participa également aux cours post-congrès où il expliqua amplement aux médecins présents, les principes et les traitements de la médecine tibétaine. L'intention de ces deux premiers congrès mondiaux de sophrologie était de favoriser la rencontre entre les médecines d'Orient et d'Occident et de les faire dialoguer. Compte tenu des bénéfices thérapeutiques que cela pouvait présenter pour les deux médecines, la présence de médecins hindous et de yogis accrédités qui exposeraient leurs connaissances et feraient part de leur expérience, s'avérait indispensable.

avec le temps, le zen a acquis sa propre identité : sa méthode est très différente de celle du bouddhisme tibétain et de celle du yoga.

Les monastères que visitèrent mes parents respiraient beauté et harmonie, propreté extrême, travail et discipline. Les moines qui y vivaient respectaient les coutumes ancestrales et avaient le souci de les maintenir vivantes. La pratique du zen se réalisait dans une grande salle nommée *dojo* où l'on pratiquait le *zazen*[10].

Les bouddhistes zen japonais basaient leurs pratiques sur la contemplation et utilisaient aussi des mantras qu'ils répétaient des centaines de fois. Les sons produits par les moines zen – qui devinrent aussi ses amis – surprirent énormément le Dr Caycedo qui constata que les moines bouddhistes du Japon récitaient le même mantra que les raja-yogis de l'Himalaya : la *Prajnaparamita*.

C'est toujours avec la même intentionnalité que le Dr Caycedo se rendit auprès des *roshis*[11] des monastères pour les interroger sur leur façon de méditer, dans l'idée de trouver le moyen d'adapter ces techniques pour ses patients. Il fut étonné de constater que la façon de vivre des vieux moines zen japonais était totalement différente de celle des yogis hindous ou des bouddhistes tibétains – ils ne sont pas végétariens, boivent du *saké* et se comportent d'une manière spontanée.

Le Dr Caycedo fut très frappé par la méthode utilisée dans la méditation zen : tout d'abord, la posture zazen, essentielle à la pratique ; et également la concentration sur la respiration ainsi que l'exercice du *koan*. Ce dernier exercice, proposé par le maître, consiste à faire réfléchir le disciple sur un problème qui n'a pas de solution. Au bout de plusieurs jours, semaines, voire années de méditation sur ce problème « absurde », le disciple finit par réussir à briser l'obstacle de la raison pour accéder à un état supérieur de conscience.

Dans sa forme la plus pure, le koan n'est ni une devinette ni un mot d'esprit lancé par le maître à son disciple. Il ne résout pas d'énigme ; il travaille avec un paradoxe de sagesse centenaire transmis dans l'intimité de la relation maître-disciple. Le disciple remercie son maître pour cette question et dépose alors dans son cœur l'énigme du koan à résoudre. La pratique du koan se fait lors de séances formelles mais aussi durant chacune de ses activités quotidiennes. À terme, cette pratique, associée à celle du zazen, permet au disciple d'atteindre le *satori* – état de pure contemplation.

Mes parents sont de retour en Inde. Ils vont être parents pour la deuxième fois. En raison de la précarité des conditions sanitaires des hôpitaux indiens qu'ils avaient visités, ma mère – qui avait vécu la plus grande partie de sa grossesse dans ce pays – me donnera le jour à Lille, sa ville natale. Quant à mon père, il attendra

10 *Zazen* (de *za*, « assis » et *zen*, « méditation ») : méditation assise.

11 *Roshi* (*rōshi*) signifie littéralement « maître vénérable ». Nom donné à un maître de zen accompli, qui peut être moine, prêtre ou laïc. La fonction du roshi est celle de guider et inspirer ses disciples sur la voie de la réalisation de soi.

que ses deux livres, Letters of Silence[12] et l'Inde des Yogis[13] soient publiés en Inde, pour rentrer en Europe.

Comme nous l'avons déjà précisé, tout au long de son séjour en Orient, Alfonso Caycedo continua de consigner par écrit les entretiens et les vivances qu'il eut avec les grands maîtres, prenant des notes sur leur façon de penser, d'être et de s'entraîner. Ces notes serviront de base aux deux livres que nous venons de citer et qui font partie de l'histoire de la sophrologie.

Différences entre sophrologie, yoga, bouddhisme et zen

Malgré les expériences positives qu'il connut en Orient et l'influence qu'elles eurent sur sa recherche, Alfonso Caycedo affirme que la sophrologie n'est pas une école orientaliste et qu'elle ne partage pas non plus certains des fondements propres à ces disciplines orientales de méditation.

Examinons quelques différences importantes.

L'objectif

Bien qu'ils ne soient pas à proprement parler une religion, le yoga, le bouddhisme et le zen présupposent certaines croyances, leur objectif final étant de pouvoir se libérer de la chaîne des réincarnations et de s'unir à l'Absolu. Le but ultime de la pratique de ces trois disciplines est de parvenir à l'union avec le divin – union qui correspond au *samadhi* dans le yoga, au *nirvana* dans le bouddhisme et au *satori* dans le zen –, alors que celui de la sophrologie est de connaître la conscience et de développer les valeurs de l'existence.

La sophrologie respecte profondément les croyances et les pratiques millénaires de l'Orient, ce qui ne signifie en aucune manière qu'elle adhère à ses croyances religieuses qui ne font partie ni de son référentiel conceptuel et théorique ni de sa méthodologie. Le Dr Caycedo situe la sophrologie comme une science ; elle est apolitique et aconfessionnelle.

---

12 Caycedo, A. (1966). *Letters of Silence*, New Delhi : Bhawnani and Sons.

13 *L'Inde des Yogis* compte une édition en anglais Caycedo, A. (1966). *India of Yogis*, New Delhi : National Publishing House, 1966, et deux éditions en espagnol : Caycedo, A. (1971). *La India de los Yoguis* (1ª ed.). Barcelona : Scientia ; Caycedo, A. (1977). *La India de los Yoguis* (2ª ed.). Barcelona : Andes.

Le rôle du maître

Dans les trois disciplines orientales mentionnées, le rôle du maître est essentiel. Le disciple vénère profondément son maître et suit ses recommandations sans quasiment les remettre en question.

Le sophrologue pratique et vit la sophrologie. Pour son élève ou son patient, il est avant tout un guide qui lui enseigne les pratiques et l'oriente en l'accompagnant dans son entraînement. Une fois que le pratiquant connaît les techniques sophrologiques, il est en mesure de les adapter dans sa vie quotidienne sans l'aide du sophrologue qui les lui a enseignées. Nous pouvons donc dire que la sophrologie favorise l'autonomie de celui qui la pratique.

Bien qu'ayant des objectifs différents de ceux de la sophrologie, le yoga, le bouddhisme et le zen allaient servir de sources d'inspiration pour l'élaboration des trois premiers Degrés de la Relaxation Dynamique de Caycedo. Dans le chapitre suivant, nous verrons les aspects de ces disciplines orientales que le créateur de la sophrologie jugea importants de retenir et d'intégrer à la Relaxation Dynamique – sous une forme spécialement adaptée à la mentalité occidentale.

Le Dr Caycedo, professeur associé à la chaire de psychiatrie de l'université de Barcelone

Lorsqu'Alfonso Caycedo revient en Europe, après un séjour de deux ans en Orient, il se met à la recherche d'un lieu qui lui conviendrait pour s'y installer avec sa famille. Quelques années auparavant, alors qu'il vivait encore à Madrid, il s'était rendu à plusieurs reprises à Barcelone pour y dispenser son *Cours d'introduction à la sophrologie* à des psychiatres catalans ouverts aux théories et aux techniques qu'il enseignait alors. Il appréciait cette ville pour son climat méditerranéen, sa réputation de sérieux, la cordialité de ses habitants et bien sûr, les amis sophrologues qu'il s'y était déjà faits. Aussi, lorsqu'il reçut la proposition de collaboration du Pr Ramon Sarró[14], il n'hésita pas une seconde.

Cet éminent psychiatre catalan de renommée internationale, qui avait suivi ses recherches sur la conscience et la création de la sophrologie avec le plus grand intérêt, lui propose de travailler à ses côtés en qualité de professeur associé de la chaire de psychiatrie et de professeur titulaire de l'École professionnelle de psychiatrie. C'est avec enthousiasme que le Dr Alfonso Caycedo, encore jeune psychiatre, accepte cette offre de collaboration du Pr Sarró dont il connaissait la

14 Le Pr Ramón Sarró était professeur de la chaire de psychiatrie de la faculté de médecine de Barcelone et directeur de l'École professionnelle de psychiatrie et du service de psychiatrie de l'Hôpital Clinique de Barcelone.

réputation – c'était un disciple de Freud – ainsi que les recherches sur les théories et les pratiques de la psychanalyse.

Tout comme le Pr López-Ibor l'avait fait quelques années plus tôt à Madrid[15], le Pr Sarró l'encourage à créer un Département de sophrologie et de médecine psychosomatique rattaché à l'Hôpital Clinique de Barcelone. Tout en travaillant avec ce grand psychiatre, le créateur de la sophrologie va donc poursuivre ses recherches sur la conscience dans cette unité dont il est responsable et qui sera appelée à jouer un rôle important dans l'histoire de la sophrologie.

Parallèlement à son activité hospitalière et à son implication dans ce Département de sophrologie et de médecine psychosomatique, mon père reçoit sa clientèle privée, Vía Augusta, à l'angle de la rue Muntaner – là-même où nous habitions ; pour la petite histoire : lorsque nous étions enfants, mon frère et moi avions l'habitude de ne pas faire de bruit en fin de journée afin de ne pas gêner les patients qui venaient consulter. Plus tard, mon père transférera son cabinet avenue Diagonal, toujours à l'angle de la rue Muntaner, puis rue Balmes, à hauteur de la Gran Vía.

15 Voir chapitre 1.

Chapitre 4

Les débuts de la méthode sophrologique : la Relaxation Dynamique

J'introduisis le principe du schéma corporel comme réalité vécue
Alfonso Caycedo

C'est une fois installé à Barcelone, qu'Alfonso Caycedo commence à réaliser véritablement le projet qui pendant tant d'années avait occupé son esprit et qu'il avait peu à peu, commencé à concevoir.

Qu'avait-il en tête à ce moment-là, et de quoi disposait-il alors ? :

– il était animé par ce rêve qui avait déjà commencé à devenir réalité et qui, d'une certaine manière, était contenu dans l'éthymologie du terme *sophrologie* et dans la devise *Ut conscientia noscatur – Pour que la conscience soit connue.*

– il disposait d'un outil de travail novateur et très utile, déjà appliqué en psychiatrie : la méthode phénoménologique.

– il pouvait s'appuyer sur des expériences personnelles intéressantes faites en Orient et sur des connaissances précieuses concernant le yoga, le bouddhisme et le zen. Il avait en sa possesion des enregistrements d'entretiens avec des maîtres de ces trois disciplines, un nombre important de films et de photos de yogis faisant leurs pratiques et une grande quantité de notes concernant ces exercices. Tout ce matériel riche et dense avait déjà fait l'objet de la publication en Inde de ses deux premiers livres.

– et surtout, il était porté par la volonté ferme de travailler pour la santé mentale ainsi que par la détermination de proposer des méthodes qui soient efficaces pour le patient et respectueuses de sa dignité.

Animé par son rêve, porté par sa volonté et sa détermination et riche de toute cette connaissance et de ce matériel rapportés d'Orient, il commença à définir de façon claire le champ de travail de la sophrologie – une science qui étudie la conscience en équilibre – et à structurer sa Méthode.

Afin que le lecteur puisse avoir une meilleure compréhension de la structure fondamentale de la sophrologie, nous commencerons par énoncer les piliers sur lesquels elle s'appuie. Ayant cette vision d'ensemble, nous expliquerons pas à pas, le développement chronologique de la théorie et de la méthode sophrologique.

Les quatre piliers[1]

Au cours des années, le Dr Caycedo décrit les quatre piliers fondamentaux sur lesquels s'appuie la sophrologie :

– 1er pilier : les modèles théoriques et conceptuels – épistémologie ;

– 2e pilier : la méthodologie ou Méthode Caycedo ;

[1] L'objectif de cet ouvrage n'est pas de décrire en détail les modèles théoriques et conceptuels – épistémologie – de la Sophrologie Caycédienne. Nous mentionnerons quelques concepts essentiels sur la théorie et la méthodologie au fur et à mesure de leur apparition dans ce livre.

– 3e pilier : la sémantique propre à l'École sophrologique ;
– 4e pilier : les bases juridiques qui protègent l'authenticité de la sophrologie.

Nous mentionnerons ci-dessous quelques points essentiels concernant les deux premiers piliers – fondements théoriques et conceptuels et méthodologie – afin que le lecteur puisse suivre le fil conducteur du processus de création de la méthode sophrologique.

L'épistémologie

L'épistémologie en sophrologie, se réfère à l'ensemble des concepts et théories relatifs à l'étude de la conscience humaine.

Nous allons ici brièvement expliquer la première théorie qui constitue le point de départ fondamental de la sophrologie.

La Théorie des possibilités existentielles de l'être[2]

Plus communément connu sous le nom de *Théorie de l'éventail*, le modèle des états et des niveaux de conscience élaboré par le Dr Caycedo va constituer le cadre de travail de la sophrologie et accompagnera son auteur tout au long de sa recherche.

D'un point de vue phénoménologique, le Dr Caycedo définit les états de conscience comme des variations qualitatives de la conscience, des possibilités existentielles de l'être : ceux-ci qualifient la façon dont une personne tend à appréhender habituellement sa propre réalité et son existence.

Jusqu'alors, la psychiatrie n'étudiait que deux états de conscience : la conscience naturelle ou ordinaire – celle des personnes en bonne santé – et la conscience pathologique – celle des personnes souffrant de maladie mentale. Alfonso Caycedo conserve ces deux états et en propose un troisième qu'il nomme *état sophronique*. Il s'agit d'un état opposé à l'état de conscience pathologique, qui se caractérise par sa nature sereine, positive et porteuse de valeurs. L'hypothèse fondamentale de cette théorie est que l'être humain peut conquérir librement cet état de conscience harmonieux et l'« habiter » de manière transitoire ou de plus en plus durable.

Le Dr. Caycedo décrit également les niveaux de conscience – qui peuvent varier indépendamment des états de conscience – et les définit comme des variations quantitatives de la vigilance. Ce sont ces moments transitoires par lesquels nous passons tous, tout au long d'une journée : la veille, le sommeil, mais également ces petites fluctuations de vigilance ou de somnolence que nous pouvons à tout moment expérimenter. Il mentionne également les différents stades du coma qui se caractérisent par une diminution progressive de la conscience.

---

[2] À de nombreuses occasions, Alfonso Caycedo se réfère aux *possibilités existentielles de l'être*. Nous voyons là, l'influence claire de Martin Heidegger. L'être renvoie ici à l'être humain, à l'homme qui vit dans son *Dasein*.

Entre la veille et le sommeil, il propose un niveau intermédiaire de conscience auquel il donne initialement le nom de *niveau sophroliminal*[3]. C'est dans ce niveau qu'il recommande de pratiquer toutes les techniques sophrologiques, la dynamisation de notre potentiel y étant facilitée.

Au cours des ans, il introduira différentes postures corporelles – Postures des Premier, Deuxième, Troisième, Quatrième Degrés et Posture Isocay – qui permettront de se maintenir dans un niveau de conscience plus ou moins actif selon la posture adoptée.

Ainsi, d'après cette *Théorie des possibilités existentielles de l'être*, théorie fondatrice de la sophrologie, il est possible d'acquérir, de conquérir cet état de conscience serein – état sophronique – grâce à la pratique régulière des techniques sophrologiques dans ce niveau spécial de conscience qu'est le niveau sophroliminal. Cette nouvelle science qui avait comme devise *Ut conscientia noscatur – Pour que la conscience soit connue* –, trouvait ici son objet d'étude[4].

La Méthode Caycedo

La Méthode Caycedo est la forme pratique de la sophrologie. Elle comprend la Relaxation Dynamique de Caycedo (RDC) et les Techniques spécifiques.

La Relaxation Dynamique de Caycedo (RDC) : colonne vertébrale de la sophrologie

Son objectif est de permettre au pratiquant de connaître sa propre conscience – en la découvrant sur un mode vivantiel, expérientiel – et de développer ses valeurs. Elle se compose de douze Degrés répartis en trois Cycles : le Premier Cycle également appelé Cycle Fondamental[5], le Deuxième Cycle ou Cycle Radical[6] et le Troisième Cycle ou Cycle Existentiel[7], l'ensemble formant une méthodologie cohérente. Chaque Degré vise un objectif spécifique. Les quatre Degrés du Premier Cycle, par exemple, sont respectivement orientés vers la découverte du corps, de l'esprit, de l'intégration corps-esprit et des valeurs.

---

[3] Par la suite, Alfonso Caycedo étudiera plus en détail les sous-niveaux ou couches qui existent entre la veille et le sommeil et leur donnera des noms spécifiques. Caycedo, A. (2000). Le niveau sophroliminal comme troisième forme de conscience. *Sophrologie Caycédienne, 21*, 3-15.

[4] Voir : Caycedo, N. (2018). Catégorie de science dans laquelle s'inscrit la sophrologie. In *Science et Sophrologie*. (pp. 35-38). Barcelone : Ed Sofrocay.

[5] Dans ce chapitre, nous expliquerons l'origine des trois premiers Degrés de la RDC qu'Alfonso Caycedo créa durant son séjour à Barcelone. Le Quatrième Degré ayant été créé quelques années plus tard en Colombie, nous le présenterons dans le chapitre suivant.

[6] Voir chapitre 9.

[7] Voir chapitre 10.

Les Techniques spécifiques[8]

Elles visent l'entraînement et le développement de capacités spécifiques et peuvent être adaptées aux contextes thérapeutique, pédagogique, sportif ou préventif. Elles permettent de travailler les paramètres du présent, du passé et/ou du futur. D'une durée moyenne de dix à quinze minutes, elles sont faciles à mettre en oeuvre dans le quotidien.

L'origine de la Relaxation Dynamique de Caycedo

Nous avons vu comment le Dr Alfonso Caycedo alla découvrir – *in situ* – les techniques du yoga, du bouddhisme et du zen. Mettant en pratique la méthode phénoménologique et sa connaissance des techniques orientales, il commencera à élaborer la Relaxation Dynamique :

> *J'entrepris la création et l'expérimentation vivantielle de la nouvelle méthodologie : oeuvre oh combien délicate ! C'est alors que je pris conscience des liens de parenté, tant au niveau conceptuel que pratique, entre les théories de la phénoménologie existentielle de Binswanger appliquées à la psychiatrie et une sélection des savoir-faire les plus importants qu'il m'avait été donné de connaître et d'étudier en Orient.*

S'appuyant fidèlement sur la méthode phénoménologique dans son travail de recherche, le Dr Caycedo sentit qu'il lui fallait organiser, asseoir et systématiser toute cette expérience orientale sur des concepts philosophiques et scientifiques.

Les principes du yoga, du bouddhisme et du zen qui ont influencé la sophrologie

La plupart des expériences qu'Alfonso Caycedo vécut dans la pratique de ces disciplines orientales eurent une influence sur l'élaboration des trois premiers Degrés de la Relaxation Dynamique de Caycedo. Nous commenterons ici les aspects de ces disciplines étudiées en Orient qu'il jugea importants et dont il fit une adaptation dans la Relaxation Dynamique.

La présence du corps

Les techniques de méditation aussi bien du yoga, du bouddhisme que du zen prennent le corps en considération. Dans le Raja-Yoga par exemple, le yogi réalise préalablement une suite de *kriyas* ou rituels de purification corporelle qui le préparent à une meilleure concentration. Il pratique ensuite une série de mouvements ou *asanas* dont chacun a une signification particulière. Il termine la pratique par une

---

8 Voir chapitre 5.

relaxation générale en position allongée. Dans le bouddhisme et dans le zen, bien qu'on n'effectue pas autant de mouvements, la position corporelle adoptée lors de la pratique est essentielle pour favoriser la méditation.

Alfonso Caycedo s'inspira de quelques exercices dérivés du Raja-Yoga et de la posture zen pour élaborer les trois premiers Degrés de la Relaxation Dynamique. Compte tenu de la connotation religieuse de nombreuses postures utilisées par ces disciplines, il fit le choix d'en proposer de nouvelles. Il planifia également une progression pédagogique qui s'appuyait sur un certain nombre d'exercices, avec comme objectif principal la présence du corps dans la conscience.

Il fit suivre chaque exercice d'un temps de pause – ce qui n'existait pas dans le yoga qu'il avait connu – auquel il donna le nom de *pause phronique*, ceci afin de favoriser la présence consciente des sensations, perceptions et sentiments dans la conscience. Cette stratégie devait faciliter ce qu'il appellera plus tard la *vivance phronique.*[9]

La contemplation

Dans le yoga comme dans le bouddhisme, la contemplation est une pratique habituelle. Alfonso Caycedo intégrera la pratique de la contemplation à la sophrologie, apportant la précision suivante :

> *Il ne s'agit pas d'une contemplation mystique, centrée sur un thème particulier ; il s'agit d'une contemplation passive, la constatation passive d'une présence, au-delà de la raison. Le reste de la conscience est réduit : la personne contemple et évite tous genres d'associations.*

La contemplation est une capacité de la conscience qui se développe et s'assimile progressivement avec la pratique de la méthode sophrologique. Au fur et à mesure que le pratiquant progresse dans les différents Degrés, l'exercice de contemplation devient plus exigeant et plus profond.

Le koan

Comme nous l'avons dit plus haut, *koan* est le terme japonais utilisé dans le bouddhisme zen pour désigner une question normalement sans réponse logique, que le maître formule à ses disciples pour qu'ils la résolvent. Le koan a pour but d'enseigner au disciple à capter la réalité par la voie de l'intuition et pas uniquement par celle de la logique.

Le Dr Caycedo observa qu'utilisé dans sa forme originelle, le koan générait chez les pratiquants plus de sentiments de frustration et de mal-être que de sérénité et de paix. Il décida alors de le remplacer par ce qu'en sophrologie nous appelons *la*

---

[9] Voir chapitre 1.

Question radicale, question que le pratiquant « laisse tomber » dans la profondeur de sa conscience en espérant trouver tôt ou tard la réponse. La stratégie de la Question radicale se pratiquera lors des Degrés cinq à huit de la Relaxation Dynamique de Caycedo.[10]

Le son utilisé comme percussion corporelle

Comme nous l'avons mentionné précédemment, le Dr Caycedo fut intrigué par la façon dont les yogis de l'Himalaya utilisaient le son pour percuter les différentes parties de leur corps. Le neurologue qu'il était ne pouvait qu'être interpellé par la manière dont le yogi Nadabrahmananda activait son corps avec le son et percevait aussitôt les effets de cette stimulation particulière.

De même, la récitation des mantras par les bouddhistes l'impressionna fortement :

> *Je me souviens de la tonalité grave des voix des Tibétains récitant leurs mantras. C'était impressionnant d'assister à ces pratiques.*

Quelques années plus tard, il introduira la stratégie du son afin d'activer la présence du corps dans la conscience[11].

La méthode phénoménologique comme stratégie pour la connaissance de soi en sophrologie

Le Dr Caycedo s'inspire du courant philosophique de la phénoménologie pour élaborer et structurer sa Méthode. Son objectif est que le pratiquant parvienne à mettre entre parenthèses le monde extérieur, ses propres conditionnements et apprenne à engager une relation authentique et profonde avec lui-même, relation qui l'amène à mieux se connaître et à développer ses capacités et ses valeurs.

Le processus

Réduction du monde extérieur

Le pratiquant apprend à « réduire », à mettre entre parenthèses le monde extérieur. Tout au long de la pratique des Premier et Deuxième Cycles, il développe la capacité à s'abstraire du monde environnant.

---

[10] Voir chapitre 9.

[11] Voir chapitre 9.

Développement de l'intentionnalité envers soi-même

Avec l'entraînement, le pratiquant apprend à orienter son intentionnalité vers lui-même. L'esprit se dirige vers le corps et le corps se projette vers l'esprit. Il s'agit d'une relation sujet-objet dans laquelle tous deux – corps et esprit – apprennent à s'éprouver et à "faire phénomène" sur un mode autre que celui qui avait été le leur jusque là. L'esprit dirige son intentionnalité vers le corps, met entre parenthèses ce qu'il « sait » et s'approche du corps en initiant un nouveau phénomène. Le corps se manifeste à l'esprit sous forme de sensations, de perceptions, de sentiments, de valeurs..., comme un authentique nouveau phénomène. Le phénomène déclenché par l'union de l'esprit et du corps s'amplifiera et s'approfondira grâce à la pratique, à la répétition des vivances et à l'intentionnalité propre à chaque technique.

De manière vivantielle et au fur et à mesure qu'il progresse dans chaque Degré, le pratiquant apprend à se connaître, à se sentir mieux et à « faire vivance » avec sa propre conscience. De plus, cette connaissance de lui-même lui permet non seulement de ne plus reproduire les schémas négatifs mais de renforcer les aspects positifs de son être, aux niveaux physique, mental, émotionnel et au niveau des valeurs.

Découverte d'une existence sophronique

Avec la pratique de la Méthode Caycedo, la personne découvre progressivement un nouvel état de conscience, plus serein, plus stable, avec la présence des valeurs dans sa vie quotidienne. C'était déjà l'intuition du Dr Alfonso Caycedo lorsqu'il postula la *Théorie des possibilités existentielles de l'être*. Celle-ci s'inscrit dans la ligne de la phénoménologie existentielle de Heidegger en l'enrichissant de la dimension positive et proactive du sens de la vie[12].

La création de la Méthode

Prenant en compte ces éléments, le Dr Caycedo commença à créer une méthode originale, adaptée à la façon d'être qui est la nôtre en Occident. À Barcelone, il disposait pour sa recherche, de deux lieux : le service de psychiatrie de l'Hôpital Clinique et son cabinet privé. Il pouvait en outre s'appuyer sur une équipe de professionnels de la psychiatrie, sympathisants de la sophrologie, telle qu'elle était comprise et pratiquée à l'époque.

C'est au sein de ce service de psychiatrie qu'il put créer et évaluer les trois premiers Degrés de la Relaxation Dynamique ainsi que la plupart des Techniques spécifiques du Cycle Fondamental.

---

12 Voir chapitre 10.

Pour expérimenter les premières versions de sa Méthode, il commença à mettre en place des entraînements de groupe avec les collègues de l'hôpital qui étaient intéressés par ces pratiques. Il forma des médecins catalans aux techniques classiques[13] de la sophrologie et les invita à participer à un « entraînement aux techniques orientales ». Il leur proposa de venir pratiquer tous les jours, à sept heures du matin, pendant un mois, dans un gymnase. La plupart d'entre eux s'inscrivirent à ces séances et suivirent avec enthousiasme cet entraînement qui les aidait à se sentir mieux, plus sereins, avec davantage d'énergie et de vitalité. Il écoutait leurs commentaires ; cette description de l'expression du phénomène de la vivance prendra plus tard le nom de *phénodescription*.[14]

Le fondateur de la sophrologie s'interrogea sur le nom à donner à ces exercices qui associaient relaxation et tension. Son objectif n'était pas de relaxer le corps mais plutôt de le rendre plus présent au moyen de différentes mobilisations corporelles. Il décida de proposer un nom qui décrirait ce phénomène : *relaxation dynamique*. Ses collègues, à l'unanimité, trouvèrent ce terme très opportun. Un grand nombre d'entre eux expérimentèrent avec lui – pendant des années – les innovations qu'il ajoutait au fur et à mesure à cet entraînement, dans le souci de le rendre de plus en plus efficace pour ses patients.

Voici ce qu'il dit à ce propos :

> *J'eus l'agréable surprise de constater que le groupe qui avait décidé de rester avec moi et qui s'était entraîné tous les jours, alla jusqu'au bout de l'expérience. Nous étions alors une vingtaine. Cela me permit d'observer leurs réactions, ce qui fut très important car je pus ensuite affiner peu à peu la Méthode, ajouter certains exercices, en éliminer d'autres et progressivement élaborer ainsi les Premier, Deuxième et Troisième Degrés de ma Relaxation Dynamique.*

Après cette première phase d'expérimentation avec ses collaborateurs, il commença à proposer cette méthode aux patients de l'Hôpital Clinique de Barcelone qu'il réunissait dans les sous-sols de cet établissement, par groupes allant de dix à vingt personnes. Ce fut une véritable révolution que de voir, en psychiatrie, les patients pratiquer ces exercices en groupe.

La méthode qu'il utilisait pour mettre au point la Relaxation Dynamique se basait sur l'observation phénoménologique : il proposait à ses patients les techniques qu'il avait déjà testées avec ses collègues, évaluait leurs phénodescriptions, retouchait les techniques et suggérait de nouvelles

---

[13] Voir chapitre 5.

[14] Voir chapitre 5.

adaptations[15] jusqu'à affiner, avec le temps, les douze Degrés de la Relaxation Dynamique.

Le Premier Cycle de la Relaxation Dynamique de Caycedo

Le Premier Cycle est appelé Cycle Fondamental ou Réductif parce que l'on part du principe que la personne qui habite le monde de la conscience naturelle, va apprendre « à réduire », à mettre entre parenthèses la connaissance qu'elle a d'elle-même, pour s'accueillir et se contempler comme si c'était la première fois. Ce processus de réduction est *fondamental* pour comprendre le cheminement proposé dans la Relaxation Dynamique.

Le Premier Cycle comprend quatre Degrés : les trois premiers furent expérimentés et testés par le Dr Caycedo, à Barcelone ; le Quatrième Degré viendra s'ajouter plus tard, après une expérience révélatrice dans son pays natal – la Colombie –, expérience que nous rapporterons en détail un peu plus loin.

Nous allons voir ci-dessous comment sont nés ces Degrés et quels sont les éléments qui les constituent.[16]

La naissance du Premier Degré de la RDC : le schéma corporel et l'éveil de la corporalité

Voyons ce que dit le Dr Caycedo à ce sujet :

Un des objectifs de la pratique du Premier Degré de la RDC est de réveiller la corporalité et d'en prendre conscience. Pour créer les exercices de cette première étape, je me suis inspiré du Raja-Yoga.

Comme nous l'avons vu précédemment, les thérapies utilisées à l'époque en psychiatrie étaient à prédominance psychologique – psychothérapie et psychanalyse –

---

15 La méthode que le Dr Caycedo employa pour créer chaque Degré de la RDC est semblable à celle qu'il utilisa pour créer les Techniques phroniques spécifiques. Voir le processus phénoménologique des Techniques phroniques spécifiques expliqué au chapitre 5.

16 La description qui est ici faite des trois Degrés de la RDC n'est pas une présentation détaillée ni exhaustive. Elle vise simplement à connaître les origines et les premières approches de chacun de ces Degrés.

ou biologique – électrochocs et comas insuliniques, dans les cas les plus graves – mais en général, la présence du corps n'était prise en considération dans aucune de ces thérapies.

Voici résumée ci-dessous, la façon dont le Dr Caycedo présentait, dans les années 1970, le Premier Degré de la Relaxation Dynamique de Caycedo ou *Relaxation Dynamique Concentrative*.

Le « kafa cleaning » comme exercice préparatoire

Le Dr Caycedo commença ce Premier Degré en s'inspirant des *kriyas*, exercices qui s'effectuaient préalablement à la pratique du yoga. Il proposa la pratique du *neti kriya*[17] inspirée de l'un des six *shatkriyas* ou processus de purification que les yogis effectuent avant les asanas. En raison de l'importance de la respiration dans ces pratiques, le nettoyage préalable des fosses nasales était essentiel.

Cette façon de procéder – que le Dr Caycedo appela plus tard *kafa cleaning* – fit l'objet d'une étude scientifique à l'hôpital Sant Pau de Barcelone. Les spécialistes en oto-rhino-laryngologie appliquèrent cette pratique dans le cadre d'une recherche visant à en démontrer les effets préventifs et thérapeutiques chez des patients souffrant de rhinites, sinusites, allergies et autres affections nasales. Les résultats probants obtenus lors de cette expérimentation furent publiés dans plusieurs revues médicales des années 1970. Ces écrits reconnaissaient au Dr Alfonso Caycedo le mérite d'avoir importé d'Orient ce procédé et de l'avoir intégré à la médecine traditionnelle occidentale[18].

Les exercices, la respiration et les pauses

Après avoir effectué le kafa cleaning, on commençait à pratiquer le Premier Degré, dans la position debout, pieds bien ancrés au sol – *Posture du 1er Degré* – en alternant des exercices respiratoires avec des exercices corporels. L'innovation consistait ici à proposer des exercices simples, faciles à réaliser, qui évitaient la complexité des asanas – réservés aux yogis ayant des années de pratique.

---

[17] Dans le yoga, il existe deux sortes de neti kriya : le *jala neti* et le *sutra neti*. Quand Alfonso Caycedo utilise le terme *neti kriya*, il se réfère au *jala neti* (le *sutra neti* est une forme différente d'hygiène nasale qui utilise une cordelette fine, mouillée). La pratique débutait par la préparation d'une eau légèrement salée et tiède – à température corporelle –, dans un récipient (le neti ou lota) conçu pour permettre l'obstruction complète d'une des deux fosses nasales. La technique exige une position spéciale de la tête qui favorise la pénétration de l'eau dans une narine, jusqu'au pharynx, puis son retour par l'autre narine, sans passer dans la bouche ou la gorge. Ceci permet de remplir les sinus et de nettoyer les fosses nasales. On vide ensuite les sinus en expulsant progressivement l'air par le nez. À la fin de cette technique, on s'accorde un temps de récupération pour prendre conscience de la respiration.

[18] Campmajó, A. (1975). El Neti-Kriya en Otorrinolaringología. In *Sofrología Médica Oriente-Occidente*, (Tomo III). Barcelona : Aura.

Le Dr Caycedo introduisit la *sophro-respiration synchronique*, exercice respiratoire synchronisé avec l'exercice corporel, sur le mode IRT-ER : inspiration (I) – rétention respiratoire (R) – mouvement ou tension (T) – expiration (E) – relaxation (R). L'expiration favorise le processus de détente des différentes parties du corps.

Après chaque exercice, il proposa ce qu'il appela la *sophro-récupération*, temps de pause dans lequel l'accent était mis sur l'importance de la prise de conscience des sensations psychophysiques perçues. Plus tard, il appellera *pause phronique*, ce temps de récupération faisant suite à l'activation physique ; cette pause sera considérée comme le moment le plus important de la pratique car elle favorise la *vivance phronique*,[19] axe fondamental de la Méthode.

Le schéma corporel

Au fur et à mesure que les patients pratiquaient ces exercices en s'accordant ce temps de pause, ils commençaient – ainsi qu'ils le décrivaient – à avoir une plus grande conscience de leur corps, ce dernier ayant été jusque là, le grand inconnu.

Voici la phénodescription d'un pratiquant après une séance du Premier Degré de la RDC, dans sa version actuelle :

> Lorsque je mets mon hémicorps droit en tension, c'est toute sa puissance qui s'invite dans l'expérience ; en redescendant le bras très lentement, je perçois cette douce chaleur qui diffuse dans mon bras et qui l'anime de son énergie. Lorsque je reviens en position d'équilibre, je sens mon hémicorps droit "se dessiner", prendre de la densité.
>
> L'activation de mon hémicorps gauche déclenche dans ma conscience un processus semblable. En revenant en position d'équilibre, c'est comme un réajustement qui s'opère entre mes deux hémicorps. Je constate que mon équilibre s'est modifié : il y a là quelque chose d'assuré, quelque chose qui me parle de la certitude de m'appartenir.
>
> L'activation de mes deux hémicorps me donne l'impression de gagner en matière. Lorsque je redescends les bras très lentement, je sens tout mon corps magnifié. Je reste quelques instants en position d'équilibre, mes pieds bien ancrés au sol. Je me sens dans une proximité intime avec tout mon être.

C'est ainsi qu'apparut *le principe du schéma corporel comme réalité vécue*, l'un des principes fondamentaux de la sophrologie, qui sera présent dans toute la méthodologie sophrologique, du Premier au dernier Degré de la Relaxation Dynamique de Caycedo.

---

[19] Voir chapitre 1.

Voyons ce que dit le Dr Caycedo à ce sujet :

> *La connaissance directe que nous pensons avoir de notre propre corps change, puisque peu à peu, cette connaissance se transforme en une découverte d'autoperception sensorielle de notre corporalité. Cette vivance transforme progressivement le sentiment que nous avons de notre propre schéma corporel.*
>
> *J'introduisis le principe du schéma corporel comme réalité vécue. Je me rendis compte que ce principe, si présent en Orient et tellement mis en pratique là-bas, pourrait trouver sa place en psychiatrie, dans le sens d'une intégration du corps dans le processus global de la thérapie.*

Sur le chemin de la contemplation

S'inspirant du Raja-Yoga, Alfonso Caycedo proposa en fin de pratique un exercice provenant de la *méditation Dhyana*. Il s'agissait tout d'abord d'évoquer un objet de la nature puis de se concentrer sur cet objet naturel – appartenant aux règnes minéral ou végétal : une pierre, un arbre, une fleur – inspirant paix et tranquillité, etc. Cet exercice auquel il donna le nom d'*objet neutre*, visait d'une part, à introduire la dimension de l'esprit dans une pratique à prédominance corporelle et d'autre part, à limiter les associations aussi bien rationnelles qu'affectives. Cette activation de l'esprit annonce déjà le Deuxième Degré de la RDC et plus particulièrement ce que nous appelons la « contemplation externe ».

Le Premier Degré de la Relaxation Dynamique de Caycedo, pratiqué de façon individuelle ou en groupe, représentait une révolution dans les méthodes utilisées jusque là en psychiatrie... L'impact qu'il eut sur les collègues du Dr Caycedo, aussi bien espagnols que français, fut considérable.

Par la suite, en suivant la même méthode d'analyse de la vivance – qu'il appellera plus tard *Sophro Analyse Vivantielle Caycédienne*[20] –, Alfonso Caycedo continuera à perfectionner le Premier Degré de la Relaxation Dynamique ; il éliminera la pratique du kafa cleaning et inclura la vivance des Systèmes[21] et la prise de conscience des structures tissulaires[22].

---

[20] Voir chapitre 5.

[21] Voir la définition des Systèmes dans le chapitre 8, note 3.

[22] Voir chapitre 8 et Caycedo A. (2006). La conscience phronique tissulaire, sentiment fondamental du Premier Cycle de l'entraînement sophrologique de la Méthode Caycedo. *Sophrologie Caycédienne*, 44, Editorial.

Le Deuxième Degré de la RDC : l'esprit et l'animation de la corporalité

Faisant suite à l'élaboration du Premier Degré, commença la gestation et la création du Deuxième Degré.

Même si la présence du corps avait beaucoup apporté aux patients et aux personnes qui pratiquaient cette Méthode, il restait à rechercher des techniques pour développer également la prise de conscience de l'esprit. C'est ainsi que le Dr Caycedo commença à mettre au point le Deuxième Degré de la Relaxation Dynamique. Alors qu'en psychologie, l'esprit désigne les capacités et les fonctions de l'être humain relatives à l'intellect, la volonté et l'affectivité – dans l'ensemble de leurs manifestations –, il est important de souligner qu'en sophrologie, l'étude de l'esprit ne se fait pas d'un point de vue psychologique. Son approche est différente : il s'agit surtout d'une vivance, beaucoup plus proche de la contemplation que de la rationalisation occidentale.

La contemplation comme stratégie vivantielle[23]

Tout comme le Dr Caycedo avait donné le nom de *Relaxation Dynamique Concentrative* au Premier Degré de sa Relaxation Dynamique, il attribua au Deuxième Degré celui de *Relaxation Dynamique Contemplative*[24].

Importée d'Orient, la contemplation allait devenir la stratégie vivantielle du Deuxième Degré de la RDC. Cette capacité de contemplation vise à mettre entre

---

23 Le Dr Caycedo utilise différentes stratégies vivantielles afin de faciliter l'expérimentation de l'objectif vivantiel de chaque Degré. Pour comprendre ce qu'est une stratégie vivantielle, nous pouvons prendre l'exemple du scientifique qui, pour voir précisément la plaque d'un tissu au microscope, y ajoute un colorant lui permettant d'apprécier toutes les structures qu'il veut observer. Dans la Relaxation Dynamique, les exercices proposés dans chaque Degré, ont la fonction du colorant.

– dans le Premier Degré, la stratégie vivantielle proposée consiste en une série de mouvements corporels visant à sentir le corps, ce corps qui, dans bien des cas, est voilé dans notre conscience ;

– dans le Deuxième Degré, la stratégie vivantielle est la contemplation externe et interne ;

– dans le Troisième Degré, la stratégie vivantielle s'appuie sur la posture, laquelle facilite la vivance de l'intégration corps-esprit.

24 L'introduction en Occident de la pratique de la contemplation en sophrologie est un fait qui mérite une attention toute particulière. La contemplation avait déjà été mentionnée par Pythagore, Anaxagore et Platon, lequel remarqua sa relation avec la connaissance ineffable. Aristote reconnaît que la contemplation est l'activité la plus sublime de l'homme moralement bon. Plus tard, elle apparaît à nouveau chez Clément d'Alexandrie et chez Plotin. On la retrouve également au IVème siècle, chez les anachorètes du désert. Saint Augustin et Saint Thomas développeront l'importance de la contemplation. À la Renaissance, Sainte Thérèse d'Avila et Saint Jean de la Croix, perpétueront la tradition contemplative d'orientation chrétienne. Il est à noter que cette forme de contemplation occidentale n'est pas neutre, elle est toujours dirigée et s'exerce sur un objet très précis, généralement, un mystère de la vie du Christ. La contemplation des vivances telle que proposée par la sophrologie était assurément une nouveauté en Occident.

parenthèses les contenus qui distraient l'esprit ; ainsi, nous apprenons, au-delà de la raison, à nous approcher de l'essence de l'objet contemplé.

Le Dr Caycedo décrit la contemplation comme « la constatation passive d'une présence ». Grâce à elle, le pratiquant constate la présence de son corps, expérience beaucoup plus profonde que celle de sa simple perception.

Afin d'activer la capacité de contemplation, il propose de réaliser en position assise – *Posture du Deuxième Degré* – une série d'exercices corporels plus doux que ceux pratiqués dans le Premier Degré.

Durant la vivance du Deuxième Degré, la contemplation s'effectue sur deux modes : l'un – externe – qui consiste à contempler le corps un peu comme de l'extérieur, et l'autre – interne – dans laquelle il s'agit de contempler les sensations et perceptions vécues. Lors de la pause d'intégration, la contemplation s'ouvre à la vivance du sentiment de corporalité. C'est avec la pratique de ces deux niveaux de contemplation – externe et interne – que notre schéma corporel qui, dans le Premier Degré, s'exprimait en sensations et perceptions, s'élabore maintenant avec le Deuxième Degré, en sentiment de corporalité.

Même si le principe de la contemplation lui a été inspiré par certaines pratiques orientales, les exercices de contemplation externe et interne que propose le Dr Caycedo dans ce Deuxième Degré sont tout à fait originaux. On notera par contre que la formulation d'un souhait de paix orienté vers soi, vers les êtres chers et vers tous les êtres, qui est proposée en fin de pratique, est d'inspiration bouddhiste ; les moines bouddhistes terminent leurs pratiques en formulant des souhaits similaires.

En proposant la contemplation dans le Deuxième Degré de la RDC, le Dr Caycedo commença à introduire une forme de connaissance différente de celle à laquelle nous étions habitués jusque là en psychiatrie, où la raison était et est encore pratiquement la seule capacité permettant l'accès à la connaissance.

Voici la phénodescription d'un pratiquant après une séance du Deuxième Degré de la RDC :

Lorsque je me contemple là, assise sur la chaise, les pieds comme enracinés dans le sol, c'est un sentiment de complétude qui apparaît : je me sens délimitée, contenue par la forme de mon corps et comme "déposée" en moi ; mon esprit, lui, est occupé à apprécier les effets de la gravitation sur mon corps, à apprécier mes dimensions.

Lorsque je contemple mes bras dans le mouvement, quelque chose de l'ordre d'un ajustement s'opère entre le senti – je sens mon thorax devenir plus consistant, s'animer du dedans – et le perçu – je me sens m'inscrire dans l'environnement, avec un sentiment d'accueil de ma réalité corporelle. Ce regard bienveillant, valorisé que je porte sur ma poitrine en dévoile la dimension esthétique... Et l'artiste qui signe cette oeuvre que je suis..., c'est ma propre conscience...

Une fois qu'il eut créé le Deuxième Degré, le Dr Caycedo continua à analyser les vivances des personnes qui le pratiquaient – future Analyse Vivantielle Caycédienne. Au cours des ans, il retouchera et actualisera la Relaxation Dynamique du Deuxième Degré, jusqu'à aboutir à sa mise au point définitive, celle que nous connaissons aujourd'hui.

Le Troisième Degré de la RDC : l'intégration corps-esprit

Après avoir proposé les Premier et Deuxième Degrés, le Dr Caycedo ressentira le besoin de poursuivre avec une pratique plus intégrative, dans le but de favoriser la vivance du sentiment d'intégration, d'union du corps et de l'esprit. Il commencera à développer le Troisième Degré et lui donnera le nom de *Relaxation Dynamique méditative ou réflexive*, ces deux termes – *méditative* et *réflexive* – qualifiant l'acte de diriger l'attention sur soi.

C'est lorsque nous parvenons à nous isoler complètement du monde extérieur, à mettre cette réalité entre parenthèses – ce qui, dans le langage phénoménologique, correspondrait à une réduction phénoménologique pure –, que nous nous dirigeons vers nous-même, vers cette rencontre entre notre esprit attentif et notre corps présent.

Ce Degré s'inspire de la pratique du zen :

> *Plus tard, dans ma recherche de la vivance phronique de la rencontre entre le corps et l'esprit, je conçus le Troisième Degré de la RDC - dont les exercices se pratiquent dans un niveau de conscience au bord de la vigilance -, en m'inspirant, bien sûr, des techniques que j'avais apprises avec les moines zen au Japon.*

La posture

Le Dr Caycedo orienta la pratique du Troisième Degré en s'inspirant de la posture zazen[25] – posture fondamentale dans le bouddhisme zen, au point que beaucoup de moines zen affirment que leur pratique ne serait pas ce qu'elle est sans la posture zazen – mais en l'adaptant aux coutumes occidentales. Ainsi, au lieu de s'asseoir au sol sur un coussin, il proposa de s'asseoir en bord de chaise, pointe des pieds au contact du sol, mains superposées sur le bas-ventre, dos droit, épaules en arrière, tête droite, menton légèrement rentré, respiration sur le bas-ventre. Cette posture à laquelle il donna le nom de *Posture de Troisième Degré*,

---

[25] La posture *zazen* peut se pratiquer soit agenouillé à même le sol, soit assis sur un *zafu*. Le *zafu* est un coussin rond, d'environ 35 cm de diamètre et de 20 cm d'épaisseur, en général : il permet de surélever les hanches et facilite ainsi l'adoption – par le pratiquant –, d'une posture plus droite, avec la colonne vertébrale bien tenue, la tête également droite, le menton rentré, les yeux entrouverts, le corps détendu et les jambes croisées, de façon à ce que les genoux soient en appui ferme sur le sol.

permettait un maintien de la colonne vertébrale proche de la posture zazen et favorisait un niveau de conscience plus actif.

Après avoir constaté qu'en pratiquant les yeux entrouverts – comme dans le zen –, certains pratiquants se laissaient distraire, il décida de reconsidérer son travail et proposa de pratiquer les yeux fermés et d'alterner la Posture de Troisième Degré avec la posture assise, dos appuyé au dossier de la chaise. Cette pause en fond de chaise – pause phronique –, plus confortable, est essentielle car elle permet d'intégrer l'expérience vécue – vivance phronique.

Ensuite, s'inspirant de la *Marche Kin-Hin*[26] des Japonais, il intégra à la pratique une marche destinée à favoriser l'union du corps et de l'esprit dans la conscience. Cette marche qui consistait à alterner de petits pas avec la respiration sera la première Marche de la Relaxation Dynamique.

Des années après, c'est avec émotion que je me souviens de ces médecins français et espagnols qui effectuaient cette marche pas à pas, lentement, autour de la piscine d'un hôtel de Sitges[27], lors d'un cours que mon père dispensait sur le Troisième Degré. Nous étions dans les années 1970. Ces pratiques laissèrent dans ma mémoire – et sans nul doute dans la leur – une empreinte profonde.

Voici la phénodescription d'un pratiquant après une séance du Troisième Degré de la RDC :

Je prends la posture. Je me sens immédiatement saisi d'une grande consistance, d'une présence nouvelle. Je me sens relié au plus profond de moi et en même temps, comme surgissant du fond de mon être, un sentiment profond m'envahit, comme contenu par la posture. Cet état d'être se manifeste comme disponible et ouvert, comme si je pouvais avec lui explorer tout l'être que je suis. Je me sens à la fois hors du temps, plus précisément au-delà du temps et, paradoxalement, je suis très présent ; c'est comme si tout mon être était là.

Comme nous venons de le voir, chacun des Degrés de la RDC est orienté vers un objectif précis afin que le pratiquant découvre progressivement des aspects de lui-même jusque là voilés dans sa conscience.

Plus tard, en 1984, lors de son séjour en Colombie, Alfonso Caycedo concevra le Quatrième Degré de la Relaxation Dynamique[28]. Son contenu, original, adapté aux besoins de l'époque, intégrera pour la première fois à la méthode sophrologique, la vivance des valeurs.

---

26 *Kin-Hin* est la marche qui se pratique entre deux périodes de zazen.

27 Sitges : village côtier près de Barcelone.

28 Voir le chapitre 7 consacré à l'expérience d'Alfonso Caycedo en Colombie.

Le Dr Caycedo explique la Posture de Troisième Degré à un groupe de médecins espagnols et français. Lloret de Mar, 1979.

Chapitre 5

La méthode phénoménologique dans la création des Techniques spécifiques

Inspirées du concept de temps de Heidegger, ces techniques entraînent des capacités spécifiques en lien avec notre présent, notre futur et notre passé.

Bien que la Relaxation Dynamique soit l'axe fondamental de la sophrologie et permette un travail de fond sur la conscience, son créateur se rend compte de la nécessité d'élaborer des techniques plus facilement adaptables à l'état de ses patients. En complément de celles qu'il avait créées avant son départ en Orient, il décide de mettre au point des techniques plus courtes qui viseraient des objectifs concrets en adéquation avec les besoins de chacun. Il donna à ces techniques le nom de *Techniques phroniques spécifiques*. Conçues à l'origine pour des patients présentant des problèmes psychiatriques, elles furent aussi très vite utilisées par des personnes bien portantes.

Voyons ce qu'en dit Alfonso Caycedo :

> *À Barcelone, j'ai créé les Techniques spécifiques fondamentales, non seulement pour traiter les cas pathologiques mais aussi pour la conquête d'une conscience plus sereine, plus harmonieuse et plus positive. J'ai testé moi-même les techniques de ma méthodologie, au cours de ma recherche personnelle, en la mettant en lien avec ma propre expérience vivantielle. Suite à cette première expérience, les techniques furent proposées à des malades psychiatriques, testées, vérifiées, remaniées. Ce n'est que postérieurement qu'elles furent communiquées aux sophrologues en formation.*

Le processus phénoménologique des *Techniques spécifiques*

Pour l'élaboration de chacune de ces Techniques, le créateur de la sophrologie applique systématiquement l'observation phénoménologique, en suivant les étapes ci-dessous[1] :

– identification des capacités à renforcer chez les patients ;
– recherche intuitive du type de technique le plus approprié à chaque cas ;
– expérimentation de la technique sur lui-même et avec d'autres collègues, pour en évaluer l'efficacité ;
– proposition d'expérimentation de la technique par le patient, sur une durée déterminée ;
– description de la vivance du patient, sous la forme d'une phénodescription écrite ou orale ;
– analyse de cette vivance afin d'évaluer si le patient a compris et intégré l'objectif vivantiel de la technique ;
– présentation de la technique à d'autres patients et à d'autres personnes bien portantes afin d'en vérifier systématiquement l'adaptabilité et l'efficacité.

[1] Voir : Caycedo, N. (2018) La méthodologie de recherche de la sophrologie. In *Science et sophrologie* (pp 29-33). Barcelone : Ed. Sofrocay.

« L'architecture » des Techniques spécifiques

Dès les années 1970, le Dr Caycedo décrit pédagogiquement la structure des Techniques spécifiques. Elle se compose de cinq étapes successives que tout sophrologue doit expliquer clairement afin que le pratiquant comprenne dès le début, en quoi va consister son entraînement :

L'information préalable à la séance

Cette étape fondamentale précède toute pratique. Le sophrologue y présente la technique qu'il va proposer et soulignera l'importance de la participation active du pratiquant tout au long du processus.

La sophronisation de base ou entrée dans la séance

Cette stratégie essentielle initie la mise en route de la séance à proprement parler. Elle permet à la personne de s'installer dans un niveau de conscience où elle n'est ni endormie, ni pleinement éveillée. Ce niveau facilite la mise en retrait du monde extérieur et le recentrage sur soi grâce à la prise de conscience du schéma corporel. Ce déplacement de l'attention prépare le pratiquant à vivre pleinement les Techniques spécifiques qui ont chacune un objectif bien précis.

L'activation

Cette étape constitue le cœur de la séance et lui confère sa spécificité. C'est dans cette phase que le pratiquant vit l'expérience de la mise en mouvement de sa conscience en lien avec l'objectif même de la technique – prise de conscience du corps, de la respiration, projection dans un moment positif du futur, évocation d'un moment positif du passé, mobilisation d'une valeur, etc.

La désophronisation ou sortie de séance

Dans cette dernière étape, les yeux encore fermés, il s'agit de récupérer tonus musculaire et vigilance, avant de sortir de la séance. Le retour à la veille dite « normale » se fait en réactivant les différentes parties du corps et en s'étirant progressivement, avant d'ouvrir les yeux.

La phénodescription ou description des phénomènes vécus

Cet exercice clôture toute séance de sophrologie. Il consiste à décrire au plus près de leurs manifestations – sur le mode écrit ou oral – les phénomènes qui se sont présentés lors de la séance : sensations, perceptions, émotions, sentiments, etc. La phénodescription fait partie intégrante de la séance et y occupe une place essentielle aussi bien pour le pratiquant que pour le sophrologue. Grâce à cet exercice, le pratiquant peut intégrer les phénomènes qui ont émergé lors de la séance – vivance – et voir l'évolution de son cheminement dans le temps. C'est à partir des expériences vécues par la personne lors de son entraînement personnel que le sophrologue peut évaluer sa progression, l'orienter dans sa pratique et lui proposer un accompagnement sur mesure en adaptant les techniques à ses besoins. La façon dont il la guide dans sa pratique, prépare déjà ce que nous appelons la *sophro analyse vivantielle*.

La temporalité dans les Techniques spécifiques

La sophrologie propose d'entraîner et de vivre la conscience que nous avons du passé, du présent et du futur, de façon unitaire, sereine et positive.

Pour créer les Techniques spécifiques, le Dr Caycedo s'est inspiré de la tridimensionnalité unitaire de la temporalité proposée par Martin Heidegger. Ce dernier décrit *l'être-dans-le-monde*, dans une triplicité unitaire de la temporalité. Il pose que l'homme existe dans le monde en relation avec son passé dans lequel il fut, avec son présent dans lequel il est, et avec son futur dans lequel il sera. Cette idée de « continuité dynamique », régit du début à la fin, sa façon d'être au monde.

Le Dr Caycedo présente ainsi l'intégration de la temporalité en sophrologie :

> *En m'inspirant du concept de temps décrit par Heidegger*[2] *dans* Être et Temps, *j'ai divisé les techniques en trois groupes : celles qui se rapportent au passé de la personne qui les pratique* - Techniques de prétérisation -, *celles qui ont une action sur le présent* - Techniques de présentation - *et enfin, celles qui cherchent à agir sur le futur* - Techniques de futurisation. *Leur gestation ne fut pas spontanée : elle me demanda une longue période de mise au point, de développement et de vérification.*

La méthode phénoménologique et la tridimensionnalité unitaire appliquées à la sophrologie

Selon l'existentialisme heideggérien, l'homme existe plongé et enfermé dans son « ici et maintenant », son être-là (*dasein*). C'est dans l'expérience de son être-là qu'il vit le passé et le futur.

Pour Heidegger, le temps est le mode d'existence de l'être. L'homme existe dans son passé – ce qui a été –, son présent – ce qu'il est en train de vivre : la vivance – et son futur – l'ouverture au champ des possibles.

Pour la sophrologie, le passé – bien qu'accompli et déjà vécu – est porteur de vivances positives qui nous sont accessibles et que nous pouvons à tout moment rendre présentes. L'émergence intentionnelle de ces vivances positives est un des principes qui fondent la sophrologie. Le futur – bien que non encore vécu –, oriente nos projets, les rendant ainsi opérants et agissants. La conscience du présent est

---

[2] Heidegger, M. (1989). *Ser y Tiempo*. Trad José Gaos. México : Fondo de Cultura Económica. (OEuvre originale publiée en 1927). Page 356 : « *Les éléments de la guérison ne sont pas simplement accumulés, pas plus que ne l'est la temporalité qui est composée d'advenir, été et présent* ». Passé, présent et futur constituent, en effet, la clé de cette œuvre.

un maillage qui participe de la conscience du passé et du futur. C'est ce maillage qui donne une unité à la conscience existentielle, laquelle est vivance du présent.

La Méthode Caycedo propose de vivre la temporalité de manière consciente et responsable, de prendre conscience de son projet de vie – en mettant tout en œuvre pour le mener à bien. En accédant à la liberté et à la responsabilité, il est alors possible de s'ouvrir au bonheur d'une existence authentique.

Les *Techniques spécifiques de présentation*, comme entraînement de la conscience du présent

Alors qu'il vient de fonder la sophrologie à Madrid et avant sa rencontre avec le Dr Binswanger en Suisse, le Dr Caycedo élabore les premières Techniques spécifiques.

Comme dit précédemment, il était à la recherche de techniques qui favoriseraient l'équilibre de la conscience de ses patients. Il commença à adapter celles qu'il connaissait bien – l'hypnose, l'entraînement autogène de Schultz et d'autres techniques de relaxation – et à créer ses premières techniques.

Ainsi qu'il l'explique dans sa thèse doctorale[3], il cherche à s'éloigner de l'effet suggestif de l'hypnose[4] et propose des techniques permettant au patient de mieux se connaître, de découvrir ses capacités, ses ressources et d'acquérir ainsi une conscience plus sereine.

Il mettra au point les premières *Techniques spécifiques de présentation*. Ces techniques courtes visent l'entraînement de capacités spécifiques en lien avec le paramètre existentiel du présent ; en renforçant la présence de notre corps, elles nous inscrivent dans la dimension du présent.

La *sophronisation de base*

La *sophronisation de base* est la première Technique spécifique de présentation. Bien qu'on y réalise, de manière méthodique, une relaxation de la tête aux pieds, cette technique est bien plus qu'une technique de relaxation : il s'agit d'une pratique dans

---

[3] Voir chapitre 1, paragraphe 7 : Thèse doctorale et abandon de l'hypnose.

[4] Son expérience en hypnose l'amena à créer la technique de sosophro-substitution sensorielle, technique qui remporta un franc succès auprès des dentistes et des stomatologues espagnols de l'époque. Ces derniers utilisaient avec leurs patients ce qu'on appelait « l'anesthésie sophronique », sans pharmacologie – l'anesthésie classique présentant à l'époque, des risques et des effets secondaires, plus importants que ceux d'aujourd'hui.
La sophro-substitution sensorielle est l'une des rares techniques à utiliser un terpnos logos proche de la suggestion hypnotique pour obtenir *un effet anesthésiant.*. Elle s'utilise actuellement dans certains cas, pour la gestion de la douleur. Par ailleurs, la sophrologie abandonne toute influence de l'hypnose dans la façon de traiter le patient et dans toutes les Techniques spécifiques.

laquelle la personne établit au présent, une relation consciente entre son esprit et son corps, en prenant conscience de la présence des différentes parties de son corps[5].

De nombreux patients commencèrent à constater les effets bénéfiques de cette pratique. L'examen de leurs descriptions convainquit le Dr Caycedo de continuer à la proposer et de commencer à y adjoindre d'autres vivances. C'est ainsi que la sophronisation de base devint très rapidement la technique d'introduction à toute pratique sophrologique.

L'entraînement autogène de Schultz activé par la sophrologie

L'expérience qu'avait Alfonso Caycedo de la pratique du training autogène de Schultz l'amena à réunir dans une seule technique les six exercices du célèbre psychiatre allemand, le Dr Johannes Heinrich Schultz (1884-1970), technique à laquelle il donna le nom de *sophro-Schultz*. Comme il l'expose dans sa thèse doctorale, le Cycle inférieur du training autogène, dans sa forme classique, demande généralement trois mois de pratique ; le sophro-Schultz, quant à lui, se fait plus rapidement.

Alors qu'il exerçait déjà à l'Hôpital Provincial de Madrid, il proposa cette technique aux patients en psychiatrie, avec des résultats convainquants. Plus tard, il l'adaptera – dans ses formes intégrale et abrégée – à tous types de publics.

Le sophro-déplacement du négatif

La technique de relaxation musculaire progressive du Dr Edmund Jacobson, psychiatre américain (1888-1983), lui servit d'inspiration pour la création de la technique qu'en sophrologie nous appelons *sophro-déplacement du négatif*. Le Dr Caycedo combine ici, pour la première fois, des exercices de tension et de relaxation, afin d'éliminer intentionnellement les tensions que nous accumulons dans notre corps.

Développement d'autres Techniques de présentation à prédominance physique ou mentale

Après son séjour en Inde et son installation à Barcelone, le fondateur de la sophrologie poursuit la pratique des premières Techniques spécifiques en suivant la méthode phénoménologique précédemment décrite : il constate tout d'abord les besoins spécifiques de ses patients, il élabore ensuite une technique, il l'expérimente, la vérifie et en propose l'application systématique à des cas analogues.

---

[5] Les différentes parties du corps prendront plus tard le nom de Systèmes Isocay ; la sophronisation de base se pratiquera à partir d'une organisation systématisée de la perception. La composition des Systèmes sera présentée au chapitre 8.

Selon les besoins de ses patients, il met successivement au point des techniques orientées tantôt vers le corps, tantôt vers le mental. C'est ainsi qu'il propose la *sophro-stimulation locale*, pour améliorer la vitalité de certains organes ou parties du corps et faciliter ainsi, dans certains cas, le processus de réadaptation physique. Les techniques auxquelles il donnera les noms de *sophro-attention* et *sophro-concentration*, plus mentales, auront pour objectif d'améliorer les capacités cognitives et d'aider les patients à développer un esprit plus serein. Ces deux techniques préparent à une expérience beaucoup plus profonde : celle de la *sophro-contemplation* du Deuxième Degré de la Relaxation Dynamique de Caycedo.

Dans sa pratique clinique, le Dr Caycedo rencontre de nombreux patients souffrant de problèmes d'insomnie, symptôme très fréquent dans la prise en charge médicale. Il leur propose une technique qu'il appelle la *protection sophroliminale du sommeil*, et après un temps d'expérimentation, constate combien elle est efficace pour les aider à trouver le sommeil.

Plus tard, lors de son séjour en Colombie, il continuera de développer de nouvelles Techniques de présentation comme la *sophro-présence du positif* ainsi que d'autres, dérivées du Premier Degré de sa Relaxation Dynamique.

Nous voyons comment les Techniques de présentation ont émergé au fil du temps, en réponse à un besoin des patients. Conçues sur mesure, expérimentées et vérifiées, chacune d'elles a un objectif vivantiel différent et aide la personne à renforcer au présent, la relation entre son corps et son esprit. Certaines activent des capacités physiques, d'autres des capacités mentales et d'autres encore, des capacités émotionnelles. Plus tard, Alfonso Caycedo développera des techniques renforçant la conscience des valeurs.

Ces techniques peuvent se pratiquer avec des objectifs spécifiques – entraînement de capacités spécifiques – ou s'inscrire dans le processus général de connaissance et de développement de notre propre conscience – entraînement existentiel.

Les Techniques spécifiques de prétérisation ou la vivance positive du passé : une véritable révolution en psychiatrie classique

Les *Techniques spécifiques de prétérisation* activent le paramètre existentiel du passé et contribuent à harmoniser notre rapport au passé. Elles furent une véritable révolution en psychiatrie classique. Lorsqu'il était encore jeune professeur de psychiatrie à l'Hôpital Clinique de Barcelone, le Dr Caycedo pratiquait les thérapies telles qu'elles étaient alors enseignées dans la formation classique des psychiatres. Influencée par la psychanalyse freudienne, cette psychiatrie visait à amener le patient à une compréhension profonde des circonstances – souvent inconscientes – ayant contribué à l'installation de ses souffrances ou de ses troubles mentaux.

Le Dr Caycedo, tout en restant fidèle à la psychiatrie traditionnelle, commença à réaliser des adaptations dans son approche thérapeutique. Après la *sophronisation de base*, il invitait ses patients à évoquer des moments ou des situations difficiles de leur vie. Souvent, ces derniers revivaient leur mal-être, leur tristesse ; ces séances provoquaient même des crises d'anxiété chez certains d'entre eux. Il put ainsi se rendre compte que – durant la pratique d'une technique sophrologique – leurs souvenirs étaient chargés d'une intensité émotionnelle beaucoup plus forte.

Il commença alors à modifier progressivement sa stratégie thérapeutique et à concevoir de nouvelles techniques qui, à l'inverse de la tendance générale de la psychiatrie de l'époque, favorisaient l'apparition de souvenirs positifs et visaient principalement à obtenir des vivances positives.

Voici ce qu'en dit le Dr Caycedo :

> *Les premières méthodes furent celles qui se rapportaient au passé car je pratiquais les méthodes psychiatriques classiques et particulièrement celles de type psychothérapeutique ou pseudo-analytique. Cependant, mon orientation - bien que toujours en rapport avec le passé - était plus existentielle : c'était une sorte d'analyse existentielle, dans la ligne binswangérienne. En fait, concernant le traitement psychiatrique, j'utilisais alors toutes les méthodes que je connaissais et pas seulement celles appartenant à une école précise ; ces techniques longues se pratiquaient en séances individuelles.*
>
> *De nombreux patients faisaient une fixation sur leurs traumatismes passés ou leurs vivances négatives dans une période déterminée de leur vie et oubliaient que leur passé est riche, aussi, de vivances et de souvenirs positifs. Voilà pourquoi je me décidai à introduire mes nouvelles méthodes à la Faculté. Je le fis avec la plus grande prudence car je me trouvais dans un lieu d'enseignement officiel mais qui était néanmoins assez ouvert à ces nouveaux concepts. C'est ainsi que, peu à peu, j'intégrai des modifications au sein des méthodes classiques de relaxation alors utilisées en psychothérapie.*
>
> *Je dois dire que tout cela se fit progressivement, au cours de plusieurs années de recherches qui m'amenèrent à ma propre approche sophrologique de la conscience du patient et de son évolution, grâce aux techniques utilisées.*

Nous pouvons, là encore, observer comment le créateur de la sophrologie suit la méthode phénoménologique : dans un premier temps, il constate la problématique et ensuite – laissant volontairement de côté les thérapies existantes rattachées aux courants « traditionnels » de la médecine –, il se laisse guider par son intuition et trouve une nouvelle technique adaptée aux besoins du patient et il la lui propose.

Naissance d'un nouveau principe : *le principe d'action positive*

Je me rendis compte qu'il me fallait intégrer un principe essentiel : celui d'action positive. En effet, lorsque le patient se trouve dans ce que j'appelais alors le niveau sophroliminal - *aujourd'hui* niveau de Conscience Isocay -, *il est beaucoup plus sensible au négatif et à son analyse. C'est ainsi que je mis au point la méthode d'approche sophrologique qui me permettait de vérifier les résultats après avoir induit le phénomène.*

J'introduisis progressivement la dimension du positif ; c'est l'un des premiers concepts que j'intégrai à ma thérapie et qui changeait radicalement l'analyse du négatif, alors très répandue.

Cette recherche du positif fut très bien acceptée par mes patients. Je me souviendrai toujours de la première personne avec laquelle j'ai utilisé cette méthode qui consiste, lors de la sophronisation, à se remémorer les souvenirs les plus positifs de son existence. Quelle ne fut pas ma surprise de voir cet homme qui avait pourtant à son actif des années de psychanalyse classique - à la recherche du négatif, des résistances, etc. -, se lever en souriant et même rire aux éclats, en se remémorant certains faits ! J'avoue avoir été tenté de demander à ma secrétaire de ne pas lui faire payer une telle séance, persuadé qu'il ne reviendrait jamais plus... Je crus un moment qu'il pensait que je m'étais moqué de lui. Ma surprise fut plus grande encore de le voir non seulement revenir régulièrement, mais surtout progresser à pas de géant. L'amélioration de son état fut telle, que je mis un terme à nos entretiens bien avant la date prévue.

Ce cas m'encouragea à poursuivre la pratique de cette technique qui favorisait les associations et essayait, dans la mesure du possible, d'éviter le négatif. Je pus même constater, grâce à cette expérience, que certains patients pouvaient cesser en cours de route l'entraînement programmé, étant complètement guéris.

De mon côté, je testais sur moi ces techniques et quand il me semblait qu'elles étaient suffisamment au point, je leur donnais un nom spécifique, puis au final, je les proposais à mes étudiants pour qu'ils les expérimentent à leur tour.

La *sophro-mnésie libre* et la *sophro-mnésie senso-perceptive*

Le Dr Caycedo donna un nom à chacune des Techniques de prétérisation en se basant sur la sémantique médicale et en décrivant l'orientation de la vivance.

Voici comment il décrit la création du terme « sophro-mnésie libre » :

J'ai appelé cette technique : sophro-mnésie libre. *Je l'ai créée à partir des vocables suivants : « sophro » - qui caractérise notre école de vivances positives -, « mnésie » - qui se réfère à la faculté mnésique, de mémorisation - et « libre » - parce que le patient choisissait librement les souvenirs positifs de sa vie.*

Plus tard, il proposera le terme de *sophro-mnésie senso-perceptive* pour désigner les Techniques de prétérisation orientées vers le souvenir de moments positifs du passé[6], avec une attention particulière portée aux sensations et aux perceptions positives vécues dans ces moments-là.

La substitution des souvenirs négatifs par des vivances positives

Afin de traiter les personnes souffrant de souvenirs négatifs répétitifs et automatiques, Alfonso Caycedo créa la technique de *sophro-substitution mnésique* qui consiste à substituer un souvenir auquel est associée une émotion négative, par une vivance positive. Cette technique qui demande un entraînement sophrologique préalable, s'est avérée particulièrement efficace chez des patients ayant déjà une bonne pratique des Techniques spécifiques de présentation ou de futurisation.

Les Techniques de prétérisation améliorent la mémoire

Voici ce qu'en dit leur auteur :

> *Les Techniques de prétérisation, outre leur influence positive sur l'état d'esprit de mes patients, améliorent leur mémoire. Tous, à travers ces pratiques, constataient une amélioration de leur mémoire, alors qu'ils avaient l'impression que d'autres méthodes pratiquées antérieurement l'avaient plutôt affaiblie. En fait, l'évocation de souvenirs positifs produit une activation générale des souvenirs.*
>
> *C'est ainsi que je développai la* méthode d'entraînement sophrologique de la mémoire, *à l'attention des personnes bien portantes désirant améliorer leurs capacités d'attention, d'apprentissage et de mémoire. Je présentai cet entraînement aux groupes qui venaient à l'Institut que je dirigeais, rue Balmes, à Barcelone et plus tard, à des enfants et à des jeunes, dans différentes écoles*[7].

---

[6] Alfonso Caycedo proposera plus tard au pratiquant de diviser sa vie en trois périodes. Pendant la technique, ce dernier pourra « faire phénomène » avec la période la plus éloignée – le premier tiers de la vie –, la période à moyen terme – le second tiers –, ou la période la plus proche dans le temps – le tiers le plus récent. Le pratiquant apprendra à découvrir des moments positifs relatifs à certaines étapes de sa vie, moments positifs dont il n'avait peut-être pas pris conscience jusque là.

[7] À cette époque-là, mon père offrit aux élèves du collège que je fréquentais, la possibilité de pratiquer les techniques de base de la sophrologie ainsi que les premières techniques qui constituaient l'Entraînement sophrologique de la mémoire. Il proposa à celles qui étaient intéressées d'assister tous les matins à ces séances, une heure avant le début des cours. Alors qu'il pensait qu'il n'y aurait qu'un groupe restreint d'enfants intéressées par sa proposition et venant pratiquer de façon plus ou moins régulière, il fut très surpris d'avoir tous les matins, une vingtaine de pratiquantes assidues.

Le Pr Caycedo expliquant les trois Degrés de la Relaxation Dynamique et ses Techniques spécifiques à un groupe de médecins espagnols et français, Lloret de Mar, 1977.

Nous voyons comment le Dr Caycedo était ouvert, non seulement à l'action thérapeutique de la pratique sophrologique, mais aussi à l'observation du phénomène en tant que tel. Cette observation phénoménologique lui fit découvrir que la remémoration du passé positif – outre son effet thérapeutique – améliore la mémoire, apporte à la personne une meilleure connaissance d'elle-même grâce à la vivance et renforce son sentiment de sécurité. Par la suite, il intégrera ces techniques à la Relaxation Dynamique, comme méthode permettant de renforcer la connaissance de soi.

Les *Techniques spécifiques de futurisation* ou la rencontre libre avec le futur

Les *Techniques spécifiques de futurisation* activent le paramètre existentiel du futur. En nous entraînant à nous projeter positivement dans le futur, nous apprenons à apprivoiser cet espace de la temporalité qui n'est pas encore et à en faire un champ de possibles, de liberté, de responsabilité, de créativité, etc.

Voici comment Alfonso Caycedo s'exprime sur l'importance des Techniques de futurisation :

> *J'ai ensuite créé les techniques qui agissent sur le futur, ce qui fut pour moi une grande innovation. Je devais plus tard orienter toute l'École sophrologique en m'appuyant sur ces méthodes. Cette nouvelle dimension du futur m'intéressait tout particulièrement. Pour la psychiatrie, comme pour moi-même, ce paramètre temporel était absolument nouveau. Depuis, la science a mis en évidence des circuits neurophysiologiques impliqués dans le processus de projection dans le futur, mais à l'époque, cette expérience était complètement audacieuse : au lieu de mobiliser le passé, les patients apprenaient à se projeter dans le futur et à faire des projets positifs.*

Le sens de la vie chez Viktor Frankl

Tout comme Schultz et Jacobson eurent une influence dans l'élaboration des deux Techniques de présentation que sont le *sophro-Schultz* et le *sophro-déplacement du n*égatif, nous pouvons dire que les liens d'amitié qui unissaient Alfonso Caycedo et le psychiatre autrichien Viktor Frankl, eurent également une répercussion dans la création des Techniques de futurisation.

Lors d'une des rencontres d'Alfonso Caycedo avec Viktor Frankl – à l'occasion d'un des séjours du psychiatre allemand à Madrid –, ce dernier lui fit part d'une expérience personnelle, une « vivance » qu'il avait eue dans le camp de concentration et qui fut très significative pour lui. Le créateur de la sophrologie fut impressionné par le récit de cette expérience qui lui fut très utile pour évaluer le rôle salvateur de l'attitude qui consiste à garder foi et espoir en l'avenir :

> *Frankl fut envoyé à Auschwitz en 1944 avant d'être transféré au camp de Türkheim, près de Dachau. Il partait tous les matins travailler sur les routes, chaussé de vieux godillots attachés avec un lacet. Comme il avait perdu l'un de ses lacets, lorsqu'il marchait, la neige pénétrait dans ses chaussures et les pierres le blessaient. Impossible de se baisser car les nazis insultaient ou frappaient les prisonniers, pensant qu'ils ramassaient quelque chose à terre. Un jour, sous les feuilles, entre la boue et la neige, il aperçut un bout de fil de fer qu'il pourrait, pensa-t-il aussitôt, utiliser pour ne plus avoir à subir la grande gêne occasionnée par la perte de ce lacet. Ce lacet était vital pour lui ! Il me raconte alors comment il en arriva à « se prendre d'amour » pour ce bout de fil de fer. Il gardait le silence et n'en parlait à personne, de peur qu'on ne le lui prenne. Ce fil de fer représentait alors tout pour lui ; il ne vivait que pour ce bout de fil de fer, devenu objet d'amour.*
>
> *Un jour, après une de leurs victoires, les nazis autorisèrent les prisonniers à parler entre eux, en rentrant du travail. Son émotion était indescriptible et son coeur battait à tout rompre. Il ne courut pas, car s'il courait, ils pourraient deviner qu'il allait chercher son fil de fer. Quand il parvint à poser son pied sur celui-ci, il pleura : il avait trouvé sa raison de vivre. Il prit le bout de fil de fer, l'enfila « avec tendresse » sur son godillot et vécut avec lui jusqu'à sa sortie du camp de concentration. Il se rappelait qu'en ces temps-là, il y avait quelque chose de nouveau qui lui donnait une raison de vivre et le rendait plus fort face à l'adversité : le désir de s'emparer de ce « lacet » !*
>
> *Frankl se rendit compte à ce moment-là que, pour des états aussi limites que celui-ci - qu'il serait peut-être amené à vivre plus tard -, certaines théories un peu sophistiquées ne lui étaient d'aucun secours et qu'il devait chercher des éléments nouveaux dans sa conscience, dans son esprit.*
>
> *Il découvrit que l'homme, profondément motivé par ses affects, a la capacité à mobiliser des mécanismes biologiques profonds qui lui permettent de développer la résistance biologique face à la maladie et vice versa. Quand cette motivation*

n'existe pas, ces structures biologiques ne sont pas ou peu mobilisées et la durée de vie de la personne est réduite. Ceci amène Frankl à développer sa théorie sur le sens de la vie. Cette théorie avait commencé à naître dans son esprit lorsqu'il était dans le camp de concentration. On peut dire qu'il pratiquait et expérimentait alors, dans sa vie quotidienne, des techniques qui n'avaient pas encore trouvé leur nom.

L'analyse phénoménologique que fait Frankl de son expérience est magistrale. L'être humain réduit à la plus extrême pauvreté et à l'humiliation existentielle peut trouver un espoir, une raison de lutter et de vivre. Nul besoin qu'il s'agisse de grandes choses, il peut même s'agir des plus petites choses de la vie.

Le Dr Caycedo comprit l'importance d'avoir un programme existentiel qui donne un sens à la vie. C'est ainsi qu'il commença à développer les Techniques de futurisation. Il est important de souligner qu'il s'inspira de *l'advenir* heideggerien, pas simplement d'un point de vue purement conceptuel mais plutôt sur un mode vivantiel, grâce aux Techniques de futurisation qui amèneront la personne à se projeter dans un jour, une semaine, un mois, une année ou un futur à plus long terme.

La futurisation est la capacité d'établir et de renforcer la représentation consciente, libre et responsable de notre futur. Ce mouvement de la conscience vers le futur, nous permet, dans l'instant présent, de faire une réduction des contenus – représentations mentales, aprioris et jugements – et de dévoiler ainsi nos possibilités existentielles. Cette vivance a une grande influence sur la conscience présente et sur notre bien-être.

Description des Techniques de futurisation

Dans les années 1970, Alfonso Caycedo créa la première Technique de futurisation qui porte le nom de *futurisation libre*.

Il introduisit les premières vivances centrées sur le futur en continuant de suivre la méthode phénoménologique. Soignant des patients qui souffraient d'anxiété anticipatoire en lien avec des échéances futures, il commença à leur proposer des techniques dans lesquelles ils devaient imaginer une situation positive.

Après ces expérimentations, il mit au point un ensemble de techniques, dont la *sophro-acceptation progressive* qu'il utilisa initialement avec des patients qui n'acceptaient pas leur schéma corporel – changements occasionnés par la grossesse, acceptation de prothèses, etc. C'est à partir de cette méthode que naquit la technique appelée *sophro-stimulation projective* et plus tard, celle à laquelle il donna le nom de *sophro-correction sérielle*, qui s'adressait à des patients ayant peur d'affronter des situations anxiogènes du futur. Toutes deux consistent à substituer les craintes par des vivances apaisantes, optimistes et positives. Quant à la technique qui porte aujourd'hui le nom de *sophro-programmation future*, elle fut introduite dans la préparation psychophysique des sportifs de haut niveau, avant les compétitions.

Le Dr Caycedo et plusieurs de ses collaborateurs commencèrent à pratiquer toutes ces Techniques de futurisation. Le Dr Raymond Abrezol[8], chirurgien-dentiste suisse, les mit en application avec les skieurs de plusieurs équipes dont ceux de l'équipe nationale suisse qui devaient plus tard remporter dix médailles aux Jeux olympiques de 1972, à Sapporo.

Les Techniques de futurisation furent présentées à Paris en 1972, à la Domus Medica, à l'époque où Alfonso Caycedo publia le *Dictionnaire abrégé de sophrologie et relaxation dynamique*[9].

Plus tard, il créera la *projection sophronique des capacités*, technique basée sur le développement intentionnel des capacités, dont l'objectif est d'apprendre au pratiquant qu'il peut lui-même renforcer des capacités insuffisamment développées au présent.

Une fois installé en Andorre – à partir de 1988 –, il décrira d'autres Techniques de futurisation, centrées sur la découverte et la conquête d'une forme d'existence animée par la présence des valeurs, comme la *transportation de la Journée Isocay circadienne*.

La temporalité dans la futurisation

Le fondateur de la sophrologie propose également d'orienter les Techniques de futurisation à long, moyen et court termes. Chacune de ces séquences temporelles est laissée à la libre initiative du pratiquant ; elle est gérée en fonction de l'analyse des vivances que le sophrologue fait avec lui. Elle dépendra donc de la situation dans laquelle se trouve la personne, de sa réalité objective, de ses capacités et de ses attentes concernant le futur.

---

[8] Le Dr Raymond Abrezol (1931-2010) fut un des premiers élèves de langue française, formés par le Dr Caycedo. Il découvrit la sophrologie en 1964, lors d'un congrès sur les implants dentaires, à Barcelone, au cours duquel le Dr Alfredo Isasi réalisa un implant sur un patient, sous anesthésie sophrologique. Il fut stupéfait de constater à quel point le saignement était minime. Fasciné par cette nouvelle méthode, il prit contact avec le Dr Caycedo qui se trouvait alors en Suisse, comme « médecin-résident » dans la clinique du Dr Binswanger et lui demanda de le former en sophrologie. Les premières formations qu'Alfonso Caycedo dispensa à Lausanne puis à Genève, marquèrent le début de la sophrologie en langue française.

[9] Caycedo A. (1972). *Diccionario Abreviado de Sofrología y Relajación Dinámica* (1ª ed.). Barcelona : Emegé. Caycedo A. (1972). *Dictionnaire abrégé de sophrologie et Relaxation Dynamique*. Barcelone : Emegé. Caycedo A. (1973). *Diccionario Abreviado de Sofrología y Relajación Dinámica* (2ª ed.). Barcelona : Aura.

Caractéristiques des Techniques spécifiques

Une capacité propre à l'être humain

La capacité de prendre conscience du présent, comme celle de se souvenir volontairement du passé ou de programmer intentionnellement le futur, sont des capacités qui définissent l'Homo sapiens. Nous les développons grâce à la pratique de notre méthodologie.

Chacune de ces capacités implique la participation de structures cérébrales spécifiques. Si ces dernières sont altérées, les capacités se manifesteront de façon altérée. De même, si nous activons volontairement ces capacités, nous développons ces structures.

Lorsque nous pratiquons les techniques sophrologiques, nous renforçons les capacités propres à l'être humain et nous développons une plus grande conscience de nous-même, de notre passé, de notre présent et de notre futur. De plus, nous orientons intentionnellement notre conscience vers nos pensées, nos émotions, nos capacités et nos valeurs : nous façonnons ainsi *l'Homos dignus* qui est en nous.

La présence du corps dans les Techniques spécifiques

Comme dans la Relaxation Dynamique de Caycedo, toutes les Techniques spécifiques, y compris celles à prédominance mentale, mettent l'accent sur la participation active du corps – grâce aux postures corporelles dans lesquelles elles s'effectuent. Le corps est toujours présent.

Lorsqu'Alfonso Caycedo commença à élaborer les premières techniques, il proposa de les pratiquer en position assise, allongée, debout ou en Posture de Troisième Degré – décrite dans le chapitre précédent. Nombre d'entre elles étaient précédées d'une tension corporelle. Dès 1990, il proposa de réaliser les techniques en Posture Isocay[10], après la pratique des Techniques-clés[11].

La présence du corps inclut bien sûr la présence de l'ensemble de notre être : notre esprit, nos émotions, notre âme[12]. Principes constitutifs de l'être humain, ces structures se manifestent comme des essences interactives s'influençant en permanence de façon réciproque – bien qu'il y ait parfois prédominance de l'une sur l'autre.

---

[10] Pour la description de la Posture Isocay, voir Caycedo, A.(2000). Le niveau sophroliminal comme troisième forme de conscience. *Sophrologie Caycédienne*, 21, 3-15.

[11] Caycedo, A. (2001). Phase préparatoire de la Méthode Caycedo : les trois théories clé et les trois techniques clé. *Sophrologie Caycédienne*, 26, 20-24.

[12] Caycedo, N. (nov, 2015). Corps, esprit, émotions, valeurs : phénomènes unitaires. Conférence donnée lors du *Ve congrès mondial de sophrologie*. Sitges.

Les techniques sophrologiques : une nouvelle forme de thérapie plus efficace et plus courte

Comme mentionné précédemment, Alfonso Caycedo appliqua la méthode phénoménologique en thérapie. Il remit en question la pratique et le contenu de la psychothérapie des années 1960 centrée sur l'exploration du passé négatif et proposa une approche nouvelle orientée vers la prise de conscience des moments positifs de la vie du patient, une différence qui s'avérera bénéfique dans son traitement. Il utilisait en complément, d'autres techniques qui renforcent la conscience du moment présent et la capacité à envisager l'avenir avec confiance et espoir.

De plus, les traitements en psychiatrie – vu le nombre de séances et leur durée – représentaient un coût considérable pour le patient et un investissement en temps pour le psychiatre. C'est pourquoi Alfonso Caycedo décida de revoir la durée des techniques et des traitements. Il observa que si les patients s'entraînaient, il lui était possible de réduire le nombre de séances, et donc le coût du traitement. De plus, cela favorisait l'indépendance thérapeutique des patients et renforçait leur sentiment de confiance, déclenchant ainsi la mise en mouvement de leurs propres ressources.

Le Dr Caycedo précise :

> *Au cours de ma recherche, je me suis peu à peu rendu compte que j'avais tout intérêt à développer des techniques en accord avec notre temps : des techniques courtes, qui demandaient une plus grande participation du patient et représentaient moins de travail pour le médecin. J'observai que la durée des séances se réduisait, et qu'au lieu des quarante-cinq minutes habituelles, une demi-heure s'avérait suffisante.*
>
> *Je notai également que le patient préférait pratiquer des techniques courtes et les répéter plusieurs fois par jour, plutôt qu'une seule et longue pratique, étant donné qu'il ne disposait pas toujours de beaucoup de temps dans sa vie quotidienne. Je me mis donc à concevoir des techniques de dix à quinze minutes que j'enregistrais pour le patient, afin de faciliter son entraînement autonome.*

L'indépendance thérapeutique : implication et responsabilité de la personne dans le processus d'entraînement

Le Dr Caycedo proposa un changement d'orientation thérapeutique où la responsabilité du processus thérapeutique était centrée sur le patient : c'est lui-même qui « fait phénomène » avec sa personne et qui décide librement de s'impliquer personnellement dans l'entraînement de sa conscience.

Le sophrologue reste dans les limites de son rôle : celui d'un guide qui oriente la vivance du pratiquant vers sa *conscience sophronique* – conscience sereine, positive, porteuse de valeurs, orientée vers soi et vers l'environnement. Grâce à l'analyse de ses vivances, le sophrologue indique à la personne la technique dont elle a besoin, lui propose de la pratiquer et lui permet ainsi de découvrir les structures positives qui sont en elle.

Évolution des Techniques spécifiques

De la pratique individuelle à la pratique en groupe

Après avoir observé l'effet positif de ces techniques sur ses patients et ses étudiants, Alfonso Caycedo les proposa à des groupes. C'est ainsi que, dans le Casal du Médecin de Barcelone, fut inauguré *l'Entraînement sophrologique collectif du Dr Caycedo.* Assistaient à ces cours des personnes bien portantes désireuses d'améliorer leur qualité de vie. Il intégra dans cet entraînement la pratique de Techniques de présentation et de futurisation comme la *sophro-acceptation progressive* et la *sophro-stimulation projective.*

Il mit également au point *l'Entraînement sophrologique de la mémoire,* à l'attention de personnes en bonne santé. Il proposa ce programme à des groupes d'adultes qui fréquentaient l'Institut de sophrologie de Barcelone. Il l'adapta par la suite aux enfants et aux jeunes de différentes écoles.

Aujourd'hui, l'Entraînement sophrologique de la mémoire et de l'apprentissage est pratiqué dans différents groupes ainsi que dans certaines écoles et universités[13]. Il s'adresse à tous ceux – jeunes et moins jeunes – qui souhaitent renforcer leurs capacités d'attention, d'apprentissage et de mémoire.

Une Méthode en évolution permanente

Nous avons vu comment sont nées les Techniques spécifiques. Elles furent le résultat de tout un processus : constatation d'un besoin, intuition, vérification et constitution de la technique. Progressivement, le Dr Caycedo les modifia, donna à chacune une spécificité propre et en créa de nouvelles. Les résultats s'avérèrent positifs et les indications dans le cadre de la thérapie se précisèrent peu à peu.

Grâce à « l'observation du phénomène », ces techniques initialement utilisées avec un objectif exclusivement thérapeutique, furent proposées en séances individuelles et collectives, à des personnes bien portantes ou malades, indépendamment de leur âge. Avec le temps, elles n'ont cessé de se développer.

Plus tard, lors de son séjour en Colombie puis en Andorre, Alfonso Caycedo continuera de concevoir de nouvelles techniques, en suivant la même méthode

---

[13] La sophro-pédagogie est très développée dans différents pays d'Europe et d'Amérique du Sud. Nous recommendons la lecture de la revue *Sophrologie Caycédienne* n° 81, exclusivement consacrée aux différentes applications de la sophro-pédagogie.

et toujours dans le but de développer une conscience sereine et de conquérir la conscience sophronique.

La présentation de la Méthode (cours, symposiums et congrès)

De 1966 à 1979, tout en poursuivant l'élaboration des trois premiers Degrés de la Relaxation Dynamique et des Techniques spécifiques mentionnées ci-dessus, le Dr Caycedo, présenta les résultats de son travail dans le cadre de cours, symposiums et congrès, activités qu'il mena conjointement à la rédaction d'ouvrages sur les fondements théoriques et conceptuels de la sophrologie.

De la création des techniques à leur présentation officielle

En 1968, de retour d'Orient, Alfonso Caycedo fut invité à l'hôpital Lariboisière à Paris, pour y expliquer les nouvelles techniques sophrologiques. Les 28, 29 et 30 septembre de la même année, se tint au Palais des Congrès de Versailles, le *Ier congrès de sophrologie.*

Les années qui suivirent, il se consacra à dispenser les premières formations de sophrologie et à organiser les premières rencontres entre sophrologues – alors exclusivement réservées aux médecins – dans la jolie ville de Sitges, près de Barcelone, là-même où nous organisons à nouveau les symposiums internationaux et où eut lieu du 20 au 25 novembre 2015, le *Ve congrès mondial de Sophrologie Caycédienne.*

En 1969, dans le but de faire connaître la sophrologie aux professions médicales, Alfonso Caycedo organisa à Barcelone le *Ier symposium espagnol de sophrologie*, présidé par le Pr Pedro Pons, président de l'Académie royale de médecine, reconnu alors comme l'un des plus grands spécialistes de médecine interne en Espagne. Le Pr Pedro Pons inaugura ce symposium avec cette phrase : « Je viens – tout comme s'il s'agissait d'un acte notarié auquel j'apposerais ma signature – donner mon aval à ce mouvement que Caycedo mène à bonne fin, sous le nom de sophrologie[14]. » L'impact de cette phrase auprès des médecins espagnols présents à cette manifestation fut considérable. Lors de cet événement, le Dr Caycedo présenta un premier livre sur la sophrologie, intitulé *Progresos en Sofrología*[15].

---

[14] Ce discours de bienvenue prononcé par le Pr Pedro Pons figure dans : Pedro Pons, A. (1973). La sofrología no es tan sólo la renovación del magnetismo y la hipnosis. En Caycedo, A. *Sofrología médica Oriente-Occidente. Aproximación a una medicina tradicional india*, vol. 1 (pp 33-36). Barcelona : Aura. La traduction française de ce discours figure dans l'annexe 1.

[15] Caycedo, A. (1969). *Progresos en sofrología*. Barcelona : Scientia. Version française : *Progrès en Sophrologie*, Barcelone : Emegé.

Le Pr Alfonso Caycedo inaugurant le Premier Congrès mondial de sophrologie, Barcelone, 1970.

Ce symposium à peine terminé, il se consacra à la préparation du *I*[er] *congrès mondial de sophrologie* qui devait se tenir l'année suivante à Barcelone, du 1er au 5 octobre 1970. Y furent conviés les médecins orientaux – tibétains, japonais, hindous – qu'il avait rencontrés lors de son périple oriental. Mille quatre cents

Le Pr Alfonso Caycedo inaugurant le Premier Congrès mondial de sophrologie. De gauche à droite : Dr Campmajo, Dr López Malla, Pr Sarró, Pr Pedro-Pons, le représentant de la Mairie de Barcelone, le Président des médecins, le représentant du gouvernement espagnol, Pr Caycedo, Dr Isasi. Barcelone, 1970.

médecins et autres professionnels venus de 40 pays assistèrent à cet événement où furent présentées les applications de la sophrologie dans les différentes spécialités médicales ainsi que leurs résultats. Après ce congrès, Alfonso Caycedo publiera les trois volumes du livre *Sofrología Médica Oriente-Occident*[16] dans lesquels il présentera les différents exposés de ce grand événement[17].

Organisation de plusieurs symposiums en Espagne et en France mais également en Suisse et en Belgique

– 27 et 28 mars 1972, Madrid : *IIe symposium espagnol de sophrologie médicale.* Alfonso Caycedo y rendit hommage à son maître, le Pr Lopez-Ibor ;

---

16 Caycedo, A. (1973). Sofrología médica Oriente-Occidente (Tomo 1). Barcelona : Aura. Caycedo, A. (1974). *Sofrología médica Oriente-Occidente* (Tomo 2). Barcelona : Aura. Caycedo, A. (1975). *Sofrología médica Oriente-Occidente* (Tomo 3). Barcelona : Aura.

17 Les exposés concernant l'histoire de la sophrologie figurent dans la deuxième partie de cet ouvrage.

Le Pr Alfonso Caycedo lors de sa conférence durant le Deuxième Symposium espagnol de sophrologie. À droite, le professeur López-Ibor, Madrid 1972.

– du 27 au 30 mai 1972, Paris, amphithéâtre Charcot de l'hôpital de la Salpêtrière : *Ier symposium européen de sophrologie médicale*. À cette occasion, le Dr Caycedo présenta le *Dictionnaire abrégé de Sophrologie et Relaxation Dynamique*[18] qui est un répertoire alphabétique de la nouvelle sémantique sophrologique. Cet ouvrage destiné aux sophrologues est un guide renfermant la définition des nouveaux termes relatifs à la conscience et aux Techniques spécifiques ;
– du 31 mai au 3 juin 1973, Lausanne, Palais de Beaulieu : *IIe symposium européen de sophrologie médicale* ;
– du 23 au 26 mai 1974, Bruxelles : *IIIe symposium européen de sophrologie médicale* ;
– du 25 au 29 octobre 1975, Barcelone : *IIe congrès mondial de sophrologie*, suivi, du 31 octobre au 2 novembre, du *Deuxième Cours sur les médecines traditionnelles*

[18] Caycedo, A. (1972). *Diccionario abreviado de Sofrología y Relajación Dinámica*. Barcelone : Emegé. Voir note de bas de page n° 8.

d'Orient. Lors de ce congrès, outre les nouveautés concernant les applications de la sophrologie dans le domaine médical, d'autres disciplines commencent à être présentes : la kinésithérapie, la psychologie et autres spécialités paramédicales. Le phénomène sophrologique ouvre son champ d'application pour répondre à un réel besoin : celui de l'application de la sophrologie aux sciences de la santé autres que celle de la médecine ;

– du 26 au 29 octobre 1977, Madrid, Palais des Congrès : *IVe symposium européen de sophrologie.*

À partir de 1977, le « phénomène » continue à indiquer la direction à suivre. S'impose alors au Dr Caycedo la nécessité d'ouvrir la sophrologie à toutes les personnes susceptibles d'être intéressées par sa pratique. Il inaugure ainsi la branche sociale et présente *l'Entraînement sophrologique collectif* dans plusieurs villes d'Espagne.

Tableau des Techniques spécifiques, avec la date de leur création

Techniques ayant une action sur le présent (paramètre de présentation)

TECHNIQUE	DATE DE CRÉATION PAR LE DR. A. CAYCEDO
Sophronisation de base	1960
Sophro-Schultz	1963
Sophro-déplacement du négatif	1963
Sophro-substitution sensorielle	1963
Perception sophroliminale de la verticalité	1970
Sophro-attention	1970
Sophro-stimulation locale	1970
Protection sophroliminale du sommeil	1970
Sophro-présence du positif	1980
Sophro-stimulation vitale	1985
Techniques-clés	1985

Techniques ayant une action sur le futur (paramètre de futurisation)

TECHNIQUE	DATE DE CRÉATION PAR LE DR. A. CAYCEDO
Futurisation sophronique libre	1970
Sophro-acceptation progressive	1970
Sophro-stimulation projective	1970
Projection sophronique des capacités	1970
Sophro-correction sérielle	1970
Sophro-programmation future	1970

Techniques ayant une action sur le passé (paramètre de prétérisation)

TECHNIQUE	DATE DE CRÉATION PAR LE DR. A. CAYCEDO
Sophromnésie libre	1968
Sophro-mnésie senso-perceptive	1968
Sophro-intégration mnésique	1970
Sophro-substitution mnésique	1970
Rétrovivance phronique des capacités	1970

Techniques ayant une action sur la totalité de l'être (paramètre de totalisation)

TECHNIQUE	DATE DE CRÉATION PAR LE DR. A. CAYCEDO
Sophro-rétromanence	1979
Sophro-manence	1980
Sophro-présence des valeurs	1980
Sophro-tridimension interne des valeurs	1980

Techniques spécifiques du Cycle Radical

TECHNIQUE	DATE DE CRÉATION PAR LE DR. A. CAYCEDO
Immersion spécifique de la RDC 5	1989
Immersion spécifique de la RDC 6	1989
Émersion spécifique de la RDC 7	1989
Émersion spécifique de la RDC 8	1989

Techniques spécifiques du Cycle Existentiel

TECHNIQUE	DATE DE CRÉATION PAR LE DR. A. CAYCEDO
Transportation spécifique RDC 9	1989
Transportation spécifique RDC 10	1989
Transportation spécifique RDC 11	1989
Transportation spécifique RDC 12	1989

Chapitre 6

La Déclaration de Récife : inauguration de la sophrologie sociale - Sophrologie et axiologie

La sophrologie est une discipline qui étudie la conscience et développe les valeurs de l'homme, face à la crise de la civilisation contemporaine.

Pr A. Caycedo

« Le phénomène a la parole ». Cette phrase, Alfonso Caycedo l'a répétée à maintes occasions. Elle renvoie au fait que le phénomène se présente à nous comme une réalité incontestable, comme le lui expliquait Binswanger, son grand maître. On ne peut forcer le phénomène, pas plus qu'on ne peut l'accélérer ou le freiner. Il faut l'observer, le respecter, le décrire et constater son évolution. Au fil du temps, la sophrologie va se développer et prendra la forme d'un véritable « phénomène » dont je vais brièvement rappeler l'évolution, depuis la création de cette discipline, jusqu'en 1977, année de naissance de la *sophrologie sociale.*

Comme nous l'avons déjà vu, la sophrologie est née au sein de la psychiatrie classique. Ses techniques qui n'étaient alors étudiées et utilisées que dans l'accompagnement de personnes souffrant de problèmes psychiatriques, répondaient à un besoin nouveau : l'humanisation des soins.

Le chemin s'élargit ensuite naturellement. Constatant les effets thérapeutiques de la sophrologie sur de nombreux patients atteints de maladies psychiatriques, des collègues de l'Hôpital Clinique de Barcelone proposent de l'utiliser avec des personnes ne présentant pas de troubles mentaux. C'est ainsi qu'elle commence à être adaptée à l'odontostomatologie, la cardiologie, la médecine interne, la gynécologie, l'obstétrique, l'anesthésie, etc.[1] Des professionnels d'autres secteurs de la santé – kinésithérapie, psychologie et soins infirmiers – manifestent à leur tour leur intérêt pour les techniques sophrologiques et se mettent à les intégrer à leur spécialité.

Les médecins des années 1970, très jaloux de leur pratique, ne voyaient pas d'un bon œil que d'autres professionnels de santé utilisent ces techniques : ils craignaient que la sophrologie ne se banalise et qu'elle perde son caractère scientifique et sa crédibilité. C'est ainsi que, lorsque le Dr Caycedo – respectant le phénomène et mettant tout préjugé entre parenthèses – donnera à des psychologues, des kinésithérapeutes et des infirmiers, la possibilité d'utiliser les techniques sophrologiques avec leurs patients, certains médecins abandonneront la sophrologie.

Le « phénomène sophrologique » continuera néanmoins à progresser et à indiquer la direction à suivre. Après avoir fait ses preuves dans les sciences médicales et paramédicales, cette discipline se révélera également efficace dans le sport de haut niveau – avec des résultats spectaculaires – ainsi que dans le champ éducatif. Dans un autre registre, des personnes bien portantes qui accompagnaient leurs proches aux séances de sophrologie et pratiquaient avec eux, attestaient leurs

[1] Les résultats des applications de la sophrologie médicale sont décrits dans les livres d'Alfonso Caycedo précédemment cités : *Progrès en Sophrologie* et *Sofrología Médica, Oriente, Occidente*.

effets positifs, à divers niveaux : elles observaient une amélioration de la qualité de leur sommeil ou de leur repos, cessaient de fumer, etc.

Toutes ces avancées de la sophrologie encouragent Alfonso Caycedo à l'adapter et à la proposer à l'ensemble de la société. Il décide alors d'inaugurer *la sophrologie sociale* respectant ainsi le phénomène dans sa progression naturelle et sa réalité.

Cependant, ouvrir la sophrologie à la société supposait d'observer le phénomène sous un autre angle. La finalité de cette discipline appliquée tout d'abord à l'univers médical, était jusqu'alors exclusivement thérapeutique ; mais peu à peu d'autres besoins apparaissaient au niveau social, besoins qu'il fallait aussi prendre en considération. Le Dr Caycedo constate que la crise des valeurs affecte la conscience naturelle aux niveaux personnel et interpersonnel. Considérant que les valeurs sont fondamentales pour l'être humain, il les intègre au référentiel théorique et conceptuel de la sophrologie.

Sophrologie et axiologie[2]

À travers les siècles, la philosophie a étudié la question de l'être. Pour Max Scheler[3], en plus du simple fait d'être, les choses ont de la valeur : c'est l'axiologie. La valeur est la signature de l'être ; c'est ce qui le rend digne d'attention, de respect et de considération. Ce sont les valeurs qui donnent à l'être sa dimension existentielle.

Le Dr Caycedo fait une étude approfondie des valeurs. Son intention est de décrire les valeurs de l'être humain : celles qui sont communes à tous les humains et qui sont éternelles, celles qui ne se démodent pas et qui mériteraient d'être renforcées.

Il élabore une première classification de ces valeurs[4] qu'il proposera pour la première fois à Récife.

---

2 Axiologie : partie de la philosophie qui s'intéresse aux valeurs.

3 Max Scheler est considéré comme le fondateur et le promoteur de l'axiologie. Et bien que par la suite diverses théories sur la nature des valeurs aient été formulées, l'apport de ce philosophe allemand à la science, est indéniable.

4 En 2001, cette classification sera complétée lorsqu' Alfonso Caycedo exposera à Genève les douze Degrés de la Relaxation Dynamique et la classification des *Valeurs Fondamentales, Radicales et Existentielles de l'être.*

Nomination du Pr Alfonso Caycedo comme professeur *honoris causa* de l'université de Pernambouc. Récife, 1977.

Déclaration de Récife : *les Valeurs Fondamentales de l'Homme et la sophrologie*

Nomination comme professeur *honoris causa* dans deux universités brésiliennes

En 1977, Alfonso Caycedo est invité par les universités de Récife et d'Olinda – dans l'état de Pernambouc, au nord-ouest du Brésil – pour y recevoir le titre de professeur *honoris causa*. Lors de son allocution, il attire l'attention des sophrologues sur l'importance de la vivance des valeurs, comme moyen de faire face à la crise dont souffre la société. Dans la conférence qu'il donne, il présente les *Valeurs Fondamentales* de la sophrologie comme base essentielle de son référentiel théorique et conceptuel.

C'est avec la *Conférence de Récife* qu'il inaugure officiellement la sophrologie sociale.

La Conférence de Récife

Voici un extrait du discours prononcé par Alfonso Caycedo le 25 août 1977, à Récife[5] :

---

[5] Caycedo, A. (1977). Declaración de Récife o Declaración de los Valores del Hombre. En Anadón, J.A. *La relajación colectiva del Dr. Caycedo – Introducción a la Sofrología Sociológica* (pp. 23-29). Barcelona : Andes.

Le Pr Caycedo lors de son discours sur les Valeurs de l'Homme. Récife, 1977.

C'est un honneur pour moi que de me trouver dans cette belle ville de Récife – la première du continent sud-américain à expérimenter ma méthode de Relaxation sophrologique collective *–, pour proclamer, au nom de la sophrologie dont je suis le créateur et en mon nom propre, une déclaration de principes qui serviront de fondement aux objectifs et aux activités de notre École, une fois accomplie la difficile étape d'expérimentation scientifique de nos méthodes.*

La sophrologie est une discipline qui étudie la conscience et développe les "Valeurs de l'Homme", face à la crise de la civilisation contemporaine. Elle comprend deux branches : la sophrologie médicale, à caractère exclusivement clinique et la sophrologie sociologique à caractère mixte – à mi-chemin entre la médecine et la psychologie – et avec une nette orientation sociale.

La sophrologie entend par "Valeurs de l'Homme", les qualités spécifiques qui caractérisent l'être humain et le définissent comme doté d'une conscience indivisible, originale et transcendante.

Pour l'École sophrologique, les "Valeurs de l'Homme" peuvent être classées en trois catégories intimement liées : les valeurs biologiques, les valeurs vitales et les valeurs historiques.

Les Valeurs biologiques

Elles sont présentes dans les racines mêmes de la biologie humaine, aux niveaux cellulaire et moléculaire. Nous pouvons notamment citer :
– le capital génétique ;
– la mémoire cellulaire ;
– l'intégration des structures moléculaires ;
– la fonction des tissus ;
– l'intégration de l'individu ;
– la conservation de l'espèce ;
– l'intégration de la conscience, qualité essentielle propre à l'Être humain.

Les Valeurs vitales

Elles sont liées au comportement des êtres humains et sont ancrées comme des sentiments vitaux à l'intérieur des Valeurs biologiques. Par exemple :
– l'individualité ;
– la constitution du foyer ;
– la famille, en tant que structure fondamentale du tissu social ;
– l'intégration sociale, nécessaire au fonctionnement de l'organisme vivant que constitue l'humanité, dans sa totalité.

Les Valeurs historiques

Elles constituent le patrimoine et les conquêtes de l'humanité, à travers les siècles. Elles comprennent, entre autres :
– la religiosité, sous toutes ses formes ;
– la "politicité" (l'intérêt pour la chose publique) dans toutes ses manifestations ;
– la science ;
– l'art ;
– la culture.

La sophrologie, après dix-sept ans d'existence, dispose de méthodes concrètes, désignées sous le nom d'*Entraînement sophrologique* et basées sur deux principes majeurs : "prise de conscience de l'existence du corps" et "activation du positif".

La *Relaxation sophrologique collective* est une méthode qui renforce les structures de la personnalité. Elle s'apprend facilement ; une moyenne de deux séances intensives hebdomadaires en groupe sont en général suffisantes. L'apprentissage du Cycle Fondamental nécessite deux mois de pratique individuelle, à raison de dix minutes par jour – avec un support de fiches spéciales ou d'enregistrements. Elle a un caractère préventif et s'adresse à tous ceux qui veulent optimiser leurs qualités positives. Elle renforce également la conscience ordinaire et mobilise les structures inexplorées et individuelles de la conscience sophronique.

L'Entraînement sophrologique collectif est le produit d'une adaptation – qu'il n'a pas toujours été aisé de mettre en place – des meilleures techniques sophrologiques préalablement expérimentées aussi bien au niveau individuel qu'en groupe. Sa planification, qui tient compte des possibilités de chacun, permet à l'être humain perdu dans la masse, de renforcer sa personnalité, sa volonté et sa liberté et de devenir responsable de lui-même et de sa destinée.

L'appel des racines : retour au pays natal

Cette Déclaration de Récife est l'heureuse rencontre entre la sophrologie et l'axiologie, car toutes deux s'entremêlent et se complètent d'une manière hautement significative. Il ne pouvait en être autrement. En effet, ces deux disciplines à vocation humaniste ont un objectif commun : celui de prendre soin de l'être humain.

Dans cette Déclaration, Alfonso Caycedo laisse clairement entendre que les innombrables capacités de la conscience n'existent pas seulement en tant que telles mais qu'elles sont aussi porteuses de valeurs : ce sont des valeurs à part entière. Cette nouvelle perspective offre des dimensions nouvelles et fécondes à la vision anthropologique de la sophrologie et apporte à la méthode sa dimension axiologique.

Lors de ce séjour au Brésil, Alfonso Caycedo, en se déplaçant entre Récife et Olinda, a l'occasion de contempler à nouveau la réalité américaine avec laquelle il n'était plus en contact depuis de nombreuses années. Il observe les gens, la culture, la réalité du monde sud-américain et ressent le besoin de revenir sur ce continent. Il a l'intuition que c'est *là* qu'il pourra écrire ce grand chapitre de la sophrologie sociale, à l'intention des personnes bien portantes, afin qu'elles connaissent leur conscience et renforcent leurs valeurs.

En 1979, il se lance un nouveau défi : il décide de partir pour la Colombie, son pays natal, avec l'intention d'y développer la sophrologie sociale. Il savait pertinemment que la prise d'une telle décision le confronerait à un avenir fait d'*inconnues* et d'*incertitudes*, mais il était prêt à faire une nouvelle parenthèse dans sa vie. Porté par ce noble projet et par son intuition, il abandonne son poste de professeur à l'École de psychiatrie de Barcelone ainsi que son cabinet privé qui jouissait d'un grand renom, avec la ferme intention d'inaugurer, d'initier un nouveau « phénomène », dans le monde sud-américain.

Chapitre 7

La sophrologie sociale, comme expérience existentielle en Colombie

---

Pourquoi fais-tu ces exercices ? C'est parce que comme ça, je ne me sens plus comme un animal.

Pr A. Caycedo

L'arrivée en Colombie

En août 1979, nous arrivâmes en Colombie, « comme si c'était la première fois ». Nous dûmes nous adapter : ce fut pour nous un « retour à l'essence même des choses » ..., l'éveil d'une multitude de sensations face à une nouvelle réalité qui allait changer la vie de notre famille ainsi que l'orientation de la sophrologie.

La Colombie est le pays natal de mon père, le pays de son enfance et de sa jeunesse. Et maintenant, il y revenait – trente ans plus tard – après avoir fondé la sophrologie, nourrissant au fond de lui le rêve cher à son coeur : créer une Faculté où il pourrait former des jeunes – futurs sophrologues – qui, une fois aptes à utiliser les techniques sophrologiques dans les milieux sociaux les plus difficiles, contribueraient, à travers l'exercice de leur profession, à améliorer la situation sociale de leur pays.

Il connaissait déjà Bogota où il avait vécu et grandi jusqu'à l'âge de 18 ans. Mais sa décision d'y revenir maintenant supposait qu'il allait devoir commencer une nouvelle vie, comme cela avait déjà été le cas en 1950 lorsqu'il quitta la Colombie pour aller étudier à Madrid, en 1963 lorsqu'il séjourna à Kreuzlingen, puis en 1964 lorsqu'il partit en Inde et plus tard, en 1966 lorsqu'il s'installa à Barcelone. Ce processus de *découverte*, de *conquête* et de *transformation* qu'il avait connu à ces différentes occasions, il le revécut lorsqu'il s'installa dans cette « nouvelle » ville qu'était Bogota.

Après tant d'années, Bogota avait beaucoup changé. Les quartiers où il jouait lorsqu'il était enfant étaient méconnaissables : des immeubles avaient remplacé les maisons individuelles. Même si la situation politique s'était améliorée – on était passé d'une guerre civile larvée à une situation relativement stable –, une grande insécurité régnait encore dans les rues.

À présent, il revenait dans sa ville natale, accompagné de sa famille au complet : il lui fallait chercher un logement et des écoles pour mon frère et pour moi-même ; il devait aussi ouvrir un cabinet pour l'exercice de sa profession de neuro-psychiatre et prendre contact avec les médecins et les universités du pays.

Une fois installé au nord de Bogota, il se mit en relation avec l'Ordre des médecins ainsi qu'avec des professeurs de plusieurs universités de médecine. Il commença à dispenser des cours à l'Université et à mettre en place des ateliers de sophrologie.

Son objectif premier était de faire connaître sa Méthode et de la diffuser dans son pays. Motivé par le développement et le succès de la sophrologie en Europe, il décide de créer la *Fondation École internationale de sophrologie* – FEIS – pour les jeunes Colombiens ayant terminé leurs études secondaires. La mise en oeuvre de ce projet va l'amener à définir clairement le programme de la formation de sophrologie et à faire de nombreuses démarches administratives – création du siège social, demandes d'autorisations, recrutement de professeurs de philosophie, de psychologie, d'anthropologie, etc.

La formation du sophrologue social

Le Dr Caycedo organisa du 17 au 20 août 1982, à Bogota, le *IIIe congrès mondial de sophrologie* auquel assistèrent plus de mille participants, en provenance du monde entier.

Le 19 août 1982, à l'occasion de cet événement majeur, il annonça officiellement – à l'issue d'une séance solennelle particulièrement émouvante – la fondation de la première faculté de sophrologie, en présence des futurs sophrologues auxquels il expliqua l'importance de la profession qu'ils allaient embrasser et les conséquences positives qu'aurait leur formation sur les personnes qu'ils accompagneraient. Son intention était de former ces jeunes étudiants afin qu'ils soient aptes à pratiquer sa Méthode et à l'appliquer dans de nombreux secteurs de la société colombienne.

Je vous invite à prendre connaissance du discours de bienvenue que mon père adressa à un groupe d'étudiants au début de leur formation au sein de l'École de sophrologie – FEIS –, discours dans lequel il présenta les thèmes principaux du programme et les différentes théories qu'il avait élaborées au sujet de la conscience : les théories des *possibilités existentielles de l'être humain*, des *structures phroniques*, de *l'intégration dynamique de l'être*, des *Valeurs Fondamentales de l'Homme*, etc.

Discours de bienvenue adressé aux premiers étudiants de la faculté de sophrologie sociale

Avant d'énumérer et de commenter les différents thèmes qui composent le programme d'études de cette première année de formation en sophrologie, je voudrais faire deux considérations importantes. La première fait référence au fait que la sophrologie est une science de la conscience ; le futur sophrologue sera donc un spécialiste du monde de la conscience humaine. La deuxième considération importante vise à souligner à quel point la conscience a été maintenue dans l'oubli par la médecine occidentale tout au long de l'histoire. S'il est vrai qu'il y avait la psychiatrie pour s'occuper des malades mentaux, en revanche, avant l'arrivée de la sophrologie, il n'y avait pas une science spécifiquement centrée sur la conscience. Dès sa création en 1960, la sophrologie se propose de combler ce vide. Elle a sa propre histoire, comme nous le verrons tout au long de ce cursus de première année.

Nous allons commencer par l'histoire de la sophrologie.

Elle vit le jour à Madrid en 1960 et eut comme précurseurs les Espagnols López-Ibor, grand psychiatre et professeur de psychiatrie et Pedro Laín Entralgo, considéré actuellement comme le plus grand historien de la médecine.

Viendra ensuite l'influence de la phénoménologie en psychiatrie grâce au psychiatre suisse Binswanger. Une fois ces influences assimilées, je pris contact avec des écoles et des médecins orientaux. Sans abandonner les principes de la science occidentale, j'observai comment une approche des phénomènes de la conscience – cette conscience qui était étudiée par ceux qui pratiquent le yoga, le bouddhisme et le zen –, était possible. C'est alors que j'écrivis mes premiers livres sur la sophrologie, en me basant sur la déduction d'une série de principes que j'avais énoncés avec la rigueur qu'exige la science.

La deuxième période de l'histoire de la sophrologie se déroula à Barcelone pendant quatorze ans. C'est là que j'ai créé et vérifié ma Méthode, élaboré sa sémantique – comme il revient à toute nouvelle science – et entrepris sa diffusion.

Comme introduction à la sophrologie, je mentionnerai les faits les plus importants se rapportant aux premiers pas de cette nouvelle science ; je ferai également référence aux conférences et publications de livres et de revues sophrologiques édités dans plusieurs langues.

Dans les années 1980, la sophrologie avait vingt ans d'historicité et avait déjà accompli un certain parcours. Elle comportait les éléments de base propres à toute science : un objet d'étude – la conscience –, un référentiel théorique et conceptuel – épistémologie – avec une sémantique et une terminologie propres ainsi qu'une méthodologie. Au cours des années qui suivirent, ces trois grands piliers s'enrichirent de nouveaux concepts, de nouvelles théories et de nouveaux termes : ceux que nous connaissons aujourd'hui.

Nous étudierons ce qu'est la sophrologie. Nous préciserons sa définition et nous verrons pourquoi elle est une science dont la méthode s'inspire de la phénoménologie. Nous verrons quelles sont les spécialités qui constituent cette nouvelle science : la sophrologie médicale, qui est également une branche de la médecine, et la sophrologie sociologique. Cette étude nous amènera à évoquer les origines de la sophrologie en tant que nouvelle profession et déterminera vers laquelle de ces deux spécialités pourront s'orienter les premières générations de sophrologues formés dans notre faculté.

Il est important de noter que la terminologie que nous utilisons pour nommer nos objets d'étude est entièrement nouvelle ; elle répond au besoin qu'a eu la sophrologie d'utiliser des termes sans équivoque – je parle ici de la sémantique propre à la sophrologie. Les lois sur lesquelles se basent les techniques sophroniques firent l'objet d'une étude particulière. Il s'agit des lois connues sous le nom de "loi de la vivance" et "loi de la répétition vivantielle". J'ai conçu le terme de "vivance phronique" pour désigner la rencontre profonde que la personne expérimente avec les structures essentielles de l'être, lors de la sophronisation. *Cette rencontre est activée stratégiquement pendant la pratique de la Méthode qui constitue ainsi ce que j'appelle un "entraînement phronique vivantiel", base méthodologique de la sophrologie. La loi de la répétition vivantielle consiste à prendre l'habitude de pratiquer régulièrement les techniques : dans cette répétition vivantielle est contenu le "savoir-faire" propre à la sophrologie.*

Les principes fondamentaux sont : le principe du schéma corporel, le principe de l'action positive et le principe de la réalité objective. Au cours de notre formation, nous prendrons conscience de ces principes qui sont absolument essentiels pour "devenir" un bon sophrologue et savoir exercer la sophrologie en tant que telle.

En premier lieu, nous étudierons ce que nous entendons par conscience en sophrologie et nous chercherons une définition spécifique, éloignée des interprétations d'autres écoles. Le corps, l'esprit et la conscience forment l'union substantielle constitutive de l'être humain. Il en est ainsi, tout au moins, tant que l'homme est en vie. Il n'y a aucune raison de croire, aussi bien du point de vue phénoménologique que sophrologique, que l'être humain soit un composé de deux ou trois éléments isolés les uns des autres[1]*.*

La culture occidentale semble avoir déprécié le corps, à tel point que nous ne le connaissons pas ; pas même nous, les médecins. Cependant, pour la sophrologie, corps et esprit sont intimement liés. En ce sens, on s'éloigne de cette vieille croyance, très répandue au Moyen-Âge - surtout dans le courant platonicien -, selon laquelle ils sont séparés. Pour la sophrologie, l'homme forme une unité totale, existentielle : en activant son corps avec les techniques sophroniques, il renforce également sa conscience et inversement, en activant sa conscience, il renforce son corps. Ainsi, toute action positive dirigée vers une partie de la conscience se répercute positivement sur la totalité de la personne qui, comme je viens de l'exposer, représente l'unité, l'ensemble corps-esprit.

Nous étudierons aussi les qualités essentielles de la conscience en sophrologie : tout d'abord son indivisibilité, qualité essentielle au phénomène d'intégration. Mais la conscience n'est pas seulement indivisible, elle est aussi dynamique, originale et surtout transcendante.

Nous voyons ici comment Alfonso Caycedo définit la conscience au-delà de la fonction mentale ou cognitive. Il décrit l'union substantielle du corps, de l'esprit et de la conscience comme une unité constitutive de l'être humain. Chacune de ces structures influence l'autre. Ainsi, grâce à l'action positive, la pratique de la méthodologie sophrologique se répercute sur chacun des composants de notre être.

---

[1] Alfonso Caycedo affirme que le corps, l'esprit et la conscience constituent l'être humain. En 1996, il ajoutera à ces trois structures celle de l'Âme phronique radicale. Ces quatre structures ou essences constituent l'union substantielle de l'être humain.

Un aspect très important que nous ne devons pas négliger concernant l'étude de la conscience, est le rythme nycthéméral, cette capacité que possèdent les êtres vivants - et la conscience humaine surtout -, de dormir et de se réveiller. L'étude de ce rythme veille-sommeil est fondamentale pour la sophrologie car ce rythme fait partie de la dynamique de la conscience humaine.

D'aussi loin que je me souvienne, mon père a toujours accordé une attention particulière à la qualité du sommeil, aux biorythmes. Il insistait sur l'importance d'un bon sommeil pour la santé physique et mentale de l'être humain. Dans les années 1990, en Andorre, il élaborera de nouvelles techniques et théories qui incluront la vivance du rythme circadien comme phénomène essentiel de notre existence.

De même, font également partie de l'étude de la conscience, ce que la sophrologie a appelé présence[2] *et* rétroprésence, *qui sont les deux façons par lesquelles l'humanité manifeste sa capacité à "présenter" les phénomènes. La* présence *a lieu quand l'homme, tout en étant éveillé, laisse émerger des souvenirs, des associations, sa capacité d'apprentissage, son angoisse, ses préoccupations, etc. Ce qui est important, c'est que tous ces phénomènes se présentent quand il est éveillé, quand sa conscience est en mesure d'émaner, de sortir de la biologie, tout comme le parfum émane de la fleur. Ces phénomènes sont étudiés par la sophrologie. La* rétroprésence *- qui est aussi un phénomène exclusivement étudié par la sophrologie sous le nom de "nid biologique" - se présente chez l'être humain lorsqu'il s'endort ou qu'il se trouve plongé dans un état d'introspection profonde. Les étudiants mobiliseront cette capacité par la pratique des techniques du Premier Degré de la Relaxation Dynamique. Il s'agit de mettre en mouvement les capacités qui donnent un axe à la conscience. Tout ce qui précède fait partie de ce qu'on appelle en sophrologie, la pédagogie existentielle.*

C'est ainsi qu'Alfonso Caycedo introduisit la *Théorie de l'intégration dynamique de l'être* qu'il expliquera plus tard à ses étudiants.

Nous approfondirons l'étude des valeurs de la conscience en sophrologie. Ce sont les valeurs essentielles qui, selon la sophrologie, justifient l'existence de la conscience. Nous pourrions aussi les appeler valeurs humaines car l'étude de la sophrologie ne peut à aucun moment se réduire à une simple accumulation de connaissances et de techniques - utilisées de façon mécanique - en vue de gagner sa vie. La sophrologie est une science dont la mission principale est de défendre l'essence de l'existence humaine. C'est le sens profond de ma Déclaration

---

[2] Par la suite, il remplacera les termes de *présence* et de *rétroprésence* par ceux de *manence* et de *rétromanence*.

de Récife, au Brésil – que nous utiliserons comme élément fondamental de cette formation –, et dans laquelle se trouve la classification des Valeurs de l'Homme dont je parle. On y trouve avant tout, les valeurs biologiques qui sont ancrées dans la biologie même des êtres humains ; les valeurs de la vie humaine, qui sont celles que l'homme défend car elles sont nécessaires au maintien de sa vie ; et les valeurs historiques qui font partie de l'héritage que nous a laissé la civilisation à travers les siècles ; en tant que telles, elles doivent être préservées et transmises aux générations futures.

La nécessité de préserver ces valeurs amènera l'étudiant en sophrologie à étudier, au cours du dernier semestre de ses études, la biologie, l'art et la culture en tant que valeurs transmises par la conscience humaine, tout au long de son histoire. Il ne s'agit pas, comme on pourrait le penser, de thèmes historiques, philosophiques ou poétiques isolés et étudiés de façon passive, mais d'une véritable prise de conscience d'une réalité que nous vivons. Car la sophrologie est avant tout une science efficiente dont les techniques renforcent la conscience sous toutes ses formes, aux niveaux biologique et existentiel.

Nous voyons ici l'importance qu'Alfonso Caycedo donne à la vivance et aux valeurs. Par la suite, en 1984, il créera le Quatrième Degré de la Relaxation Dynamique dans lequel il intégrera la vivance des valeurs, vivance qui occupera désormais une place de choix dans la Méthode : la sophrologie ne serait pas ce qu'elle est sans cette dimension vivantielle des valeurs.

Pour bien comprendre notre façon de guider les techniques, nous expliquerons le concept de Terpnos logos *qui est, pour le sophrologue, l'art d'enseigner les techniques sophrologiques et que l'apprenti sophrologue devra développer comme base de la guidance. Pour finir, nous analyserons les différences entre le Terpnos logos et la suggestion, entre les méthodes suggestives et les techniques sophroniques.*

J'aimerais surtout attirer votre attention sur cet aspect de la sophrologie en tant que science opérationnelle. C'est la raison pour laquelle nous étudierons les méthodes et les techniques sophroniques, celles qui donnent toute son efficacité à la sophrologie.

Nous verrons que l'existence de l'homme peut être basée sur le développement de sa propre conscience. Nous étudierons également les paramètres de la conscience en sophrologie : la prétérisation, la présentation et la futurisation. *L'être humain, grâce à la mémoire, prend conscience de son passé mais aussi de son présent, de "l'ici et maintenant" et surtout de son futur. La conscience peut donc faire vivance aussi bien avec le passé qu'avec le présent et le futur. Toutes les techniques sophroniques reposent sur ces paramètres. Ce sont des techniques visant l'entraînement de la mémoire – séances collectives –, l'activation du passé, le renforcement de la capacité qu'a la conscience humaine à "présenter" les phénomènes ainsi qu'à programmer son propre avenir sans que celui-ci soit livré au hasard ou aille à la dérive, comme c'est souvent le cas.*

Le fait de présenter la Relaxation Dynamique de Caycedo en dernier lieu ne signifie pas qu'elle ait une importance moindre, bien au contraire. Elle est l'axe principal de la méthodologie sophrologique. Au cours de votre formation, vous allez pratiquer la Relaxation Dynamique de Caycedo pour découvrir par vous-mêmes votre corporalité, votre capacité de contemplation, l'intégration de votre corps et de votre esprit, vos valeurs. Nous allons non seulement découvrir tout ceci, mais aussi nous entraîner à l'art de l'enseigner, aux niveaux individuel et collectif. Cette pratique est essentielle pour tout sophrologue.

Ces concepts que le Dr Caycedo avait à l'époque formulés de manière intuitive, sont toujours d'actualité.

La sophrologie au service de la société colombienne

Après l'inauguration de la première faculté de sophrologie à Bogota et l'élaboration d'un programme adapté à la formation des futurs sophrologues sociaux, le Dr Alfonso Caycedo, épaulé par une équipe de formateurs – composée pour la plupart, de psychologues, de philosophes, de médecins et d'anthropologues – lança la première année d'une formation universitaire de sophrologie qui en comptait cinq. Son objectif était que ces étudiants puissent exercer la sophrologie comme une nouvelle profession au service de la société.

Les étudiants se formaient dans cette faculté – du lundi au vendredi – à la pratique et à la théorie de la Méthode Caycedo. Les cours commençaient tous les jours par une heure de pratique sophrologique suivie d'une phénodescription.

Durant les trois premières années de leur cursus, les étudiants suivaient la formation théorico-pratique à la faculté. Les deux dernières années, ils effectuaient des stages dans des milieux très défavorisés de la société colombienne. Des conventions furent conclues avec des institutions publiques et privées afin qu'ils puissent proposer – lors de ces stages – des pratiques de sophrologie aux publics concernés.

Au début, les cours avaient lieu dans les salles de l'université de San Buenaventura, au centre de Bogota. Au fil des ans, le nombre d'étudiants augmentant, Alfonso Caycedo prit la décision de chercher un lieu plus adapté, dans lequel ces jeunes pourraient suivre leur cursus de formation dans de meilleures conditions.

Voici exposés ci-dessous, le travail et l'engagement social de ces étudiants dans ces institutions.

Le Pr Alfonso Caycedo expliquant une technique adaptée du Premier Degré de la Relaxation Dynamique à un groupe d'élèves du Collège du Tunal, Bogota, 1982.

Collège d'enseignement secondaire du Tunal (INEM[3])

Une des conventions fut signée avec le collège d'enseignement secondaire du Tunal, un très grand collège public. Des étudiants qui se destinaient à la pédagogie proposèrent aux élèves de ce collège – dans le cadre de leur stage pratique – l'apprentissage des techniques sophrologiques.

Alfonso Caycedo enseignait aux futurs sophrologues sociaux la façon d'adapter la méthodologie aux différentes situations de la vie scolaire pour que les élèves puissent ensuite utiliser ces techniques dans leur vie de tous les jours.

Très tôt le matin, avant le début des cours – qui en Colombie commencent à sept heures – les élèves étaient rassemblés dans une immense cour de récréation pouvant contenir plus de mille élèves. Ils pratiquaient debout, dans le froid matinal de Bogota – rappelons que la ville se trouve à 2.600 mètres au-dessus du niveau

[3] INEM est en espagnol, l'acronyme de « Instituto Nacional de Educación Media », Institut National de l'Enseignement Secondaire.

de la mer –, plusieurs techniques de courte durée, guidés par une voix diffusée à travers un micro et des haut-parleurs.

C'est ainsi que progressivement, les futurs sophrologues apprirent à adapter les techniques de sophro-pédagogie en fonction de l'âge des enfants, de leur situation sociale et personnelle. Les résultats de cette expérience furent très intéressants. On put observer chez les élèves une amélioration générale des capacités de concentration, d'apprentissage et de mémorisation ainsi qu'une plus grande motivation pour leurs études. Le climat scolaire s'améliora également : on constata une meilleure entente entre les élèves ainsi que des progrès dans la relation enseignants-élèves.

Ces techniques de sophro-pédagogie ont depuis été adaptées à différents niveaux socioculturels et ont prouvé leur efficacité chez des milliers d'élèves, en Colombie et dans d'autres pays – Suisse, France, Espagne, Belgique, Italie, Portugal et Maroc.

Pratiques sophrologiques dans l'institution "Les Adoratrices"

En dehors du contexte strictement scolaire que nous venons d'évoquer, le Dr Caycedo se mit en quête d'autres structures sociales où les futurs sophrologues pourraient mettre en œuvre la méthodologie sophrologique pendant leur période de formation. C'est ainsi qu'il prit contact avec le Foyer des Adoratrices où les religieuses se consacraient à l'aide aux jeunes filles en détresse. Nombre d'entre elles avaient été abandonnées par leurs familles ou étaient des enfants de prostituées ; la plupart avaient connu la prostitution, la drogue, etc. Les religieuses, secondées par d'autres enseignantes, les accueillaient et les aidaient à renforcer leurs valeurs et à se réinsérer dans la société.

Les futurs sophrologues pratiquaient la méthodologie avec les religieuses et les professeurs ainsi qu'avec ces jeunes filles. Ils adaptèrent les techniques de gestion du stress pour les professeurs car leur travail exigeait beaucoup de dévouement et entraînait une usure émotionnelle. En effet, ces jeunes filles arrivaient au Foyer à des horaires très irréguliers et dans des états de grande perturbation ; elles réagissaient souvent avec agressivité ou insolence et pouvaient se montrer méprisantes envers les personnes qui prenaient soin d'elles. Leurs phénodescriptions témoignaient des effets bénéfiques de la pratique sophrologique : elle leur apportait une forme de paix et de sécurité et leur permettait de découvrir leurs valeurs et de redonner un sens à leur vie.

« Los gamines » : les enfants des rues

Un groupe qui fut très réceptif à la sophrologie est celui des enfants des rues que l'on appelle en Colombie *los gamines*, du nom français « gamins ».

À Bogota, malheureusement, beaucoup d'enfants vivent dans la rue. Ils sont privés des soins les plus élémentaires et bien sûr, ne sont pas scolarisés. Parfois

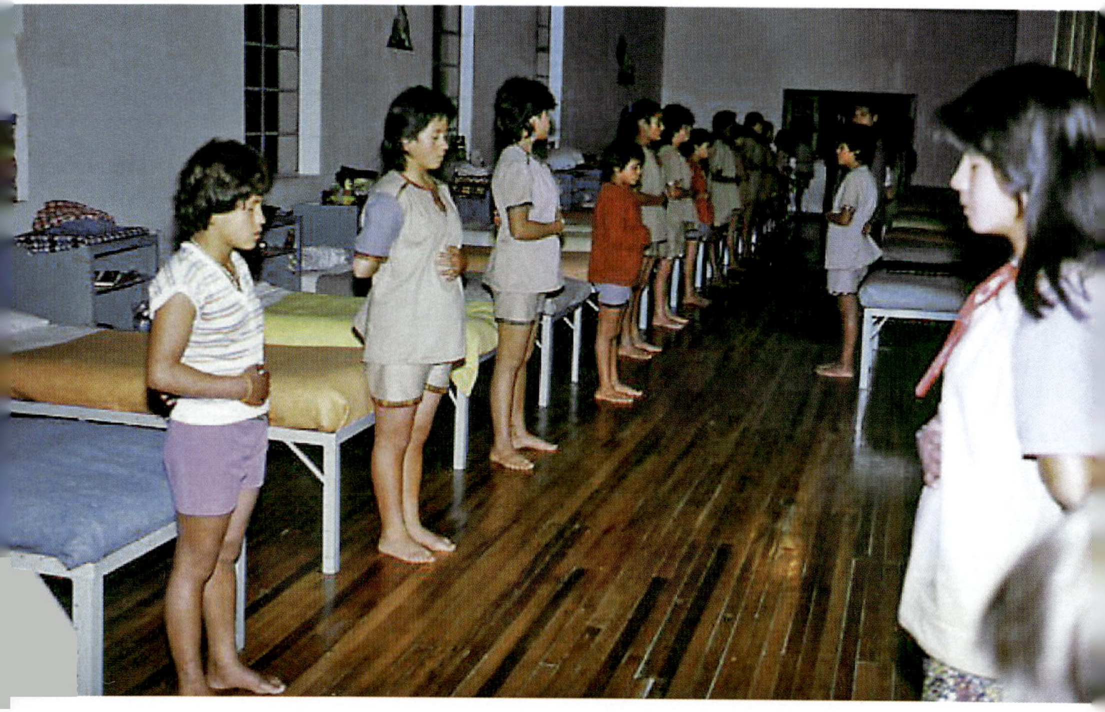

Les enfants des Foyers de la Fondation Bosconia apprenant des techniques adaptées de la Relaxation Dynamique de Caycedo avant de dormir, Bogota, 1982.

violents, ils passent leur temps à voler pour pouvoir manger. Nombre d'entre eux respirent une espèce de colle aux effets hypnotiques – pour, entre autres, pouvoir dormir dehors, dans le froid – et ceci, bien qu'ils sachent que ce produit a des effets nocifs pour la santé et les met en état de dépendance.

Divers projets ont été mis en place pour essayer de résoudre le problème des enfants sans foyer. Parmi eux, celui de la Fondation Bosconia : créée par le Père Xavier de Nicolo – prêtre italien de la communauté des Salésiens –, cette Fondation effectue dans toute la Colombie un travail important sur le plan social. Dans les Foyers de la Fondation Bosconia, les enfant des rues pouvaient manger, dormir et se doucher sans avoir l'obligation de séjourner dans ce lieu.

Le Dr Caycedo prit contact avec le Père Xavier de Nicolo. Ils se mirent d'accord pour que les jeunes sophrologues viennent faire leurs stages avec les enfants des rues. Les étudiants commencèrent ainsi à se rendre le soir dans les Foyers Bosconia pour y pratiquer les techniques sophrologiques avec les *gamines* qui venaient là pour dîner et dormir. Pour pouvoir appréhender au mieux ce travail avec ces enfants en rupture sociale, ils devaient non seulement avoir une bonne connaissance de ce milieu de la rue, mais également être capables de s'adapter et d'adapter la Méthode à ces enfants démunis.

C'est ainsi qu'ils se mirent à pratiquer des techniques issues du Premier Degré de la Relaxation Dynamique de Caycedo (RDC). Souvenons-nous qu'à cette époque-là, la RDC était différente de celle d'aujourd'hui : les mouvements mobilisaient le corps de façon plus globale, on ne travaillait pas la présence des Systèmes ni celle de leurs tissus. À la fin du Premier Degré on pratiquait l'exercice du *Polichinelle,* stratégie vivantielle destinée à percevoir la présence du corps en sautant sur place, plusieurs fois, comme un polichinelle.

Le Dr Caycedo enseignait cette technique aux jeunes étudiants en sophrologie pour qu'ils la pratiquent avec les *gamines*. Après l'exercice du Polichinelle, les enfants s'allongeaient sur leurs lits et apprenaient à sentir la présence de leur corps et à se relaxer naturellement. On put constater l'efficacité de cet exercice pour trouver le sommeil. Ils n'avaient alors plus besoin de colle pour pouvoir dormir...

Parfois, les futurs sophrologues leur proposaient des techniques issues de la RDC pour leur apprendre à gérer leurs émotions et à renforcer leurs valeurs. Les enfants adoraient ces exercices et les vivaient avec une réelle ferveur. Un jour, alors qu'ils pratiquaient ces techniques, mon père s'approcha de l'un d'eux et lui demanda :
– Pourquoi fais-tu ces exercices ?
L'enfant ne lui répondant pas, mon père insista :
– Pourquoi fais-tu ces exercices ?
L'enfant resta concentré. Mon père renouvela sa question :
– Pourquoi fais-tu ces exercices ?
L'enfant, concentré sur ce qu'il ressentait dans l'instant, lui répondit :
Laisse-moi tranquille !
Mon père renouvela sa question :
– Mais pourquoi pratiques-tu ces exercices ?
Pour que ce monsieur le laisse enfin tranquille, il lui répondit :
– C'est parce que comme ça, je ne me sens plus comme un animal.
Et il poursuivit son exercice de Relaxation Dynamique avec une ardeur renouvelée...

Cette réponse resta gravée dans la mémoire de mon père. Elle lui apparut comme la meilleure phénodescription que pouvait faire un jeune garçon dont l'enfance avait dû être terriblement difficile. La pratique sophrologique lui apprenait à se sentir une « personne », à se sentir digne, avec la « vivance » de ses propres valeurs.

De nombreux enfants des rues eurent la chance de connaître cet oasis de dignité et de paix que leur offrait le projet Bosconia. Ils trouvaient au sein de la Fondation un équilibre physique et mental. Les techniques sophrologiques les aidaient à découvrir que la paix et le bonheur résident en chacun de nous. Pour preuve, ce *gamin* qui termina ses études au collège et décida de se former en sophrologie pour pouvoir, plus tard, venir en aide à d'autres enfants vivant dans la rue.

Le Pr Caycedo expliquant à de futurs sophrologues comment adapter les Techniques spécifiques à un groupe de jeunes des Foyers Bosconia. Bogota, 1982.

Ateliers de formation professionnelle (SENA[4])

Les étudiants sophrologues effectuèrent également des stages dans d'autres structures telles que les centres de formation professionnelle où des jeunes de divers milieux faisaient l'apprentissage d'un métier.

Il s'agissait de jeunes désireux de se former à une profession qui leur permettrait de s'intégrer au monde du travail. Certains d'entre eux devaient travailler sur des machines industrielles. Les futurs sophrologues adaptaient les techniques afin d'aider ces jeunes à améliorer leur motivation, leurs résultats scolaires ainsi que leur adresse dans l'utilisation des machines. Le Dr Caycedo leur apprit à utiliser les techniques issues du Deuxième Degré de la RDC. Dans ce cas, l'entraînement se faisait près des machines – leur outil de travail – afin de les incorporer à leur schéma existentiel comme réalité à vivre. Ainsi, de façon indirecte, on put observer chez ces jeunes une meilleure acceptation de leur situation, une plus grande motivation, plus d'efficacité dans leur travail ainsi que l'émergence et le développement de valeurs qu'ils n'auraient probablement jamais mobilisées dans une formation exclusivement académique.

4 SENA : Service National d'Apprentissage. Il s'agit d'une prestigieuse institution publique colombienne qui s'adresse à des jeunes aux revenus modestes et qui les forme à divers métiers.

Le Pr Caycedo faisant pratiquer les techniques adaptées du Deuxième Degré de la Relaxation Dynamique à un groupe d'élèves de l'enseignement technique. Bogota, 1983.

Dans les expériences que nous venons de citer, nous pouvons voir le grand potentiel créatif des techniques sophrologiques ainsi que leur énorme possibilité d'adaptation à chaque milieu, chaque spécialité ou chaque individu.

Interventions dans les entreprises

Les futurs sophrologues sociaux intervenaient également dans un autre milieu, celui des entreprises – surtout celles du bâtiment et de la sidérurgie. Les techniques y étaient essentiellement orientées vers la prévention des risques professionnels.

Assistance aux prisonniers

Le milieu pénitentiaire bénéficia également, pendant quelque temps, de l'expérience sophrologique.

Nous pouvons imaginer les conditions de détention dans les prisons de Bogota, dans les années 1980. Les détenus étaient là pour divers délits : vols, enlèvements, assassinats, fraudes, etc. Ils étaient confrontés à des problèmes de toutes sortes :

surpopulation, carences des services publics et d'assistance, violence, corruption et manque de moyens pour la réinsertion sociale. Tout cela générait chez eux du stress, du désespoir et le sentiment que leur vie n'avait pas de sens.

Les sophrologues sociaux adaptèrent la Relaxation Dynamique pour redonner aux détenus, sérénité, espoir et dignité. Malheureusement, certains d'entre eux demandèrent à maintes reprises aux jeunes sophrologues, de leur rapporter des objets prohibés ou d'entrer en contact avec des personnes de l'extérieur. Face à cette situation – et en l'absence de tout soutien institutionnel –, Alfonso Caycedo décida de mettre un terme à ce projet afin de garantir la sécurité de ses étudiants.

Résidences du troisième âge

Après s'être intéressée aux milieux sociaux que nous venons d'évoquer, la sophrologie ne pouvait être absente du secteur des personnes âgées.

À Bogota, un grand nombre de personnes âgées vivaient – et vivent toujours – dans des résidences du troisième âge. Certaines avaient des problèmes de mobilité, d'audition, de vue, de contrôle des sphincters. D'autres présentaient un début de maladie psychiatrique : démence sénile ou autres altérations mentales avancées. D'autres encore, bien que saines de corps et d'esprit, souffraient de solitude, ce grand mal qui touche beaucoup de personnes âgées. Mais il faut noter que la plupart, avec ou sans handicaps physiques ou mentaux, voyaient peu à peu s'éteindre leur joie et leur goût de vivre. Beaucoup d'entre elles n'avaient malheureusement que peu, voire pas de visites de leur famille.

Les sophrologues sociaux avaient pour mission d'accompagner ces personnes âgées et d'adapter les techniques sophrologiques à leurs capacités et à leur situation personnelle. Les jeunes sophrologues en formation apportaient leur présence et leur attitude positives, leur sourire, leur enthousiasme, une écoute attentive... Les techniques adaptées – abrégées ou non, en position assise ou allongée – aidaient ces personnes à se sentir mieux du point de vue psychophysique et à renforcer leurs capacités. On les encourageait à se souvenir des moments agréables de leur vie et à somatiser le positif, à retrouver la joie de profiter des petits moments positifs de chaque jour... Leurs regards empreints de reconnaissance et de bonheur lorsqu'elles voyaient arriver les sophrologues ou lorsqu'elles expérimentaient les techniques sophrologiques, traduisaient tout le bien qui leur était fait. Et quant aux étudiants en sophrologie, leur acte de générosité leur procurait sans doute, à eux aussi, une satisfaction encore plus grande !

La qualité de la formation théorique et pratique qui était dispensée à la faculté de sophrologie permettait à ces étudiants d'exprimer sur le terrain leur savoir, leur savoir-faire et leur savoir-être et d'adapter la Méthode à des secteurs aussi variés que ceux de l'éducation et de la formation, de l'entreprise, de l'aide aux personnes âgées ou à celles en rupture sociale – dans un pays où les besoins matériels et humains étaient manifestes.

Le Pr Caycedo expliquant l'importance de la sophrologie dans la vie quotidienne à un groupe de personnes âgées vivant en maison de retraite. Bogota 1983.

À la fin de leurs études, pour obtenir le titre de *sophrologue social*, ils devaient présenter un mémoire dans lequel ils décrivaient leur expérience de façon scientifique et exposaient les résultats obtenus grâce à l'utilisation des techniques sophrologiques.

L'expérience colombienne comme source d'inspiration et d'enrichissement de la méthodologie et de l'épistémologie de la sophrologie

Pendant tout son séjour en Colombie, parallèlement à son travail d'enseignant, le Dr Caycedo exerça la psychiatrie à son cabinet et continua de créer des techniques pour ses patients et à enrichir la Relaxation Dynamique.

Le Quatrième Degré de la Relaxation Dynamique de Caycedo : la conscience des Valeurs Fondamentales

Je me souviens de ce moment, si important, où mon père créa le Quatrième Degré de la RDC. C'était en décembre 1984. Alors que nous vivions à Bogota, nous nous rendîmes au Panama pour assister à un congrès de pédiatrie où mon père avait été invité à présenter les adaptations de la sophrologie pour les enfants. Nous passâmes ensuite quelques jours de vacances en famille. C'est sur l'île de Nalunega, située dans l'archipel de San Blas, à l'est du Panama, qu'un matin je le surpris sur la plage, en train de pratiquer dans une posture des plus inédites. J'ignorais ce jour-là qu'il était en train d'enrichir sa Méthode d'un nouveau Degré.

Alors que les trois Degrés précédents étaient respectivement inspirés du yoga, du bouddhisme et du zen et orientés vers la somatisation de sensations et de sentiments positifs, le Quatrième Degré de la RDC était complètement original. En effet, il s'agissait ici *d'in-corporer* ou plutôt de « somatiser », de corporaliser les valeurs[5].

Cette démarche proposée par Alfonso Caycedo était des plus innovantes dans le sens où les valeurs qui lorsqu'on les étudie paraissent être un pur concept, commençaient à devenir une « vivance intentionnelle ». Avec ce Quatrième Degré de la RDC, la sophrologie allait désormais se définir comme l'étude de la conscience et des valeurs existentielles de l'être humain et acquérir le statut de discipline existentielle.

Une nouvelle posture

La Posture du Quatrième Degré se démarque totalement de celles de la tradition orientale dont Alfonso Caycedo s'était inspiré, en ayant pris soin de les adapter à la mentalité occidentale. Elle se pratique debout, les bras écartés, levés vers le ciel, les mains ouvertes et la tête légèrement inclinée en arrière.

La pratique consiste tout d'abord – installé dans cette posture d'ouverture – à « faire phénomène » avec la valeur, à se relier à elle et à la somatiser de façon intentionnellement positive puis à redescendre lentement les bras avec l'intention d'installer cette valeur dans tout notre corps.

Voici la phénodescription d'un pratiquant après une séance de Quatrième Degré de la RDC :

Je choisis la valeur « bienveillance ». Mais ce qui me vient à l'esprit dès le début de la marche est la présence. En marchant, je suis présente à moi-même, à mon corps et à mon esprit. Mes cinq sens sont très développés, et plus précisément le sens de l'ouïe. J'entends tous les bruits et je les apprécie comme des notes de musique : les bribes de conversation des passants, le bruit des voitures... Au fil de la marche, j'ai plus de facilité à intégrer la valeur « bienveillance », au moment où je ferme les yeux. La valeur s'imprègne et se diffuse dans toute ma corporalité, dans tout mon être. Mon attention se porte sur les enfants et les bébés. Je pleure. Je ressens que je porte un nouveau regard. Un regard bienveillant sur les autres et sur moi-même. Un regard bienveillant aussi sur mon passé, mon présent et mon futur.

---

[5] Il est important de rappeler que la Déclaration de Récife sur les Valeurs de l'Homme avait été proclamée en 1977 et que le thème des valeurs personnelles et sociales, était déjà intégré – avec succès – à la sophrologie.

Une nouvelle marche

Jusque-là, la seule Marche proposée dans la Relaxation Dynamique de Caycedo était la Marche – courte – du Troisième Degré, inspirée du Kin-Hin japonais. Ici, après avoir corporalisé la valeur choisie, en Posture du Quatrième Degré, le Dr Caycedo propose une Marche libre et consciente. L'expérience consiste à marcher lentement et à contempler le monde environnant comme si c'était la première fois, en restant au contact de la valeur, puis à fermer de temps en temps les yeux pour contempler le monde intérieur, toujours relié à la valeur, et avec ce regard phénoménologique. Cette Marche d'une vingtaine de minutes est suivie d'une pause de totalisation orientée vers l'intégration de la vivance de la valeur dans la conscience.

Une nouvelle théorie

En même temps que la pratique du Quatrième Degré de la Relaxation Dynamique, le Dr Caycedo, décrivit un nouveau concept auquel il donna le nom de « Région phronique », cet espace intérieur que nous possédons tous et dont nous prenons progressivement conscience, grâce à l'entraînement à la Méthode. C'est dans cet espace où corps et esprit se rencontrent, que le pratiquant va peu à peu *dé-couvrir* ses propres valeurs. Cette théorie sera complétée par la pratique des Degrés cinq à douze que nous décrirons plus loin.

Voici comment mon père explique la constitution de la « Région phronique » :

> *Le Premier Cycle ou Cycle Fondamental constitue le début de la Méthode Caycedo. Lorsqu'une personne commence à s'entraîner à la Méthode, on peut en général dire que sa conscience est une « boite noire » car la personne a à peine notion de son corps et de son esprit. Elle habite le monde de la* conscience ordinaire.
>
> *La Méthode Caycedo commence avec la Vivance du corps, qui se transforme progressivement en* schéma corporel, *en* corporalité *et en* Moi corporel.
>
> *Dans un deuxième temps, la Méthode Caycedo propose la Vivance de l'esprit que l'on découvre grâce à la pratique du Deuxième Degré de la RDC et de ses méthodes spécifiques. L'esprit se transformera alors en* Moi présentiel.
>
> *Dans une troisième étape, le Moi corporel et le Moi présentiel dévoilés grâce à un entraînement préalable, vivent une rencontre profonde dans laquelle nous commençons à découvrir un espace intermédiaire entre les deux. Cela s'obtient grâce au Troisième Degré de la RDC et ses techniques spécifiques.*
>
> *Dans un quatrième temps, le Moi corporel et le Moi présentiel établissent entre eux une relation phénoménologique qui crée la Région interne comme un espace profond qui sépare et réunit le corps et l'esprit. Cette Région devient le premier espace existentiel.*
>
> *La Région phronique est la structure « radicale » de la conscience qui constitue un premier espace existentiel de l'Être. Pourquoi « phronique » ? Parce*

qu'il s'agit d'un phénomène interne. La vie intérieure est phronique. C'est l'espace intérieur où existe un profond lien phénoménologique entre le corps et l'esprit - le Moi corporel et le Moi présentiel qui sont les deux pôles d'un même Moi : le Moi phronique.

Pour moi, le concept de Région phronique - qui représente une théorie fondamentale de la Sophrologie Caycédienne - est un prérequis indispensable à la réalisation de l'Entraînement phronique vivantiel propre à la Méthode Caycedo. Sans le concept de Région phronique, la sophrologie authentique ne pourrait exister, de la même manière que sans le concept d'inconscient, la psychanalyse ne pourrait exister.

C'est dans cet espace intérieur, dans la Région phronique que nous commencerons un nouveau travail personnel, un deuxième travail de dévoilement qui s'opérera dans le Deuxième Cycle de la Méthode où nous découvrirons les structures propres à la Région phronique et où nous ferons la conquête du Moi phronique radical.

Présentation du Quatrième Degré en Europe

En 1985, Alfonso Caycedo présenta le Quatrième Degré de la Relaxation Dynamique dans différentes villes européennes : à Paris, à l'hôpital de la Pitié-Salpêtrière ; à Lausanne, au cours d'un congrès de sophrologie ; à Rome, à l'hôpital Fatebenefratelli et à Madrid.

De nombreux sophrologues assistèrent à ces rencontres et actualisèrent leurs connaissances. Certains furent étonnés de l'originalité de cette pratique : la nouvelle posture, la Marche, la présence des valeurs au niveau corporel... À titre anecdotique, je me souviens que l'un d'entre eux qui, avec son esprit rationnel, ne comprenait pas cette nouvelle proposition, demanda quel était l'impact de ce Quatrième Degré. La réponse de mon père fut la suivante : « Cher collègue, pratiquez et ensuite vous comprendrez. »

Les Techniques spécifiques de totalisation

Lors de son séjour en Colombie, le Dr Caycedo avait conçu de nouvelles Techniques spécifiques de présentation – *sophro-présence du positif*[6] et *sophro-stimulation vitale* –, de futurisation – *projection sophronique des capacités* – et de prétérisation – *rétrovivance des capacités* et *sophro-intégration mnésique.* Il avait également introduit un ensemble de nouvelles techniques auquel il donna le nom de *Techniques spécifiques de totalisation.* Le terme de « totalisation » renvoie au fait que ces techniques sont totalisantes de l'être : elles activent à la fois la

---

[6] Par la suite, la *sophro-présence du positif* sera intégrée comme stratégie vivantielle aux pauses phroniques de la plupart des exercices de la Relaxation Dynamique de Caycedo.

tridimensionnalité temporelle – passé, présent, futur – et les valeurs. Ces nouvelles techniques faisaient partie de l'enseignement qu'il dispensait aux étudiants en sophrologie ; elles se pratiquaient aussi bien dans le champ thérapeutique que dans celui du développement personnel.

Les voici :

– *sophro-présence des valeurs* : le Dr Caycedo créa cette technique en s'inspirant du Quatrième Degré de la RDC. Elle est axée sur la première partie de la Méthode, dans laquelle le pratiquant apprend à installer dans son corps les valeurs, les qualités ou les capacités qu'il souhaite conquérir librement.

– *sophro-tridimension interne des valeurs* : le pratiquant apprend ici à faire phénomène avec ses valeurs passées, présentes et futures.

– *sophro-manence* et *sophro-rétromanence* : inspirée de la *Théorie de l'intégration dynamique de l'être*, cette stratégie vivantielle permet de prendre conscience de la façon dont les capacités de la conscience émergent, au moment du réveil – sophro-manence – et comment elles s'intègrent progressivement au monde des phénomènes biologiques, au moment de l'endormissement – sophro-rétromanence.

Les premières expérimentations avec le son

Pendant les dernières années de notre séjour en Colombie, mon père commença à introduire la stratégie vivantielle du son dans la pratique de la Relaxation Dynamique. Les résultats étonnants qu'il obtint en expérimentant les premiers phonèmes avec les futurs sophrogues l'encouragèrent à poursuivre l'étude de ce phénomène.

Quelques années plus tard, en Andorre, il proposera de nouvelles techniques destinées à révéler des réalités plus profondes de notre conscience[7].

La fin de l'expérience colombienne

L'École internationale de sophrologie – FEIS – fonctionna pendant six ans, ce qui lui permit de délivrer le *diplôme de sophrologue social* aux étudiants formés. À plusieurs reprises, le Dr. Caycedo présenta devant la Commission du Sénat de la République – chargée de règlementer les professions –, la demande de reconnaissance officielle de la nouvelle profession de sophrologue social. Chaque fois, une rencontre était organisée avec des représentants de cette Commission, au cours de laquelle mon père étayait sa demande avec une documentation qui montrait le sérieux et la rigueur de cette discipline. Mais la réponse fut toujours négative et la profession resta reléguée au rang d'« éducation non formelle ».

---

[7] Voir chapitre 9.

Voilà pourquoi, même si les promotions en cours purent poursuivre le cursus jusqu'à l'obtention de leur diplôme, il fut désormais impossible d'inscrire de nouveaux étudiants. Alfonso Caycedo dut mettre fin à cette expérience universitaire. Les sophrologues sociaux formés continuent à intervenir encore aujourd'hui, dans différents domaines professionnels – éducation, sport, entreprise, troisième âge – et dans des milieux défavorisés.

L'expérience de la FEIS fut véritablement riche et diversifiée. L'utilisation de la Méthode Caycedo par les sophrologues formés à la Fondation s'avéra concluante dans les secteurs et les contextes sociaux de la société colombienne préalablement cités.

Lorsqu'en 1960 Alfonso Caycedo créa la sophrologie, il était loin de penser qu'il la porterait un jour au-delà des murs de l'hôpital psychiatrique. Avec cette aventure colombienne, il voyait se réaliser ce rêve qui lui tenait tant à cœur : ramener la sophrologie dans son pays natal. En proposant de mettre sa Méthode au service du plus grand nombre, il écrivait un nouveau chapitre de l'histoire de la sophrologie : celui de la sophrologie sociale.

En 1988, après neuf ans passés en Colombie, il décide de rentrer en Europe. Je choisis de revenir avec mes parents, avec l'intention de faire ma spécialité en psychiatrie et mon doctorat dans les universités de Manchester et de Barcelone. Quant à mon frère, Alfonso Javier, il décida de rester en Colombie et de fonder un collège destiné à l'éducation d'enfants et de jeunes, de l'âge préscolaire au baccalauréat. L'enseignement dispensé dans cet établissement est, encore aujourd'hui, basé sur les techniques de la sophrologie pédagogique.

À son retour, Alfonso Caycedo s'aperçoit qu'en son absence, la sophrologie a continué à se développer et a pris des orientations autres que celle qu'il avait voulu lui donner initialement. Il était temps pour lui d'affirmer l'originalité de son approche de la conscience et de sa Méthode.

Chapitre 8

Le retour en Europe : actualisation et développement de la sophrologie

Les graves altérations dont souffre l'humanité peuvent être considérées comme une "maladie de masse".

Alfonso Caycedo

Une ère nouvelle pour la sophrologie

En l'absence de son fondateur, la sophrologie s'était répandue en Europe et était devenue très populaire, tout particulièrement en France, en Belgique et en Suisse.

Pendant son séjour en Colombie, le Pr Caycedo n'avait cessé de créer de nouvelles techniques et de perfectionner sa Méthode. Il souhaitait maintenant introduire la sophrologie sociale sur le Vieux Continent. Le moment était venu pour lui de revenir en Europe pour actualiser sa Méthode et lui donner une nouvelle orientation. Il prit donc la décision d'abandonner ses consultations afin de poursuivre son œuvre sur la conscience et de se consacrer pleinement à la recherche, toujours dans la ligne de la phénoménologie existentielle. Deux nouveaux Cycles allaient compléter sa méthodologie : les Cycles Radical et Existentiel.

Andorre, siège académique de la sophrologie

Pour ce travail de création, il fallait trouver un lieu qui offrirait à mon père le silence et la paix nécessaires à la contemplation et à la méditation. Lors de son séjour en Inde, il avait pu vérifier combien la vie en montagne est propice au recueillement, à la méditation et à la créativité.

Il fallait de plus concilier cet impératif avec celui de choisir un endroit suffisamment proche de la France et de l'Espagne qui faciliterait la diffusion de la méthodologie sophrologique. Son choix se porta sur la Principauté d'Andorre, petit pays à la position stratégique idéale, entre l'Espagne – Catalogne – et la France, connu pour la beauté de ses montagnes et ses stations de ski.

Ce lieu nous était familier car nous allions fréquemment y skier et y passer quelques jours, lorsque nous habitions Barcelone. Nous adorions aller nous réfugier dans un de ces petits coins tranquilles qu'offre la principauté : nous pouvions y admirer la splendeur des paysages enneigés et y méditer.

Mon père finit par découvrir l'endroit qui réunissait les conditions idéales : un chalet qui portait bien son nom : *Flor de Neu – Fleur de Neige* –, dans le petit village de Pal[1], situé à 1500m d'altitude. Il allait y trouver les conditions propices au recueillement qu'exigeait cette nouvelle étape de sa vie. C'est précisément là, à *Flor de Neu*, qu'il élaborera les techniques les plus profondes et les plus représentatives de la Sophrologie Caycédienne.

---

[1] Pal est un petit village de montagne d'environ 250 habitants qui fait partie de la commune de la Massana. Il est constitué de fermes traditionnelles du XIIe siècle. Tout y respire la paix et la sérénité.

Le Pr Caycedo inaugurant le IVe congrès mondial de sophrologie.
De gauche à droite : le Dr José Luis Pons, le Pr Enrique Gonzalez Monclus, le Pr Alfonso Caycedo, le Dr Fernando Pavia, le Dr Natalia Caycedo, le Dr Bakali. Andorre, 1988.

Une nouvelle étape : le IVe congrès mondial de sophrologie

Afin d'inaugurer cette nouvelle étape de l'évolution de la sophrologie, le Pr Caycedo organisa le *IVe congrès mondial de sophrologie* dans la Principauté d'Andorre, du 10 au 13 novembre 1988.

Il y présenta deux applications de la sophrologie : l'une dans le domaine médical et paramédical, l'autre dans celui des sciences sociales. La sophrologie apportait aux professions de santé, ses bases philosophiques et existentielles ainsi que de nouvelles méthodes thérapeutiques ; elle offrait aux sciences sociales des méthodes qui allaient contribuer au développement de l'être humain.

Deux illustres représentants des deux grandes facultés espagnoles de psychiatrie assistèrent à l'inauguration de ce congrès : le Pr Juan José López Ibor Aliño, fils du maître de mon père, professeur de psychiatrie à l'université de Madrid et le Pr Gonzalez Monclús, secrétaire général de l'université de Barcelone. Des sophrologues de divers pays – en provenance d'Europe, d'Amérique et d'Afrique du Nord – y donnèrent aussi des conférences d'intérêt pratique et théorique.

La situation de la sophrologie en Europe

Depuis le début de sa recherche, Alfonso Caycedo avait fédéré autour de lui des médecins, des dentistes, des obstétriciens, rejoints plus tard par des kinésithérapeutes, des infirmiers, des psychologues... Tous ces professionnels eurent une part active dans la diffusion de la sophrologie.

Pendant les neuf années que dura le séjour de mon père en Colombie, la sophrologie européenne avait continué à se développer, de façon plus ou moins organisée. De retour en Europe, il fut confronté aux multiples visages qu'elle avait commencé à prendre. Certains sophrologues pratiquaient cette discipline avec sérieux et cohérence, en respectant les bases de la phénoménologie et l'approche rigoureuse que mon père leur avait enseignées lorsqu'il résidait en Espagne. D'autres cependant, avaient décidé d'y introduire de l'hypnose, parfois même certaines techniques à connotation ésotérique, le tout présenté sous l'appellation *sophrologie.* C'est à cette époque-là que certains de ses collaborateurs choisirent d'emprunter d'autres chemins et que d'autres créèrent leur propre courant. Dans un tel contexte, la sophrologie se trouvait menacée dans sa crédibilité.

Après tant d'années de travail acharné pour parvenir à créer cette nouvelle discipline centrée sur l'étude de la conscience et des valeurs de l'existence, le créateur de la sophrologie ne pouvait tolérer une telle banalisation de sa Méthode. Il prit donc la décision de protéger son œuvre. En 1989, il ajouta au terme *sophrologie* qu'il avait créé en 1960, le qualificatif *caycédienne.* Le terme *Sophrologie Caycédienne* allait désormais désigner le courant originel et original qu'il avait initié. Sa méthodologie, nommée *Méthode Caycedo,* en garantirait l'originalité, la spécificité et serait un gage de qualité et de sérieux.

La réorganisation structurelle de la sophrologie

Les réactualisations

Jusqu'en 1988, la plupart des sophrologues européens connaissaient et pratiquaient les trois premiers Degrés de la Relaxation Dynamique de Caycedo tels qu'ils les avaient appris huit ans auparavant.

Lorsque le Pr Caycedo fut de retour en Europe – après son séjour en Colombie durant lequel la sophrologie avait, sous son impulsion, évolué de façon significative sur le sol sud-américain –, de nombreux sophrologues demandèrent à être informés de l'actualisation des techniques et des concepts qui leur étaient associés. C'est ainsi qu'entre 1990 et 1992, le Pr Caycedo organisa toute une série de conférences dans plusieurs pays d'Europe – France, Belgique, Suisse, Portugal –, afin de présenter les actualisations de la sophrologie.

– 5-6 mai 1990, première présentation à la *Domus Medica*, à Paris ;
– 11-13 mai, hôpital *Brugmann*, Bruxelles ;

Le Pr Alfonso Caycedo lors d'un cours d'actualisation de la Relaxation Dynamique à Lausanne, 1990.

– 17-19 mai, Lausanne ;
– 5-7 octobre, Bordeaux ;
– 9-11 novembre, Lisbonne ;
– 23-25 novembre, *Acropolis*, Nice ;
– 7-9 décembre, Toulouse.

En 1991 et 1992, il reprit son périple :
– 13-14 avril 1991, Avignon ;
– 9-12 avril 1992, Montpellier.

Du 3 au 7 novembre 1992 se tint à Barcelone le IVe congrès mondial de psychiatrie. J'eus l'honneur, en tant qu'interne en psychiatrie, de participer à son organisation. Le Pr Ballús, titulaire de la chaire de psychiatrie à l'université de Barcelone et président de la Société européenne de psychiatrie, convia le Pr Alfonso Caycedo à une table ronde exclusivement consacrée à la sophrologie. Des sophrologues venus de plusieurs pays d'Europe prirent part à cette importante manifestation.

Du 22 au 25 avril 1993, le Pr Caycedo organisa un cours-rencontre en Suisse, au château de Vaumarcus, dans le canton de Neuchâtel.

Le Pr Alfonso Caycedo avec ses amis, les sophrologues suisses le Dr Raymond Abrezol et M. Pierre Schwaar. Lausanne, 1990.

À chacun de ces voyages, il présenta les quatre Degrés de la Relaxation Dynamique de Caycedo dans leur forme actualisée ainsi que les fondements épistémologiques et sémantiques développés jusqu'alors.

J'eus le plaisir de l'accompagner dans la plupart de ces voyages et de co-animer avec lui l'actualisation de la *Théorie de l'intégration dynamique de l'être.* J'ai depuis participé à toutes les formations organisées par mon père.

Grâce à ces actualisations, des centaines de sophrologues européens manifestèrent un vif intérêt pour les avancées de la sophrologie. Ils demandaient à avoir des rencontres régulières avec son fondateur ; ceci afin d'avoir une connaissance directe des nouvelles théories au fur et à mesure de leur élaboration ainsi que l'opportunité de pratiquer les actualisations du Cycle Fondamental de la Méthode. Certains émirent le souhait de collaborer à la formation des futurs sophrologues caycédiens.

Le Master en Sophrologie Caycédienne : une nouvelle organisation académique

Il était urgent et nécessaire de mettre en place une structure académique en Europe afin de garantir la qualité de la formation en sophrologie et de répondre à la demande croissante de nombreux sophrologues. C'est ainsi qu'en 1990, Alfonso Caycedo créa l'Académie internationale de Sophrologie Caycédienne – Sofrocay –

et inaugura la formation académique avec le *Master en Sophrologie Caycédienne* (titre privé délivré par Sofrocay).

Parmi les sophrologues qui avaient manifesté un intérêt pour la diffusion de la Méthode, il en choisit quelques-uns qu'il nomma directeurs des premières Écoles de Sophrologie Caycédienne. Ils auraient pour mission de collaborer à la diffusion de la sophrologie en formant des élèves au Cycle Fondamental – épistémologie et méthodologie des quatre premiers Degrés de la Relaxation Dynamique de Caycedo –, en restant fidèles aux critères définis par son fondateur et en respectant sa pensée et sa recherche phénoménologique.

Dès son retour en Europe en 1988, le Pr Caycedo proposa une série de fiches sur lesquelles étaient consignées les nouveautés et les actualisations concernant ses dernières théories et techniques. Il les transmettait aux directeurs des Écoles et aux sophrologues en formation qui les utilisaient comme matériel pédagogique.

Amorce d'une nouvelle dynamique

Par la suite, d'autres initiatives virent le jour grâce au Dr Abrezol, médecin et odontologue suisse, responsable de l'Académie suisse de sophrologie, qui à partir de 1980, créa et dirigea la *Revue suisse pour le développement international de la Sophrologie Caycédienne*, en collaboration avec Monsieur et Madame Schwaar, eux-mêmes grands promoteurs de la sophrologie sociale en Suisse.

Il faut mentionner également le Dr Jacques Raynal, pneumologue et directeur de l'École de Sophrologie Caycédienne de Poitou-Charentes, qui mit en place une revue périodique sur les progrès en sophrologie ainsi que le Dr Michel Guerry, gynécologue et directeur de l'École de Sophrologie Caycédienne de Nice, qui en 1996 lança le *Bulletin du syndicat national des sophrologues*, revue trimestrielle qui diffusait les actualisations et les nouveautés de la Sophrologie Caycédienne.

Au sein de cette nouvelle dynamique, la Sophrologie Caycédienne se devait désormais d'avoir sa propre revue.

La revue de la Sophrologie Caycédienne

En 1995, le Pr Caycedo juge nécessaire de créer une revue périodique qui serait diffusée en Europe afin d'unifier les critères méthodologiques et épistémologiques de la sophrologie. À dater de ce moment-là, il présentera dans cette revue les actualisations concernant la théorie et la pratique sophrologiques. Y seront également publiés les témoignages de sophrologues de divers pays faisant part de leur expérience et de la façon dont ils ont adapté la Méthode à leur spécialité. Tous les sophrologues caycédiens et les sophrologues en formation allaient recevoir cette revue qui serait désormais le lien formatif et informatif de notre discipline. Jusqu'à présent, plus de quatre-vingts numéros ont vu le jour : y ont été recueillis au fil des publications, les principaux sujets d'intérêt pour la Sophrologie Caycédienne.

Le Code de déontologie

Tout comme s'était imposée la nécessité de mettre en place une structure solide dans la formation académique, il était devenu évident que l'exercice de la profession exigeait d'élaborer un manuel qui servirait de guide à la régulation de sa bonne pratique. L'accent y serait mis sur l'importance du comportement respectueux et professionnel du sophrologue, aussi bien envers les personnes qu'il accompagne qu'envers ses collègues. En 1995[2], le Pr Caycedo rédigea le *Code d*éontologique de la Sophrologie et de la Sophrologie Caycédienne dans lequel sont spécifiées les règles et les valeurs qui incombent aux sophrologues, pour un exercice correct de leur profession. Aussi bien les directeurs d'Écoles de Sophrologie Caycédienne que les sophrologues formés depuis les tout débuts de la sophrologie jusqu'à aujourd'hui, s'engagent à respecter ce code qui régit leur profession et garantit son éthique.

Actualisations épistémologiques et méthodologiques

Parallèlement à cette réorganisation de la sophrologie d'un point de vue structurel et académique, Alfonso Caycedo continua à approfondir sa recherche phénoménologique de la conscience. Tout en élaborant les Cycles Radical et Existentiel – présentés un peu plus loin –, il remania l'épistémologie et la méthodologie existantes, ce qui l'amena à proposer une série d'actualisations dont l'influence sur la Méthode Caycedo sera très positive.

Voici présentées ci-dessous les actualisations les plus significatives :

Les six Systèmes d'intégration spécifiques de la Sophrologie Caycédienne

En 1999, Alfonso Caycedo procéda à une nouvelle actualisation qui devait apporter des changements aussi bien au niveau de l'épistémologie que de la méthodologie sophrologiques. Il s'agit des six Systèmes d'intégration propres à la Sophrologie Caycédienne, appelés *Systèmes Isocay*[3].

---

[2] À partir de ce moment-là, quatre actualisations virent le jour, correspondant aux besoins qui se manifestèrent au fil du temps. Elles furent publiées dans : Caycedo, A. (1995). Code déontologique de la Sophrologie, 2, 5-19 ; Caycedo, A. (1998). Code déontologique de la Sophrologie, 15, 3-32 ; Caycedo, A. (2001). Code déontologique de la Sophrologie, 24, 3-31. Caycedo, A. (2007). Code déontologique de la Sophrologie et de la Sophrologie Caycédienne, 48, 3-32.

[3] Isocay est l'abréviation de : Intégration de l'être par la Sophrologie Caycédienne. Pour plus de détails sur la description anatomique des *Systèmes*, le lecteur se reportera à l'exposé de la *Déclaration de Genève* présentée dans l'annexe 3 de ce livre ou dans Caycedo, A. (1999). Les cinq Systèmes Isocay. Axes fondamentaux de la Sophrologie Caycédienne. *Sophrologie Caycédienne*, 18, 3-26.

Dans le but de faciliter une meilleure perception de toute la corporalité, il proposa une approche vivantielle du corps à partir de six régions appelées « Systèmes », que nous pouvons schématiquement résumer ainsi :
– le Premier Système comprend le visage et la tête ;
– Deuxième Système : la nuque et le cou ;
– Troisième Système : le thorax, les membres supérieurs et le dos ;
– Quatrième Système : les régions abdominale et lombaire ;
– Cinquième Système : le bas-ventre et la partie inférieure du corps ;
– le Sixième Système, également appelé Mega Système, représente le corps dans son intégralité.

Cette nouvelle approche se pratiquera dès le Premier Degré de la RDC. Le pratiquant va ainsi apprendre progressivement à faire phénomène avec chaque partie de son corps puis avec tout son corps, d'une manière plus structurée, ce qui lui permettra de développer une meilleure vivance *senso-perceptive* de chaque partie de sa corporalité. Au cours des années 1999 et 2000, le Pr Caycedo proposa une actualisation de la pratique des quatre premiers Degrés de la RDC en y intégrant cette vivance senso-perceptive du corps dans les six Systèmes d'intégration.

Un nouveau niveau de conscience[4]

Toujours en 1999, il présente une version plus élaborée de sa première hypothèse sur les états et les niveaux de conscience formulée en 1966, à son retour d'Inde. Le *niveau sophroliminal* qu'il décrivait au tout début de la création de la sophrologie, va évoluer dans le nouveau concept de *niveau de Conscience Isocay* qu'il décrit comme un niveau intermédiaire – ni au bord du sommeil ni près de la veille – où la conscience est équilibrée : plus claire, alerte, éveillée.

La Posture Isocay[5]

Cette posture vise à maintenir la présence du corps dans la conscience. Elle consiste à s'asseoir au centre de la chaise, avec le dos droit et les pieds bien ancrés au sol ; les mains sont posées sur les cuisses et les doigts bien à leur contact ; le buste est légèrement incliné vers l'avant – en essayant de déplacer le point de gravité vers le bas-ventre afin de libérer la moitié supérieure du corps de la force de gravitation – et la tête légèrement inclinée vers l'arrière.

---

4 Pour en savoir plus sur ce nouveau niveau de conscience alors appelé *Niveau sophroliminal* et qui prendra ensuite le nom de *niveau de Conscience Isocay*, voir : Caycedo, A. (2000). Le niveau sophroliminal comme troisième forme de conscience. *Revue de Sophrologie Caycédienne, 21*, 3-15.

5 Voir Caycedo, A. (2000). Le Niveau sophroliminal comme troisième forme de conscience. *Revue de Sophrologie Caycédienne, 21*, 11.

La Posture Isocay permet de stabiliser la conscience dans le niveau de Conscience Isocay où elle présente les caractéristiques citées plus haut. Elle sera intégrée à toute la méthodologie sophrologique.

La conscience tissulaire, cellulaire et moléculaire[6]

La vivance des Systèmes Isocay mentionnés plus haut facilite la découverte du corps de façon de plus en plus profonde, depuis les tissus jusqu'aux molécules. C'est ainsi qu'en 2003, Alfonso Caycedo commence à décrire la conscience tissulaire, que l'on découvre dans la pratique du Premier Cycle de la RDC, puis la conscience cellulaire, que l'on dévoile dans le Deuxième Cycle et enfin la conscience moléculaire, qui apparaît dans le Troisième Cycle.

La vivance de chacun de ces Cycles l'amènera à décrire une nouvelle vivance à laquelle il donnera le nom de *vivance Isocay*.

La Vivance phronique Isocay ou VIPHI[7]

Voyons comment ce concept de vivance a évolué depuis les premiers Degrés de la RDC jusqu'à présent :

La vivance du corps

Dans le Cycle Fondamental de la RDC, Alfonso Caycedo fait suivre chaque activation d'un moment de *pause phronique*. Cette pause va faciliter le déclenchement de ce qu'il appelle la *vivance phronique* : l'émergence progressive du corps dans la conscience, en termes de sensations et de perceptions, qui laissera une empreinte dans la conscience.

La somatisation positive

Au cours des années 1980 en Colombie, il élaborera de nouvelles stratégies visant à déclencher une somatisation intentionnelle des sensations et des sentiments positifs. Il s'appuiera pour cela sur des techniques comme la *sophro-présence du positif*. Les pratiquants décrivaient alors cette nouvelle vivance positive

---

[6] Le lecteur pourra lire plus en détail la description de la conscience tissulaire, cellulaire et moléculaire, présentée par Alfonso Caycedo dans :
Caycedo, A. (2004). Théorie Caycédienne des trois niveaux de conscience de la biologie humaine. Sophrologie Caycédienne, 38, éditorial ; Caycedo, A. (2006). La Conscience phronique tissulaire. *Sophrologie Caycédienne*, 44, éditorial ; Caycedo, A. (2006). La Conscience phronique cellulaire. *Sophrologie Caycédienne*, 45, éditorial. Caycedo, A. (2006). La Conscience phronique moléculaire. *Sophrologie Caycédienne*, 46, éditorial.

[7] VIPHI est l'abréviation de : *Vivance phronique Isocay*. Pour plus de détails sur la description de ce concept, le lecteur se reportera à la présentation qu'en fait Alfonso Caycedo dans : Caycedo, A. (2004). Une nouvelle Vivance qui active toute la Méthode Caycedo. *Sophrologie Caycédienne*, 36, éditorial.

en utilisant des mots comme : « sentiment de bien-être..., bonheur..., joie..., bonheur vital. »

La vivance Isocay

L'étude des phénodescriptions des personnes qui expérimentèrent ces techniques amènera Alfonso Caycedo à créer en 2004 le terme de *vivance Isocay* pour désigner cette vivance positive. Ce deuxième niveau de vivance facilite l'expression de ces sentiments positifs intentionnels qui émergent après la prise de conscience de la présence du corps activé dans chaque Système. Alors que la vivance phronique s'exprime en termes de « sensation du vivant », la vivance Isocay s'élabore en termes de « sentiment du vivant » en soi.

La vivance phronique Isocay ou VIPHI[7]

Il s'agit d'un nouveau concept qui réunit les deux vivances – la vivance phronique et la vivance Isocay – et qui présente une nouvelle vivance facilitée par le rythme de la respiration. La technique consiste, à l'inspiration, à ressentir la présence du corps – vivance phronique –, et à l'expiration, à vivre le sentiment intentionnel positif qui se présente – vivance Isocay. Cette technique accélère le processus de somatisation et, par là même, d'intégration.

Afin de conférer plus d'unité, de sens et de cohérence à la Relaxation Dynamique de Caycedo, cette nouvelle vivance sera intégrée à toute la méthodologie. Le concept de *vivance phronique Isocay* proposé en 2004 par le Pr Caycedo, jouera le rôle d'un catalyseur de vivances.

Déclaration de Genève (17 mai 2001) : vue d'ensemble de la méthodologie et de l'épistémologie de la Sophrologie Caycédienne. Expansion de la sophrologie axiologique

En 2001, le Pr Caycedo se rendit à Genève, sur l'invitation de l'Association suisse de sophrologie, pour présenter l'actualisation des douze Degrés de la RDC. Plus de 500 personnes assistèrent à la conférence qu'il donna le 17 mai à l'Auditorium des Droits de l'Homme de l'université de Genève[8].

Cette conférence, qu'il nomma *Déclaration*, ne fut pas une conférence de plus parmi toutes celles qu'il avait déjà faites. Elle avait trois objectifs principaux :

– positionner et soutenir la sophrologie originelle ;

– présenter officiellement les huit Degrés des Deuxième et Troisième Cycles ;

– donner une suite à sa *Déclaration de Récife* de 1977 – dans laquelle il présenta les Valeurs Fondamentales de l'Homme – en introduisant les Valeurs Radicales

[8] Vu la longueur du discours prononcé par le Pr Caycedo, nous n'en présentons ici qu'une synthèse ; le document intégral figure dans la deuxième partie de ce livre (annexe 3).

et Existentielles, complétant ainsi la méthode, l'axiologie et l'épistémologie sophrologiques, le tout dans un processus phénoménologique.

Ce n'est pas un hasard si le créateur de la sophrologie fit le choix de la Suisse et plus précisément de l'Auditorium des Droits de l'Homme de l'université de Genève. Ce choix avait du sens pour lui, ainsi qu'il l'exprime dès les premiers mots de sa conférence.

Après avoir salué les personnalités présentes, le Pr Caycedo exprime en quelques mots sa gratitude envers la Suisse, ce pays où il eut le privilège de recevoir sa formation scientifique et humaniste. Il loue les valeurs fondamentales de cette nation : la liberté, la responsabilité et la dignité, valeurs qui « constituent la grandeur historique de la Suisse ». Il reconnaît en Genève la patrie des Droits de l'Homme, la ville de l'humanisme et de la paix. Il mentionne ensuite son université et le nom si significatif de cet Auditorium qu'il a choisi pour cette présentation des Valeurs Radicales et Existentielles de l'Homme, selon la sophrologie. Ce lieu et ce cadre humaniste ne pouvaient être plus symboliques pour la proclamation de cette *Déclaration* qui marquera un tournant dans l'histoire de la sophrologie.

Le Pr Caycedo situe ensuite le contexte éthique et moral de cette *Déclaration de Genève*, dans ce qu'il appelle la *maladie de masse*, qui attaque les valeurs de l'homme et représente une menace pour notre civilisation, comme il l'exprime ci-dessous :

> *La sophrologie a pris pleinement conscience du fait que l'humanité a commencé à vivre la plus grande crise de son histoire car les valeurs de l'homme sont en train de subir une agression au niveau biologique, mettant en danger le développement de notre civilisation. Le processus de désintégration que vit l'homme de notre temps peut conduire à l'autodestruction de notre culture si nous ne trouvons pas des solutions urgentes et adaptées. Les graves altérations dont souffre l'humanité peuvent être considérées comme une "maladie de masse" dont les symptômes se manifestent dans les différents groupes humains, sans distinction de pays, de race ou de religion.*

Pour faire face à cette problématique, il propose un modèle s'appuyant sur les structures fondamentales de l'être humain, qu'il appelle « valeurs » et qu'il classe en trois catégories : les Valeurs Fondamentales, Radicales et Existentielles.

Il est clair pour lui que la sophrologie doit assumer ses responsabilités et s'impliquer face à cette situation. Elle possède en effet des méthodes et des techniques adéquates et efficaces, comme il l'exprime ici :

> *La sophrologie considère qu'il est de son devoir, à la lumière des circonstances actuelles, de formuler cette* Déclaration des Valeurs de l'Homme *qui servira de base et d'orientation à l'activité de notre École et marquera le début du développement d'une nouvelle conscience, comme solution à la "maladie de masse" dont souffre l'humanité.*

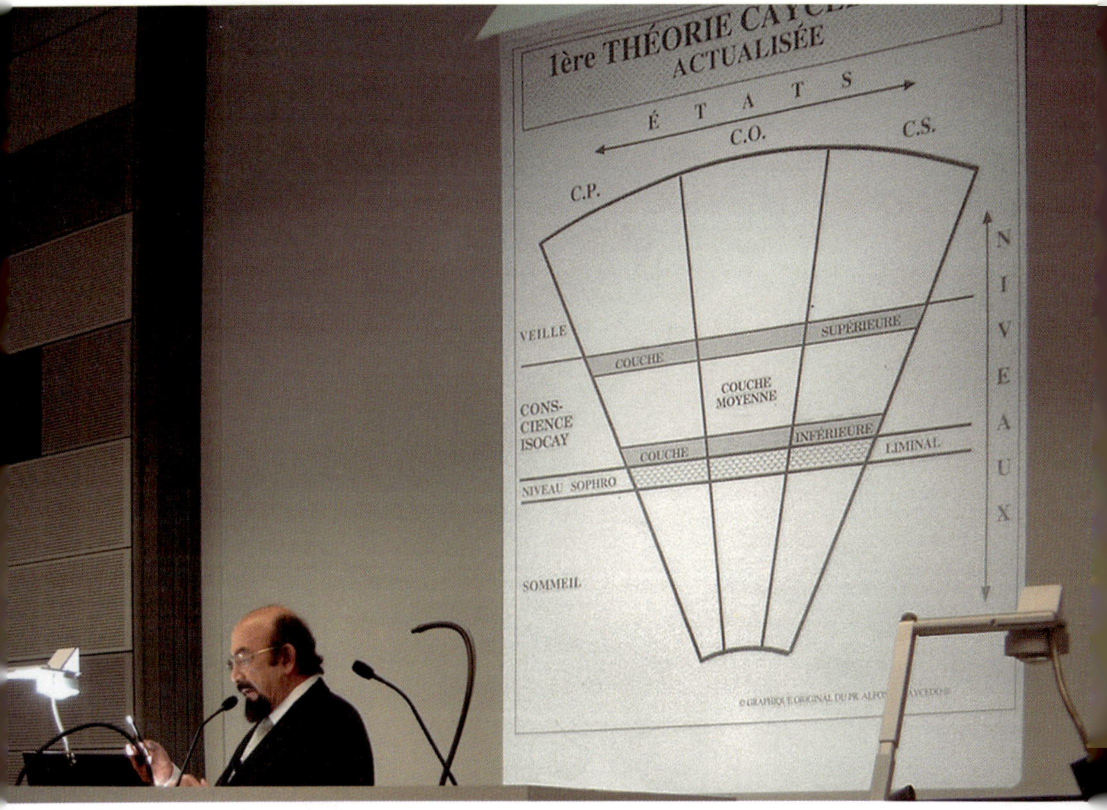

Le Pr Caycedo lors de son discours sur les Valeurs de l'Homme prononcé à l'Auditorium des Droits de l'Homme, Genève 2001.

Il renforce et approfondit sa Méthode et l'axiologie sophrologique en les dotant d'un fondement épistémologique plus solide :

> *Ma Méthode a évolué, elle aussi. Les valeurs décrites dans ma* Déclaration de Récife, *les Valeurs Fondamentales de l'Homme, sont celles qui se pratiquent dans le Premier Cycle de ma Méthode. Aujourd'hui, je suis en mesure de présenter les deux Cycles suivants : le Cycle Radical et le Cycle Existentiel, avec leurs valeurs respectives que je décris dans cette* Déclaration de Genève. *La découverte, la conquête et le renforcement de ces valeurs grâce à la pratique de ma Méthode, représentent un nouvel espoir face à la "maladie de masse".*

Après avoir posé le cadre de sa *Déclaration*, il fait une explication détaillée des trois Cycles et de leurs douze Degrés, avec les valeurs qui leur sont propres et le fondement méthodologique qui les accompagne, comme s'il s'agissait d'un manuel actualisé de sophrologie. Il donne également une nouvelle définition de la sophrologie qui met l'accent sur le respect de l'être humain dans son intégralité :

Vue du public assistant à la Déclaration de Genève 2001.

La Sophrologie Caycédienne est une discipline dont la base est phénoménologique et existentielle, qui propose l'usage de la Méthode Caycedo en médecine et en prophylaxie sociale comme un moyen de lutter contre la "maladie de masse" dont souffre l'humanité.

Le Pr Caycedo continuera à faire des conférences et des exposés sur le thème des valeurs, dans plusieurs villes et dans plusieurs pays, toujours dans le but de souligner l'importance de la dignité en tant que valeur essentielle de l'être humain : c'est là le projet premier et fondamental de la sophrologie.

Chapitre 9

Le Cycle Radical de la Relaxation Dynamique

Comment prendre conscience et intégrer à la vivance, la conscience même, présente dans notre corps, dans nos cellules ?

Alfonso Caycedo

Introduction

Alfonso Caycedo s'emploie à développer la sophrologie en Europe et à la réorganiser dans ses structures, tout en continuant à explorer la conscience et à compléter sa Méthode.

Comme je l'ai déjà dit, dès son installation en Andorre, il décide d'abandonner son cabinet de psychiatre et de limiter certaines de ses activités – voyages, réunions, etc. – pour, dans le silence et le recueillement, se consacrer exclusivement à la recherche et à la vivance de la conscience pure, phénomène nouveau qu'il dévoilera et découvrira de façon progressive dans les années suivantes qui verront la création du Deuxième Cycle ou Cycle Radical et du Troisième Cycle ou Cycle Existentiel. Nous pouvons dire que dans cette étape de son existence, Alfonso Caycedo vit la deuxième parenthèse de Husserl[1].

Voici ce qu'il me dit :

> *J'ai créé les quatre premiers Degrés de la Relaxation Dynamique et les Techniques de présentation, de futurisation, de prétérisation et de totalisation en m'inspirant de l'École phénoménologique et plus précisément de la première parenthèse de Husserl.*
>
> *La première parenthèse de Husserl est* la réduction phénoménologique. *C'est une réduction externe. La réduction phénoménologique consiste à mettre entre parenthèses tous les contenus externes de la conscience. Pour pouvoir étudier la conscience, nous devons mettre entre parenthèses toutes les théories, toutes les connaissances, tous les aprioris, tous les contenus de la conscience. Facile à dire ! Mais cela nécessite de notre part un apprentissage. Toutes les théories que nous connaissons, il nous faut les mettre entre parenthèses : ainsi moi, en tant que neurologue ou psychiatre, je dois mettre entre parenthèses toutes les théories que je connais concernant ma spécialité... et aller à la rencontre de la vivance, aller vers la seule perception valable selon Husserl, l'intuition... car, en phénoménologie, c'est seulement par l'intuition qu'on peut arriver à cette connaissance, la connaissance pure.*
>
> *Après avoir terminé sa première réduction, Husserl créa la deuxième réduction à laquelle il donna le nom de* réduction éidétique. *Il s'agit ici de réduire les contenus internes de la conscience. C'est une réduction interne. Elle consiste à mettre entre parenthèses la totalité du monde intérieur de la conscience, à nettoyer la conscience, à la vider, à la mettre à nu : chercher la conscience pure. Pour cela, il devait mettre entre parenthèses le monde intérieur de la conscience, le mettre*

[1] Dans le deuxième niveau de l'épochè, appelé *réduction phénoménologique*, le sujet cesse d'observer les choses telles qu'elles sont en elles-mêmes, dans leur réalité objective, pour les contempler telles qu'elles se donnent à voir dans la conscience : c'est le phénomène.

entre parenthèses pour pouvoir aller à l'intérieur, dans les structures profondes de la conscience. Husserl va chercher ce qu'il appelle le noyau phénoménologique de la conscience, le noyau profond de la conscience.

Il en vient à cette réduction profonde ou éidétique, pour essayer de trouver les essences pures de la conscience. Parce que la phénoménologie est la recherche de la connaissance des essences pures de la conscience. Arriver à atteindre l'essence de l'Être relève d'un processus extrêmement important : arriver aux origines mêmes de la conscience.

Pour trouver une nouvelle stratégie, pour trouver une nouvelle méthodologie et l'adapter, il m'a fallu des années. L'objectif était d'étudier la conscience elle-même et pour cela il fallait mettre en pratique la deuxième parenthèse de Husserl.

S'il est vrai que l'objectif du Premier Cycle est la découverte de la Région Phronique, celui du Deuxième Cycle est la découverte du Moi phronique radical, la structure la plus profonde de l'Être.

Dans le Premier Cycle, le pratiquant est au début du processus sophrologique. En prenant conscience – de façon très balbutiante encore – de son corps, de son esprit, de l'union qui existe entre les deux et de ses valeurs, il passe peu à peu de l'attitude naturelle à l'attitude phénoménologique et sophrologique. C'est le premier niveau de réduction ou mise entre parenthèses.

Dans le Deuxième Cycle, il apprend à mettre entre parenthèses les contenus mêmes de la conscience – provenant des sensations, des perceptions et des associations de l'intellect. Il s'agit du deuxième niveau de la réduction de Husserl.

Les aspects structurels des Deuxième et Troisième Cycles furent étudiés entre 1989 et 2001[2]. Comme nous l'avons vu dans le chapitre précédent, dans la Déclaration de Genève en 2001, sont déjà présentées, de façon exhaustive et systématisée, les structures du Moi phronique avec les valeurs qui lui sont propres : les Valeurs Fondamentales, Radicales et Existentielles. Dans cette Déclaration, le

---

[2] Le Pr Caycedo avait décrit les trois Cycles de sa Méthode dès 1992. Au cours des années suivantes, il explorera les structures propres aux Cycles Radical et Existentiel et publiera à leur sujet. Le lecteur trouvera ces concepts dans les publications indiquées ci-dessous :

Caycedo, N. (1992). Structures de la Sophrologie Caycédienne. *Sophrologie Caycédienne en médecine et en sciences humaines*, 1, 11-12.

Caycedo, A. (1993). Les douze Degrés de la Relaxation Dynamique de Caycedo. Andorre.

Caycedo, A. (1993). Les trois Cycles de la Relaxation Dynamique de Caycedo. *Sophrologie Caycédienne en médecine et en sciences humaines*, 4, 3-6.

Caycedo, A. (1966). Théorie caycédienne des quatre structures essentielles du Moi phronique : le Corps phronique, l'Esprit phronique, la Conscience phronique et l'Âme phronique. *Sophrologie Caycédienne*, 6, 3-7.

Caycedo (1999) Théorie caycédienne de la Force phronique, la création de la conscience et l'entraînement vivantiel de l'Être. *Sophrologie Caycédienne*, 19, 3-8.

Pr Caycedo affirme que la Méthode qu'il vient d'exposer est la version définitive et authentique de la Sophrologie Caycédienne :

> *La Méthode que je présente aujourd'hui dans sa programmation définitive et que j'offre à la société comme moyen de lutter contre "la maladie de masse", a été testée quotidiennement, pendant quarante ans. Voici la programmation définitive, actualisée, qui en permettra la diffusion et la pratique.*

Plus tard, s'appuyant sur le résultat de ses recherches et sur l'étude des phénodescriptions des pratiquants, il introduira des innovations dans le référentiel théorique et conceptuel – épistémologie – et dans la méthodologie sophrologiques, lesquelles s'inscriront également de façon définitive dans la Méthode.

Nous verrons ensuite comment il concevra et décrira, d'un point de vue méthodologique et vivantiel, chacune des structures du Moi phronique.

Le Moi phronique radical

L'objectif du Deuxième Cycle de la RDC est la découverte et la conquête du Moi phronique radical. Selon le Pr Caycedo, le Moi phronique radical comprend quatre structures sans lesquelles l'être ne pourrait être : la Conscience phronique radicale, l'Âme phronique radicale, le Corps phronique radical et l'Esprit phronique radical[3]. Ces quatre structures du Moi phronique radical seront explorées respectivement dans les Cinquième, Sixième, Septième et Huitième Degrés, comme nous allons le voir ci-dessous.

Les stratégies vivantielles[4] du Cycle Radical

Pour que le pratiquant accède plus facilement à la vivance des structures radicales de la conscience, il fallait mettre au point des stratégies vivantielles différentes de celles proposées dans le Cycle précédent.

Dans cette perspective, Alfonso Caycedo va à nouveau mettre en pratique la méthode de recherche phénoménologique.

Voyons maintenant les stratégies qu'il a progressivement mises en oeuvre dans chaque Degré du Deuxième Cycle :

---

[3] Ces quatre structures sont suivies du qualificatif *phronique radical* afin de pouvoir être étudiées du point de vue de l'École sophrologique et de façon à éviter toute interprétation limitée à un prisme biologique, psychologique, philosophique ou religieux.

[4] Le concept de "stratégie vivantielle" est décrit au chapitre 4.

***Le son*[5]**

Il proposa d'utiliser la stratégie vivantielle du son dans l'ensemble du Cycle Radical de la RDC. Comme précisé dans le chapitre précédent, il avait commencé à effectuer ses premières expériences avec le son en Colombie, avec les étudiants en sophrologie. Il s'inspira de la recherche phénoménologique[6] qu'il avait réalisée en Inde en observant le Swami Nadabrahmananda, le yogi de la musique, ainsi que les moines bouddhistes dans la récitation de leurs mantras.

Lorsqu'il expérimenta personnellement les techniques orientales qui utilisent le son, il le fit dans une attitude phénoménologique, c'est à dire en mettant entre parenthèses toute connotation religieuse susceptible d'être présente dans les mantras et en constatant simplement les effets produits par le son dans sa corporalité. Il observa qu'après cette activation sonore des différentes parties du corps, d'autres sensations émergeaient lors de la pause phronique d'intégration, différentes de celles qui surgissaient après l'activation réalisée avec le simple mouvement, stratégie vivantielle utilisée dans le Cycle Fondamental.

Au départ, en 1982, il utilisa les phonèmes[7] qui composent les vocables *euphronie* et *sophronie* – respectivement *eu* et *sos* – dont l'origine étymologique désigne « l'équilibre ou l'harmonie » de la conscience. Plus tard – tenant compte de l'analyse vivantielle de centaines de phénodescriptions réalisées par ses élèves en Andorre –, il proposa la percussion sonore dans chacun des Systèmes par la répétition de différents phonèmes n'ayant aucune signification particulière, ceci afin que les pratiquants restent au contact d'une vivance pure, sans intervention de l'intellect ni de l'imagination. C'est ainsi qu'il introduisit l'activation sonore avec le vocable EMOUSOTRIA, comme stratégie vivantielle.

Voici ce qu'il dit à ce sujet :

> *Le Cinquième Degré de la RDC, je l'appelle* la vivance phronique du son et de l'energie de la conscience phronique radicale. *Quelle découverte ! Inattendue pour moi, car je me suis trouvé face à la force du son de l'être. La présence de l'énergie. L'énergie est à la base de toute la biologie et c'est une structure très profonde de la conscience de l'être.*

---

5 Le son est la vibration mécanique d'un fluide qui se propage sous forme d'ondes longitudinales, grâce à la déformation élastique de ce fluide.

6 Nous rappelons que l'attitude phénoménologique prédispose à l'étude des phénomènes observés, en mettant entre parenthèses les préjugés et les interprétations personnelles, pour faciliter la découverte de la réalité pure, dans son essence propre.

7 Tout comme il avait utilisé le *phonème* – son réellement émis –, il introduisit ensuite la notion de *phronème* – néologisme désignant le son prononcé mentalement.

Les pauses phroniques d'intégration et de totalisation sont les moments les plus importants pour vivre la présence de l'énergie intégratrice de la conscience, dans chacun des Systèmes et dans l'ensemble du corps et la sentir comme une unité.

La Question phronique radicale

La Technique spécifique qui accompagne chaque Degré du Cycle Radical, se termine par une *Question phronique radicale*[8]. Cette question – répétitive – que l'on se pose à soi-même ne demande pas de réponse immédiate ; le moment venu, elle émerge dans notre monde intérieur comme une évidence et de façon intuitive bien plus que rationnelle. La formulation de cette question est identique pour chaque Degré :
– « Comment puis-je connaître, percevoir et vivre *mon Corps phronique radical* ? » (Cinquième Degré) ;
– « Comment puis-je connaître, percevoir et vivre *mon Esprit phronique radical* ? » (Sixième Degré) ;
– « Comment puis-je connaître, percevoir et vivre *ma Conscience phronique radicale* ? » (Septième Degré) ;
– « Comment puis-je connaître, percevoir et vivre *mon Âme phronique radicale* ? » (Huitième Degré).

Le silence

Dans la pratique des Sixième et Huitième Degrés de la RDC, le silence règne. Nous expérimentons ces techniques en silence pour favoriser la concentration et la contemplation. Pratiquées dans le silence extérieur, elles sont aussi orientées vers le silence intérieur. Grâce à cette stratégie vivantielle, nous apprenons à mettre entre parenthèses le monde extérieur et les vivances de notre monde intérieur. Nous favorisons ainsi une plus grande introspection : une écoute de nous-même, au-delà de nos pensées et de nos sentiments.

Après avoir expliqué ces stratégies vivantielles qui nous accompagneront tout au long du Cycle Radical, voyons maintenant les caractéristiques de chacun des Degrés qui le constituent.

---

8 Alfonso Caycedo s'inspire ici du koan japonais. Voir chapitre 3.

Le Pr Alfonso Caycedo et sa fille Natalia, pratiquant les techniques de percussion sonore spécifiques du Cycle Radical, lors d'un stage de Master en Sophrologie Caycédienne. Andorre, 1992.

Le Cinquième Degré de la RDC : *la Conscience phronique radicale*

L'objectif de la sophrologie est l'étude de la conscience. Depuis la fondation de cette nouvelle science et au fur et à mesure de son évolution, Alfonso Caycedo a proposé différentes définitions de la conscience. En 1960, il la considérait comme « l'énergie qui intègre les capacités psychiques de l'être humain ». Plus tard, en 1972, il inclura dans sa définition la présence du corps et définira la conscience comme une « force intégratrice de tous les éléments et de toutes les structures psychophysiques de l'être ». Enfin, en 1988, pour éviter le dualisme corps-esprit – implicite dans l'affirmation précédente –, il proposera une définition plus holistique de la conscience : « l'énergie[9] qui intègre les structures responsables de l'existence de l'Être. »

Alfonso Caycedo affirme :

> *La conscience, comme énergie d'intégration, est présente dans toutes les cellules de la corporalité.*

---

[9] L'énergie se définit comme la capacité que possède la matière à réaliser un mouvement. Cette énergie est quantifiable : la simple pose d'électrodes sur le crâne nous fournit des indications sur l'énergie électrique des cellules cérébrales ou neurones. Nous pouvons voir sa mesure dans l'électroencéphalogramme, mais la même mesure peut être effectuée dans n'importe quelle autre cellule du corps, toutes nos cellules possédant une énergie mesurable

Il se posait alors une question radicale :

Comment prendre conscience de la conscience même, présente dans notre corps, dans nos cellules et l'intégrer à la vivance ? Comment intégrer à la vivance cette énergie d'intégration ?

La vivance des différentes énergies de la conscience

Alfonso Caycedo observa que la résonance du phonème orienté vers le corps – vers chaque Système et ensuite vers l'ensemble du corps –, facilitait la vivance consciente des différentes formes d'énergie présentes dans notre corporalité.

Grâce à la répétition vivantielle de la pratique et à l'observation phénoménologique, il constata que la qualité de l'énergie est différente selon le Système activé[10]. C'est ainsi qu'il décida d'accorder une importance toute particulière à ces formes d'énergie énoncées ci-dessous :

– l'énergie du Premier Système, à laquelle il donne le nom d'*Énergie Epsilon* ou énergie de notre existence ;

– l'énergie du Troisième Système qu'il nomme *Énergie Ompsilon* ou énergie de notre vie ;

– l'énergie du Cinquième Système qu'il appelle *Énergie Omicron* et qui représente l'énergie génétique ;

– l'énergie du Sixième Système, l'énergie intégratrice présente dans tout notre corps, qu'il nomme *Énergie Fronsilon* et qu'en sophrologie, nous appelons *conscience.*

Avec la pratique du Cinquième Degré de la RDC, pendant les pauses phroniques qui suivent la percussion sonore, nous apprenons à percevoir cette énergie intégratrice de tout notre être et à « faire phénomène » avec l'énergie de notre propre conscience.

Voici la phénodescription d'un pratiquant, après une séance du Cinquième Degré de la RDC :

Sur le temps de la pause d'intégration, je sens la paume de mes mains animée d'une douce tiédeur ; mes épaules se relâchent. Je les sens compactes et solides. C'est à peine si je sens mon coeur battre dans ma poitrine. Avec la VIPHI, je m'installe dans un rythme apaisant. Je me vis UNIFIÉE, rassemblée, comme si tout était ajusté. À l'arrêt de la VIPHI, un magistral moment d'intégration se présente : immobile sur ma chaise, la VIE se présente comme un MIRACLE PERMANENT qui s'opère en moi, dans mes tissus, mes cellules. L'univers du vivant est là, dans ma conscience. Des larmes envahissent mes

---

10 Pour plus d'information sur les différents types d'énergie, le lecteur peut consulter : Caycedo, A. (1999) Théorie Caycédienne de la Force Phronique, la création de la conscience et l'entraînement vivantiel de l'Être. *Sophrologie Caycédienne* 19, 3-8.

yeux... Je suis touchée par ce MIRACLE PERMANENT qu'est la Vie en moi. Je ne peux que m'incliner devant tant de perfection... Je reste là à contempler ce que je suis : la Vie. J'ai le sentiment d'être chez moi ou plutôt d'être revenue CHEZ MOI.

Le Sixième Degré de la RDC : *l'Âme phronique radicale*

L'attitude phénoménologique d'observation, de mise entre parenthèses et d'intuition des essences, est à nouveau présente dans la manière dont Alfonso Caycedo décrit l'âme[11].

Comme il l'a fait pour les autres structures du Moi phronique – le Corps, l'Esprit et la Conscience –, il ajoute les qualificatifs « phronique radical » pour inscrire chaque définition dans la perspective sophrologique et éviter toute association ou comparaison avec d'autres disciplines. C'est ainsi qu'il définit l'Âme phronique radicale comme « la force responsable de l'intégration de la Conscience phronique radicale. » Il y a de toute évidence quelque chose de beaucoup plus profond que la conscience même, qui anime – du latin *anima* – l'ensemble de l'Être. Le Pr Caycedo donna à ce principe fondamental et primordial, le nom d'Âme phronique radicale. Plus de trente ans de recherche sophrologique lui font pressentir l'existence de cinq grandes capacités vivantielles de l'Âme phronique, qu'il va explorer : la contemplation, l'amour, la foi, l'intuition et la voix intérieure.

Tout comme ce fut le cas pour l'expérience de l'énergie, au début, la présence de l'Âme phronique radicale est imperceptible à nos sens. Pour pouvoir la « dé-couvrir », le silence et la contemplation sont nécessaires.

Les capacités vivantielles de l'Âme phronique radicale

Nous allons brièvement décrire ci-dessous ces capacités vivantielles que la pratique du Sixième Degré de la Relaxation Dynamique va nous permettre de découvrir.

La Contemplation phronique radicale

Selon la définition que propose Alfonso Caycedo, la Contemplation phronique radicale est « la constatation passive d'une présence, sans intervention du raisonnement ». Grâce à la contemplation senso-perceptive, nous développons une autre forme de connaissance, une forme « non rationnelle » dans laquelle nous

---

11 Le mot *âme* vient du latin *anima*, qui signifie « principe vital ordonnateur ». Depuis le début de la philosophie grecque, l'âme est définie comme le premier principe qui est à la base de toutes les activités et fonctions des êtres vivants.

pouvons constater, contempler, connaître en profondeur la présence de notre Moi phronique radical.

L'Amour phronique radical

Cette capacité vivantielle de l'Âme phronique radicale est décrite par le Pr Caycedo comme « le sentiment d'affectivité que l'on vit dans toutes nos cellules ».

Lors de l'actualisation de l'Université d'été de 2012, m'inspirant du philosophe et phénoménologue allemand Max Scheler – 1874-1928 –, j'ai mis l'accent sur l'affectivité intentionnelle[12] que nous pouvons faire émerger en nous-même et qui se manifeste sous de multiples formes comme l'affection, l'amitié ou l'amour. Dans cette actualisation du Sixième Degré de la RDC, nous faisons l'expérience de la façon dont nous pouvons expérimenter par la vivance, chacune de ces expressions de notre capacité d'aimer, dans notre vie quotidienne. La vivance de l'amour est à la base de notre bonheur et de notre réalisation personnelle.

La Foi[13] phronique radicale

Cette forme de foi est à différencier de la foi religieuse. C'est, comme le décrit le Pr Caycedo : « le sentiment radical – profond, essentiel – de certitude que l'on vit avec toutes les cellules de la corporalité. » C'est la base de la confiance en soi et dans les valeurs de notre être. Mais bien sûr, au-delà de la possibilité d'avoir foi en nous-même, nous pouvons aussi avoir foi dans les personnes qui nous entourent, dans nos projets, etc. La foi est une capacité qui est propre aux êtres humains et que nous décrivons en sophrologie d'un point de vue phénoménologique.

L'Intuition phronique radicale

Alfonso Caycedo la décrit comme étant « l'acte de connaissance qui permet l'accès à la réalité, sans intervention de l'intellect ni de la rationalisation ».

C'est précisément grâce à l'intuition que sont apparues de nombreuses découvertes : Archimède, Einstein, Christophe Colomb et bien d'autres encore, sont des exemples de personnages illustres qui, grâce à leur intuition, sont parvenus à découvrir des réalités qui jusqu'alors n'avaient pu être approchées avec la raison seule. Prenons l'exemple de l'art : face à la beauté d'une oeuvre, ce que nous appelons communément « inspiration » n'est en fait rien d'autre qu'une

---

12 Scheler, M (2003) *Gramática de los sentimientos. Lo emocional como fundamento de la ética*. Barcelona : Crítica. Traduction espagnole (Daniel Gamper) de *Grammatik der Gefühle : das Emotionale als Grundlage der Ethik*.

13 La foi à laquelle se réfère le Pr Caycedo, comme « capacité de l'âme », est accompagnée des adjectifs « phronique radicale » qui renvoient précisément à l'approche sophrologique et l'inscrit dans un contexte strictement phénoménologique permettant de la différencier de la foi religieuse que la sophrologie respecte profondément.

Le Pr Alfonso Caycedo exposant ses réflexions sur la conscience, lors d'un stage de Master en Sophrologie Caycédienne. Andorre, 1993.

intuition dont le résultat, allié à la maîtrise technique, est l'oeuvre d'art. Musiciens, peintres et poètes sont d'authentiques privilégiés dotés de cette capacité de l'âme qu'est l'intuition.

L'écoute de notre Voix intérieure

Nous possédons tous cette voix intérieure qui vient de la profondeur de notre être. Grâce à la pratique de la RDC, nous pouvons approfondir l'écoute de nous-même. Dans le Cycle Fondamental, nous apprenons avant tout à écouter notre corps, puis notre esprit et enfin nos émotions. Dans le Cycle Radical, nous apprenons à nous mettre à l'écoute de notre Voix intérieure.

Toutes ces capacités de l'âme – contemplation, amour, foi, intuition, voix intérieure – peuvent passer inaperçues dans la société dans laquelle nous vivons, où scepticisme, activisme, ambition règnent souvent en maîtres. Découvrir et expérimenter par la vivance ces capacités, dans la conscience profonde – phronique – nous amène à renforcer la confiance dans ce trésor personnel qui réside en chacun de nous.

Voici la phénodescription d'un pratiquant, après une séance du Sixième Degré de la RDC :

Lors de la pause phronique de totalisation, dans mon silence intérieur, je ressens un amour sans limites, un amour qui inonde mon Troisième Système, un amour tellement présent qu'il en est presque douloureux ; c'est une douleur profonde et douce qui touche l'âme, qui me procure de la paix. Et là, à l'intérieur, au plus profond, je me sens soutenue, consolidée dans ma foi. Je ne la vois pas, je ne la comprends pas, mais je sens sa présence, sa force, je sens quelle me guide. Je m'appuie sur elle et sans le savoir, je sais que tout ira bien.

Le Septième Degré de la *RDC : le Corps phronique radical*

Alors que la pratique du Premier Degré de la RDC nous a amenés à la découverte du corps, celle du Septième Degré nous conduit à la découverte du Corps phronique radical. Comme nous l'avons mentionné dans l'introduction de ce chapitre, avec le Deuxième Cycle nous passons de la première réduction de Husserl – prendre conscience de notre corps –, à la deuxième réduction – vivre la contemplation dans notre corps.

La pratique du Septième Degré nous amène à vivre notre corps à partir de ses racines mêmes, d'où le nom de Cycle Radical. Nous pouvons découvrir en nous une autre réalité, jusqu'ici imperceptible, grâce à laquelle notre existence est possible : il s'agit de la phylogenèse[14].

Lorsqu'il séjournait à Bogota, mon père étudiait déjà les différentes théories sur l'évolution humaine. Il avait aussi, intuitivement, établi un parallèle entre l'évolution de l'homme et l'évolution de la conscience. Cet intérêt pour ce sujet l'a toujours accompagné.

Lorsque nous étions en Andorre, il me faisait souvent part de ses interrogations :

Quel est le fondement de l'évolution et plus concrètement, de l'évolution de la vie, pour qu'elle se soit développée de manière aussi ordonnée, jusqu'à arriver à l'apparition de l'Homo sapiens que nous sommes ?

---

[14] Le mot phylogenèse provient de deux termes grecs : *phylon*, qui signifie « tribu, race » et *genesis*, mot qui en français conserve sa signification : « naissance, origine, provenance ». C'est l'étude de l'histoire de l'évolution des groupes biologiques. Dans ce contexte, ce terme se réfère à l'évolution de l'être humain.

Le Pr Caycedo expliquant le Cycle Radical au cours d'une formation Master en Sophrologie Caycédienne. Andorre, 1993.

Cette question l'amènera à souligner l'importance d'un nouveau concept : celui de *force*[15]. L'évolution n'aurait pu s'opérer si une force n'avait été présente pour l'impulser et l'orienter, lui donnant un sens, une direction. Il donnera à cette force le nom de *Force phronique radicale*.

Il la décrit ainsi :

> *Cette force désigne le potentiel propre à la matière vivante, qui anime et oriente les êtres vivants dans leur évolution, au niveau des différents règnes, genres et espèces, jusqu'à l'apparition de l'être humain. La Force phronique radicale est responsable de l'orientation des gènes et de l'évolution des espèces. Elle est exclusive aux êtres vivants et elle est différente des principales forces de l'univers, même si celles-ci interagissent avec la matière vivante. Elle a des caractéristiques qui lui sont propres et mérite d'être considérée comme une force originale au caractère sui generis.*

Ainsi, la pratique du Septième Degré de la RDC nous amène à découvrir notre Corps phronique radical, dans ses racines, dans ses origines, dans sa Force phronique radicale.

Voici la phénodescription d'un pratiquant, après une séance du Septième Degré de la RDC :

---

[15] Force : toute action capable de modifier l'état de mouvement ou de repos d'un corps. La force est le moteur du changement. La force provoque une impulsion ou un mouvement dans la matière qui, sans elle, serait incapable de changement.

Je vis une formidable explosion d'énergie, de force, avec un sentiment de gratitude pour cette vie qui est en moi, qui m'a été offerte. Je me sens "une personne", un être à part entière, unique et complet, avec la présence de cette transmission générationnelle, avec un sentiment d'individualité au sein de l'humanité. Cette historicité me renforce, me fait grandir, m'oriente sur le chemin de ma vie, au sein de la groupéité. J'éprouve le besoin d'un retour aux sources, à la nature, à mes essences tout en étant éprise de liberté avec mon Corps phronique animé par cette force incroyable qui rayonne.

Le Huitième Degré de la RDC : *l'Esprit phronique radical*

Rappelons-nous que l'objectif vivantiel du Deuxième Degré de la RDC est de « dé-couvrir » l'esprit. La pratique du Huitième Degré de la RDC va nous conduire à la contemplation de l'Esprit phronique radical comme structure essentielle du Moi phronique. Lors de ce Degré, nous prenons conscience de notre ontogenèse[16] et de notre évolution depuis le moment de notre conception jusqu'aux premières années de notre vie. Notre corps, notre esprit, notre conscience et notre âme étaient déjà présents dès le début de notre vie dans le ventre maternel et se sont développés progressivement au cours de notre existence.

La pratique du Huitième Degré nous permet de découvrir notre Esprit phronique radical – qui est à la base de notre existence – et de prendre conscience de l'énergie et de la force de notre esprit dans notre vie quotidienne.

Alfonso Caycedo décrit ainsi l'Esprit phronique radical :

> *L'Esprit phronique radical est inhérent aux trois autres valeurs essentielles du Moi phronique. La constitution de ses bases biologiques se réalise au cours de la gestation et son développement se poursuit pendant les premières années de la vie extra-utérine.*

Voici la phénodescription d'un pratiquant, après une séance du Huitième Degré de la RDC :

[16] Ontogenèse : mot constitué de deux termes grecs : *ontos*, qui signifie « être » et *genesis*, « naissance, origine, provenance ». Il se réfère à l'apparition et au développement des êtres vivants. Dans le contexte qui nous intéresse, il concerne plus précisément l'homme.

Cette énergie qui anime mon Troisième Système était là, présente dès le premier "blop" de mon cœur. Quelle force inouïe il a fallu pour rendre cela possible... Mon cœur n'était pas encore formé mais son énergie était déjà là, qui le précédait...

Activation de mon Sixième Système : je m'imagine dans différents moments de ma croissance extra-utérine. Je contemple cette énergie à l'œuvre dans mes premiers pas mal assurés, mes premiers mots encore balbutiants, mon élan d'amour vers mes parents, mes apprentissages à l'école, ma première séance de vélo... Mon esprit croît à vitesse grand V. Et au-delà de ces capacités propres à mon esprit, il y a cette force qui anime la matière vivante, qui veille, nourrit, entretient, poursuit sa route, faisant fi des obstacles. Comment ne pas être bouleversée par ce GRAND OEUVRE !... Ma petitesse et ma finitude font alliance avec ma grandeur d'être. Ce n'est pas exactement cela : il y a plus grand que moi, en moi, mais lorsque je vis cela en conscience, je prends ma place dans ce Grand Œuvre.

Vue d'ensemble du Deuxième Cycle ou Cycle Radical

Ce Cycle se développe dans le deuxième niveau de *l'Épochè*, appelé *réduction phénoménologique*. Pendant la vivance du Deuxième Cycle, nous approfondissons la vivance et la connaissance du Moi phronique radical. Le Moi phronique est abordé dans la totalité de son essence, constituée par l'union du Corps, de l'Esprit, de la Conscience et de l'Âme dans leur dimension phronique radicale. Le Moi phronique se découvre, immergé dans l'histoire de l'évolution de la vie et de celle de notre être, avec une vie, une conscience et une identité qui lui sont propres.

Si nous reprenons le mythe de la caverne de Platon, toutes ces vivances si profondes, vécues dans la pratique des Cinquième, Sixième, Septième et Huitième Degrés de la RDC, nous préparent à « la sortie de la caverne », à la vivance d'une nouvelle existence : l'Existence sophronique, dans laquelle nous sommes conscients de nos valeurs et de celles des personnes qui nous entourent.

Chapitre 10

Le Cycle Existentiel : vers la conquête de l'Existence sophronique

De « l'être-en-soi » à « l'être-au-monde »

Le Cycle Existentiel émerge comme une réalité logique sur le chemin de la conquête de l'Existence sophronique. Ce Cycle aborde les structures et les valeurs de la dimension existentielle du Moi phronique. L'être humain considéré dans son unité totale est au cœur de ce travail. L'objectif fondamental de la sophrologie est de conquérir la vivance de l'Existence sophronique où les choses acquièrent de nouvelles dimensions.

Pour expliquer le Cycle Existentiel et plus particulièrement le processus que le pratiquant expérimente au fur et à mesure de sa progression dans la pratique des trois Cycles de la Méthode Caycedo, le Pr Caycedo a souvent fait référence au mythe de la Caverne de Platon mais également à la métaphore du cycle de vie du papillon qu'il présente ainsi :

> *Le papillon commence sa vie sous la forme d'une* chenille. *Cette chenille commence à se préparer pour une incroyable transformation ! Il se peut que dans la nature il n'existe aucun cas semblable à celui de la chenille. Le temps de vie de la chenille varie en fonction de la géographie et de la nature qui l'entoure. Elle va s'adapter à son lieu de vie. C'est comme notre Premier Cycle : nous commençons à apprendre, à nous préparer.*
>
> *Puis vient l'étape de la* chrysalide. *C'est une des plus importantes. Nous pouvons la comparer avec le temps de préparation pour sortir de la caverne. Le futur papillon va vivre une transformation absolument miraculeuse, incroyable ! Aucun biologiste ne peut l'expliquer. En très peu de temps, cette chenille va se transformer en papillon à l'intérieur d'une coque, d'un cocon où elle commence à fabriquer ses ailes, la couleur de ses ailes, tout son programme biologique. Le Deuxième Cycle symbolise la chrysalide.*
>
> *Le Troisième Cycle correspond au moment où la chrysalide arrive à perforer cette coquille, ce cocon et à déployer ses ailes aux merveilleuses couleurs, repliées auparavant à l'intérieur de façon tout à fait miraculeuse. C'est le moment où le* papillon *va voler vers le soleil et accomplir la mission biologique qui l'attend, sa participation à la transmission du pollen. Il a beaucoup à faire, dans un temps très court. Le temps, les moments, les moments Isocay du papillon sont si grandioses que cela vaudrait la peine de revenir à nouveau à l'état de chenille afin de redevenir papillon.*
>
> *L'existence du soleil - le moment où la lumière pénètre dans la caverne du prisonnier de Platon -, va tout changer. Ce sont-là des moments Isocay que parfois, nous percevons dans notre conscience. Nous allons commencer à conquérir ces moments et à les faire grandir pour pouvoir sortir de notre caverne, pour pouvoir conquérir la lumière du jour.*

Quelques considérations sur l'existentialisme

La psychiatrie phénoménologique existentielle

Comme mentionné précédemment, la sophrologie se base sur la méthode phénoménologique pour l'étude de la conscience humaine. Elle utilise les techniques de la Relaxation Dynamique de Caycedo, comme méthode vivantielle, pour son dévoilement. L'épistémologie – théories et concepts – et la méthodologie sophrologiques, l'une comme l'autre, s'avéreraient insuffisantes si l'objet de leur étude se limitait à la seule conscience pure, sans prendre en compte « l'existence de l'être humain dans le monde ».

C'est là que le Pr Caycedo décide de *mettre entre parenthèses* la troisième parenthèse proposée par Husserl et d'opter plutôt pour la phénoménologie existentielle, comme il l'exprime ci-dessous :

> *Husserl propose de mettre entre parenthèses l'existence du sujet même, c'est-à-dire qu'il arrive à mettre entre parenthèses l'existence de l'être, pour laisser apparaître une conscience pure. Il met entre parenthèses l'existence de l'être, du sujet et du monde empirique. Tout le monde empirique doit être mis entre parenthèses, pour parvenir à la conscience pure. Ce qui reste, après cette mise entre parenthèses, sera l'essence des essences de la conscience pure, le moi transcendantal. Dans cette troisième réduction, l'existence réelle est mise entre parenthèses. C'est ce que Husserl désigne sous le nom de* réduction transcendantale.
>
> *Cette troisième réduction n'est pas adoptée, bien sûr, dans la Méthode Caycedo. Nous ne pouvons suivre Husserl jusque là. Comment pourrions-nous éliminer ou mettre entre parenthèses l'existence, alors que nous sommes une science médicale, clinique et pragmatique ? C'est pourquoi nous avons dû mettre entre parenthèses la méthode de Husserl.*
>
> *Le Troisième Cycle de la Méthode Caycedo est consacré à l'existence positive de l'être. Pour des raisons historiques, les grands phénoménologues existentialistes, du moins la plupart d'entre eux, se sont attachés à étudier l'existence de l'être qui vit l'angoisse, une existence négative. Notre phénoménologie, elle, est un existentialisme du positif, c'est une Existence sophronique, pour nos patients, pour nos élèves ; elle est accessible à tous.*

Alfonso Caycedo a toujours souligné que la sophrologie prenait sa source dans la psychiatrie phénoménologique existentielle d'orientation binswangérienne. Elle utilise la phénoménologie comme méthode d'étude de la conscience et s'inspire de l'anthropovision du courant existentialiste, c'est à dire de sa façon de considérer l'homme dans son être et dans le monde.

Mais à quoi nous référons-nous quand nous parlons d'existence ?

Étymologiquement, le mot « existence » vient du latin *existere* qui signifie « exister » mais aussi « apparaître, se montrer ». Il est formé du préfixe *ex*, « être hors de » et du substantif *sistencia* qui provient du verbe *sistere* dont la racine *sto*, signifie « être debout de manière ferme, en s'appuyant sur ses propres fondements ». *Ex-sistere* véhicule l'idée de quelque chose qui a son être propre *(siste)* et qui le projette hors de lui pour exister *(ex)*, pour se manifester face aux autres et face au monde.

Pour Aristote, l'existence signifie « être dans la réalité ». Du point de vue de la phénoménologie existentielle, l'existence authentique suppose la présence d'un sujet solide et stable, ce qui implique forcément d'être passé par une phase de maturation, de renforcement, de « consistance ». La pratique du Cycle Radical apporte à la personne ce sentiment de force, de renforcement de son être.

Quelques notions de philosophie existentialiste

Alfonso Caycedo s'est inspiré dans sa recherche, des philosophes classiques et, comme nous venons de le dire, de l'existentialisme.

Pour bien comprendre la place qu'occupe l'existentialisme dans la sophrologie, j'aimerais faire quelques commentaires sur son contexte historique et mentionner quelques concepts de base.

Il ne fait pas de doute que Socrate et Saint Augustin, tout comme Sénèque et la plupart des stoïciens, ont vécu intensément l'existentialisme, leur philosophie se basant sur leur vie, sur ce qu'ils ont senti, vécu et aimé, dans leur rapport au monde et aux autres. Toutefois, quand de nos jours nous parlons d'existentialisme, nous nous référons à un courant philosophique qui est né au XIXe siècle et s'est prolongé jusqu'à la deuxième moitié du XXe siècle environ. Les philosophes existentialistes se sont centrés sur l'analyse de la condition humaine : ils ont principalement étudié la liberté et la responsabilité de l'être « individuel » et se sont également interrogés sur le sens de l'existence.

L'existentialisme n'est pas une école philosophique homogène et systématisée. Même si le philosophe danois Sören Kierkegaard est considéré comme l'un de ses précurseurs, ce courant philosophique a été développé par de nombreux philosophes, penseurs et humanistes, et à partir de points de vue très différents. Alors que les philosophes classiques plaçaient l'essence avant l'existence, Sartre, l'un des grands représentants de l'existentialisme, affirme pour sa part que chez l'être humain, « l'existence précède l'essence[1] » : il nie la préexistence d'une nature

---

[1] Sartre, Jean-Paul : *L'existentialisme est un humanisme*. Il s'agit de la retranscription d'une conférence que Sartre donna à Paris en 1945, dans l'intention de répondre aux attaques des détracteurs de sa philosophie. Dans cet ouvrage emblématique publié en 1946, l'auteur

humaine qui déterminerait les individus et affirme que ce sont leurs actes qui les définissent et qui donnent un sens à leur vie.

Une grande partie de ces philosophes existentialistes, influencés et marqués par le contexte des Première et Seconde Guerres mondiales, adoptèrent une attitude pessimiste face à la vie et se penchèrent sur des thèmes comme « l'absurdité de l'existence » ou « l'insignifiance de l'être[2] ».

L'Existence sophronique

Alfonso Caycedo en se basant sur ses études phénoménologiques et sur l'essence même de la sophrologie, formule dès sa fondation dans les années 1960, une hypothèse novatrice. Il postule l'existence d'un nouvel état de conscience, la *Conscience sophronique*, qui se caractérise par une attitude positive envers notre existence, le sens de notre vie et aussi par le développement intentionnel des Valeurs Existentielles : la liberté, la dignité et la responsabilité envers nous-même, envers les personnes qui nous entourent et envers le monde.

Du Moi phronique radical au Moi sophronique existentiel : *la Moïté*

Rappelons brièvement que « phronique » se rapporte à la dimension interne, profonde de l'Être et que le qualificatif « sophronique » décrit la projection du monde interne vers le monde externe.

Voyons l'explication que le Pr Caycedo donne de la Moïté :

> *Le Moi phronique, avec ses quatre structures - la Conscience, l'Âme, le Corps et l'Esprit - se projette vers l'existence depuis le matin, au moment du réveil, comme une unité globale appelée* Moïté. *Tout ceci se produit de façon naturelle. Quand nous dormons, notre moi - toutes nos valeurs, nos concepts, toute notre historicité - se trouve à l'intérieur de nous. Tous les matins, quand nous nous réveillons, que se passe-t-il ? Nous ouvrons les yeux et nous commençons notre journée. C'est à ce moment-là que nous projetons dans l'existence notre personnalité, notre moi. J'appelle ce mécanisme : la* "Moïté". *C'est une grande valeur de l'être.*

---

expose clairement les bases et les principes de la philosophie existentialiste : une philosophie humaniste qui place la liberté humaine au-dessus de tout. Il y affirme, entre autres, que « *l'existence précède l'essence* ». « *Qu'est-ce que signifie ici que l'existence précède l'essence ? Cela signifie que l'homme existe d'abord, se rencontre, surgit dans le monde et qu'il se définit ensuite (...). Il sera tel qu'il se sera fait (...). L'homme n'est rien d'autre que ce qu'il se fait. Tel est le premier principe de l'existentialisme. C'est aussi ce qu'on appelle la subjectivité et que l'on nous reproche sous ce nom même.* »

2 Il y a lieu de préciser que la sophrologie ne s'identifie à aucun penseur en particulier ni à aucun courant existentialiste. Elle assume ce qu'elle estime nécessaire pour les fondements de l'étude de la conscience humaine et de ses valeurs.

Ainsi, le Moi phronique radical, après avoir vécu la phylogenèse et l'ontogenèse radicales, va se convertir en Moi sophronique existentiel – Moïté – projeté vers l'existence.

Le Cycle Existentiel : découverte des *Valeurs phroniques existentielles*

Les Premier et Deuxième Cycles sont orientés respectivement vers la découverte des Valeurs Fondamentales et des Valeurs Radicales. Dans le Troisième Cycle, la sophrologie propose de découvrir les Valeurs phroniques existentielles que le Pr Caycedo décrit comme ces principes sans lesquels il n'y aurait pas d'Existence sophronique. Il se réfère à quatre valeurs avec lesquelles nous « faisons vivance », au fil de la pratique des Neuvième au Douzième Degrés : la liberté, la tridimensionnalité, la responsabilité et la dignité.

Les stratégies vivantielles du Cycle Existentiel

Pour que le pratiquant accède plus facilement à la vivance des Valeurs Existentielles, il fallait mettre au point des stratégies vivantielles différentes de celles proposées dans les Cycles précédents.

Dans cette perspective, Alfonso Caycedo met à nouveau en pratique la méthode de recherche phénoménologique. Il constate tout d'abord la nécessité d'expérimenter par la vivance chacune de ces valeurs. Puis il expérimente personnellement les techniques et les propose ensuite aux groupes de pratiquants. Il étudie enfin leurs phénodescriptions et en prenant en compte leurs vivances, il retouche ou corrige chaque technique afin de la présenter sur un mode simple et épuré et d'en faciliter la vivance.

Voyons maintenant les stratégies qu'il a progressivement mises en oeuvre dans chaque Degré du Troisième Cycle :

La Posture du Quatrième Degré[3] : Vivance phronique de l'Existence nouvelle

Dans le Cycle Existentiel, il reprend cette Posture comme stratégie vivantielle car, d'un point de vue phénoménologique et vivantiel, elle facilite la prise de conscience de notre existence.

[3] Cette Posture est décrite dans le chapitre 7 de cet ouvrage.

Les Marches phroniques du Cycle Existentiel

Après l'activation vivantielle de chaque Degré du Cycle Existentiel – la percussion sonore, la contemplation senso-perceptive, etc. –, le Pr Caycedo propose une Marche de vingt minutes environ. Cette stratégie vivantielle facilite la perception consciente « d'instants » durant lesquels nous *dé-couvrons* les valeurs de chaque Degré du Cycle Existentiel : la liberté, la tridimensionnalité, la responsabilité ou la dignité. Pendant cette Marche, nous apprenons à faire émerger intentionnellement la présence de la valeur que nous avons choisie, à *faire phénomène,* de manière consciente – même si ce n'est que pour quelques instants –, avec cette grande valeur que nous voulons développer dans notre quotidienneté. La présence de cette valeur pendant quelques instants, s'exprimera progressivement tout au long de notre existence, en moments, puis en heures et enfin en jours imprégnés d'Existence sophronique.

Ces moments où nous prenons conscience de notre « existence nouvelle » et où nous réalisons ces Marches correspondent, dans le mythe de la Caverne de Platon, à l'étape où le prisonnier sort de la caverne et se trouve face à la lumière du monde extérieur. Animé par ses propres valeurs de plus en plus présentes, il va progressivement établir un lien nouveau avec le monde.

Voici les commentaires du Pr Caycedo concernant la Marche phronique de la Liberté :

> *Chaque Marche Phronique essaie de mobiliser, d'entraîner, de dynamiser l'essence de la valeur que nous sommes en train de renforcer. Au fond, nous devons avoir présent à l'esprit que l'un des premiers principes de la phénoménologie, c'est d'apprendre l'art de "capturer le phénomène". On appelle "phénomène" le moment où la structure "apparaît dans la conscience". Quand la structure apparaît - par exemple la capacité de libre choix -, si nous sommes familiarisés avec la phénoménologie, nous pouvons capter le moment où le phénomène apparaît à la conscience.*

Autre stratégie vivantielle : la vivance de la Journée Isocay circadienne

Lorsqu'en sophrologie nous parlons de notre « existence dans le monde », nous nous référons d'une part, à la rencontre phénoménologique avec nous-même et avec les autres, et d'autre part, à notre relation phénoménologique avec le temps.

Notre existence se déroule pendant un nombre d'années, de mois et de jours déterminés. Et chaque jour est l'occasion de donner du sens à notre vie et de profiter de chaque instant. Si nous savons vivre chaque journée en accord avec nos valeurs, nous vivrons pleinement notre existence car nous serons devenus des sujets actifs de notre « être-au-monde ».

C'est ainsi qu'Alfonso Caycedo introduisit le concept de *Journée Isocay circadienne* pour que nous l'expérimentions en tant que vivance :

Une Journée Isocay circadienne est une journée qui comprend, englobe, intègre la journée et la nuit Isocay. Grâce à la pratique, nous allons essayer de façonner, de découvrir et de conquérir une journée Isocay et une nuit Isocay.

Le terme « *circadien* » vient du latin *circus, « autour de » et dies, « jour »*. Il qualifie les événements biologiques qui ont lieu de façon périodique toutes les 24 heures, correspondant à une rotation de la Terre sur elle-même. La Journée Isocay circadienne se réfère aux événements, aux vivances et aux expériences qui se produisent pendant ces vingt-quatre heures ainsi qu'à notre façon de les vivre, en présence de nos valeurs, tout au long de cette journée, dans l'alternance veille-sommeil.

La Transportation

Dans le Troisième Cycle, le Pr Caycedo propose les *Techniques de Transportation* comme stratégie vivantielle pour apprendre à « transporter », emmener dans notre vie quotidienne, dans notre existence, les valeurs découvertes dans le Deuxième Cycle[4].

Tout comme dans les Techniques de futurisation nous utilisons l'imagination senso-perceptive d'une situation positive future, dans les Techniques de Transportation, nous nous situons dans un moment du futur, mais à la différence que, parvenus à ce stade, nous sommes maintenant conscients de la présence des valeurs découvertes dans la pratique du Cycle Radical.

Dans la Technique de Transportation, la Conscience, l'Âme, le Corps et l'Esprit phronique radical sont présents. Nous nous situons dans un moment du futur à court, moyen ou long terme. Dès le réveil, au début de notre journée, notre *Moïté* est présente et tout au long de cette Journée circadienne, nous favorisons la présence des valeurs que nous développons dans le Cycle Existentiel.

Cette stratégie vivantielle est très importante pour le développement de notre intentionnalité. En nous mettant sur le chemin d'un futur plein de valeurs, elle a des répercussions positives sur notre présent. Lors de chaque pratique, nos valeurs se renforcent et font naître en nous le désir et la motivation de les installer durablement dans notre existence. Nous façonnons ainsi, peu à peu et de façon intentionnelle, notre façon d'être dans l'existence.

Après avoir expliqué ces stratégies vivantielles qui nous accompagneront tout au long du Cycle Existentiel, voyons maintenant les caractéristiques de chacun des Degrés qui le constituent.

---

[4] C'est la raison pour laquelle, la vivance du Deuxième Cycle est la condition sine qua non pour vivre en profondeur la signification du Troisième Cycle.

Le Neuvième Degré de la RDC : *la vivance de la Liberté*

Le Neuvième Degré a pour objectif vivantiel la découverte, la conquête et le développement dans notre existence, de la valeur *Liberté phronique existentielle*[5].

Le Pr Caycedo affirme que la liberté est la valeur la plus importante de l'existence de l'être humain : la Liberté phronique existentielle est la première valeur pour le développement de *l'Existence sophronique* :

> *La liberté est la première valeur de notre existence. Je crois que c'est le* primum movens *de notre espèce, lorsque l'Homo sapiens a commencé à apparaître. La première valeur qui nous a différenciés des espèces qui nous ont précédés – les hominidés –, c'est la liberté. La liberté est essentielle chez l'être humain.*
>
> *C'est la première valeur de l'être humain et c'est la faculté radicale d'exercer la capacité de libre choix. J'insiste, pour moi, l'essence ou une des essences – parce qu'il peut y en avoir d'autres –, l'essence principale de la liberté, c'est la capacité de libre choix. C'est la base de toutes les autres libertés.*

Être et se sentir libre est l'objectif de ce Neuvième Degré. Nous y découvrons des instants de liberté lors de l'activation vivantielle, de la Marche phronique, de la pause d'intégration et peu à peu, dans notre vie quotidienne et dans notre existence. La pratique nous amène à découvrir que notre capacité de libre choix est à la base de notre existence.

Voici la phénodescription d'un pratiquant, après une séance du Neuvième Degré de la RDC :

Fourmi ? Ou escargot ?

La Nature m'offre tout ce dont j'ai besoin. Elle est ma Source.

Mon regard se pose sur cette fleur jaune, attiré par ce minuscule point noir en mouvement, qui bouge, cherche, avance, furette, avance encore, semblant ne pas trouver satisfaction, dans un mouvement incessant de quête... Fourmi.

J'avance en pleine conscience, baignée par la chaleur du soleil. Je ne peux le regarder ; mais sa Lumière m'enveloppe et me pénètre, en complète communion avec ma lumière intérieure. Je m'arrête.

Mon regard se pose sur l'herbe, attiré par cette spirale harmonieuse posée à mes pieds, presque immobile. Un..., puis deux minuscules points noirs apparaissent. Une antenne...,

---

5 *La Liberté phronique existentielle* est la façon dont la sophrologie comprend et vit la liberté, comme valeur inhérente à la personne, valeur que nous pouvons découvrir et conquérir grâce à la pratique de la RDC.

une autre..., mais hop, elles se replient. Une antenne..., une autre..., une troisième vers le bas... Ses yeux presqu'invisibles tant ils sont petits observent..., touchent..., puis la décision est prise : l'escargot avance sa lourde coquille.

Je suis à l'arrêt, accroupie près de ce minuscule être vivant qui me montre la voie. (...) Où poser MES pieds ? Sa prudence et sa tempérance m'émeuvent. Qu'a-t-il décidé de faire ? Où a-t-il décidé d'aller ? Peu de chance de le deviner. Mais son « pas » lent et réfléchi me fait comprendre combien sa coquille, partie intégrante de lui, sans laquelle il ne serait pas escargot, exige de lui de prendre des décisions avec vertu et une temporalité en accord avec ce qu'il est.

Mon Urgence à vivre, à dévorer la vie, depuis mon accident, m'a fait devenir Fourmi. Temporalité en accéléré. Vie en accéléré.

Depuis..., j'ai ralenti mon pas. La rencontre renouvelée avec la Douceur de mon Âme m'y a invitée. Mais cette fois-ci, je découvre que cette coquille qui est mienne, que je trouve parfois bien lourde et que j'accuse d'entraver ma liberté, fait aussi que je suis celle que je suis.

Je suis LIBRE d'accorder mon PAS.

Je peux, moi-aussi, avancer vers ma réalisation personnelle, ma Voie, en décidant de chacun de mes pas, avec prudence et tempérance.

Fourmi ? Ou escargot ?

Ma vie est bien trop précieuse pour la vivre en se consumant. Je décide ! Et je décide de la vivre en accordant à chaque instant la valeur profonde qu'il m'offre de connaître et que je peux lui donner.

Merci escargot, Merci fourmi, pour vos enseignements. Et Merci à moi-même de renouveler sans cesse mon choix d'être en chemin vers ma Moïté. Naît en moi, voit le jour, une allégresse..., un sentiment de Joie légère.... A la rencontre de cette Liberté Constitutive.

Le Dixième Degré de la RDC : *la vivance de la Tridimensionnalité*

Le concept de tridimensionnalité en Sophrologie Caycédienne a une grande importance, aussi bien du point de vue épistémologique que méthodologique.

Lorsqu'Alfonso Caycedo parle de la tridimensionnalité, en s'inspirant d'*Être et Temps* de Martin Heidegger, il se réfère à la prise de conscience des dimensions du temps – passé, présent et futur –, capacité exclusive de l'être humain. Cette prise de conscience vivantielle est là, présente depuis le Premier jusqu'au Douzième Degré de la Relaxation Dynamique de Caycedo.

Dans le Dixième Degré de la RDC, nous apprenons à établir une relation avec les objets qui nous entourent, à faire phénomène avec eux : nous les contemplons comme si c'était la première fois, en essayant d'avoir l'intuition de leurs valeurs passées, présentes et futures. Cette contemplation nous amène à inaugurer

Le Pr Alfonso Caycedo expliquant la théorie des Valeurs existentielles, du Troisième Cycle de la Relaxation Dynamique, lors d'une formation Master en Sophrologie Caycédienne. Andorre, 2003.

un *espace extérieur* que nous appelons « Région sophronique ». Bien qu'il reste le même, nous apprécions maintenant cet espace de façon tridimensionnelle et axiologique, ce qui nous permet « d'être au monde » avec davantage de richesse, de profondeur et avec un sens nouveau de la beauté. Cette contemplation prépare aussi un espace en nous où se crée notre propre existence, avec la conscience des valeurs des choses qui nous entourent.

Voici la phénodescription d'un pratiquant, après une séance du Dixième Degré de la RDC :

Durant la Marche, mon regard se porte sur cette petite fleur de tilleul séchée. Mon regard attendri la fait exister comme une Grande Fleur. Elle m'apparaît dans sa tridimensionnalité : elle est née, comme moi, a dégagé son parfum, a fait le bonheur des abeilles, a attiré mon attention et mon regard qui la font vivre alors qu'on la croit morte. Me revient cette phrase : les êtres qui nous sont chers et qui nous ont quittés ne sont morts que s'ils ont disparu de notre conscience. Petite fleur, tu es une Grande Fleur. Mon regard te grandit et te rend immortelle. Ton essence me bouleverse. Elle me ramène à mon essence propre et à ma grandeur.

Le Onzième Degré de la RDC : *la vivance de la Responsabilité*

Lorsqu'Alfonso Caycedo parle de cette grande valeur, il affirme que « la responsabilité est l'exercice suprême de la liberté. »

L'objectif vivantiel du Dixième Degré de la RDC est la découverte, la conquête et le développement dans notre existence, de la valeur *Responsabilité phronique existentielle*[6]. La présence de ce sentiment s'impose dans notre espace intérieur – Région phronique – et dans l'espace qui nous relie à ceux qui nous entourent – Région sophronique. D'un point de vue sophrologique, la Responsabilité phronique existentielle est la troisième valeur de l'Existence sophronique. Le Pr Caycedo la définit ainsi :

> *La Responsabilité phronique existentielle apparaît dans notre conscience en présence de notre existence et en présence de notre semblable, générant un sentiment Isocay profond qui nous amène à protéger et sauvegarder les valeurs que nous partageons avec lui. C'est une valeur inhérente à notre rencontre tridimensionnelle avec lui.*

Grâce à la pratique de la RDC 11, le sentiment de responsabilité se manifeste agréablement dans notre vie quotidienne, aussi bien au niveau de notre individualité que dans la rencontre avec les personnes qui nous entourent.

Voyons la phénodescription d'un pratiquant après sa pratique du Onzième Degré de la RDC sur la vivance de la responsabilité envers soi :

Avec l'exercice de la pratique de la RDC 11 me vient un profond sentiment de responsabilité de ma propre vie, de mes actes et de mes décisions. Je prends conscience de ma mission dans la vie, des conséquences de mes décisions et de mes actes. Je me sens investi de cette responsabilité, comme si elle provenait non seulement de mon esprit et de la société dans laquelle je vis, mais aussi de l'intimité de mon être profond, de mes tissus, de mes cellules, de mes molécules.

Nous rapportons ici la phénodescription d'un autre pratiquant, après une séance du Onzième Degré de la RDC sur la vivance de la responsabilité envers les autres :

(...) Ce matin, dans cette marche, dans ces gestes, ces regards, ces contemplations avec les yeux fermés, ces larmes qui s'écoulent, c'est tout ce que j'ai vécu jusque-là qui prend un nouveau Sens, une nouvelle Dimension, encore : celle de la Responsabilité d'en prendre soin pour, toujours et encore, pouvoir accueillir pleinement les valeurs des autres afin qu'ensemble elles puissent créer, partager, nourrir le Futur et l'A-venir.

---

6 Pour la sophrologie, la *Responsabilité phronique existentielle* est envisagée comme une valeur inhérente à la personne, valeur que nous pouvons découvrir et conquérir grâce à la pratique de la RDC.

Je suis un Être empli de Valeurs. Je rencontre ces autres Êtres emplis de leurs valeurs ; je sens, dans ces valeurs, le poids de leur historicité ; je sens, dans ces valeurs, la présence de leur présent ; et je sens combien, ensemble, nos valeurs possèdent un champ entier de possibles. Je me sens éminemment responsable de prendre soin de ce que nous partageons eux et moi.

Et je contemple ce que je suis avec fierté, car je comprends que, sans le savoir tout à fait, j'ai déjà cultivé ce jardin pour mes rencontres et qu'il ne va cesser de fleurir plus encore. J'ai une pensée pour ces bébés que je rencontre dans ma profession... Ils m'ont tant appris !... dans cet espace de rencontre que nous avons laissé se déployer.

Maintenant « que je sais », mon Amour phronique et ma Foi s'en trouvent comme « légitimés ». Je ne suis pas « illuminée » au sens figuré de ce terme, mais bien un Être de lumière qui rayonne et partage le rayonnement de l'autre.

Le Douzième Degré de la RDC : *la vivance de la Dignité*

L'objectif vivantiel du Douzième Degré de la RDC est la découverte, la conquête et le développement dans notre existence, de la valeur *Dignité phronique existentielle.*

Liberté + Tridimensionnalité + Responsabilité = Dignité » : c'est la formule que reprend le Pr Caycedo pour expliquer le parcours du Cycle Existentiel. Du point de vue sophrologique, la Dignité phronique existentielle est la quatrième valeur de l'Existence sophronique. Il la définit ainsi :

> *La Dignité phronique existentielle se manifeste sous la forme de sentiments Isocay spécifiques. Ces sentiments sont vécus au fur et à mesure de la découverte et de la conquête des valeurs de l'homme, par l'entraînement vivantiel propre à la Méthode Caycedo.*

Pour la sophrologie, la dignité de chaque individu réside dans le simple fait d'être une personne : l'être humain possède une dignité propre et inaliénable, quelque soit son âge, sa couleur de peau, son sexe, sa condition sociale ou son état de santé. La dignité innée se réfère à la valeur de l'être humain, au-delà même de l'exercice qu'il puisse faire de sa propre liberté. Toute personne est digne de par son être propre, de par son essence propre.

Avec la pratique du dernier Degré de la RDC, ce sentiment de dignité se fait de plus en plus présent, au fur et à mesure que nous découvrons et conquérons nos Valeurs Fondamentales, Radicales et Existentielles. Nous développons et conquérons notre dignité grâce à l'exercice de notre liberté et de notre responsabilité.

De plus, avec les techniques de *Transportation de la Journée Isocay circadienne*, nous préparons chacune des journées de notre vie quotidienne, avec des instants, des moments et des vivances riches de la présence des valeurs que nous avons découvertes et que nous continuerons à conquérir tout au long de notre existence. Cette conquête fait de nous des êtres dignes qui méritent de jouir d'une conscience en équilibre et en harmonie, comme l'exprime le témoignage de ce pratiquant après la vivance de la Relaxation Dynamique de Caycedo :

Pour moi, la valeur de la dignité est un sentiment très fort, très profond. Je peux aujourd'hui dire que je la sens présente dans tout mon être. À cet effet, le chemin que la sophrologie m'a montré pendant les quatre ans d'entraînement a été indispensable, jusqu'à éprouver cette belle valeur qui s'intègre et s'installe dans mon être, dans mes cellules et dans mes molécules. C'est la dernière valeur de la méthode et sans doute la plus importante, puisqu'elle me fait me sentir bien, en paix, en harmonie, dans la joie de vivre la liberté, le respect de moi-même et des autres, l'amour, l'affectivité, la bienveillance, la compassion, la responsabilité, la tridimensionnalité...

Pour cette raison, je peux affirmer que je me sens digne, en un mot : digne d'être moi-même ! Je n'ai plus peur de la vie et les souffrances ne m'oppressent plus. Je me sens simplement pleinement digne, estimée, fière d'être celle que je suis et de vivre consciemment ma pleine liberté.

Je me sens totalement transformée, à la fin des trois Cycles. Je peux dire et affirmer que je me suis trouvée, que la véritable Sylvie est celle que je suis maintenant. J'agis comme je le pense, comme ma conscience me dit et non comme les autres font ou disent. Je me sens être profondément moi-même, dans la liberté totale de ma conscience. Je suis consciente de toutes mes valeurs et je me sens très fière de cela.

Ma liberté, ma tridimensionnalité, ma responsabilité et ma dignité... Je sens chacune de ces valeurs comme ancrées, enracinées, intégrées à tout mon être. Je suis heureuse tous les jours et ce bonheur vital ne va pas m'abandonner..., parce qu'il est ici. Je sens la paix de mon corps et de mon esprit. Je sens l'harmonie, mon équilibre intérieur, mon équilibre familial et interpersonnel. Je sens la force, cette force vitale et cette énergie intégratrice de ma conscience, qui sont de plus en plus renforcées. J'éprouve de la bienveillance et de l'empathie envers les personnes qui souffrent et de l'espoir dans ma vie et dans celle des autres... Mon existence a conquis tout son sens.

Oui, je me sens digne, fière de mon histoire passée, présente et future. Digne de qui je suis et de ce que je fais. Mes capacités se renforcent constamment et chaque jour est un Sentiment Isocay. Je suis fière de toute cette richesse intérieure que la Sophrologie Caycédienne m'a permis de découvrir, fière d'avoir vécu cette merveilleuse aventure. Mon espace sophronique s'élargit. Mon espace phronique fait phénomène avec le monde extérieur. Cet espace dans lequel je donne et reçois tant d'amour et de bonheur, dans lequel la relation avec l'autre est appréciée. Mon existence est pleine de valeurs et de sens.

Considérations sur la Relaxation Dynamique de Caycedo

Ce chemin, c'est celui que le créateur de la sophrologie a *dé-couvert*, tracé, foulé tout au long de sa vie : celui d'un médecin psychiatre doté des talents d'un chercheur intuitif et détrminé, et de ceux d'un "artiste inspiré". Parti de la psychiatrie classique, avec l'intention d'apporter des techniques susceptibles d'améliorer la santé de ses patients, il a osé emprunter les sentiers que le *phénomène* lui indiquait, créant ainsi son œuvre, la façonnant, la retouchant et ne cessant de l'améliorer. Grâce à cette exploration du *phénomène*, conduite avec une détermination sans faille, cette œuvre sans cesse remaniée, permettra à un large public – enfants, jeunes, futures mamans, sportifs, chefs d'entreprise etc. – d'en expérimenter les bienfaits, avec un dénominateur commun : celui de la découverte de la conscience et de ses possibilités existentielles.

Une œuvre qui a aidé, qui aide et qui aidera encore de nombreuses personnes.

La pratique de la sophrologie – techniques courtes ou méthode intégrale ou adaptée de la RDC – s'adresse à tous. La vivance de la découverte de nos possibilités et de la conscience de nous-même, nous amènera à constater que c'est en nous que résident la sérénité, la conscience, la force et les valeurs qui constituent le socle de notre paix et de notre réalisation personnelle.

Chapitre 11

Hommage au Pr Alfonso Caycedo

Le dernier exposé du créateur de la sophrologie.

Présentation de l'événement

Pour fêter les dix ans de la création de l'Institut international de Sophrologie Caycédienne, nous avons organisé le 12 décembre 2009, dans les locaux du Collège officiel des médecins de Barcelone, un hommage[1] à mon père, le Pr Alfonso Caycedo, fondateur de la sophrologie.

Plus de deux cent cinquante personnes assistèrent à cet événement mémorable : professeurs d'université, médecins de différentes spécialités, sophrologues, élèves du Master de Sophrologie Caycédienne et de divers autres cours de l'École, patients, collaborateurs, amis et parents.

À la tribune, le Pr Alfonso Caycedo, médecin psychiatre, fondateur de la sophrologie et le Pr López-Ibor Aliño, professeur agrégé de psychiatrie de l'université Complutense de Madrid[2], président de l'Association mondiale de psychiatrie pendant de nombreuses années et fils du Pr López-Ibor, maître incontesté du Dr Caycedo.

À leurs côtés, le Pr Carlos Ballús, professeur émérite, agrégé de psychiatrie de l'université de Barcelone, collègue du Dr Caycedo, à l'époque où ce dernier exerçait en tant que professeur de psychiatrie à l'Hôpital Clinique de Barcelone.

Enfin, en tant que représentante de la Principauté d'Andorre, Madame Magda Mata Font, psychologue et Master en Sophrologie Caycédienne, responsable du bien-être et de la famille au Ministère de la Santé, du Bien-être et du Travail du Gouvernement d'Andorre.

J'ai eu l'honneur de diriger cet hommage, en ma qualité de médecin psychiatre et fille du fondateur de la sophrologie, en compagnie de mon mari, le Dr. Koen van Rangelrooy.

Au cours de la matinée, plusieurs personnes prirent la parole et firent partager leurs « vivances », tant professionnelles que personnelles, en relation avec la Sophrologie Caycédienne.

Il y eut tout d'abord l'intervention du Dr Rafael Solans, stomatologue et professeur à l'université de Barcelone, qui, en tant que représentant de la

---

[1] Ce fut la dernière conférence publique de mon père. Cet événement est l'hommage que le Collège officiel de médecins de Barcelone rendit au Dr Alfonso Caycedo, le 12 décembre 2009, à l'occasion des dix ans de la création de l'Institut international de Sophrologie, dans cette ville. Il constitue donc un document unique et d'une grande valeur pour l'histoire de la sophrologie.

[2] L'université Complutense de Madrid, communément appelée *La Complutense*, est la plus grande université publique d'Espagne.

branche médicale, rapporta son expérience dans l'utilisation de la méthodologie sophrologique avec ses étudiants.

Madame Rosa Cabello, infirmière dans un centre de santé à Badalona, lauréate du prix de la bonne praxis décerné par le Collège des infirmiers(ères) de Catalogne, fit part de ses expériences avec des centaines de patients auxquels elle donna des cours de Relaxation Dynamique de Caycedo ; les résultats, très intéressants obtenus avec ces patients ont déjà été présentés dans des congrès et des publications scientifiques.

Monsieur Joan Prat de los Mossos, intervint en qualité de représentant de la kinésithérapie. En tant que sophrologue, il s'est consacré à la diffusion de la sophrologie en Espagne et en France et a reçu en 2005 le prix Sant Jordi de l'Organisme catalan de la Santé, en hommage à son parcours professionnel.

Deux personnes représentèrent la psychologie : Madame Montserrat Anadón, psychologue et fille du Dr Anadón, décédé il y a quelques années et ami proche de mon père. Madame Montserrat Anadón présenta l'histoire de la sophrologie à Barcelone, depuis les débuts de son implantation dans cette ville. Et Monsieur Josep María Bastús, psychologue et chef des programmes à Caritas-Barcelone, qui de son côté, parla du succès que rencontrent les cours de sophrologie ouverts depuis quelques années aux professionnels des services sociaux ainsi que de la manière dont on utilise la sophrologie avec les personnes en marge de la société.

Madame Elena Périz, enseignante dans un collège public de Barcelone, présenta son expérience en sophro-pédagogie avec des enfants à partir de 10 ans et des jeunes. Les excellents résultats obtenus ont fait l'unanimité tant parmi les élèves qu'auprès des parents et des enseignants. Ces résultats ont été présentés lors de divers symposiums.

Toutes ces personnes ont suivi le Master en Sophrologie Caycédienne dans notre Institut de Barcelone.

Nous avons également écouté l'intervention de Madame Montserrat Domènech, présidente du Groupe Àgata – association catalane de femmes ayant eu un cancer du sein. Elle adressa ses remerciements au Pr Alfonso Caycedo et apporta son témoignage de patiente et de directrice de l'association, où la méthodologie sophrologique est pratiquée depuis longtemps en thérapie et en soins palliatifs, avec d'excellents résultats.

Madame Dolors Giner, avocate et directrice du Centre de formation de l'organisme « Foment del Treball National » de Barcelone, présenta les résultats d'une évaluation du cours intitulé *Gestion du stress par la sophrologie* où étaient mises en évidence, au moyen de statistiques significatives, l'amélioration du moral des participants, ainsi qu'une importante diminution de leur niveau d'anxiété.

Le Pr. Alfonso Caycedo lors de sa conférence au Collège officiel des médecins de Barcelone, le 12 décembre 2009.

Monsieur Pere Gratacós, ancien entraîneur du F.C. de Barcelona B et de l'équipe de football de Catalogne, souligna l'importance de la pratique des techniques sophrologiques dans le milieu sportif et lut la lettre envoyée par Severiano Ballesteros, l'un des joueurs de golf les plus titrés au monde, lauréat en 1989 du prix *Prince des Asturies*, dans la catégorie Sport. Dans cette émouvante lettre, Severiano Ballesteros déclarait que la sophrologie, qu'il avait pratiquée avec mon père depuis son plus jeune âge, l'avait aidé à devenir champion du monde et qu'aujourd'hui, elle lui était encore très utile, dans cette période de sa vie où il était en convalescence, après une longue maladie.

Cet hommage qui dura près de quatre heures se déroula dans une ambiance chaleureuse, pleine d'affection et de reconnaissance envers le Pr Caycedo et dans un climat de fraternité entre les intervenants et l'assistance.

Discours du Professeur Alfonso Caycedo

Les lignes qui suivent reprennent l'essentiel du discours du Pr Caycedo[3]

Je tiens tout d'abord à remercier profondément le Pr Juan-Jose López-Ibor Aliño ici présent, président de l'Association mondiale de psychiatrie et également professeur agrégé de psychiatrie à l'université Complutense de Madrid. C'est un homme intègre à tous points de vue, fidèle à la science qu'il a héritée de son père et qu'il a transmise à tant d'élèves à Madrid. Comme il vient de le dire, je l'ai connu lorsqu'il était un jeune garçon et que j'étais à l'époque collaborateur de son père.

Je souhaite aussi remercier pour sa présence ici, le Pr Carlos Ballús Pascual qui, outre le fait d'avoir occupé le poste de président de l'Association européenne de psychiatrie, a représenté dignement la science de la psychiatrie catalane pendant de nombreuses années, en tant que responsable de la chaire de psychiatrie de la Faculté de médecine ainsi que du service de psychiatrie de l'Hôpital Clinique. Je lui dois d'importants moments d'amitié partagée et l'affection que je ressens pour la Catalogne et pour Barcelone. Sa présence parmi nous, tout comme celle du Pr López-Ibor, représente pour moi la psychiatrie classique que j'exerce encore. Bien que depuis des années la sophrologie s'adresse aussi à d'autres disciplines que la psychiatrie, je tiens à dire que je suis toujours psychiatre.

La présence, je le répète, de ces deux maîtres de la psychiatrie, est extrêmement importante à mes yeux ; elle me permet de me remémorer certains moments que nous avons partagés, comme cette séance d'hypnose que la présence de « Juanjo », le Pr Juan José, m'amène à évoquer car il fut le témoin d'une de mes expériences à la chaire de psychiatrie de Madrid.

Je tiens aussi à remercier Madame Magda Mata Font pour sa présence ici, elle qui représente à la fois une Andorre jeune et pleine de valeurs et la psychologie européenne. Elle s'est intéressée aux techniques sophrologiques à Toulouse, où elle s'est formée. Ensuite, elle a continué à les pratiquer en Andorre, et maintenant, en tant que membre de l'équipe du Gouvernement, elle continue dignement à les diffuser.

---

[3] Ce discours présente le développement historique et séquentiel des origines de la sophrologie, dans un style familier et alerte, parfois amusant, qui enchantera le lecteur. Cet hommage rendu au Pr Caycedo est disponible en DVD : *Hommage au Professeur Alfonso Caycedo, fondateur de la Sophrologie.*(2009), Barcelone : Éitions Sofrocay.
Caycedo, A. (2009). Discurso. Historicidad de la Sofrología Caycediana. En DVD: *Homenaje al Profesor Caycedo, fundador de la Sofrología*, Barcelona : Ed. Sofrocay.

Madame Magda Mata Font assista, avec ma fille Natalia, aux séances que je proposai à notre grand ami Severiano Ballesteros. Je les avais invitées pour qu'elles voient que la sophrologie ce n'est pas de la magie et qu'il ne s'agit pas non plus de « transfert », comme disent les psychanalystes – j'ai été psychanalyste, et par conséquent, je connais le sujet.

Il n'était pas question d'établir une quelconque dépendance de type « transfert », entre ce Monsieur et moi ! Il avait commencé à s'entraîner en sophrologie à Barcelone, avant d'être champion. Et par la suite, il obtint les succès que nous lui connaissons, en grande partie, grâce à la sophrologie.

J'étais en Colombie où je m'occupais de la sophrologie sociale avec des groupes, quand on m'informa de son arrivée : il venait tout spécialement pour faire des séances avec moi, dans ma clinique de Bogota. Il est même venu à Madrid, un jour où j'y étais allé pour consulter le Pr Juan José López-Ibor. Il voulait absolument que je l'accompagne personnellement et que ce soit moi qui l'entraîne, ce qui faisait croire aux autres psychiatres qu'il y avait là une dépendance créée par un « transfert » sur ma personne, comme cela pouvait être interprété d'un point de vue analytique. Mais il ne s'agissait pas de cela ; il y avait tout simplement un désir de sa part : le besoin de connaître une technique précise.

Le golf était et est toujours un sport de haute exigence. Severiano avait besoin de faire preuve d'une grande précision, parce que s'il est un sport qui demande de la précision, comme vous pouvez l'imaginer, c'est bien le golf. Comme il me le disait lui-même, « tout se joue en un instant et en un seul coup ! »

Moi, personnellement, je ne sais pas jouer au golf et je n'ai pas voulu apprendre à y jouer, même s'il a voulu me l'enseigner. J'ai refusé parce que je n'avais pas le temps... Toutefois, je me suis chargé de lui « confectionner » des méthodes, de mettre au point un programme dans lequel le monde des affects entre en jeu, comme le disait le Pr López-Ibor, il y a un instant. L'essence de l'émotion est en jeu. Ce n'est pas un secret. Magda et Natalia ont vu comment à cette occasion j'aidais Severiano, qui venait juste de se marier. Je l'avais connu alors qu'il était encore célibataire et je me suis un peu occupé de sa vie émotionnelle qui était très riche. Il aimait beaucoup sa mère et je lui fis un programme en tenant compte de cela.

Vous êtes des sophrologues, aussi capables que moi ou meilleurs que moi et vous devez apprendre à adapter les techniques aux personnes. Il ne s'agit pas ici d'imposer une technique suggestive, ni d'imposer la théorie, aussi pittoresque ou scientifique soit-elle. Il s'agit d'apprendre à écouter le patient, ou comme dans ce cas, le sportif.

Je ne trahis ici aucun secret professionnel en disant de Severiano – Magda et Natalia s'en souviennent certainement – que c'était un garçon à l'allure de montagnard, robuste et sportif.

Il me dit qu'il avait entendu parler de ces techniques et qu'il voulait être champion. Je lui ai alors répondu que je ne fabriquais pas de champions mais que je lui ferais un programme personnalisé. Je créais les techniques avec les éléments qu'il me donnait, tout comme vous devez apprendre à le faire avec vos patients ou élèves. Il s'agit pour vous, de confectionner chaque élément de leur programme. Et ces éléments ne seront pas les mêmes pour l'un ou pour l'autre. C'est cela, l'art du sophrologue : adapter les techniques à chaque personne.

Vous savez qu'en sophrologie, un des principes fondamentaux est le principe d'adaptabilité, et que donc le sophrologue n'est pas un magicien, mais un maître du protocole. Vous devez établir un protocole pour chaque patient ou élève et le modifier en fonction de l'évolution de ce dernier : le modifier avec lui, c'est-à-dire, l'adapter à ses besoins. Le sophrologue se limite à renforcer la structure dont ont besoin, à un moment donné, le patient, l'élève ou le sportif.

J'ai aimé la lettre que Severiano a écrite. C'est pourquoi je parle de lui maintenant, ce que je n'avais jamais voulu faire jusqu'à présent. Et ce n'était pas seulement pour respecter le secret professionnel, mais simplement parce qu' aucun sophrologue ne doit prendre le cas de ses patients ou élèves comme sujet de conversation. En ce qui concerne Severiano, les choses ont changé. Dans sa lettre, il témoigne de sa situation personnelle[4]*. Ce qui est en jeu maintenant, ce n'est plus la compétition : à présent, il veut sauvegarder ses valeurs existentielles, transcendantales, les valeurs que nous portons tous en nous.*

Vous avez pu entendre tout à l'heure des interventions sur le sport, le football ou autres disciplines sportives. Derrière chaque sportif, il y a un Severiano, quelqu'un qui a besoin d'un programme fait sur mesure. N'administrez pas à tous les mêmes « doses » de sophrologie et ne la pratiquez pas avec un groupe, de façon stéréotypée. Il est évident que vous êtes libres de faire comme bon vous semble, mais essayez d'adapter la sophrologie à chaque individu.

Je vous disais cela en guise d'introduction à l'exposé qui va suivre. J'essaierai d'être bref car le Pr López-Ibor doit repartir pour Madrid ; et si je ne parviens pas à terminer avant qu'il ne s'en aille, je l'embrasse et le remercie beaucoup d'être venu.

Tout ce qui vient d'être dit ici est admirable. Ce que j'apprécie avant tout, c'est la Présence, le « témoignage » - comme l'appellent Natalia et Koen - de ce que vous êtes en train d'expérimenter : ça, c'est de la phénoménologie pure !

Même quand vous avez présenté des statistiques, alors que la phénoménologie ne les admet pas ! Ce n'est pas qu'elle soit contre, ni qu'elle conteste leur réalité,

---

[4] A ce moment-là, Severiano Ballesteros était dans la phase terminale d'un problème de santé.

mais c'est une discipline différente, il s'agit d'autre chose. Si une personne présente des statistiques, c'est qu'elle en est l'auteur et peut donc en certifier l'authenticité. Parce que les statistiques, n'importe qui peut les falsifier, sauf celui qui les a faites. C'est ce qui s'est passé avec une personne venue faire une étude – qui s'avéra concluante – auprès d'un groupe témoin constitué d'employés travaillant dans des usines à Barcelone. Ces personnes, qui avaient choisi librement ces cours de sophrologie parmi d'autres cours qui leur étaient proposés, se retrouvaient avec le Dr Koen pour pratiquer une série de techniques, sans qu'il n'y ait l'intervention d'un thérapeute et sans qu'il n'y ait de « transfert » : il n'y avait rien d'autre qu'une méthode, une méthode respectant leur liberté. Ces statistiques ont un double intérêt pour la phénoménologie : d'une part, celui qu'elles ont en elles-mêmes et d'autre part, l'intérêt – de loin le plus important – que lui attribue le thérapeute qui en fait état parce qu'il a été convaincu par leur analyse.

***La première fois que j'ai entendu parler de phénoménologie**, ce fut par le père du Pr Juan José, ici présent. C'était dans le service de psychiatrie de l'Hôpital Provincial de Madrid, actuellement Musée Reine Sophie, où j'ai créé la sophrologie. Il nous parlait de « la dimension germanique », si chère à de nombreux psychiatres espagnols, et tout spécialement au Pr López-Ibor et certainement aussi à ses enfants, parmi eux, le Pr Juan José. La psychiatrie allemande a été très importante dans l'histoire de la médecine.*

Le terme « phénoménologie » éclairait ce que j'étais en train de vivre. En effet, tout comme le Pr Juan José lorsqu'il était étudiant en première et deuxième années de médecine, je me suis, moi aussi, imprégné de l'odeur des cadavres, dans cette même Faculté, quelques années auparavant. Nous pratiquions la dissection, deux heures par jour, pendant deux ans ! J'ignore si cela est encore le cas actuellement.

Je vais vous expliquer les raisons pour lesquelles j'ai créé la sophrologie.

C'est très simple. Lorsque je suis entré comme interne à l'Hôpital Provincial, j'eus la chance d'intégrer le service du Pr López-Ibor, qui était déjà connu. Je fus chargé – ainsi que cela était communément le cas pour les internes – des tâches les moins agréables et les moins engageantes : les électrochocs et les comas insuliniques. C'est en cela que consistait, fondamentalement, le travail que je devais assumer dans ce service.

Les électrochocs, à ce moment-là – c'était l'époque de l'après-guerre en Espagne –, étaient très pénibles. On continue toujours à les pratiquer mais seulement en technique de dernier recours : certains psychiatres les utilisent encore pour des cas très lourds. Les psychiatres classiques, comme ceux ici présents, savent qu'il y a des situations dépressives très difficiles à traiter dans un monde psychotique et que, dans ce contexte-là, l'électrochoc est une possibilité thérapeutique. Je devais appliquer des électrochocs tous les jours ; j'aidais aussi à provoquer les comas insuliniques. En tant que jeune médecin récemment diplômé, je m'interrogeais sur la raison de tout cela dans le traitement des malades mentaux. Nous faisions notamment des cures de sommeil. J'ignore si les cures de sommeil se pratiquent encore actuellement. Il y avait des salles que nous appelions salles de Morphée, *dans lesquelles tout le monde dormait. Car en psychiatrie, étant donné le peu de pharmacologie qui existait à l'époque, on utilisait certains barbituriques.*

J'appliquais les électrochocs le matin et très souvent, il n'y avait pas d'appareil – il était endommagé ou hors service... Nous devions alors administrer les électrochocs sans appareil et délivrer le courant directement. Nous cherchions à provoquer la convulsion, ce que j'appellerais un « coma cinétique » : la personne perdait conscience et commençait à convulser. Heureusement, cette thérapie très agressive avait souvent un effet positif, ce qui en justifiait l'application.

Je me demandais aussi pourquoi nous cherchions à plonger les patients dans le coma au moyen de l'insuline. Pourquoi agissions-nous toujours sur la conscience ? La question était extrêmement simple ! ***Pourquoi la conscience devait-elle être modifiée pour se soigner elle-même ? Et qu'est-ce que la conscience ?*** *La réponse était, elle aussi, très simple : la conscience est à la base de l'existence humaine. Je devais donc étudier ce qu'est la conscience.*

J'eus alors l'idée de créer un mouvement scientifique qui apporterait des réponses à la médecine. En tant que médecin – au sens strict du terme –, je n'appréciais pas, ainsi que l'a rappelé M. Prat tout à l'heure, la présence des kinésithérapeutes. (...)

A cette époque-là, en médecine, on n'étudiait pas la conscience. On étudiait tout, sauf la conscience. Pourquoi ? Durant mes sept années d'études de médecine à Madrid, nous n'avons pas consacré une seule heure à l'étude de la conscience ; par contre, pendant deux ans, à raison de deux heures par jour, nous avons dû étudier l'anatomie sur des cadavres. Je trouvais ça vraiment curieux ! Je me suis dit alors que la seule voie à suivre était que nous, les jeunes médecins, créions une École qui puisse proposer à la médecine, la spécialité de la conscience.

J'ai alors cherché à donner un nom à cette science et pour ce faire, j'eus recours aux racines grecques. Il me sembla que le nom Sophrologie *était agréable à entendre, et c'était important :* Sos - Phren - Logos : Sophrologie. *C'était un terme opposé à celui de schizophrénie : du grec* schi, *« rupture ». Donc :* Sos : *« harmonie »,* Phren : *« esprit ». Si la maladie la plus grave que nous ayons en psychiatrie est la rupture de la conscience, pourquoi ne pas créer une* sophrologie, *une* sophrénie *? C'est cette intention qui justifia le terme de sophrologie.*

Le Pr López-Ibor autorisa alors la création du Service ; nous conservons encore la plaque qui y fut apposée : Département de sophrologie et de médecine psychosomatique. *Il était nécessaire de préciser* psychosomatique.

Je vous raconte ceci parce que, par la suite, avec le Pr Sarró à Barcelone, nous allions créer le Département de sophrologie et de médecine psychosomatique. *En face de ce service, il y avait un* Service de médecine psychosomatique *qui était le service du Pr Pedro-Pons. À Barcelone il y avait également un* Service de médecine psychosomatique *dirigé par le Pr Ballús et le Dr Monserrat Esteve.*

Avec la création à Madrid d'un nouveau département qui avait pour objet de faire des recherches sur la conscience en médecine, nous nous devions d'examiner tous les procédés susceptibles d'agir sur elle. À cette époque, en médecine et pas seulement dans ce domaine, on utilisait l'hypnose. Il fallait donc étudier l'hypnose. Pour me former, je devais aller à la source. C'est ainsi que je décidai d'aller à Nancy, voir le Pr Cuvelier qui dirigeait encore une vieille École d'hypnose médicale : l'École de Nancy. *À ses côtés, je m'initiai aux techniques d'hypnose appliquées à la médecine. Dès mon retour à Madrid, nous avons commencé à les pratiquer dans mon service.*

C'est pour cette raison que j'ai l'habitude de dire que la sophrologie – comme vous avez pu le voir – a un parcours, *une longue histoire.*

Ceux qui m'ont connu à une époque déterminée de ma vie, m'associent aux pratiques qui étaient alors les miennes. A Madrid, par exemple, tout comme ici, ceux qui ont connu la sophrologie à ses débuts, pensent encore que c'est de l'hypnose, mais sous un autre nom. Ils me disent : « Je t'ai vu à Madrid, pratiquer l'hypnose dans un de tes cours. Et tu arrivais à nous hypnotiser tous ! »

À l'époque, on étudiait l'hypnose ; elle était soumise à l'étude médicale et au contrôle par l'électroencéphalogramme, qui était alors la référence. Le sujet de ma thèse de doctorat portait sur l'étude de l'électroencéphalogramme dans les cas de modification de la conscience en hypnose, dans la Relaxation de Schultz et dans les techniques que nous pratiquions.

Alors que j'exerçais dans le service de pychiatrie du Pr López-Ibor, j'appris qu'il y avait un groupe de médecins catalans qui avaient déjà pratiqué l'hypnose pendant la guerre et qui aimaient bien ce genre de techniques que j'avais déjà mises au point à ce moment-là. C'est avec beaucoup de courtoisie que le Pr Sarró m'invita à collaborer avec lui, dans le service de neuropsychiatrie de l'Hôpital Clinique de Barcelone. À mon retour d'Orient, nous y avons ouvert un Département de sophrologie et de médecine psychosomatique, *comme celui que j'avais créé à Madrid. J'assistais alors aux séances cliniques organisées par mes collègues du service du Pr Pedro Pons : nous partagions des moments importants, pratiquement toutes les semaines. C'est là que j'eus le privilège de rencontrer le Pr Ballús – très jeune à l'époque, et toujours aussi jeune aujourd'hui ! – qui travaillait dans ce Service du Pr Pedro Pons.*

Je poursuivais mon idée de la sophrologie en tant que science médicale de la conscience. Et forcément, constatant notre intérêt pour ce sujet, le Pr López-Ibor me fit un jour la proposition suivante :

— Pourquoi n'allez-vous pas en Suisse travailler avec Binswanger qui est un des créateurs de la psychiatrie phénoménologique et existentielle ? Le concept de conscience, vous le verrez tous les jours, dans sa clinique. Nous sommes de bons amis. Je vais lui écrire et je lui expliquerai votre intérêt pour le sujet. Et si vous le voulez, je lui proposerai de vous prendre comme médecin psychiatre « stagiaire » afin que vous puissiez faire un séjour auprès de lui.

Je fus très surpris, car pour nous, le nom de Binswanger était un nom magique, le nom d'un des grands mythes de la psychiatrie de notre époque.

— Binswanger est encore vivant ? lui demandai-je.

— Oui, et c'est le moment d'aller le rencontrer.

C'est ainsi que, grâce au Pr. López-Ibor, je partis à la rencontre de la phénoménologie.

Là-bas, en Suisse, les choses étaient radicalement différentes de ce qui se passait dans notre service, à Madrid. Dans cette clinique, l'approche du patient n'avait absolument rien à voir avec celle utilisée en psychiatrie classique, dans le reste de l'Europe.

Durant ce séjour, j'eus la chance de travailler en relation étroite avec le maître et de recevoir un peu « la lumière » de la phénoménologie. Je pus apprendre et comprendre l'art de la phénoménologie. Car, ce qui est le plus difficile, c'est de comprendre ce qu'est la phénoménologie.

Le maître m'accepta dans une sorte de Daseinsanalyse de la phénoménologie. J'eus l'occasion de faire un stage didactique avec lui, sur l'analyse existentielle qu'il avait créée. Nous avons alors un peu abordé ensemble le sujet.

— Alors, me dit-il, vous voulez créer une science médicale de la conscience, parce que c'est votre idée obsessionnelle, n'est-ce-pas ?

— Ce n'est pas une idée obsessionnelle, mais en effet, c'est ce que j'aimerais faire. La conscience mérite d'avoir une place dans les facultés de médecine, bien évidemment ! Nous ne sommes pas des vétérinaires ! lui répondis-je.

— Écoutez, de nos jours, on ne peut pas se contenter de connaître uniquement la conscience malade sur laquelle nous travaillons à l'hôpital, me dit-il.

En effet, c'était déjà très bien de percevoir la richesse de la conscience : nous n'avions plus besoin d'électrochocs ou de comas insuliniques, nous la percevions dans le contact humain. C'était la Présence...

— Il vaut faut autre chose, à présent, reprit alors Binswanger. Il vous faut voir autre chose que la seule conscience malade. Vous n'allez pas pouvoir décrire comme étant la conscience, uniquement ce que vous aurez vu ici ou ce que vous avez pu observer avec toute votre pratique de l'hypnose.

Après quelques digressions, le Pr Caycedo aborde la question de l'Orient et rapporte une conversation qu'il eut avec Binswanger, sur le sujet.

Participants à la cérémonie d'hommage au Pr Alfonso Caycedo. Collège officiel des médecins de Barcelone, le 12 décembre 2009.

L'Inde. Pour moi c'était une situation bizarre, parce que je ne suis pas un orientaliste, même si mes premiers livres traitaient de l'Orient – Monsieur Prat en a trouvé un dans la bibliothèque de Dali. Je suis très honoré de savoir que le grand Dali lisait un de mes livres. Je ne suis pas un orientaliste, bien que maintenant, à l'occasion de l'article paru dans notre revue, je revive ma rencontre avec l'Orient. Et c'est très important pour comprendre l'origine de nos techniques. Je vais y venir.

Comment une approche de l'Orient est-elle possible, sans la connaissance préalable de ce monde et sans avoir le désir de s'y rendre ?

— Moi, je n'ai rien à faire là-bas, je ne suis pas orientaliste, dis-je à Binswanger.

— Vous devez absolument y aller, et en tant que phénoménologue vous devez aller voir ces Messieurs, me dit-il, car eux savent. Ils connaissent la conscience mieux que nous, psychiatres occidentaux. Ils connaissent la conscience pure, la conscience mystique. Ce sont des mystiques de la conscience. Vous rendez-vous compte ? Si j'avais votre âge, j'irais là-bas sans hésiter. Avant d'être trop âgé j'irais en Inde. Mais pas pour faire un petit voyage et écrire un livre...

— Regardez, me disait-il en riant, j'ai ici un livre sur le yoga écrit par un psychiatre et publié en Suisse. Ce Monsieur a passé vingt jours là-bas et en a fait un livre ! Cela fait des milliers d'années que ces Messieurs travaillent sur le même sujet et lui, il se permet de les juger !

— Ce que vous me proposez là, est une bien étrange aventure ! lui répondis-je.

— Si vous voulez faire des recherches sur la conscience, là-bas, la moitié de l'humanité pratique dans « l'ici et maintenant » des techniques comme il y a des milliers d'années. C'est ce que font ces Messieurs. Vous n'avez pas besoin d'électroencéphalogramme. Parlez avec eux ! Vivez avec eux !

J'étais alors jeune marié. Notre premier enfant était né. Le frère aîné de Natalia, qui est médecin lui aussi et qui vit en Amérique, est né à Kreuzlingen, dans la Clinique de Binswanger. Et voilà que maintenant il était question de partir en voyage : c'était impératif !

Nous décidâmes donc de partir pour l'Inde. Nous avions projeté de faire un voyage de six mois, ce qui déjà semblait suffisant, mais en fait, ce voyage dura deux ans. Je n'y suis pas resté plus longtemps parce que mon épouse s'est à nouveau trouvée enceinte alors que nous étions en Inde. Une enfant adorable était en route et je courais le risque de la perdre si nous restions dans ce pays. Je ne pouvais prolonger davantage notre séjour. Mon épouse est rentrée la première en France – chez ses parents – et c'est à Lille que cette petite fille est née. Nous lui donnâmes le nom de Natalia.

Ce séjour fut fascinant : aller sur place et voir, tel un collectionneur de pièces de monnaie qui découvrirait un monde nouveau. Moi, je collectionnais des idées sur la conscience, et l'Inde fourmille d'idées ! Le livre que j'ai écrit en Inde est le fruit de mes nombreux voyages à travers tout le pays pour connaître différentes sortes de yogas. À la fin de mon séjour, mon livre L'Inde des Yogis *fut publié. J'écris actuellement quelques articles sur les Tibétains, car je les ai aussi rencontrés. J'ai également connu ensuite les Japonais dont les méthodes sont différentes.*

Me voici donc en Inde. Et la première chose qui me frappe, c'est tout ce qu'il y a de rocambolesque, de folklorique dans ce pays et dont tout le monde a déjà entendu parler. Mais je n'allais pas là-bas pour le tourisme. J'ai pu aller directement à mon objectif grâce – toujours – aux médecins. Je pris contact avec le professeur de la chaire de psychiatrie de Delhi qui, curieusement, se passionnait pour la phénoménologie. C'était un psychiatre hindou. Il m'orienta en me prévenant : « Attention, vous allez trouver ici tous les yogis que vous voulez. Ils viendront vous vendre toutes sortes de yogas mais la plupart d'entre eux sont de faux yogis ; ce sont des gens qui cherchent à tromper les touristes et qui font n'importe quoi ! Ceux-là ne sont pas les véritables yogis ! Les vrais ne vous recevront pas si vous vous présentez en tant que psychiatre. Ils vont vous demander ce que vous venez faire ici. Imaginez un instant que moi, si j'étais un psychiatre indien, j'aille en Occident, que je me rende dans un monastère bénédictin et que je demande aux moines l'autorisation d'entreprendre une étude sur leur esprit en leur disant que je vais écrire un livre sur eux, en Inde !... Ils vous claqueront la porte au nez ; ils ne vont pas vous prendre au sérieux ! Par contre, si vous êtes recommandé par des médecins indiens, *là oui*, ils vous écouteront. » *Et il en fut ainsi.*

Deux années passèrent, deux années d'expériences au cours desquelles je publiai mes livres : India of Yogis - L'Inde des Yogis - *et* Letters of Silence - Les Lettres du Silence. *Mon séjour prenait fin et mon épouse avait rejoint sa famille dans le nord de la France pour donner le jour à Natalia : les conditions en Inde, à ce moment-là, compromettaient le bon déroulement de sa naissance.*

J'envisageais mon retour en Europe, mais je devais rester jusqu'à la publication de mes livres. Je voulais qu'ils fussent publiés en Inde car il s'agissait de dialogues avec les maîtres de la plupart des différentes catégories de yogas - pas de tous les yogas, bien sûr, mais des principaux. Bien évidemment, j'aurais pu par la suite, falsifier les choses, c'est pourquoi, je tenais à publier ces dialogues en Inde afin que les Maîtres puissent eux-mêmes en prendre connaissance dans leur propre langue.

Voici comment je m'y suis pris.

Je suis entré en contact avec les médecins indiens : des psychiatres, mais aussi des médecins qui utilisaient le yoga comme thérapie. Cela m'intéressait beaucoup de voir comment ils l'appliquaient par exemple à des maladies respiratoires... Il y avait des centres pour le traitement de l'asthme à Lonavla, près Poona - cette ville se trouve à 120 km au sud-est de Bombay. Tout ceci était nouveau et fascinant pour moi : voir comment ces Messieurs de religion hindoue avaient choisi le yoga - qui pour eux est sacré : c'est le chemin vers la divinité - pour l'utiliser en tant que thérapie. Cela m'a plu et nous nous sommes mis à l'étudier.

Le dalaï-lama me présenta à son médecin à Dharamsala, dans l'Himalaya. Je me présentai comme psychiatre occidental ayant créé une technique, une méthode, pour fonder une science médicale de la conscience. Cela les intéressa, parce que le thème de la conscience est le thème de toute leur vie. C'est pourquoi ils m'ouvrirent leur porte et me transmirent leurs connaissances jusqu'à la limite autorisée : ils furent sincères avec moi.

Vu le contexte, je me trouvais également confronté à la difficulté de devoir revenir en Europe. Car il me fallait rentrer et trouver le moyen de poursuivre mes recherches qui n'en étaient qu'à leur début.

La plupart de ces Messieurs dont je parle dans mes livres vivent encore dans l'Himalaya et pratiquent toujours leurs techniques. J'invite ceux d'entre vous qui en ont le désir, à poursuivre et continuer la recherche car ces Messieurs sont toujours là-bas, dans l'Himalaya, l'esprit absorbé par des techniques millénaires qu'ils pratiquent dans une profonde concentration, tout en endurant le froid himalayen. Bien sûr, pour eux, c'est en lien avec la réincarnation et la rencontre avec Dieu. Pour eux, c'est une technique mystique.

Je me devais donc d'étudier de façon approfondie, ce qu'on appelle l'hyper conscience, car pour pouvoir atteindre la divinité, les yogis doivent conquérir une conscience supérieure. Sans cela, la divinité indienne est cruelle : elle ne voudra pas les accueillir et va les obliger à se réincarner. C'est leur croyance. Par conséquent, leur pratique est une pratique à la vie, à la mort, car ils veulent accélérer la rencontre avec leur divinité et éviter la réincarnation. Pour eux, devoir se réincarner, c'est comme pour nous passer par le purgatoire. Les techniques sont donc très pures et bien sûr diffèrent d'un yogi à un autre.

Je vous raconte tout cela un peu à titre anecdotique. Mais la question était pour moi, la suivante : que se cachait-il derrière le yoga ? Quelle était l'essence du yoga ? Pourquoi ces changements dans certaines techniques, pourquoi certaines percussions ? Car le yoga commençait à se révéler à moi comme une conquête du corps, une conquête obsessionnelle du corps. Je suis persuadé qu'il n'existe aucune fonction corporelle, physiologique ou psychique, qui n'ait été utilisée par le yoga sous l'une ou l'autre de ses formes, car il existe différentes sortes de yogas, différents groupes et différentes manières d'utiliser le yoga.

Il s'agissait de percuter le corps. En ce qui me concerne, je suis issu d'une pensée phénoménologique comme vient de l'évoquer le maître Juan-José López-Ibor : le discours, l'explication, les valeurs de l'intuition, Max Scheler, tous les grands phénoménologues ... On achète des livres, on les lit et on ne les comprend pas, et encore une fois, on n'est pas plus avancé... Mais là, c'est différent. Là, il s'agit de la technique. En quoi consiste-t-elle ?

Je vais maintenant vous parler des principales techniques qui m'ont montré le chemin pour les méthodes que vous pratiquez.

Je suis issu d'une conscience phénoménologique spéculative occidentale. J'avais lu beaucoup de livres de Husserl. Mon maître Binswanger m'avait initié à l'art de l'épochè avec les malades mentaux, mais je ne possédais aucune technique : le corps n'existait pas. Il n'y avait pas de techniques et il n'y en a toujours pas – tout comme en psychanalyse où le corps est absent. Il y a peut-être quelques exercices de gymnastique, plus ou moins bien faits, mais ça, ce n'est pas une prise de conscience de la corporalité.

Les Orientaux détenaient le secret de la prise de conscience, à différents niveaux.

Je me suis trouvé face à une technique reine, la plus importante, reconnue par tous les yogis et qu'ils appellent le Raja-Yoga : le Roi des Yogas. *C'est le yoga le plus important car c'est une sorte de fusion de plusieurs yogas, toujours pratiqué sous la direction de maîtres.*

En conséquence, il me fallait apprendre cette technique dans l'Himalaya. Dès que cela fut possible, mon épouse et moi nous rendîmes là-bas, où nous nous liâmes d'amitié avec les grands maîtres de ces ashrams, *de ces centres de yoga. J'eus la chance de devenir l'ami d'un de ces maîtres les plus connus qui m'ouvrit les portes dans toute l'Inde. Il me parla de ces yogis et me renseigna sur eux, car en Inde il n'existait pas de livres sur le sujet. Je pensais qu'il devait y avoir une sorte de dictionnaire ou un mode d'emploi qui me permettrait d'arriver jusqu'à eux. Mais il n'y avait rien de tout cela ! C'est peut-être la raison pour laquelle mon livre eut autant de succès. Les circonstances m'ont amené à faire de nombreux voyages – que je n'avais pas prévus – à travers l'Inde : j'ai pu ainsi décrire les différentes catégories de groupes de yogas, avec des noms, des dialogues, etc.*

(...)

La technique Dhyana *est la plus importante des techniques et des méthodes orientales en général. Dans la technique Dhyana, il est nécessaire de franchir la porte de l'hyper conscience, d'avoir la clé qui l'ouvre. La porte pour briser cette conscience ordinaire et pénétrer dans la conscience mystique, dans la super conscience – celle dont ils ont besoin pour être sauvés et rejoindre leur divinité – est appelée* contemplation. *Sans elle, il n'y a pas de yoga ou de technique orientale de haut niveau, ni en Inde, ni au Tibet, ni au Japon. Les monastères japonais où l'on pratique le zen étaient différents des ashrams indiens ; cependant, l'on y chantait les mêmes* mantras *que les hindous et l'on pratiquait la contemplation qui est le fondement, la base, la clé du processus.*

Contempler. *Il ne s'agit pas d'une contemplation mystique comme celle des mystiques occidentaux ; il s'agit d'une contemplation spéciale, une contemplation passive : la contemplation passive de la constatation d'une présence. Le reste de la conscience est réduit ; la personne contemple et évite tous genres d'associations. Ce n'était pas la contemplation mystique de nos saints, teintée d'affectivité. Non, eux s'orientent vers une contemplation radicale. Je ne pouvais, bien sûr, pas laisser cela de côté.*

Ce qui a également attiré mon attention dans l'Himalaya, c'est l'utilisation du son ; l'utilisation du son comme percussion corporelle. *Je n'avais jamais observé une chose pareille. Mais pourquoi les grands maîtres du yoga utilisaient-ils donc le son ? Certains émettaient réellement le son, d'autres activaient la perception du son cosmique qu'ils appelaient le son* Omkar. *J'observai comment ils activaient le son, Système par Système, dans les différentes parties du corps, la manière dont ils percutaient le corps et dont ils percevaient ensuite les effets de la stimulation et la récupération après cette stimulation. Après avoir stimulé le corps, des millions de mécanismes autorégulateurs se produisent que nous dédaignons en Occident. Dans le sport, il ne faut pas se fatiguer et ne pas faire ceci ou cela. Non, ici c'est différent : les orientaux provoquent une certaine fatigue puis ils arrêtent et profitent de la pluie de sentiments de récupération, de sensations vitales. Car c'est la vie même de l'homme qui s'autorégule ainsi. Et moi, en tant que neurologue, je ne pouvais pas passer à côté de cela.*

De tout l'arsenal d'informations que j'ai recueillies, je ne vous parle que des plus remarquables, celles que vous, les élèves du Master, pratiquez aujourd'hui. À partir du Deuxième Cycle, nous commençons à utiliser le son, ce que j'appelle le Moi sonore. *La percussion sonore est très importante : c'est l'une des clés fondamentales de la Méthode.*

Mais revenons au yoga.

Comment allais-je pouvoir « transplanter » le yoga en Occident, sans tenir compte du fait que le yoya authentique est intimement lié à la religion ? Je ne cesse de souligner dans mon livre que, bien que les Orientaux disent parfois que le yoga n'est pas une religion, en réalité, il n'existe pas de vrai yoga indien sans la croyance en la réincarnation. La pratique du yoga vise à rompre le cycle des réincarnations. Et si vous dites ne pas y croire, alors, pourquoi pratiquez-vous le yoga ? Dans un même ordre d'idée : pourquoi iriez-vous à la messe si vous n'êtes pas catholique et ne croyez pas en l'existence du Christ ? Pourquoi feriez-vous du yoga si vous ne croyez pas en la réincarnation ? Le yoga est un chemin qui mène à la rencontre avec la divinité. Vous imaginez ! Le yoga pour aider ces dames à perdre du poids !... Ce yoga-là n'est pas le

Le Pr Alfonso Caycedo lors de sa conférence au Collège officiel des médecins de Barcelone, le 12 décembre 2009.

vrai yoga ; appelez ça, gymnastique ou Pilates ou autre chose dans ce genre, et les choses sérieuses, n'y touchez pas ! Cela fait partie de toute cette banalisation autour de l'Orient. Ici, en Occident, nous sommes mal « orientés » sur l'Orient.

Alors, comment pouvoir amener le vrai yoga en Occident ?

C'est là qu'intervient la phénoménologie. Car les techniques proposées par la sophrologie et que vous pratiquez actuellement, sont le produit de la rencontre entre la phénoménologie et les techniques orientales. J'ai appris la clé de la phénoménologie ; celle-ci est un peu difficile à trouver car elle est très théorique – il faut lire énormément de livres, entre autres choses. Pour résumer : j'ai mis mes pas dans ceux de Husserl, le maître qui nous a enseigné la technique – car c'est plus une technique qu'une philosophie –, la phénoménologie est une technique de recherche de la conscience, de la conscience ! C'est pourquoi nous tenons à réaliser une recherche médicale de la conscience. Et bien que vous ne soyez pas tous médecins, vous devez savoir que cette recherche a vu le jour au sein de la médecine et de la psychiatrie.

La question qui se pose alors est la suivante : comment faire pour élaborer cela ? Quelles sont les différentes étapes de la phénoménologie ? Vous les connaissez. Il y a trois étapes, trois grandes parenthèses ou épochès, selon Husserl, le créateur de la méthode.

La première parenthèse de Husserl. *Si nous voulons étudier la conscience, la première chose à faire est de mettre entre parenthèses tout son contenu externe. Il est certain que dit ainsi, cela semble très théorique et très difficile à faire. Comment pouvons-nous mettre entre parenthèses tout ce qui est externe, c'est à dire, le mettre hors circuit ? Nous n'allons pas le rejeter : la phénoménologie ne rejette rien et n'accepte rien. Elle propose une mise entre parenthèses du monde extérieur : aprioris, théories, savoir. Nous devons mettre cela de côté pour pouvoir laisser notre conscience s'exprimer librement. Ces aprioris qui nous envahissent sont un frein à la liberté de notre conscience. Nous devons libérer notre conscience.*

La première parenthèse de Husserl est la parenthèse phénoménologique externe. Mettre entre parenthèses tout le contenu externe de la conscience. Oublier, laisser de côté tout ce qui est relatif aux théories, à la science, afin que la conscience soit libre. Car si tout était positif..., mais non, ce n'est pas le cas ! Tout doit être mis entre parenthèses.

La deuxième parenthèse *consiste à vider la conscience interne, à mettre entre parenthèses le contenu interne de la conscience. Dans un premier temps, mise entre parenthèses du contenu externe et dans un deuxième temps, du contenu interne. Ce vide de la conscience est le plus difficile à réaliser. Grâce à cela, nous allons laisser les contenus de la conscience pour arriver à la profondeur de la conscience et connaître les « essences pures » de l'Être dont parlait le Pr López-Ibor.*

Husserl n'a pas parlé de thérapie ; il s'agit d'une recherche de la conscience. Mais, derrière cela, on trouve « une thérapie » très riche qui est celle que nous pratiquons et que vous pratiquez également, parfois sans le savoir. Lorsque vous effectuez certains exercices corporels, il est évident que le cerveau perçoit la présence du corps, la stimulation que vous lui avez envoyée. Grâce à la pratique des techniques, vous avez mis entre parenthèses un bon nombre de choses qui appartiennent au contenu externe. Cela est particulièrement évident chez nos patients qui ont des problèmes, mais qui sont parvenus à les mettre de côté pendant un certain temps. Cette liberté de la conscience leur permet de se soigner autrement qu'avec de « petits conseils de salon », des pilules ou des calmants. Il est certain que ce qui est difficile, c'est d'y parvenir.

Donc, dans un premier temps, parenthèse externe et dans un deuxième temps, parenthèse interne, pour essayer de pénétrer ce que Husserl a appelé l'épochè des essences pures, *la plus difficile à obtenir, comme nous l'avons déjà souligné.*

Vous savez aussi qu'il y a chez Husserl **une troisième parenthèse** *dans laquelle il fait référence à une sorte de « Surmoi » ou de Moi Transcendantal. C'est là que le maître a vu ses propres élèves le quitter, pour créer leur propre phénoménologie. C'est également ce que nous avons fait, nous psychiatres, qui avons créé la psychiatrie phénoménologique, qui adopte les deux premières étapes de Husserl, auxquelles nous avons ajouté l'étape existentielle qui est notre contribution. (...)*

Ces étapes sont très théoriques, très séduisantes et logiques, mais il n'y avait pas et il n'y a pas de techniques !

C'est dans la rencontre de la phénoménologie théorique avec les grandes techniques orientales que la solution m'est apparue.

J'ai alors commencé à élaborer cette série de techniques auxquelles j'ai donné le nom de Relaxation Dynamique *– c'est le terme le plus approprié. Au fil du temps – car cela nous a demandé des années de travail –, le Premier Cycle s'est affiné. C'est ce Cycle que la plupart d'entre vous pratiquez et que Natalia, Koen et leur équipe diffusent avec conviction en Espagne. Ces techniques sont plus élaborées que celles que j'avais créées avant mon départ en Orient. Elles donnent de bons résultats : nous en avons la preuve ici.*

Comme en psychiatrie nous nous devons de chercher des explications, nous nous demandions, le Pr López-Ibor et moi-même, ce qui avait agi sur le malade : y avait-il eu une analyse, une psychothérapie ? Non. Il y avait seulement eu des techniques pures.

Lorsque la dame qui représente le champ social et qui entraîne des groupes – dans un programme de gestion du stress chronique –, nous disait tout à l'heure, que les participants s'inscrivent à des séances de sophrologie, puis vont et viennent : ça, c'est la nouvelle phénoménologie de la sophrologie ! Ça, c'est la liberté ! La liberté est la valeur première de la conscience. Si nous entravons la liberté, comme c'est le cas en hypnose ou dans d'autres techniques, nous « tuons » l'être humain. Ce qui fait l'essence de l'être humain, c'est la liberté. C'est pourquoi nous, sophrologues, devons simplement orienter la personne et la laisser libre de faire son propre protocole.

Que faisons-nous dans le Premier Cycle ?

Suivons le maître, Husserl. Nous mettons le monde extérieur entre parenthèses et nous laissons libre expression à la présence du corps dans la conscience, grâce aux techniques des Premier, Deuxième et Troisième Degrés. Ceci s'effectue par le biais de la stratégie que j'ai proposée : dans le Premier Degré, le corps. Puis, l'esprit, dans le Deuxième Degré, où nous allons entraîner toute la structure mentale. Vient ensuite le Troisième Degré qui est la rencontre du corps et de l'esprit. Et enfin, le Quatrième Degré où s'inaugure déjà un espace intérieur qui va être nécessaire à la deuxième étape de Husserl.

Une fois cet espace intérieur constitué, nous pouvons déjà pénétrer dans la profondeur de notre conscience pour tenter de la « nettoyer » de l'intérieur et de la vider de contenus négatifs afin qu'elle brille de sa propre lumière et qu'elle effectue sa propre guérison grâce à sa liberté.

La technique que je propose est basée sur le fait que nos patients apprennent à découvrir leur conscience, au sens strict du terme, laquelle est « recouverte », voilée par les conditionnements et tous les problèmes de la vie. C'est en la nettoyant que l'on découvre tout le champ de la conscience. En la dévoilant, elle peut alors s'illuminer de sa propre lumière et se guérir elle-même. Et c'est ce que nous, nous faisons. Nous ne sommes pas des guérisseurs, nous ne soignons personne, nous ne sommes en rien des psychothérapeutes. Nous apprenons à nos patients à découvrir leur conscience afin que leur esprit, leur conscience, libres de contenus négatifs, s'illuminent et s'harmonisent.

En fait, notre art est pédagogique ; c'est pourquoi nous respectons la liberté de chacun. Si quelqu'un suit un programme d'entraînement, vient et me dit que ce que je lui demande ne lui va pas – détendre l'estomac alors que ce qu'il aime c'est relâcher la nuque –, eh bien, nous allons faire une séance où il va commencer à détendre la nuque. Rien de plus. C'est un exemple, bien sûr.

L'échange entre le patient et le sophrologue est basé sur un apprentissage de techniques.

Dans le Deuxième Cycle, il y a des techniques sonores, très profondes, qui mènent à la découverte du monde cellulaire.

Notre École, chers amis, toute modestie mise à part, est en train de réussir ce qu'aucune autre École n'a réussi jusqu'ici : agir sur le monde des cellules, percuter le protoplasme cellulaire, atteindre presque le noyau !

Lorsque nous arrivons à la RDC 7 - vous l'avez sûrement expérimenté -, apparaît un nouveau corps que nous appelons « corps phronique » : c'est lui qui, à ce moment-là, informe la conscience qu'il est porteur de tout le message phylogénétique de notre espèce ainsi que de toute la matière vivante. Ce message, nous le découvrons dans les cellules, grâce à des techniques sonores, respiratoires et à des postures qui peuvent paraître étranges. Ces postures sont importantes. Le yoga a des postures. Le zen est une méditation corporelle pure : le corps y a la parole.

Comme le disait Binswanger en parlant des Orientaux, ce qui est important, c'est d'apprendre d'eux : ils ont, après des milliers d'années d'entraînement, beaucoup à nous apprendre. Moi, j'ai simplement ouvert une porte. Le reste est à explorer et par bonheur, l'Inde est là et elle sera encore là dans mille ans. Même si aujourd'hui elle s'est beaucoup industrialisée et a beaucoup évolué, l'Inde véritable poursuit ses rites et la rencontre sacrée avec la divinité.

En définitive, la troisième parenthèse de Husserl, a été abandonnée par tout le monde. Je dois vous avouer qu'au cours de mes recherches, je fus tenté, moi aussi, de faire de même. J'ai essayé d'arriver à ce que Husserl dit avoir trouvé, mais en vain. Ce que j'ai plutôt trouvé, ce sont des essences pures. Ainsi, l'union entre la phénoménologie et l'Orient m'a conduit à ce que j'appelle maintenant « la découverte des essences pures » qui, chez l'être humain, sont déjà décrites dans le Deuxième Cycle que vous connaissez.

De quoi s'agissait-il dans cette troisième parenthèse ? Husserl n'apportait rien de plus. C'est là que certains commencèrent à critiquer le maître en disant que peut-être, à la fin de sa vie, il en était venu à délirer et qu'il a cru rêver d'un moi idéal, un moi désincarné, un moi sans existence : le moi pur de Husserl. C'est ce qui conduisit à la rupture avec Heidegger et avec tous les disciples de Husserl qui créèrent par la suite l'Existentialisme.

Le Troisième Cycle ou la partie existentielle de la Méthode

Nous avons déjà vu comment, en nous basant sur une psychiatrie phénoménologique et existentielle mais en y ajoutant des techniques, nous avons pu créer une ouverture dans l'existence de l'homme actuel.

Le Troisième Cycle, propose la rencontre avec les valeurs, et c'est avec cela que je veux terminer avec vous cette réflexion : veillez à ce que vos patients ou vous-mêmes fassiez la rencontre avec les valeurs, les Valeurs de l'Homme, les valeurs phroniques qui sont décrites. Nous avons, comme vous le savez, un « répertoire » de valeurs. Ce répertoire, je l'ai communiqué en Suisse[5]*. Il constitue, dans notre École, la base du Troisième Cycle.*

[5] Voir chapitre 8 : 2001, Déclaration de Genève.

Parmi ces valeurs se trouve, en tout premier lieu, la valeur de la liberté. *La personne qui, au cours de son entraînement, est parvenue à découvrir son corps intérieur, ses cellules, est arrivée à exprimer un peu* la vivance de son corps *et se sent mieux. Et si elle veut poursuivre la démarche jusqu'au bout, eh bien, qu'elle se lance à la découverte de ses valeurs, les valeurs d'une existence nouvelle – comme plusieurs parmi vous, l'ont ici exprimé tout à heure. Même si elle ne connaît rien de tout cela, elle raconte qu'elle commence à changer, à se sentir différente et à aimer la vie. La première valeur de l'homme, c'est la conscience, car elle donne toute sa valeur à la vie. Et donc, cela change tout ! Une prise de conscience peut tout changer !*

Donc, dans le Troisième Cycle, il s'agit d'apprendre à découvrir nos propres valeurs ainsi que celles des autres. La première grande valeur, c'est la liberté, *valeur que nous apprenons à mobiliser dans ce Troisième Cycle. Dans la RDC 9, le groupe s'entraîne à vivre vingt minutes de liberté. Vingt minutes de liberté au cours d'une heure d'entraînement !* Cette vivance *peut déjà entraîner un changement important chez la personne ; mais celle-ci doit d'abord avoir expérimenté des vivances antérieures.*

Après la liberté vient la responsabilité. *Ce n'est pas une responsabilité théorique, c'est une* Responsabilité phronique *dans laquelle s'éveillent des sentiments envers les êtres humains – le respect de la vie des autres. Avec la* Responsabilité phronique *s'éveille avec force – dans la profondeur de l'être, chez chaque individu –, un sentiment de co-existence, car nous sommes bien des êtres co-existants. Les vivances qui en témoignent sont très nombreuses car en tant qu'êtres humains, nous sommes tous « frères en biologie » : il a été démontré que nous sommes tous issus de la même souche. Mais nous sommes aussi frères dans une aventure, celle d'un voyage collectif que nous sommes en train de faire. Nous avons donc chacun, une immense responsabilité envers l'autre, ainsi que dans le fait de transformer notre vivance en* convivance.

Viennent ensuite dans les derniers Degrés, les autres grandes valeurs de l'existence. C'est là que nous entrons dans le monde de la transcendance et la valeur structurelle de la famille. *La famille est une valeur radicale, une valeur structurelle. Quelle que soit l'étape de l'humanité, la famille est une force de cohésion de la société. Détruisez la force de cohésion et la bombe atomique explose ! La force de cohésion de l'atome est appelée « force forte ». Cette force – qui, si nous la détruisons, produit l'explosion atomique –, c'est la conscience humaine ! Et à l'intérieur de cette force, se trouve l'être humain. L'enfant a besoin de cette force de cohésion. Allez-y, détruisez-la ! Détruisez-la ! et vous verrez ce qui se passe !*

Puis viennent les valeurs transcendantales, car l'homme n'est pas qu'un animal. L'homme est en constante évolution, c'est un fait. Nous, nous croyons que la conscience a évolué à travers les siècles. Il y a une pré-conscience et une proto-conscience. Tous les êtres vivants sont dotés d'une sorte de pré-conscience, d'une forme de proto-conscience. En étudiant la phylogenèse, nous nous rendons compte que l'apparition de la « conscience sapiens » qui est la nôtre, commence avec l'Homo Sapiens et ne date que de deux cent mille ans à peine..., et que c'est elle qui a tout créé.

Ce que jusqu'ici nous appelions « conscience » et que nous appelons maintenant « conscience sapiens », c'est ce que vous allez proposer, en votre qualité de professionnels de la véritable sophrologie et non d'une sophrologie folklorique et dénaturée. La véritable sophrologie est une science de la conscience, née au sein de la médecine et cautionnée par les médecins, très nombreux, qui croyons en elle. Mais c'est vous, les sophrologues, qui la mettez en pratique.

Nos collègues médecins ont été très surpris – et je crois que le Pr Ballús sera d'accord avec moi – par ce qui se passe quand on pratique la sophrologie. Surtout parce que, ce que nous constatons est en rupture avec une grande partie des schémas médicaux qui sont les nôtres : nos patients améliorent leur état sans aucune sorte de thérapie ou de relation thérapeutique particulière. De plus, la pratique en groupe donne de meilleurs résultats que la pratique individuelle. Le groupe est extrêmement important.

Ces réflexions, j'aimerais qu'elles restent dans votre mémoire, en remerciement de ma part, pour cet hommage plein de dignité que vous me rendez aujourd'hui et que je ne crois pas mériter. Je vous remercie également d'avoir choisi ce lieu qui est associé pour nous, médecins, à tant de souvenirs... Car je suis membre de ce Collège de médecins de Barcelone depuis de très nombreuses années. Notre premier symposium – 1969 – se tint dans le Casal del Médico *de la Via Laietana où résidait alors officiellement le Collège de médecins de Barcelone. Le fait de nous réunir ici, aujourd'hui, dans ce lieu où de grands maîtres de la psychiatrie m'ont donné leurs enseignements et où se déroulèrent les premiers congrès de sophrologie, me touche particulièrement.*

D'un point de vue historique, ce n'est pas trahir un secret professionnel – là, nous sommes en famille, parlant de choses de notre École – de dire qu'ici, dans le restaurant où certains d'entre-vous vont manger aujourd'hui, j'ai rencontré le Roi et la Reine d'Espagne. C'est par hasard que je fis la connaissance de Don Juan Carlos et de Doña Sofía – qui n'étaient pas encore Princes d'Espagne –, lors de mon séjour en Inde. Ayant eu connaissance de mon travail, ils cherchèrent à me rencontrer et prirent contact avec moi. Ils étaient intéressés, aimant beaucoup ce qui touche à l'Inde. Une grande amitié se noua alors.

Leurs Majestés sont venues ici, dans ce Collège de médecins. Nous avons mangé avec eux, dans une salle à l'étage, en compagnie des médecins tibétains, hindous et japonais que j'avais connus en Inde, au Japon et au Tibet[6]*. Des médecins, encore et toujours des médecins ! Parmi eux, se trouvait le médecin personnel du dalaï-lama, qui était lui-même lama. Il y avait une résidence – vous vous en souvenez peut-être –, un hôtel de plusieurs étages : c'est là qu'ils furent hébergés ainsi qu'un grand nombre d'autres médecins européens. Il n'y avait que des médecins.*

Furent présents, pour la première fois à ce congrès, les kinésithérapeutes : je les avais invités. La force de l'évidence s'imposa alors : ils étaient très nombreux en Europe, bien plus nombreux que les médecins eux-mêmes – et ils peuvent en être fiers ! Car tout comme les Hindous en savent long sur la conscience – ainsi que le disait Binswanger –, eux, les kinésithérapeutes, ils en savent long sur le corps ! Il en est de même des infirmiers et des infirmières.

Alors que je m'apprêtais à quitter la Suisse pour l'Inde, j'ai passé – je m'en souviens très bien –, la dernière journée avec Binswanger. Ensuite, je ne devais plus le revoir... Je pense avoir été, probablement, son dernier élève. J'étais sur le départ et Binswanger me demanda ce que j'avais l'intention de faire si la sophrologie donnait des résultats. Moi, j'étais toujours dans une démarche médicale, tout pour moi était médical, alors... Ce que je voulais, c'est qu'un jour, ces techniques puissent être efficaces au sein de cette « super psychiatrie » – innovante – que vous pratiquez. Maintenant je serais heureux de démocratiser la Méthode, que les infirmières, les aide-soignants et autres professionnels de la santé puissent en disposer. Parce que nous, les psychiatres, nous nous réunissions deux fois par semaine : beaucoup de Husserl, beaucoup de travaux, beaucoup de livres et pendant ce temps, les infirmières étaient sans armes pour soigner leurs patients. Ces techniques, pourquoi ne pas les leur donner et les donner également aux professions paramédicales ?

C'est ainsi que naquit la branche sociale de la sophrologie qui, comme vous le savez, fut inaugurée en Amérique, à Récife – capitale de l'État de Pernambouc, au Brésil. Cela fait déjà plusieurs années que j'ai ouvert la sophrologie au champ social qui est le plus développé de notre École, aujourd'hui.

Nous recevons actuellement mille élèves en moyenne, mille personnes qui viennent et qui sont hébergées en Andorre, chaque année. La plupart sont de langue française. La sophrologie espagnole commence à prendre un nouvel essor,

---

[6] Les congrès mondiaux de sophrologie qui se tinrent à Barcelone en 1970 et 1975 et dont le thème principal portait sur les applications et les résultats de la sophrologie dans les différentes spécialités médicales, rassemblèrent des médecins d'Orient et d'Occident qui eurent l'opportunité d'échanger sur leur pratique respective de la médecine. Le Dr Donden, médecin personnel du dalaï-lama faisait partie des invités (voir chapitre 3, note 11 et chapitre 5, note 14).

grâce à l'investissement de Natalia qui s'est fixé comme objectif de lui donner un nouveau départ. Aujourd'hui, la sophrologie est beaucoup plus aboutie et structurée qu'elle ne l'était dans les années 1970.

Pour terminer, je voudrais que cet hommage que vous me rendez, nous le rendions plutôt aux valeurs que la sophrologie que vous pratiquez se doit de vous faire découvrir et qu'elle est déjà en train de révéler pour le bien de l'humanité.

Rendons, par conséquent, un hommage aux valeurs et aux valeurs que nous représentons tous ici.

Je vous remercie de votre attention.

Pr Alfonso Caycedo

Chapitre 12

De nouvelles perspectives

La Sophrologie Caycédienne : une discipline en plein essor

L'hommage rendu au Pr Caycedo le 12 décembre 2009, au sein du Collège des médecins de Barcelone, marqua un nouveau tournant dans l'histoire de la sophrologie. Ce fut pour mon père l'occasion de s'exprimer pour la dernière fois en public sur cette discipline qu'il avait créée et qui n'avait cessé d'évoluer et de se perfectionner.

Août 2010 : la relève

Un an plus tard, à l'issue d'un échange qui fut particulièrement émouvant, mon père me demanda de prendre la relève. Ce jour-là, il me fait savoir que le moment est venu pour lui d'opérer un changement dans sa vie. C'est avec beaucoup d'affection qu'il évoque toutes ces années de formation et de travail passées ensemble. Il me dit, avec une certaine solennité, que j'étais tout à fait prête pour continuer à porter le flambeau de la Sophrologie Caycédienne et qu'il souhaitait me confier la responsabilité de son œuvre afin que j'en prenne soin et que je donne une continuité au travail qui fut celui de toute sa vie.

À présent, il avait décidé d'orienter son intentionnalité dans une autre direction et de faire ainsi « phénomène » avec son choix de se retirer. En se mettant en retrait et en renonçant à une grande partie de ce qui avait donné un sens à sa vie, il initiait une dernière « mise entre parenthèses », probablement la plus difficile qu'il ait jamais eue à faire.

Je savais que suivre les traces de mon père serait tout sauf facile et que cela exigerait de ma part des sacrifices personnels, familiaux et professionnels. La sophrologie est une science qui repose sur une organisation internationale très complexe et hétérogène : la prendre en charge représentait pour moi un engagement et une responsabilité supplémentaires. La vie familiale, à laquelle j'attache la plus grande importance, ainsi que mes activités et mes engagements professionnels – les consultations privées, les cours à l'Institut de sophrologie de Barcelone et la formation des Cycles Radical et Existentiel enseignés en Andorre – occupaient déjà une grande partie de mon temps. Je devais maintenant faire une parenthèse et faire phénomène avec cette nouvelle situation.

J'étais bien sûr consciente de l'immensité d'un tel projet... et je décidai d'accepter la proposition de mon père en y engageant toute ma responsabilité. Pour cela, je pouvais compter sur la précieuse collaboration, la disponibilité et le soutien de mon mari, Koen.

Nous étions conscients qu'il fallait absolument célébrer le 50e anniversaire de la sophrologie. Grâce au soutien des directeurs des Écoles de Sophrologie Caycédienne et au travail de notre équipe de Barcelone, nous nous sommes mis au travail pour organiser en moins de quatre mois le Ier symposium international de Sophrologie Caycédienne.

Le Pr Caycedo et sa fille Natalia lors du dernier cours de la formation supérieure en Sophrologie Caycédienne qu'ils co-animèrent. Andorre, 2010.

1er symposium international de Sophrologie Caycédienne à Sitgès

Du 10 au 12 décembre 2010, nous avons célébré à Sitges, le Ier symposium international de Sophrologie Caycédienne, sur le thème *Sophrologie Caycédienne, science et vivance des valeurs phroniques de l'être pour le XXIe siècle.* C'est précisément à Sitges, au bord de la Méditerranée, que mon père avait donné ses premiers cours de sophrologie à des médecins européens, après avoir créé les premiers Degrés de la Relaxation Dynamique à l'Hôpital Clinique de Barcelone.

Cet événement important, où fut commémoré le 50e anniversaire de la sophrologie, rassembla près de cinq cents sophrologues caycédiens de différents pays et impulsa une nouvelle dynamique pour le développement de la Sophrologie Caycédienne.

En ma qualité de présidente, j'eus l'honneur d'inaugurer ce symposium. Je remerciai pour leur présence les sophrologues qui s'étaient déplacés ainsi que tous ceux qui par le passé avaient contribué au développement et à la diffusion de la sophrologie dans le monde. Je remerciai tout particulièrement mon père – qui ne pouvait pas être présent – et lui exprimai toute ma gratitude pour son travail, pour toute l'énergie qu'il avait consacrée à l'étude de la conscience et au développement des valeurs de l'être humain. Puis je transmis ses salutations aux directeurs des Écoles déléguées de France, de Belgique, Suisse, Portugal, Italie et Espagne. Je fis part à l'assistance du souhait émis par mon père que « cette réunion marque *un nouveau point de sortant* pour la sophrologie européenne ».

Ce symposium, riche en vivances et échanges, fut l'occasion de rendre publiques des réactualisations théoriques et pratiques de la Sophrologie Caycédienne appliquées au domaine des valeurs – axiologie. Je présentai lors de ce symposium, un projet qui devait garantir l'unité de tous les sophrologues caycédiens autour des principes fondamentaux et déontologiques de la Sophrologie Caycédienne, assurant ainsi le respect de l'idéal qui a toujours animé mon père tout au long de sa quête opiniâtre. La devise *Ut conscientia noscatur* – pour que la conscience soit connue – continuera à nous guider dans l'étude de la conscience et des valeurs de l'être humain, ainsi que dans l'amélioration constante de la méthode sophrologique.

La Sophrologie Caycédienne aujourd'hui

Après plus de 55 ans d'histoire, nous pouvons dire que la sophrologie est aujourd'hui considérée comme une science factuelle qui étudie la conscience en équilibre. Elle s'appuie sur des principes et des lois qui lui sont propres. Elle utilise une méthode de recherche – la phénoménologie – grâce à laquelle les structures responsables de la constitution de la conscience ont pu être définies.

La Sophrologie Caycédienne possède une méthodologie bien définie – la Méthode Caycedo – qui offre une structure rigoureuse et dynamique qui nous amène à dévoiler notre conscience, notre façon d'être dans l'existence et à renforcer nos propres valeurs. C'est une discipline basée sur un entraînement « existentiel » qui peut être considéré comme une réponse possible au vide existentiel de notre époque. En 2006, son créateur la présentait comme « une phénoménologie de la vie au service de notre société malade ». Cette simple phrase porte plus que jamais en elle, l'essence de la sophrologie que nous pratiquons : un entraînement existentiel et une pédagogie de l'existence. Le Pr Alfonso Caycedo avait coutume de décrire sa Méthode comme « une pédagogie du bonheur » et de dire que le sophrologue caycédien est « un professeur d'existence ».

Une science en constante évolution

Comme toutes les sciences factuelles, la sophrologie est loin d'avoir épuisé ses ressources. Nous avons continué à avancer dans la recherche sur les théories et les modèles qui étudient la conscience, ainsi que dans l'étude de la Méthode Caycedo – en restant fidèles aux principes phénoménologiques que le Pr Alfonso Caycedo a respectés tout au long de son parcours. Cela nous a conduits à poursuivre l'actualisation de la théorie et de la pratique de la sophrologie.

Nous allons exposer ci-dessous, les avancées réalisées ces dernières années grâce à des recherches qualitatives et quantitatives sur la conscience.

Recherche qualitative : la méthode phénoménologique

Comme nous l'avons dit précédemment, la sophrologie utilise la méthode de la recherche phénoménologique pour l'étude de la conscience. Cette méthode est l'une des formes de recherche qualitative appliquée dans les sciences factuelles[1] – son approche des phénomènes de la conscience se fait en prenant l'information directement à la source que sont les « vivances ».

La méthode phénoménologique nous a permis de mettre à jour certains concepts et d'en proposer de nouveaux ; grâce à elle, nous avons pu élaborer et explorer de nouvelles Techniques phroniques qui font à présent partie de la Méthode Caycedo. Ces actualisations ont été intégrées à la structuration des Cycles Fondamental, Radical et Existentiel.

Nous allons brièvement présenter les actualisations les plus importantes.

Recherche et actualisation de théories et de concepts – épistémologie

– Actualisation de la définition de la sophrologie et de la Sophrologie Caycédienne[2]. Après avoir passé en revue les différentes définitions formulées par le Pr Caycedo sur la sophrologie et la Sophrologie Caycédienne tout au long des différents moments de son histoire, nous avons proposé une définition qui englobe les caractéristiques essentielles de ces propositions, de la manière suivante : « *La sophrologie* est une science qui étudie la conscience en équilibre et une discipline pour le développement des valeurs de la personne, inspirée de la phénoménologie existentielle. *La Sophrologie Caycédienne* est la méthode d'entraînement vivantiel de la sophrologie, appelée Méthode Caycedo. Elle s'utilise dans les sciences de la santé, dans l'éducation, le sport et le développement personnel. »

– Extension de l'épistémologie liée au Cycle Radical. Étant donné l'importance que nous attachons à la vivance intentionnelle des valeurs, nous avons approfondi le concept d'*Amour phronique radical* et de ses différentes manifestations[3].

– Actualisation du *Tableau des Valeurs de l'Homme*. Après un examen exhaustif de ce Tableau proposé par le Pr Caycedo, nous avons présenté une mise à jour du Tableau des Valeurs de l'Homme qui prend en compte la structure actuelle de la

---

[1] Caycedo, N. (2018). La réalité scientifique de la sophrologie. In Science et sophrologie (p 29-39). Barcelone : Ed. Sofrocay.

[2] Caycedo, N. (2018). Définition actualisée de « Sophrologie ». In Science et sophrologie. (p 28). Barcelone : Ed Sofrocay.

[3] Caycedo, N. (2012, juillet). *Théorie de l'Amour phronique radical et ses différentes manifestations*. Université d'été de Sophrologie Caycédienne, Andorre.

Méthode Caycedo, dans laquelle nous spécifions clairement l'objectif vivantiel de chacun des trois Cycles[4].

Actualisation de la Méthode Caycedo

– Techniques du Cycle Fondamental

- *Sophro-présence du Moi phronique fondamental*[5] : l'objectif vivantiel de cette technique est la vivance des valeurs qui ont été progressivement découvertes dans chaque Degré du Cycle Fondamental.
- *Prédisposition sophrologique au cours*[6]. Cette technique – adaptée du Programme VES[7] – se pratique avant de commencer un cours ou un exposé. Son objectif vivantiel est de permettre à l'étudiant d'activer de façon consciente son corps, son esprit – attention, concentration, mémoire – et ses émotions pendant les cours afin de faciliter son apprentissage.

– Techniques du Cycle Radical

- *Sophro-présence du Moi phronique radical*[8] : l'objectif vivantiel de cette technique est la vivance des valeurs progressivement découvertes dans chacun des Degrés du Cycle Radical.
- *Vivance de l'Affection, de l'Amitié et de l'Amour phronique*[9] *radical* : l'objectif vivantiel de ces techniques est la vivance intentionnelle des différentes manifestations de l'Amour phronique radical. Elles se pratiquent et s'expérimentent actuellement dans le Sixième Degré de la RDC.

– Techniques du Cycle Existentiel

- *Sophro-présence du Moi phronique existentiel*[10] : l'objectif vivantiel de cette technique est la vivance des valeurs progressivement découvertes dans chacun des Degrés du Cycle Existentiel.

---

[4] Caycedo, N. (2018). Actualisation du Tableau des Valeurs de l'Homme propre à la Sophrologie Caycédienne. Sant Feliu de Guixols, 2018. Dans *Introduction à l'axiologie sophrologique*. (p 23-26). Barcelone : Ed. Sofrocay.

[5] Caycedo, N. (2018, juillet). *Sophro-présence du Moi phronique fondamental*. Technique spécifique présentée à l'Université d'été de Sophrologie Caycédienne, Sant Feliu de Guixols.

[6] Caycedo, N. (2015, juillet). *Prédisposition sophrologique au cours*. Technique spécifique présentée à l'Université d'été de Sophrologie Caycédienne, Andorre.

[7] Voir www.sofrocay.com.

[8] Caycedo, N. (2018, juillet). *Sophro-présence du Moi phronique radical*. Technique spécifique présentée à l'Université d'été de Sophrologie Caycédienne, Sant Feliu de Guixols.

[9] Caycedo, N. (2012, juillet). *Vivance de l'Affection, de l'Amitié et de l'Amour phronique radical*. Techniques spécifiques présentée à l'Université d'été de Sophrologie Caycédienne, Andorre.

[10] Caycedo, N. (2018, juillet). *Sophro-présence du Moi phronique existentiel*. Technique spécifique présentée à l'Université d'été de Sophrologie Caycédienne, Sant Feliu de Guixols.

- *Sophroanalyse vivantielle de la veille*[11] : lors de cette pratique, nous nous remémorons le vécu de la veille. L'objectif vivantiel de cette technique est la prise de conscience de la façon dont nous vivons notre vie quotidienne par la remémoration de nos valeurs personnelles que nous apprenons à repérer.
- *Transportation des vertus phroniques existentielles*[12] : l'objectif vivantiel de cette technique est la vivance intentionnelle de la prudence, de la force d'âme, de la tempérance et de la justice, vertus qui favorisent une existence sereine, libre et pleine de sens – existence sophronique.

Recherche qualitative : la méthode inductive-déductive

Cette méthode inductive-déductive fait également partie de la recherche qualitative de la conscience. Elle se caractérise par la proposition de généralisations à partir d'observations individuelles et inversement. Les généralisations permettent de faire des prédictions : si ces dernières s'avèrent justes, elles confirment et renforcent la généralisation ; et si elles sont erronées, elles l'affaiblissent, ce qui peut obliger à la modifier ou même à la rejeter.

Le Dr Caycedo, en se basant sur la recherche phénoménologique, a également utilisé cette méthode inductive-déductive. Après avoir fait expérimenter certaines techniques à des personnes souffrant d'une problématique spécifique, les résultats qu'il obtint l'amenèrent à proposer ces mêmes techniques à des groupes de personnes présentant des problèmes similaires.

En suivant cette même méthode, nous avons au fil du temps, adapté et développé des programmes d'entraînement sophrologique tout d'abord au niveau individuel – jeunes, adultes présentant un niveau de stress élevé, personnes âgées. Après analyse des résultats de leur entraînement, nous avons élaboré des programmes spécifiques tels que *Mieux-être et sophrologie, Valeurs, étude et sophrologie, Couple et sophrologie, Mieux vieillir et sophrologie*, etc. afin qu'ils puissent être appliqués à d'autres personnes ou à des groupes présentant des situations similaires, appliquant en cela la méthode déductive.

De nombreux sophrologues caycédiens avaient manifesté depuis des années leur intérêt pour ce type de programmes. Pour répondre à leur demande, nous avons commencé à leur présenter ces nouveaux programmes afin qu'ils puissent les adapter à leur pratique professionnelle.

---

[11] Caycedo, N. (2016, juillet). *Sophroanalyse vivantielle de la veille.* Technique spécifique présentée à l'Université d'été de Sophrologie Caycédienne, Andorre.

[12] Caycedo, N. (2018, juillet). *Transportation des vertus phroniques existentielles.* Technique spécifique présentée à l'Université d'été de Sophrologie Caycédienne, Sant Feliu de Guixols.

Recherche quantitative

Cette méthode est également destinée à l'étude de faits ou phénomènes, d'événements personnels ou sociaux. Mais à la différence de la méthode qualitative, ici le chercheur fait son approche avec une hypothèse de travail et à l'aide d'instruments qui vont lui permettre de recueillir une information quantitative, c'est à dire mesurable – grâce à des entretiens, des enquêtes, des tests – et quantifiable – grâce à des valeurs numériques, des pourcentages, etc. C'est une des modalités de la méthode inductive-déductive, appliquée aux faits humains.

Alors que nous poursuivons notre recherche en nous basant encore et toujours sur la méthode phénoménologique et vivantielle qui est à l'origine de notre École et qui lui confère sa spécificité, s'impose à nous désormais l'évidence d'une véritable nécessité : soumettre notre discipline aux exigences de la méthode quantitative et de ses validations.

Aussi bien la méthode qualitative que la méthode quantitative ont leur propre intérêt. Cependant, selon les cas ou les objets d'étude, une méthode sera plus adaptée que l'autre. Ainsi, la phénoménologie permettra l'exploration de réalités aussi complexes que l'amour, l'intuition, l'amitié ou la liberté, ces grandes valeurs de la conscience qui ne peuvent pas être étudiées uniquement par la méthode quantitative.

La Sophrologie Caycédienne a fait l'objet de recherches quantitatives basées sur des études expérimentales contrôlées dans lesquelles sont également appliquées les méthodes inductives-déductives et analytico-synthétiques. Dans ces études, l'efficacité de la sophrologie est démontrée[13] par des tests psychométriques dont la validité est certifiée. Ces tests sont effectués avant et après la pratique d'un entraînement sophrologique précis ou d'une intervention contrôlée auprès de groupes homogènes de personnes présentant des caractéristiques similaires – anxiété, etc.

Sofrocay - Académie internationale de Sophrologie Caycédienne, a créé une commission scientifique dont la vocation est d'encourager des travaux de recherche basés sur des études quantitatives et qualitatives qui permettent d'accréditer scientifiquement la validité de la sophrologie. Avec cet objectif, plusieurs programmes de recherche ont été développés dans différents Centres catalans, sous la supervision du Pr Bulbena, professeur agrégé de psychiatrie de l'Université Autonome de Barcelone.

---

[13] Van Rangelrooij, K., Caycedo, N., Bulbena, A., Solans, R. (2016). L'efficacité de la Sophrologie Caycédienne scientifiquement démontrée dans la gestion du stress personnel et professionnel. *Sophrologie Caycédienne*, 82, 20-27.

Sofrocay, une organisation professionnelle adaptée aux exigences d'une science en plein essor

Sofrocay - Académie internationale de Sophrologie Caycédienne est l'entité qui veille à l'étude et à la diffusion de la Sophrologie Caycédienne telle que transmise par son fondateur. Elle est responsable de la gestion des programmes ainsi que de l'orientation pédagogique pour la formation académique et l'accompagnement professionnel des sophrologues caycédiens. C'est aussi le point de confluence de tous les Centres et Écoles de Sophrologie Caycédienne – Europe, Amérique, Afrique du Nord.

Nous allons maintenant exposer dans leurs grandes lignes, les aspects fondamentaux de la formation académique et de l'organisation professionnelle qu'offre Sofrocay.

Sofrocay, Académie internationale de formation en Sophrologie Caycédienne

Depuis la mise en place de la formation en Sophrologie Caycédienne par le Pr Caycedo, plus de 5.000 personnes à travers le monde ont obtenu le titre de Master spécialiste en Sophrologie Caycédienne[14]. Chaque année, entre 150 et 200 nouveaux sophrologues caycédiens rejoignent ce grand groupe. En outre, plus de 10.000 sophrologues ont suivi la formation au Cycle Fondamental de la Sophrologie Caycédienne.

Il existe aujourd'hui en Europe plus de 40 Écoles de Sophrologie Caycédienne qui ont pour mission d'enseigner le Cycle Fondamental. Toutes les Écoles proposent le même programme grâce à la formation permanente – présentielle et on line – des formateurs et des directeurs, que Sofrocay réalise depuis 2014.

De nouvelles Écoles de Sophrologie Caycédienne sont en cours de création au Brésil, en Colombie, au Maroc. Quant à la pratique de la Méthode Caycedo, elle se développe de plus en plus en Italie, au Portugal, en Angleterre et dans d'autres pays.

C'est avec bonheur que nous observons l'intérêt croissant pour la Sophrologie Caycédienne dans les pays de langue espagnole, anglaise, arabe et néerlandaise.

---

14 Le titre de Master spécialiste en Sophrologie Caycédienne, est un titre privé décerné par Sofrocay.

Université d'été. Andorre 2014. Vue de l'assistance.

Sofrocay, organisation professionnelle

Sofrocay veille et œuvre – au niveau international[15] – aux intérêts d'environ 1000 sophrologues caycédiens : directeurs de centres de formation, sophrocentres[16], formateurs, tuteurs et sophrologues caycédiens. Cette organisation leur offre un service optimal dans le secteur de la formation – formation permanente – ainsi que dans les domaines professionnel, juridique, de la communication, de la recherche et du développement.

De nombreuses associations de Sophrologie Caycédienne – en France, en Suisse, Flandre, Italie, Portugal, Espagne et Maroc – sont affiliées à Sofrocay.

La formation permanente

Elle s'effectue lors des Universités d'été, et à l'occasion de congrès, de symposiums et de journées de travail. Elle permet une mise à jour permanente autour de thématiques professionnelles spécifiques ou de questions scientifiques et philosophiques. Elle souligne l'intérêt permanent que Sofrocay accorde à la qualité de la formation afin de garantir le niveau de compétence des sophrologues.

---

[15] Le développement de la Sophrologie Caycédienne se reflète dans l'extension de son équipe multilingue (français, espagnol, catalan, portugais, italien, néerlandais et anglais) qui répond aux besoins des sophrologues caycédiens au niveau international.

[16] Sophrocentre : Centre dans lequel les sophrologues caycédiens proposent au tout public la pratique de la Méthode Caycedo et ses adaptations.

Le Dr Koen van Rangelrooij et le Dr Natalia Caycedo inaugurant le Ve congrès mondial de sophrologie. Sitges, 2015.

Tous ces événements favorisent aussi les rencontres internationales et les échanges d'idées entre les sophrologues caycédiens ainsi qu'avec des spécialistes d'autres disciplines et avec le monde universitaire.

Outre les symposiums[17] organisés à Sitges, nous soulignerons tout particulièrement l'importance du *V^{e} congrès mondial de sophrologie* qui eut lieu en 2015 – dans cette même ville – et au cours duquel furent célébrés les 55 ans de la sophrologie. Ce congrès qui fut marquant à plusieurs titres, permit surtout de mettre en lumière l'évolution de la sophrologie dans ses différents champs d'application.

Participèrent à cet événement deux psychiatres de renommée internationale : le Pr Antonio Bulbena, professeur de psychiatrie à l'Université Autonome de Barcelone et le Dr Christophe André[18] – connu pour avoir introduit la méditation de pleine conscience (mindfulness) en France. Lors de son intervention, le Pr Antonio Bulbena, avalisa les résultats des recherches scientifiques menées avec le programme *Bien-être et sophrologie* au centre de santé Cerdanyola de Valles – Barcelone – par l'équipe de sophrologues caycédiens, collaborateurs de l'Institut de Sophrologie Caycédienne de Barcelone. Ces recherches visaient à démontrer scientifiquement l'efficacité de ce programme dans la gestion de l'anxiété et du stress au niveau personnel et professionnel.

Plusieurs intervenants de haut niveau firent également des exposés et présentèrent leurs travaux. Dans le cadre de ce même congrès, dix-huit ateliers simultanés furent organisés au cours desquels des sophrologues caycédiens firent part de leur expérience en matière d'adaptation de la Méthode Caycedo à leurs domaines professionnels.

---

17 Au cours des années 2010, 2011 et 2013, trois symposiums internationaux de Sophrologie Caycédienne ont eu lieu, portant respectivement sur les thèmes suivants : les Valeurs de l'être, la Gestion du stress et la Gestion des émotions.

18 Le Dr Christophe André, psychiatre, exerçait alors à l'hôpital Sainte-Anne, à Paris.

V^{e} congrès mondial de sophrologie. Sitges, 2015. Vue de l'assistance.

Les Éditions Sofrocay

Sofrocay - Académie internationale de Sophrologie Caycédienne a créé sa propre maison d'édition, les *Éditions Sofrocay,* qui ont en charge la publication, la promotion et la distribution des ouvrages et documents sélectionnés par le Centre de Ressources et Recherche Documentaire de la Sophrologie Caycédienne.

Le Centre de Ressources et Recherche Documentaire de la Sophrologie Caycédienne

Son objectif est d'élaborer et de proposer une documentation et une bibliographie sur la sophrologie et sur la Sophrologie Caycédienne et d'assurer par ailleurs la diffusion de travaux de qualité la concernant.

Ses fonctions sont les suivantes :

– Compilation de la documentation existante du Pr Alfonso Caycedo et d'autres sophrologues qui ont apporté à la sophrologie des connaissances et expériences précieuses : livres, articles, conférences, exposés, cours magistraux et autres écrits ;

– Catalogage chronologique et thématique de toute cette documentation ;

– Élaboration et publication de travaux et de supports pour la formation des sophrologues caycédiens et pour la diffusion de la Sophrologie Caycédienne. *Ut conscientia noscatur* est le nom donné par les Éditions Sofrocay à une collection dont la vocation est de publier des écrits, certains orientés vers la recherche

et l'approfondissement de la Sophrologie Caycédienne et d'autres destinés à structurer et systématiser le contenu et les théories sophrologiques de manière cohérente et organisée. La première publication, intitulée *Science et Sophrologie* a été présentée en juillet 2018, lors des Universités d'été ;
– Analyse, évaluation, préparation et diffusion de publications sur la sophrologie et la Sophrologie Caycédienne, dans différents médias ;
– Analyse et évaluation d'articles destinés à être publiés dans la revue *Sophrologie Caycédienne* ;
– Conseil, assistance et expertise concernant le matériel audiovisuel et didactique sophrologique.

La bibliothèque de la Sophrologie Caycédienne : la Sophrothèque

Sofrocay continue d'enrichir et d'approvisionner la Sophrothèque créée il y a quelques années. La bibliothèque et l'hémérothèque détiennent les livres et les documents les plus remarquables de la Sophrologie Caycédienne. De plus, ces deux entités seront progressivement dotées de tout le matériel en cours d'élaboration dans le Centre de Ressources et Recherche Documentaire de la Sophrologie Caycédienne. Ces documents seront disponibles – dans la mesure du possible –, dans plusieurs langues, en version papier et numérique.

En guise d'épilogue

Huit années se sont écoulées depuis que j'ai accepté la proposition de mon père d'assumer la responsabilité de l'organisation internationale de la Sophrologie Caycédienne. Grâce à l'énergie mobilisée par les nombreux sophrologues caycédiens soutenant ce projet, et grâce à l'équipe professionnelle de Sofrocay et à ses collaborateurs, une nouvelle dynamique a été impulsée, qui donne davantage de visibilité à la Sophrologie Caycédienne et renforce sa crédibilité.

La volonté de poursuivre la recherche sur la conscience dans un cadre scientifique, la création de programmes adaptés aux besoins actuels, l'effort continu pour améliorer la formation – symposiums, congrès, universités d'été – et la publication d'œuvres de référence, nous permettent d'envisager aujourd'hui l'avenir de la sophrologie avec confiance et optimisme.

Je remercie de tout cœur tous les sophrologues caycédiens qui ont mis leur professionnalisme et leur engagement au service de la diffusion et de la promotion de la Sophrologie Caycédienne dans le monde.

Espace pour la pratique

Dans cet « espace pour la pratique », vous trouverez l'enregistrement vidéo de trois techniques sophrologiques : la *sophronisation de base*, le *sophro-déplacement du négatif* et la *sophro-présence du positif* – techniques qui font partie du Cycle Fondamental de la Méthode.[1]

Vous pouvez scanner le code et télécharger ces trois techniques. Si vous ne disposez pas de l'application qui permet de les télécharger vous trouverez ces techniques dans la page web **www.sofrocay.com**.

En sophrologie, la pratique de la Méthode Caycedo est le moyen qui permet à chacun de nous de répondre à la question que le Dr Caycedo se posa lorsqu'il fonda la sophrologie : comment puis-je connaître ma conscience ?

Nous vous invitons à vivre cette belle expérience.

Sophronisation de base
https://sophro.site/base

Sophro-déplacement du négatif
https://sophro.site/negatif

Sophro-présence du positif
https://sophro.site/positif

[1] Voir Chapitre 5

Annexe 1

Origines et identité de la sophrologie

Introduction générale

Comme le lecteur a pu le constater, cet ouvrage a été écrit essentiellement à partir de récits recueillis lors de dialogues dans un espace de rencontre phénoménologique entre un père et sa fille. C'est pourquoi on ne trouvera pas ici de références bibliographiques même si ces échanges ont fait l'objet d'enregistrements audiovisuels qui en gardent le témoignage vivant, ce qui constitue un trésor d'une valeur inestimable pour moi-même et pour la sophrologie.

Je me suis appuyée par ailleurs sur les ressources documentaires, très riches, provenant des interventions du Pr. Caycedo lors de congrès, symposiums et conférences ainsi que d'articles ou de livres écrits par lui et que je considère d'une grande importance. Ces documents retracent les moments où apparaissent de nouvelles idées et nombre de théories ou de pratiques qu'il a créées et perfectionnées tout au long de ces années.

Il m'a semblé opportun d'effectuer une sélection de ces documents en fonction de leurs contenus. C'est pourquoi j'ai choisi d'inclure dans ce livre ceux qui se rapportent à l'histoire de la sophrologie. Les documents concernant son épistémologie et sa méthodologie feront l'objet de publications ultérieures.

Cette documentation historique est structurée en trois parties : la première a trait à la naissance et à la définition de la sophrologie, la deuxième, à l'influence de l'Orient dans la création des trois premiers Degrés de la *Relaxation Dynamique* et la troisième, aux Déclarations du Pr Caycedo à Récife et à Genève, sur l'étude et le développement des valeurs en sophrologie.

Il s'agit d'un témoignage qui donne à cet ouvrage un fondement historique. Il l'enrichit et le complète afin que le lecteur ait une vision et une vue d'ensemble fidèle à la réalité de tout le chemin parcouru par la sophrologie, depuis sa création.

Origines et identité de la sophrologie

Présentation

Ce premier ensemble de documents appartient au contexte historique du *Ier symposium espagnol sur les progrès en sophrologie* qui eut lieu à Barcelone du 1er au 3 février 1969 et auquel assistèrent, entre autres, deux éminents professeurs : Agustín Pedro-Pons et Ramón Sarró. La sophrologie comptait alors neuf ans d'existence et il était temps que la communauté scientifique des psychiatres connaisse l'originalité de cette discipline et puisse en apprécier l'efficacité. C'est dans cette intention que le Pr. Caycedo présenta son livre *Progrès en sophrologie*, ouvrage à visée documentaire qui devait servir de référence aux exposés et au débat et dont l'objectif était d'apporter des éclaircissements sur les origines et l'identité de la sophrologie.

En 1960, année de naissance de la sophrologie, de nombreux courants, Écoles et théories, pour la plupart conduits par des personnalités éminentes, abordaient le sujet de la maladie mentale sous divers angles, avec des pratiques et des exercices nombreux et variés. De toute évidence, il y avait à l'époque le souci et le désir profond de trouver des solutions médicales aux problèmes psychiatriques angoissants, afin de soulager la douleur et la souffrance des patients et de leurs familles ou, dans le meilleur des cas, les guérir.

Les documents présentés dans ce Ier symposium et dont nous ne reproduisons qu'une sélection dans cette première partie, situent la sophrologie comme un fait émergeant dans cette multiplicité et diversité de recherches et de propositions cliniques. Il s'agissait de définir la sophrologie au sens propre et étymologique du terme. Il était alors nécessaire de spécifier ses limites, de définir son champ d'action, d'éviter les malentendus et confusions avec d'autres Écoles et courants et aussi d'identifier clairement ses méthodes.

Le Dr. Agustín Pedro-Pons, président de l'Académie royale de médecine de Barcelone, tant dans son discours d'inauguration que dans la lecture de son avant-propos de *Progrès en sophrologie*, relate brièvement l'histoire de l'étude de la conscience, jusqu'à la naissance de la sophrologie qu'il déclare comme étant une science à part entière, complètement originale.

Le Pr. Caycedo dans son discours d'inauguration évoque les origines de la sophrologie qui naquit au sein même de la psychiatrie. Dans ce brillant exposé, il commence par dérouler un panorama de l'histoire de la psychiatrie tant au niveau national qu'international : il en présente les courants, les auteurs et les ouvrages les plus importants ainsi que les techniques les plus significatives qui pour nombre d'entre elles, avaient fait et faisaient encore autorité dans le traitement des maladies mentales. Ensuite, il fait référence aux contradictions dans l'interprétation scientifique des phénomènes générés par l'hypnose et met en garde contre les dangers de l'héritage du magnétisme. Puis il s'exprime sur la nécessité de créer une science qui étudie la conscience et à laquelle il donne le nom de « sophrologie ». Il fait un bref résumé de l'histoire du terme grec *sophrosyne.* Il propose, face aux méthodes de recherche de la conscience qui existaient à cette époque-là, une nouvelle méthode : la phénoménologie.

S'ajoute aux documents propres au Ier symposium, l'exposé que fit le Pr. Caycedo sur « Ce qu'est la *sophrologie et ce qu'elle n'est pas* », lors du Ier congrès mondial de sophrologie et qui complète le thème de ce chapitre sur la nature et l'identité de la sophrologie. Dans cet exposé, il souligne et étaye d'une part l'épistémologie et la méthodologie propres à la Sophrologie et d'autre part, il en donne une explication claire pour dissiper toutes confusions et répondre aux interrogations concernant les thèmes qui ne relèvent pas de la sophrologie.

Nous présentons également la publication que fit le Pr. Caycedo en 1994, dans la revue *Sophrologie Caycédienne en médecine et en sciences humaines* : il y donnait la définition de la sophrologie et celle de la Sophrologie Caycédienne, en réponse aux tergiversations et aux manipulations qui avaient altéré l'authenticité de sa Méthode et celle du nom qu'il lui avait donné. Il présente déjà dans cet écrit la méthodologie complète : les trois Cycles de la *Relaxation Dynamique de Caycedo* et ses douze Degrés que nous avons décrits tout au long de ce livre.

Bibliographie

– Pedro Pons, A. (1973). La sofrología no es tan solo la renovación del magnetismo y la hipnosis. In Caycedo, A. *Sofrología médica Oriente Occidente. Aproximación a una medicina tradicional india*, Vol. 1, (pp. 33-36). Barcelona : Aura.
– Pedro Pons, A. (1969). La sophrologie. In Caycedo, A. *Progrès en sophrologie* (pp. 17-18). Barcelone : Emegé.
– Caycedo, A. (1969). Introduction à la sophrologie. In Caycedo, A. *Progrès en sophrologie* (pp. 21-30). Barcelone : Emegé.
– Caycedo, A. (1975). Lo que es y lo que no es la sofrología. In Caycedo, A. *Sofrología médica Oriente-Occidente. Aproximación a una medicina tradicional del zen japonés*, Vol. 3 (pp. 17-38). Barcelona: Aura.
– Caycedo, A. (1994). Trois questions radicales sur la sophrologie actuelle. *Sophrologie Caycédienne en médecine et en sciences humaines*, 6, 2-4.

La sophrologie n'est pas que la rénovation du magnétisme et de l'hypnose[1]

Pr Agustín Pedro-Pons, président de l'Académie royale de médecine de Barcelone

[1] Pedro Pons, A. (1973). La sofrología no es tan sólo la renovación del magnetismo y la hipnosis. In Caycedo, A. *Sofrología médica Oriente Occidente. Aproximación a una medicina tradicional india*, Vol. 1 (pp. 33-36). Barcelona : Aura.
Discours prononcé par le Pr Agustín Pedro-Pons lors de l'inauguration du Ier symposium espagnol sur *les progrès en sophrologie*, qui se tint à Barcelone du 1er au 3 février 1969.

Discours prononcé lors de l'inauguration du symposium

Monsieur le président, Mesdames et Messieurs, chers collègues,

Je vais inaugurer cet acte par quelques mots brefs et cordiaux. Je viens, comme on le ferait dans un acte notarié, parapher ce mouvement que Caycedo mène à bonne fin sous le nom de sophrologie. J'y adhère avec un enthousiasme sincère bien que je me sente comme un corps étranger, car j'ai réellement très peu à dire et beaucoup à apprendre de la plupart d'entre vous.

Il est fascinant de contempler les sentiers parcourus par l'étude de cette grande inconnue qu'est la conscience humaine, qui intéresse tant les médecins, les sociologues, les anthropologues, les généralistes, les psychiatres, et que vous, sophrologues, avez transformé en objectif prometteur d'une nouvelle spécialité.

En suivant les méandres de l'histoire, nous voyons comment, bien longtemps avant le Christ, sans savoir exactement ce qu'ils faisaient, les magiciens, les devins, les prêtres et bien d'autres, s'occupaient déjà des phénomènes inhérents à la conscience. C'est l'époque que nous pourrions appeler préscientifique ou empirique.

Il fallut des siècles pour qu'en Occident les médecins s'occupent de ces phénomènes importants.

Au XVIIIe siècle, Messmer propose ses théories sur le magnétisme animal et humain et cherche une nouvelle sémantique pour désigner certains phénomènes ; utilisant la racine grecque *magnale* qui signifie « fluide, force d'action », il met ainsi en marche un mouvement qui, après de curieux avatars historiques, trouve en quelque sorte en la sophrologie, l'héritière de ce même esprit.

Nous pouvons dire sans crainte que les études sur la conscience commencèrent en Occident dans une atmosphère quelque peu pittoresque : le mesmérisme fut en vogue dans les salons parisiens avant que n'arrive la révolution destructrice qui mit fin à ce qui subsistait de cette mode curieuse et inquiétante.

Grâce aux études de Charcot à la Salpêtrière, tout spécialement sur les phénomènes de l'hystérie et du pithiatisme, cet intérêt pour les phénomènes de la conscience se renouvela. Depuis lors, le magnétisme et l'hypnose, sa continuatrice, ont été largement prodigués, en particulier au début de ce siècle, réveillant parfois l'intérêt de certains scientifiques, peu nombreux il est vrai, du fait de l'utilisation de l'hypnose à des fins spectaculaires – les séances d'hypnotisme, grossièrement mêlées à des jeux d'illusion, attirant les foules vers les théâtres et les cirques.

Il faut bien reconnaître que les travaux scientifiques sur la conscience humaine, le magnétisme et l'hypnose en particulier, ont eu à parcourir un chemin difficile et semé d'embûches qui les a finalement menés au discrédit.

Il fallut qu'un homme sérieux et honnête comme le Docteur Caycedo, de formation médicale et psychiatrique, profond connaisseur des phénomènes de l'hypnose, formé dans les services du Professeur López-Ibor à Madrid puis de Binswanger en Suisse, se rende compte des points obscurs et contradictoires que présentaient ces phénomènes mal étudiés et évalue leur importance pour la science médicale.

Le Docteur Caycedo a alors décidé de tirer au clair ces confusions en partant de zéro, reprenant toutes ces connaissances à la lumière d'un nouveau prisme. Il prit le parti d'en changer le nom pour éviter tout amalgame et en choisit un, dérivé du grec *sophrosyne*.

C'est avec le terme *sophrologie*, qu'il y a neuf ans, le Docteur Caycedo commence avec une persévérance digne de respect, à oeuvrer à la grande cause qu'il défend, ce mouvement scientifique jeune et vigoureux qui aujourd'hui nous réunit.

Étant donné qu'il n'est plus possible en médecine, ni dans aucune autre science d'ailleurs, que tout soit l'oeuvre d'un seul homme, le Docteur Caycedo a su intégrer un grand nombre de scientifiques enthousiastes et a déjà formé ce qui s'appelle l'équipe de travail. Il peut être tranquille. C'est une aventure qui lui réserve beaucoup de travail et de soucis, mais ce n'est pas une aventure sans boussole. Nous allons voir ce que peut nous offrir la sophrologie.

Je crois que de ce terrain obscur vont émerger des choses très concrètes et notamment que la sophrologie, qui se trouve dès maintenant dans le sein même de la médecine, ayant déjà conquis une place digne grâce à ses propres mérites, n'est en aucun cas le magnétisme ni l'hypnose rénovés. Il s'agit de nouveaux concepts et de nouvelles lumières qui, sans aucun doute, ont un brillant futur dans la médecine d'avant-garde sous la ferme houlette du Docteur Caycedo, ce que confirme la nombreuse assistance au symposium qui commence aujourd'hui. Nous ne nous trouvons pas devant un public hétéroclite formé de curieux, mais devant des médecins expérimentés, sérieux et enthousiastes.

Je suis conscient de l'importance scientifique de ce symposium que j'ai aujourd'hui le grand plaisir d'inaugurer et auquel je souhaite tout le succès qu'il mérite ; succès aussi que mérite cet immense sujet au futur prometteur ainsi que l'oeuvre du Docteur Caycedo, que je félicite chaleureusement.

La sophrologie[1]

Pr Agustín Pedro-Pons

[1] Pedro-Pons, A. (1969) La Sophrologie. In Caycedo, A. *Progrès en Sophrologie* (pp. 17-18). Barcelone : Emegé.

Magie, magnétisme, hypnose, sophrologie sont les termes qui jalonnent le chemin suivi par les recherches et les études concernant la conscience. Chacune de ces pratiques marque une époque et prépare l'évolution de la suivante.

Le Docteur Alfonso Caycedo institua en 1960 les études de sophrologie, après une longue expérience en hypnose : les doutes et les erreurs concernant l'amnésie et la catharsis des hypnotisés amenèrent l'observateur qu'il était à de nouveaux concepts et de nouvelles orientations pour lesquels il utilisa le néologisme « sophrologie » dont l'étymologie se trouve dans la racine grecque *sophrosyne*, à la signification obscure et imprécise. L'essentiel des anciennes pratiques hypnotiques et de la nouvelle sophrologie, réside dans le fait qu'elles révèlent certains états de conscience.

Pour se lancer dans cette voie nouvelle que propose la sophrologie, il est nécessaire de se placer, sinon en face, du moins en marge des anciennes théories de l'hypnose, afin d'explorer d'autres chemins permettant de mieux connaître les phénomènes de la conscience : c'est ce que recherche la sophrologie, dont l'objectif est plus précis que celui de la *sophrosyne* grecque.

Oubliant ou laissant de côté d'anciennes théories périmées sur l'hypnose, la sophrologie, grâce à l'emploi de nouvelles techniques, souhaite s'ériger en une science nouvelle et originale qui se consacre à la recherche de ce que peut offrir l'étude des phénomènes psychologiques de la conscience. C'est pour le moment une promesse, ou si l'on veut, une aventure dans les méandres ignorés de cette grande inconnue qu'est la conscience de l'homme.

Il n'existe de nos jours sur la conscience, aucune oeuvre scientifique faisant autorité et redevable à une seule personne, aussi poussée que soit sa formation. Conscient de cette prémisse, Caycedo – le créateur de la sophrologie – a formé à Barcelone une équipe de chercheurs dont l'enthousiasme et le but étaient les mêmes que les siens.

Actuellement, on ne peut parler d'improvisation, ni même de balbutiements, car depuis quelques années, Caycedo a donné périodiquement et avec succès, des cours sur cette nouvelle spécialité scientifique. L'intérêt des psychiatres, spécialistes en médecine interne, chirurgiens-dentistes et autres professionnels de la médecine pour cette discipline, indique que l'avenir de ces recherches suscite un réel engouement dans un vaste secteur médical.

Comme le dit l'auteur, la sophrologie veut incorporer des procédés – quelle que soit leur nature –, permettant une plus grande connaissance des phénomènes de la conscience. Haute et transcendante ambition, à laquelle je souhaite le succès que méritent la discipline et l'enthousiasme de ses promoteurs.

Barcelone, février 1969
Pr A. Pedro-Pons

Introduction à la sophrologie[1]

Critères actuels et anciens concepts de magnétisme et d'hypnotisme

A. Caycedo

[1] Caycedo, A. (1969). Introducción a la sofrología. In Caycedo, A. *Progresos en sofrología* (pp. 17-26). Barcelona: Scientia.
Discours d'inauguration prononcé par Alfonso Caycedo lors du Ier symposium espagnol sur *les progrès en sophrologie*, qui se tint à Barcelone du 1er au 3 février 1969.

Je voudrais tout d'abord, au nom de tous les sophrologues présents à ce Ier symposium espagnol sur les *progrès en sophrologie*, exprimer mes vifs sentiments de gratitude aux Professeurs Agustín Pedro-Pons et Ramón Sarró pour leur participation à cette réunion scientifique.

La présence en ce lieu, de ces grands Maîtres de la médecine espagnole, revêt pour nous une profonde signification. Nous savons tous que le Pr Pedro Pons est aujourd'hui, sans aucun doute, la plus grande figure de la médecine clinique de langue espagnole et l'une des premières dans le concert scientifique international. Parler de ses mérites, charges et travaux, serait inutile car ils sont connus de tous. Quant au Professeur Sarró, ses nombreux mérites dans le cadre de la psychiatrie contemporaine sont internationalement reconnus. Nous leur adressons notre sincère reconnaissance. Leur participation à ce symposium est pour nous un encouragement et la meilleure récompense au travail fourni par l'École sophrologique.

En guise d'introduction aux concepts que défend la sophrologie, il me semble opportun de faire quelques commentaires sur ses origines et son évolution.

C'est au cours d'observations réalisées sur des phénomènes obtenus au moyen de techniques hypnotiques que la sophrologie connut son point de départ. Dès le début de ma spécialisation en psychiatrie, je pratiquai l'hypnose, tant dans le domaine expérimental que clinique. J'eus le privilège de réaliser ma formation en psychiatrie auprès du grand maître espagnol, le Pr López-Ibor, professeur de psychiatrie à la faculté de médecine de Madrid, avec lequel j'ai travaillé pendant plusieurs années. Ce fut dans son service, à l'Hôpital Provincial, que je commençai à pratiquer l'hypnose. À l'époque, à Madrid, ces techniques n'étaient pas utilisées à l'hôpital. Nous créâmes le premier Département d'hypnose clinique et de techniques de relaxation, qui devait devenir plus tard le premier Département de sophrologie.

Dans la rencontre quotidienne avec les phénomènes obtenus par l'application des procédés hypnotiques, allait peu à peu surgir un vrai conflit entre les résultats cliniques d'une part, les phénomènes en soi et les concepts et théories en vigueur, d'autre part. Les résultats cliniques et expérimentaux étaient très encourageants. Les résultats positifs concernant certains types de névroses, la modification favorable de certains cadres de la pathologie psychosomatique, la potentialisation pharmacologique etc., tout cela parlait en faveur de l'importance des méthodes. Les phénomènes obtenus démontraient que les procédés avaient un effet indiscutable sur la production de mutations psychophysiques, valables non seulement en thérapie mais aussi en investigation. Cependant, les concepts et les théories présentaient un tel amalgame d'affirmations contradictoires – dont certaines étaient communément acceptées –, que le conflit apparaissait inévitablement chaque fois que je tentais de donner un fondement aux observations cliniques, dans le cadre des opinions et concepts acceptés et défendus par des écoles traditionnellement en querelle.

Peut-être n'existe-t-il dans l'histoire de la psychologie, aucun genre de phénomènes ayant subi une telle abondance d'interprétations, depuis l'approche sérieuse et scientifique – observations et travaux réalisés par des Prix Nobel de médecine –, jusqu'aux conceptions les plus fantaisistes.

Concernant l'aspect scientifique de la recherche, j'allais aussi me heurter à des affirmations contradictoires : celle des cliniciens enthousiastes qui défendaient son application et celles qui la contre-indiquaient formellement. Je donnerai à titre d'exemple, les critères de deux grands psychiatres qui ne se distinguèrent pas précisément par des travaux sur ces thèmes : Alexander et Bumke. Alexander reconnaît l'utilité de l'hypnose même dans les cas de parkinsonisme. Dans son *Traité des Maladies Mentales*, il dit :

Un bon exemple est le cas de parkinsonisme post-encéphalique chez un homme dont la personnalité et les manifestations cliniques semblaient libres de tout trait hystérique. Cependant, il fut possible de créer un tel état de stimulation et d'activité par la force de la suggestion sous hypnose, de telle sorte que le patient put marcher avec des mouvements rapides et faciles, impossibles à distinguer, pour tout observateur occasionnel, de la marche normale ou d'un film pris à une vitesse normale. Cependant, un enregistrement de mouvement lent révéla que la forme de base de sa marche restait celle du raide « steppage » parkinsonien dont le patient avait fait état avant l'hypnose, sauf que la vitesse et la vigueur plus accentuées et le pas plus long, donnaient l'illusion d'une marche normale. Il fut également curieux d'observer qu'avec l'amélioration de la marche et la mobilité des extrémités, réapparut temporairement l'animation de ses expressions faciales antérieures au masque. Le patient put conserver cette amélioration dans son comportement pendant deux ou trois heures après chacun des huit traitements hypnotiques qui lui furent appliqués pendant une période de seize jours.

De son côté, Bumke, dans son livre *Nouveau Traité des Maladies Mentales*, se référant à l'hypnose, affirme :

L'hypnose n'est qu'une forme de traitement où l'action suggestive est exercée de la façon la plus concentrée, mais aussi la plus grossière. J'emploie fréquemment l'hypnose mais je n'y ai jamais recours de bon gré. Les personnes un peu nerveuses, dont on peut espérer qu'elles seront susceptibles de vaincre leurs troubles psychogènes par leur propre énergie, ne doivent pas être hypnotisées ; il nous resterait toujours l'amère impression de leur avoir psychiquement rompu l'échine. Il ne faut pas hypnotiser non plus les malades qui, de façon spontanée et insistante, réclament ce genre de traitement. Nous en exclurons aussi les cas où les malades auront entendu ou lu trop de choses sur l'hypnotisme pour pouvoir s'y livrer de façon suffisamment ingénue et bien intentionnée.

J'ai voulu mentionner ces deux exemples pour souligner une attitude marquée en psychiatrie classique.

D'autres psychiatres classiques, comme Lange, rapprochent le concept d'hypnose des états pathologiques de la conscience. Dans son livre *Psychiatrie*, traduit en espagnol par le Professeur Sarró, en 1942, il écrit :

> *Proche des états crépusculaires hystériques, catatoniques, se trouve l'état de la conscience concentriquement réduit de l'hypnose où seul subsiste le « rapport » avec l'hypnotiseur. Celui-ci joue le rôle qui, dans les états hystériques, correspond au désir et à la fantaisie.*

Il y a un autre groupe de psychiatres contemporains, peut-être la majorité, dont l'attitude a été « neutre » et dont les travaux font peu mention du thème de l'hypnose ; ils l'éludent sciemment ou inconsciemment. Il existe aussi ceux qui, comme Freud, abandonnèrent sa pratique.

Je n'ai pas voulu, intentionnellement, entrer dans la comparaison de travaux et de théories qui ont été réalisés et avancés au sujet de l'hypnose, par différents spécialistes, d'une honnêteté scientifique indiscutable pour la plupart, car la problématique serait encore plus grande. Vous connaissez tous les différentes écoles, la multitude d'affirmations, les travaux dans des directions différentes, les indications et contre-indications, les différents « cadres de profondeur », les généralisations qui ont été formulées, les techniques plus ou moins rituelles, etc. Cette situation a généré une grande confusion ainsi que l'abandon par beaucoup, de la pratique ou de l'étude de l'hypnose, malgré l'enthousiasme initial.

D'autre part, comme le dit López-Ibor, les vocables se détériorent, à plus forte raison la terminologie de l'hypnose. Héritière du magnétisme, elle est imprégnée d'un contenu magique dont ont tenté de se libérer des chercheurs sérieux et reconnus. Aujourd'hui, il est difficile qu'un médecin accepte avec plaisir le nom d' « hypnotiseur », même si l'on y ajoute l'adjectif « scientifique ».

Telle était alors ma situation. Je me trouvais devant l'alternative suivante : abandonner la pratique des phénomènes et poursuivre l'exercice de la psychiatrie classique ou bien continuer à « résister » à une situation souvent intolérable.

Une Société d'hypnose clinique fut créée, où l'enthousiasme initial d'un groupe réduit de membres s'évanouit peu à peu. Les motifs étaient multiples. Je ne pense pas que la cause ait été exclusivement due au manque de prestige de la terminologie ; la raison principale résidait plutôt dans le manque de concordance entre la réalité des phénomènes et les concepts généralisés à leur sujet. Le concept d' « ordre post-hypnotique », qui a joué un rôle si important dans le développement de théories sérieuses en relation avec l'inconscient, était impossible à prouver. Exceptionnellement seulement, le patient ne se souvenait pas de ce qui lui avait été suggéré pendant la séance d'hypnose ; et même dans ces cas-là, il suffisait d'une simple insistance pour qu'il se rappelât, à l'état de veille, la suggestion ou « l'ordre » reçu.

L'anesthésie obtenue en état d'hypnose, considérée par la plupart des auteurs, comme signe de « profondeur », n'était pas constante. Chez beaucoup de patients, il suffisait d'états superficiels pour obtenir une anesthésie, même au niveau chirurgical ; par contre chez d'autres, qui se trouvaient pourtant dans des états très « profonds », il n'était pas possible de la provoquer. Je mentionne seulement ces deux phénomènes à titre d'exemple, pour ne pas m'étendre sur tout le polymorphisme du « vécu » et l'impossibilité de l'encadrer dans les essais de classification réalisés depuis le siècle dernier.

La sémantique se rapportant au sommeil naturel était un facteur supplémentaire qui rendait la situation encore plus difficile. Il y a longtemps déjà que l'on a démontré le manque de similitude entre l'hypnose et le sommeil, phénomènes que même Montserrat Estève considère comme opposés. Cependant, il est très courant d'utiliser en hypnose, les termes « dormir » et « s'éveiller ». C'est à cause de cela que beaucoup de patients ne sont pas revenus aux consultations, affirmant ne pas avoir été hypnotisés ; quelques-uns ont même nié l'existence des phénomènes.

Les définitions de concepts avaient créé une image de l'hypnose complètement erronée. L'amnésie était considérée par beaucoup comme « pathognomonique » de l'état hypnotique. La croyance généralisée que l'hypnose est une « forme de sommeil » a amené pas mal de problèmes à ceux qui la pratiquent. Les patients nient généralement avoir été hypnotisés et affirment mentir au thérapeute par sympathie ou par « compassion » ; car, après avoir entendu dire si longtemps : « Dormez... dormez... », ils continuaient à percevoir des bruits. En fait, ils ne dormaient pas. Dans nombre de ces cas cependant, l'on aurait pu démontrer que la conscience du sujet avait réellement été modifiée. En réalité, il était « hypnotisé. » À cela s'ajoutait l'acceptation, par l'immense majorité des auteurs qui s'intéressent à l'hypnose, du fait que certains phénomènes inhibitoires des animaux sont également hypnotiques, opinion que, personnellement, je ne partageais pas.

Comme l'on peut le constater, la sophrologie prend ses origines dans l'hypnose, pas dans ses concepts, mais bien au contraire dans la terrible crise de ses concepts.

Une prédilection spéciale pour l'étude de la conscience humaine m'empêcha d'abandonner la pratique de méthodes qui l'influençaient directement et qui produisaient des modifications d'une valeur incalculable pour l'investigation. Par ailleurs, si l'indication était correcte, ces méthodes démontraient leur valeur indiscutable dans le domaine thérapeutique.

Au début, je tentai de mettre en marche une révision partant « de l'intérieur ». Commençant par la terminologie, je proposai l'abolition du terme « hypnose », dans le domaine médical. Cette attitude était justifiée par la situation critique que je viens de décrire et qui fut, sans aucun doute, la cause de nombreuses confusions datant de cette époque, que nous essayons maintenant d'éclaircir. Pour beaucoup de ceux qui me connurent alors, la sophrologie n'était qu'une nouvelle terminologie proposée pour remplacer la sémantique détériorée de « l'hypnose ». Cela ne fut vrai que pendant une brève période.

Mon premier contact avec la nouvelle terminologie, fut de proposer l'appellation *sophropsyche* commentée par quelques auteurs, en particulier par M. Loosli-Usteri dans ses travaux sur le test de Rorschach. Ce dernier, suivant le critère de Binder, utilise le terme *sophropsyche* pour désigner un système qui règle la vie affective en éliminant les réactions préjudiciables qui gênent la bonne marche des processus intellectuels. Ce système fonctionnera automatiquement dans les états de maturité, sans que l'individu n'intervienne volontairement. Pour Braum par contre, la *sophropsyche* constituerait une espèce de suprastructure de la personnalité – psychisme supérieur –, dans laquelle les processus psychiques sont expérimentés d'une façon démontrée et gnostique. Cette idée est comparable au concept de « personne corticale » de Kraus.

Le néologisme *sophropsyche* a été extrait des concepts utilisés dans la Grèce classique. Je me suis particulièrement inspiré des études de Laín Entralgo qui, avec sa documentation caractéristique, décrit *l'epos grec*, en se basant principalement sur les travaux de Nilson, Dodds, Onians et Moulinier.

Dans la conception grecque classique, la *sophrosyne* désigne un état psychophysique particulier pouvant être causé par différentes formes d'action verbale, que l'époque platonicienne a classées en trois catégories : la prière, l'enchantement et le *terpnos logos*, cette dernière forme étant moins magique que les deux premières. Selon les Grecs, ces modes d'action verbale agiraient sur le *thymos* ou « couture » psychosomatique, produisant l'état de *sophron* ; la *sophrosyne* ou « situation » ou phénomène, étant difficilement définissable, au point que Platon lui-même – Charmide –, met dans la bouche de Socrate la phrase suivante : « Nous reconnaissons notre incapacité à décrire ce qu'a voulu signifier le législateur du langage par le mot *sophrosyne.* »

De ces concepts, j'ai dérivé le terme *sophrologie* qui, en tout cas, me parut plus approprié que ceux d'*hypnose* ou d'*hypnotisme*. Je le proposai en remplacement de cette terminologie et commençai, avec mes collaborateurs, à l'utiliser dès 1960.

Cependant, cette révision ne se limita pas simplement à l'aspect sémantique du problème. Ce n'était qu'une première étape. La phénoménologie accorde une importance extraordinaire à la pureté du langage. Le terme *sophrologie* que j'ai proposé, était pour le moins, plus pur que celui d'hypnose ; en proposant ce vocable, mon attitude n'impliquait aucune rigidité. Je formulai alors une demande aux philologues, disposé à accepter n'importe quelle autre terminologie, plus valable que celle que je suggérais. Je maintiens toujours cette même attitude.

J'étais cependant tout à fait conscient de l'importance des phénomènes que je maniais : je me trouvais face à des modifications de la conscience, secteur du psychisme dont l'importance est capitale.

Le fait d'avoir proposé une terminologie nouvelle me plaçait automatiquement au centre de la lutte dialectique traditionnelle, caractéristique de ces phénomènes tout au long de leur histoire. Pour moi, la lutte allait être plus difficile pour deux raisons : la première, parce que j'essayais d'introduire un élément nouveau pouvant être interprété comme une attaque frontale par la plupart des auteurs ayant déjà publié des travaux et qui employaient la sémantique que je rejetais. La seconde, parce qu'en fin de compte, et j'en étais de plus en plus convaincu, au cas où le nouveau vocable serait accepté, il endosserait aussitôt la problématique conceptuelle de l'hypnose avec son concert traditionnel d'opinions divergentes ainsi que la forte dose magique qu'elle avait héritée du magnétisme et dont elle ne parvint jamais à se libérer.

Face à cette situation, il ne nous restait qu'une troisième possibilité, celle qui consistait à rompre avec la tradition. M'approcher à nouveau des phénomènes en faisant table rase de tout savoir constitué. Les méthodes déductives et inductives, avec leurs systèmes statistiques et leur monde théorico-conceptuel, avaient échoué dans leur tentative d'élaborer une science en lien avec ces phénomènes particuliers de la conscience. Paradoxalement, la phénoménologie restait en dehors du problème, ce qui n'était pas étonnant, la pensée phénoménologique de style Binswangérien ne se caractérisant pas précisément par sa participation directe à des controverses de ce genre. Très peu d'essais présentant une approche phénoménologique avaient été réalisés.

Je me décidai donc à rompre définitivement avec la tradition malgré ce que cela représentait ; cet immense travail était moins angoissant qu'une éventuelle implication dans une bataille par ailleurs stérile.

Cette détermination produisit immédiatement un changement de posture dans l'approche des phénomènes spéciaux de la conscience humaine car la sophrologie était libre de compromis. Cette nouvelle attitude suffit à me situer au plus près de la conscience. Les modifications résultant de divers procédés passaient au premier plan ; les procédés en tant que tels allaient occuper une place de second ordre. La perspective s'amplifia immédiatement. La sophrologie permettait d'intégrer tous les procédés ayant une influence sur la conscience et y produisant des modifications, celles-ci devant être ensuite cataloguées dans une future étude phénoménologique.

J'avais proposé l'abolition de la terminologie de l'hypnose, du langage médical, parce que, face à la nouvelle attitude, les phénomènes que l'on avait l'habitude d'appeler « hypnotiques » pour délimiter un secteur de la conscience, ne pouvaient réclamer de frontières indépendantes. La conscience apparaissait alors en tant qu'*une* et *indivisible*, comme elle l'avait toujours été. Elle reprenait la place qui lui correspondait, c'est à dire dans les bases mêmes de l'existence transcendantale de l'homme. Dès lors, il ne s'agissait plus de défendre une position ou de réfuter une thèse. Le chemin, bien que long, était ouvert et le travail pouvait commencer.

Nous ne sommes plus à l'époque où un seul homme peut faire face aux immenses perspectives ouvertes par les sciences « d'avant-garde ». La sophrologie avait besoin d'une équipe, de la formation d'une *école d'investigation*, composée de cliniciens et d'hommes de science issus de différentes spécialités et intéressés par l'étude de la conscience humaine. Cette équipe de chercheurs devait avoir un caractère international afin que les observations aient un ample spectre. Si nous travaillions tous dans le même sens, unissant nos forces et nos capacités, soumettant à vérification les observations effectuées sous les angles les plus divers, nous pourrions aboutir un jour à la création d'une nouvelle science capable de couvrir un important secteur de connaissances en lien avec la conscience humaine.

Il n'est absolument pas facile d'acquérir la catégorie de « science de la conscience ». Aucune école scientifique ne peut s'improviser, encore moins une science. Il fallait élaborer un programme fondamental pour la formation d'une véritable École sophrologique qui contribuerait au progrès de l'investigation et au perfectionnement des systèmes thérapeutiques. En ce qui concerne le progrès, le flambeau de la phénoménologie pourrait éclairer notre chemin. Quant au perfectionnement, cela reviendrait à l'expérimentation et à la rigoureuse vérification médicale qui se chargerait ensuite de classifier les résultats obtenus.

Le programme que nous nous étions proposé devait se développer en trois temps : Étape de constitution – Étape structurelle – Étape proprement scientifique.

J'entrepris la première étape d'un parcours qui consistait à jeter les bases d'une véritable école, qui s'est actuellement développée dans de nombreux pays. Cette période de constitution demanda huit années, huit ans d'efforts pendant lesquels les difficultés furent multiples et la lutte fréquemment âpre ; mais loin d'être une lutte stérile, ce fut une lutte pleine de sens, comme dirait Frankl. Je ne m'y suis jamais senti seul. Dès le début, la sophrologie put compter sur l'appui spirituel de mon maître en psychiatrie, le Pr López-Ibor, à qui je dois tant en ce qui concerne ma formation professionnelle et humaine. Ensuite, elle fut accueillie favorablement par le grand maître de la psychiatrie phénoménologique, le docteur suisse, Ludwig Binswanger. Elle reçut également la sève jeune et dynamique de collègues, médecins, odontologues et psychologues qui y travaillèrent dans différents pays et sans l'intervention desquels la création de l'École sophrologique n'aurait pas été possible.

En honneur à la vérité de sa courte histoire, la sophrologie doit reconnaître le rôle décisif qu'ont joué les chirurgiens-dentistes dans sa période de fondation. Ils en ont été les grands diffuseurs. Il est significatif qu'une école qui étudie la conscience humaine ait été immédiatement acceptée par l'une des spécialités les plus pratiques du champ médical. En Espagne par exemple, les pionniers de la sophrologie, dont le travail nous a permis d'organiser ce Ier symposium au niveau national, furent les docteurs Arias Blanco, García Vicente, Macorra, Sol et Salagaray de Madrid ; A. Isasi et E. Isasi, Vehi, Surós et Forns, de Barcelone ; et López Malla, de Valence. Tous chirurgiens-dentistes et stomatologues, ils entreprirent dès 1961 avec moi, la fondation de la sophrologie en Espagne. Pendant ce temps, des centaines de spécialistes espagnols issus de la plupart des branches cliniques, dont la liste serait longue, ont rejoint l'École sophrologique. Une mention toute spéciale sera faite aux Docteurs Benito Quintela, Coterón, Chicote, Durán, García Andrade, Lerma, Rivero y Sanchís, de Madrid ; Lozano et Sánchez Barranco, de Seville ; Bartolín et Pallardo, de Valence ; Garcés, de Malaga ; Martín, de Saragosse ; Guimón, de Bilbao ; et Aragües et Escudero, de Burgos.

Il est curieux de constater que pour la sophrologie francophone, aujourd'hui la plus importante en Europe, ce sont encore les stomatologues qui ont le plus contribué à la période de fondation. Les Docteurs Abrezol, de Lausanne, Chercheve, de Paris et Dumont, de Genève, diffuseurs de la première heure, des concepts sophrologiques dans les pays de langue française, sont eux aussi stomatologues. L'on observe le même phénomène en Italie, avec les Docteurs Strini et Arnao.

Le grand mérite de ces sophrologues réside dans le fait qu'ils ne se sont pas limités à la diffusion de la sophrologie dans leur seule spécialité ; ils ont attiré l'attention d'autres spécialités médicales, de telle sorte qu'aujourd'hui la sophrologie compte des psychiatres, des gynécologues, des pédiatres, des neurologues, des spécialistes en médecine interne de premier rang, dont la présence à ce symposium nous honore.

Parmi tous ces compagnons de la première heure, je ne peux omettre les noms de Gubel de Buenos Aires, qui introduisit la sophrologie en Amérique Latine et d'Érickson aux Etats Unis. Ce sont les figures les plus représentatives des écoles d'hypnose scientifique, dans les hémisphères américains ; ils ont eux aussi, dès le début, adhéré aux idées sophrologiques et confirmé leur participation active au Ier congrès mondial de sophrologie qui aura lieu du 2 au 5 octobre 1970, au Palais des Congrès de Barcelone. Dans cette très longue liste, nous devons également mentionner les noms des sophrologues colombiens : Triana Ortega, E. Caycedo (mon frère) et C. González, de Bogota ; F. González de Cali, B. Ríos de Medellin et N. Muñoz de Barranquilla. Garfinkel et Hogg d'Argentine ; Arellano, du Venezuela ; et J. Rodríguez du Costa Rica. D'Inde, Varandani ; du Japón, Ikemi. En France, Noir et Motte, de París ; Llopis d'Hendaye ; Calamaro de Nice et Berranger de Toulouse ; Roget de Suisse, etc. Ils ont tous une nombreuse équipe de collaborateurs qui forment des Sociétés ou des groupes d'investigation sophrologique.

Comme l'on peut le constater, en tant que sophrologues, nous pouvons actuellement présenter un premier travail. La première partie du programme est accomplie : l'École sophrologique existe bel et bien, et dans l'ensemble, maintient une même attitude idéologique, une même terminologie et un même esprit d'honnêteté dans son travail et dans sa recherche clinique.

Nous avons maintenant atteint la période de structuration qui devra préparer celle de la production scientifique. Jusqu'à présent, ce qu'il y a de plus remarquable dans l'étape de structuration en cours, c'est le fait que la sophrologie ait été intégrée à la faculté de médecine de Barcelone comme thème d'étude. Je l'enseigne à l'École professionnelle de psychiatrie grâce à la détermination du Pr Sarró dont le nom est lié à l'École sophrologique. Ce fut lui qui, pour la première fois, éleva la sophrologie au niveau universitaire.

Je finissais d'écrire ces lignes lorsque je reçus une lettre du Pr Schultz, de Berlin, qui, malgré ses 85 ans, confirmait son assistance au Ier congrès mondial de sophrologie programmé pour l'an prochain à Barcelone, à la date mentionnée ci-dessus. Le Pr Schultz aura alors 87 ans. Je pense que cette annonce a toute sa place ici, sans compter l'importance que cette présence revêt pour la sophrologie.

De cette exposition sommaire, nous sommes persuadés que l'on peut, en toute logique, déduire la définition actuelle de la réalité sophrologique : « La sophrologie est une nouvelle École scientifique qui étudie les modifications de la conscience humaine, produites par différents procédés – psychologiques, physiologiques, chimiques, etc. –, pour leur emploi dans le domaine clinique et dans la recherche. »

Ce qu'est la sophrologie et ce qu'elle n'est pas[1]

Pr Alfonso Caycedo

1 Caycedo, A. (1975) Lo que es y lo que no es la *Sofrología. En Sofrología médica Oriente Occidente. Aproximación a una medicina tradicional del zen japonés.* Tomo 3 (pp. 17-38). Barcelona : Aura. Conférence donnée par le Dr Alfonso Caycedo lors du Ier congrès mondial de sophrologie qui se tint à Barcelone du 1er au 5 octobre 1970.

Nombreux sont encore les médecins et les profanes qui se demandent ce que la sophrologie est exactement. Certains affirment qu'il s'agit simplement d'une autre façon de nommer l'hypnose. Dans un livre publié récemment, on la définit comme une sorte de yoga adapté à la médecine occidentale. Certains commentaires de presse la décrivent même comme un phénomène parapsychologique. On affirme aussi qu'il s'agit d'une branche mineure de la psychiatrie comme la relaxation ou la suggestion. Enfin, d'autres croient que la sophrologie serait un nouveau chapitre à ajouter à la dénommée médecine psychosomatique.

Nous allons voir qu'aucune de ces affirmations n'est correcte. La sophrologie n'est pas une autre façon de nommer l'hypnose ni une forme de « libération orientale », de même qu'elle n'a rien à voir avec la parapsychologie ; ce n'est pas non plus une branche de la psychiatrie, ni un chapitre de la médecine psychosomatique.

Qu'est-ce que la sophrologie ?

Je vais essayer de répondre à cette question, de la façon la plus claire et la plus précise possible et analyser point par point les concepts mentionnés ci-dessous.

1. La sophrologie propose l'étude scientifique de la conscience humaine ;
2. Elle consiste à la fois en la pratique d'une philosophie et d'une discipline existentielle ;
3. Elle applique une thérapeutique et une méthode d'entraînement de la personnalité.

L'École sophrologique est avant tout une communauté qui comprend des médecins et des professionnels qualifiés et des auxiliaires de la médecine, qui acceptent une théorie de base, maintiennent des objectifs de recherche communs, utilisent une terminologie propre et développent des méthodes et des techniques originales.

Dans le but de favoriser l'avancée de la recherche en sophrologie, une véritable équipe de travail s'est constituée au niveau international et s'est accordée préalablement sur ses principes scientifiques, schémas, sémantique et objectifs, sans lesquels la communication et la formation d'une véritable école scientifique ne seraient pas possible.

Comme principes de base pour son étude, la sophrologie accepte et admet :

– *la différenciation qualitative et quantitative des états et niveaux de la conscience* humaine, qui est l'objectif fondamental de son étude.

– *trois possibilités existentielles de la conscience humaine* : la possibilité existentielle dramatique de la conscience pathologique, la possibilité existentielle de la conscience ordinaire ou normale et la possibilité existentielle de l'entraînement progressif de potentiels énergétiques sous-jacents dans la personnalité, dans le but de développer une nouvelle dimension que j'appelle « conscience sophronique ».

– *l'existence de structures universelles et de contenus individuels de la conscience.*

En ce qui concerne ses procédés thérapeutiques et ses méthodes d'entraînement, la sophrologie, qui n'admet aucune séparation entre le corps et l'esprit, s'appuie sur trois principes fondamentaux :
– Principe du schéma corporel comme réalité vécue ;
– Principe d'action positive ;
– Principe de la réalité objective.

Comme toute École médicale, la sophrologie, a expérimenté une évolution logique dans ses concepts, et ceci à partir de 1960, année de sa création, alors que je travaillais dans le service de neuropsychiatrie que dirigeait le Pr J.J. Lopez Ibor, à Madrid.

Ce n'est pas le moment d'aborder in extenso l'origine de la terminologie sophrologique que j'ai proposée dès 1960, à partir du vocable grec *sophrosyne* et des racines grecques suivantes : *sos*, harmonie / phren, esprit / *logos*, dans le sens de traité, et qui s'est structurée au fil des années, précisant ses objectifs et aboutissant à la publication d'un premier *Dictionnaire abrégé de sophrologie et Relaxation Dynamique.*

Je vais analyser maintenant les trois objectifs fondamentaux de la sophrologie comme École médicale, telle que je l'ai mentionnée au début.

La sophrologie propose l'étude scientifique de la conscience humaine

On entend par science, la connaissance et la recherche systématique d'un groupe de phénomènes, dans un cadre spécial et concret.

Le processus se réalise de la façon suivante : la recherche constante et permanente dans une même direction, enrichit progressivement le champ de la connaissance jusqu'à acquérir le statut de « scientifique ». Au fil des ans, la sophrologie a construit les bases et réuni les conditions pour l'élaboration d'une science dont l'objectif fondamental est l'étude de la conscience humaine dans le domaine concret de la médecine. Lorsque j'ai fondé la Sophrologie, je la définissais comme une École scientifique pour laquelle je proposai la devise *Ut Conscientia Noscatur* : *Pour que la conscience soit connue.*

Les concepts de base d'une science ne s'improvisent pas ; ils se structurent au cours des années à l'aide de la vérification et doivent être ouverts à une révision constante et permanente sans laquelle son évolution serait impossible. Pour arriver au savoir proprement dit, pour engendrer les éléments constitutifs de la science, selon l'affirmation de Hegel dans son oeuvre capitale sur la *Phénoménologie de l'Esprit*, il est nécessaire de parcourir un chemin long et laborieux.

La conscience humaine étant l'objectif fondamental de la sophrologie, il est essentiel, au risque de me répéter, de décrire ce que j'entends par *conscience.* Sans vouloir prétendre donner une définition de « l'indéfinissable », comme diraient certains philosophes, dans le but exclusif de fixer les concepts et d'éclaircir ma position, je dirais que la sophrologie considère l'homme comme un être indivisible, original et transcendant, doté dans les bases essentielles de son existence, d'un potentiel intégrateur de tous les éléments et toutes les structures psychophysiques que j'appelle *conscience.* Celle-ci l'informe de la réalité externe et interne, en même temps qu'elle modifie ses niveaux sur un mode dynamique, grâce au rythme veille-sommeil.

La sophrologie s'éloigne des concepts qui assimilent la conscience à sa seule fonction vigile et rationnelle. Pour de nombreux auteurs, la conscience serait la vigilance qui s'arrêterait avec le sommeil, pendant lequel l'on vivrait « l'inconscience », dont les rêves constitueraient une exception. Pour la sophrologie, le sommeil correspond aux niveaux profonds de la conscience.

La sophrologie limite son étude scientifique exclusivement à la conscience humaine ; elle ne s'occupe pas des phénomènes de la conscience animale ou zoo-conscience ; ceci est l'une de ses nombreuses différences avec l'hypnose.

Ceux qui ont suivi de près l'évolution de ma pensée, auront pu constater que, malgré la courte histoire de la sophrologie, celle-ci s'est enrichie de façon progressive jusqu'à atteindre une maturité conceptuelle, née de la pratique médicale et de la recherche clinique. Lors des différentes étapes pendant lesquelles ses présupposés scientifiques ont mûri, la sophrologie a tenu compte de la pensée de Hegel, qui, dans l'oeuvre que j'ai citée ci-dessus, écrit : « (...) celui qui atteint un échelon plus élevé en science, grâce aux connaissances préalables qu'il possède depuis longtemps, se rendra nécessairement aux nouveaux concepts. »

L'un des problèmes les plus complexes en ce qui concerne la formation des sciences, a été celui de fixer ses limites et d'établir les relations réciproques. Dans ce sens, la classification des sciences se fait en fonction de diverses idées et opinions. D'une manière générale, les sciences sont classées selon leur qualité de « rationnelles » ou « empiriques » et en fonction de leur qualification de sciences spécifiques à l'homme ou sciences naturelles. Dans les premières, sont comprises les « sciences de l'esprit » (Dilthey), les sciences normatives, telles que l'éthique, l'esthétique et les sciences sociales telles que l'économie et la sociologie.

Le Pr. Sarró, préfaçant l'édition occidentale de mon livre *L'Inde des Yogis* en se rapportant à cette période historique de la sophrologie et après avoir commenté ma formation phénoménologique avec Binswanger, affirma : « Mais sa vocation décisive était tout autre ; celle de créer avec les matériaux les plus aptes, un mouvement qui puisse déboucher sur la fondation d'une nouvelle science destinée à être intégrée dans les sciences humaines. Cette nouvelle science, en partie aspiration, en partie réalisation, c'est la sophrologie. »

L'intégration de la sophrologie au sein des sciences de l'homme, comme l'augurait Sarró, devait se produire nécessairement au moyen d'une philosophie et d'une discipline existentielle.

La sophrologie contient à la fois la pratique d'une philosophie et celle d'une discipline existentielle

La sophrologie se meut fondamentalement dans une ligne d'humanisme universaliste et d'une discipline existentielle.

Afin d'éclaircir ces postulats, je vais aborder tout d'abord le concept général d'humanisme, qui représente avant tout une évaluation spécifique de la vie humaine. L'homme, quant à sa vie et son existence, constitue l'objectif et la justification de la sophrologie médicale, car comme je l'ai déjà dit, l'École sophrologique considère la conscience comme une qualité de l'être humain en sa totalité. En utilisant le terme d'humanisme, la sophrologie ne se compromet pas nécessairement avec les conceptions classiques de ce que nous pourrions appeler « l'humanisme traditionnel », ni avec « l'humanisme épistémologique » de Mac Millan et de Schiller, et non plus exactement avec « l'humanisme philosophique » ; tout en respectant la dignité de la personne, celui-ci favorise le développement de tous les potentiels de l'homme et nie son lien avec la transcendance.

La sophrologie a commencé par étudier les modifications spéciales de la conscience produites au moyen de différents procédés. Ces modifications devaient la conduire inévitablement à la rencontre, de par ce qui se modifiait, avec la conscience transcendantale de l'homme ; ceci devait nécessairement transformer ses postulats initiaux. Dit d'une autre manière, la rencontre de la sophrologie avec l'existence humaine dans toute sa dimension, devait amener à une révision profonde de ses premiers présupposés ainsi qu'à la naissance d'une philosophie humaniste, qui possède certaines qualités et caractéristiques propres à notre École. On peut considérer qu'il existe trois sortes d'humanismes :

- l'humanisme naturaliste, centré sur l'homme en tant qu'animal ;
- l'humanisme individualiste, centré sur l'homme en tant qu'individu ;
- l'humanisme universaliste, centré sur l'homme en tant qu'humanité.

En sophrologie, l'humanisme universaliste et transcendant nous apparaît comme un besoin historique caractéristique de notre temps. L'individualisme du siècle dernier a été amplement dépassé au cours de ce siècle. La sophrologie considère que l'homme, tout en maintenant son individualité et sa liberté, appartient à une société et forme partie intégrante de l'humanisme transcendant. Sans nier l'importance de l'humanisme naturaliste qui considère l'homme comme un être naturel, ni l'humanisme individualiste qui le considère comme une personne, dans la ligne du retour à la nature de Rousseau, la sophrologie admet un humanisme universaliste et transcendant comme dépassement des deux premiers. C'est pourquoi ses techniques et ses méthodes d'entraînement de la personnalité s'orientent vers une pratique de groupe, dans le but de fortifier l'homme pour qu'il puisse traverser son existence, en harmonie avec lui-même et avec l'univers. Les méthodes sophrologiques se situent dans la ligne de l'entraînement de la personnalité dans sa totalité et tendent à offrir à l'homme une véritable discipline existentielle.

Les considérations antérieures nous mènent d'une certaine façon aux thèses de Heidegger sur l'existence de l'homme, à laquelle il accorde une priorité dans le réel et le concret. Pour les philosophes existentialistes, l'homme est un être pleinement responsable face à lui-même et face à toute l'humanité. Si nous étudions la pensée des philosophes existentialistes, nous constatons qu'ils se scindent en deux groupes : les athées comme Sartre, qui considèrent que l'existence humaine est une absurdité et qui nient l'existence de Dieu et les philosophes chrétiens, comme Jaspers et Kierkegaard, qui ne partagent pas ces affirmations.

La sophrologie souligne l'importance du sentiment, progressivement accentué, de l'existence propre du sujet. Dans ses techniques, elle active même les mécanismes perceptifs du schéma corporel, afin de renforcer son intégration, de favoriser et d'activer potentiellement sa réalisation existentielle. L'École sophrologique ne pense pas que l'existence humaine est un drame. Le chemin de la réalisation de l'existence, au sein d'un programme ou schéma existentiel, pour lequel la sophrologie essaie d'offrir une discipline de base, doit mener l'homme à une intégration dans la société tout en conservant son indépendance et son individualité. C'est précisément dans le programme social qu'elle peut trouver sa pleine individualité.

L'étude de l'angoisse existentielle, de ses sentiments et de sa manière de s'exprimer, a été l'objet fondamental de nombreuses recherches. L'histoire des événements négatifs du patient depuis sa naissance, le manque d'harmonie avec son milieu, ont constitué jusqu'à maintenant les prémisses de nombreuses recherches de la phénoménologie de la conscience. Binswanger par exemple, au moyen de l'analyse existentielle, apporte à la psychiatrie une étude profonde du malade mental.

L'évolution de la personnalité de l'être-conscient-dans-le-monde a été largement étudiée d'un point de vue psychopathologique ; l'on constate une négligence dans la recherche existentielle en ce qui concerne l'aspect organique de l'être. Le schéma corporel est généralement décrit en des termes d'une froideur neurophysiologique surprenante. La recherche existentielle de ce que nous pourrions appeler les forces positives de l'être qui sont responsables de son intégrité, ont également été négligées. Il en est de même pour la recherche des potentiels énergétiques sous-jacents, pas encore développés chez l'être humain, comme si la recherche phénoménologique devait paradoxalement dépendre de et faire suite aux résultats obtenus par la recherche biologique.

Selon toute logique, nous pourrions nous demander si souffrir d'angoisse ne présuppose pas, nécessairement, l'existence de la non-angoisse. La menace de désagrégation ou la désagrégation même, ne présupposent-elles pas l'existence de forces positives contraires responsables de l'intégration ? Le monde du positif ne mérite-t-il pas la profondeur d'une étude existentielle ?

Dans son approche thérapeutique, la sophrologie a renoncé en grande partie à la rationalisation du négatif et à celle des forces en conflit. Par contre, elle a souligné la nécessité de l'activation progressive et dynamique des forces positives « intactes », comme thérapeutique et comme soutien de la personnalité, aussi bien dans son aspect psychologique qu'organique. Ces techniques et ces procédés qui favorisent « l'harmonie existentielle » sont ceux qui ont constitué ce que nous désignons en Sophrologie sous le nom de « discipline existentielle ».

Les méthodes sophrologiques constituent fondamentalement un entraînement de la personnalité, non seulement dans le but d'éliminer certains symptômes, mais aussi de favoriser la réalisation du projet ou schéma existentiel de l'homme. Si nous posons comme postulat que l'être humain est pleinement responsable et que nous l'abandonnons ensuite à la seule vivance de sa responsabilité, il est logique et possible que cette vivance soit vécue de façon angoissante. Si, au contraire, nous lui offrons des méthodes d'entraînement qui activent ses forces d'intégration tant physiques que mentales, nous renforcerons sa responsabilité, le rendant plus apte à faire face à la souffrance. C'est à la pratique systématique de ces procédés que je donne en Sophrologie le nom de *discipline existentielle*.

La sophrologie ne croit pas que le concept d'« humanisme universaliste transcendant » puisse être une simple spéculation philosophique inopérante. C'est pourquoi, depuis plusieurs années, elle est partie à la recherche de ses propres méthodes d'entraînement qu'elle a perfectionnées au fil du temps ; pour la création de ces méthodes, elle s'est inspirée de divers systèmes et cultures et les a appliquées à différentes spécialités médicales. J'ai également créé des procédés d'intégration et de renforcement de la personnalité, pour qu'ils soient pratiqués en groupe par des personnes non malades, comme prévention des maladies dites « de notre civilisation », ainsi que des méthodes d'entraînement pour la formation des sophrologues.

En résumé, cette discipline existentielle qui caractérise l'entraînement sophrologique, peut être appliquée dans trois domaines :
– par le médecin, dans le cadre de sa propre formation, et tout spécialement pour celui qui voit en la Sophrologie une philosophie opérante ;
– par le patient, en groupe ou individuellement, selon le diagnostic, une recommandation et une orientation médicale correcte ;
– par l'homme de notre temps, selon les différents niveaux et les circonstances sociales.

La sophrologie applique une thérapeutique et une méthode d'entraînement de la personnalité

La thérapeutique est la partie de la médecine qui s'occupe du traitement des maladies dans le but de les soulager ou de les guérir. En tant qu'école médicale, la sophrologie doit la considérer comme l'un de ses objectifs fondamentaux.

J'ai abordé ci-dessus le concept de sophrologie comme philosophie et comme discipline existentielle. J'ai affirmé que la sophrologie considère l'être humain non pas comme un individu isolé, mais bien au contraire, comme un maillon de la société qui est partie intégrante de l'humanité transcendante. Ces considérations accordent à la thérapeutique de la sophrologie un caractère sui generis. La sophrothérapie ne s'oriente pas vers l'affrontement et l'élimination des symptômes, mais avant tout vers le renforcement des forces positives intactes de la personnalité. Cela implique donc un apprentissage, un cheminement de l'être en maturation vers la réalisation de son histoire vitale. Cette attitude positive qu'est la prise de conscience de l'activation énergétique des forces non compromises par la maladie, est par elle-même un pas important sur le chemin de la maturation du Moi.

Ces conditions existent, aussi brève que soit l'action thérapeutique en sophrologie, si la thérapie est dirigée par un sophrologue compétent. Prenons le cas d'une extraction dentaire : le chirurgien-dentiste procède sophrologiquement, en renonçant à l'attitude dirigiste et en aidant le patient à se relâcher et à prendre conscience de son schéma corporel ainsi que de la possibilité d'expérimenter la technique que j'appelle « sophro-substitution sensorielle » ; lorsque le patient le lui indiquera et seulement à ce moment-là, le chirurgien-dentiste réalisera l'extraction pour laquelle il peut utiliser une anesthésie chimique si le patient la demande. A la fin de l'extraction, la personne prend conscience de son potentiel sous-jacent et du fait que c'est elle seule, avec l'orientation du sophrologue, qui a obtenu les phénomènes. Comme épilogue de la séance, le chirurgien-dentiste pourra enseigner à son patient une technique de sophro-acceptation-progressive de son nouveau schéma corporel au niveau dentaire. L'expérience a prouvé que pour une séance comme celle que je viens de décrire, le chirurgien-dentiste sophrologue n'a pas besoin de plus de temps que pour une extraction normale.

J'ai donné l'exemple de la chirurgie dentaire, car nombreuses sont les informations que la sophrologie a reçues de la pratique sophrologique de ces professionnels. En France par exemple, seize thèses de doctorat en odontologie et chirurgie dentaire ont été présentées sur le thème sophrologique.

Comme je le disais ci-dessus, même dans le cas d'une courte action sophrothérapeutique, si les règles de l'alliance sophronique sont respectées, l'on obtiendra un renforcement de la personnalité du patient dans sa totalité ; en conséquence, celui-ci se sentira acteur et responsable de sa guérison et découvrira également en lui l'existence d'un potentiel énergétique sous-jacent dont il ignorait certainement l'existence ou qu'il ne savait pas gérer. Cette vivance, aussi brève qu'elle puisse paraître, est valable aussi pour le cheminement de la maturation de la personnalité. Il n'est donc pas surprenant qu'à Bordeaux, on ait présenté une thèse de doctorat en odontologie, dans laquelle sont décrits les bénéfices psychophysiques obtenus chez des patients pour lesquels la méthode a été employée.

Dans le *Dictionnaire abrégé de sophrologie et Relaxation Dynamique*, j'affirmais que toute sophrothérapie suppose une sophropédagogie. A la lumière des considérations antérieures, le concept reste clair si nous tenons compte du fait que l'apprentissage en sophrologie n'implique pas exclusivement la pratique d'une méthodologie en elle-même ; elle sert avant tout à développer la connaissance de l'existence des potentiels de l'être et la façon de les exploiter.

En mobilisant les mécanismes universels de l'être humain, les procédés sophrologiques ont pu s'adapter aux différentes spécialités médicales, en particulier aux branches auxiliaires de la médecine. De même, un immense chapitre de la sophropédagogie a vu le jour, et ceci est valable aussi bien en médecine sportive qu'en préparation à l'accouchement, bien que dans ce cas, nous ne puissions parler de thérapeutique.

Les procédés sophrologiques peuvent constituer une thérapeutique en eux-mêmes, mais celle-ci ne peut être classée dans les domaines de la psychothérapie ou de la physiothérapie ; il s'agit d'une nouvelle pratique en médecine contemporaine, qui met en jeu les plans physiques et psychologiques de la personnalité.

Finalement, la sophrologie offre une méthode d'entraînement de la personnalité, comme résultat logique de toutes les considérations antérieures. Une école médicale, qui a pour but d'étudier scientifiquement la conscience humaine et comporte la pratique d'une philosophie et d'une discipline existentielles, se doit de posséder une méthodologie pour l'entraînement de la personnalité.

Actuellement nous exigeons de la part de tous les médecins et de tous les membres des professions paramédicales voulant acquérir le titre de sophrologue, la réalisation d'un entraînement sophrologique, dans le cadre de leur formation. Cet entraînement se situe dans la ligne de l'expérience vécue et s'appuie, comme toutes les techniques sophrologiques, sur la modification des niveaux de la conscience ainsi que sur les principes du schéma corporel comme réalité vécue, de l'action positive et de la réalité objective.

Nous assistons également à l'adaptation de la méthode d'entraînement sophrologique fondamental aux différentes spécialités médicales. Il est fort possible que l'on voit, sous peu, l'entraînement sophrologique se développer, au niveau de la médecine de demain comme au niveau social, dans le cadre d'une médecine préventive répondant au besoin de l'humanité de disposer de méthodes précises pour lutter contre les maladies de notre temps (...).

Trois questions radicales sur la sophrologie actuelle[1]

Qu'est-ce que La sophrologie ?
Pourquoi la Sophrologie Caycédienne ?
Qu'est-ce que la Sophrologie Caycédienne ?

Prof Alfonso Caycedo

[1] Caycedo, A. (1994). Trois questions radicales sur la sophrologie actuelle. *Sophrologie Caycédienne en médecine et en sciences humaines*, 6, 2-4.

Pour bien comprendre la réalité de la sophrologie d'aujourd'hui et faire à son sujet une analyse existentielle, je vais commencer par répondre aux trois questions radicales ci-dessous.

Qu'est ce que la sophrologie ?

Pour réaliser une première approche de la réalité existentielle de la sophrologie il faut rappeler les conditions qui présidèrent à sa création.

La sophrologie authentique telle que je l'ai créée en tant que Docteur en médecine et chirurgie, spécialiste en neurologie et en psychiatrie, et pendant de nombreuses années, professeur de psychiatrie dans les facultés de médecine de Madrid et de Barcelone, a nécessairement subi ces influences ; il ne faut pas oublier non plus mon bagage philosophique, fortement marqué par la phénoménologie existentielle.

Aujourd'hui, je définis la sophrologie comme la science créée pour l'étude de la conscience et des valeurs de l'existence, grâce à des méthodes et des concepts propres et originaux.

Lorsque j'ai conçu cette science qu'est la sophrologie, je l'ai dotée d'une terminologie propre, comme le terme « sophrologie » et ses dérivés qui figurent dans le *Dictionnaire de sophrologie*, lequel recueille plus de 118 néologismes. J'ai élaboré son épistémologie et sa méthodologie qui comprend les douze Degrés de la Relaxation Dynamique de Caycedo (RDC) et 48 Techniques spécifiques.

Lors du VIe congrès de psychiatrie qui s'est récemment tenu – du 3 au 7 novembre 1992 –, au Palais des Congrès de Barcelone, j'ai présenté la Sophrologie Caycédienne à mes collègues psychiatres, comme une nouvelle profession clinique et prophylactique née de la psychiatrie et qui a acquis sa propre identité. Quelques-uns des plus éminents sophrologues européens ont participé à ce moment historique, en représentation de la sophrologie clinique et prophylactique. Leurs travaux seront publiés dans un livre qui sera prochainement édité. Ce moment a marqué l'histoire de la psychiatrie car pour la première fois, les travaux de médecins non psychiatres ainsi que d'autres représentants des sciences de la santé, des sciences de l'éducation, des sciences sociales et du sport ont été admis.

Pourquoi la Sophrologie Caycédienne ?

À un moment donné de ma carrière, je me suis rendu en Colombie avec l'intention d'inaugurer la sophrologie sociale et prophylactique dans les pays du Tiers Monde.

À mon retour en Europe après plusieurs années d'absence, je retrouvai la sophrologie en pleine confusion ; j'eus le sentiment qu'elle avait été transformée en ce qui me sembla être la « Tour de Babel de la Sophrologie européenne ». Elle avait perdu son sens originel pour se transformer en un « no man's land » où beaucoup y introduisaient les expériences les plus pittoresques, sans aucun rapport avec son essence.

Sur le conseil de juristes que je consultai, je me vis dans l'obligation de créer le terme « Sophrologie Caycédienne » afin de protéger légalement la sophrologie authentique des imposteurs et des charlatans qui inventaient de faux programmes de formation et vulgarisaient ma Méthode et ses concepts. Actuellement la Sophrologie Caycédienne est protégée légalement au niveau des organismes internationaux. De nombreux sophrologues m'ont rejoint pour m'aider à sauver l'authenticité de la sophrologie et créer ensuite une école scientifique dans son sein.

La Fondation Alfonso Caycedo est maintenant la dépositaire des droits de propriété intellectuelle et de propriété industrielle, ainsi que des marques et brevets qui protègent la Sophrologie Caycédienne au niveau international. Elle reconnaît légalement, nomme les Instituts, Écoles, Académies, Centres et autres organisations qui représentent la sophrologie authentique et les classe selon leur degré d'homologation avec le programme officiel. Elle légalise et décerne les certificats, diplômes et titres qui accréditent la formation des sophrologues caycédiens et certifie leur caractère professionnel. Elle coordonne et oriente la Fédération mondiale de Sophrologie Caycédienne (FMSC).

Qu'est ce que la Sophrologie Caycédienne aujourd'hui ?

La Sophrologie Caycédienne est une école scientifique basée sur la pensée phénoménologique existentielle ; elle offre une nouvelle profession clinique et prophylactique spécialisée non seulement en thérapie, mais aussi dans la conquête des valeurs existentielles de l'être.

Les structures principales de la Sophrologie Caycédienne sont représentées par la Fondation Alfonso Caycedo et la Fédération mondiale de Sophrologie Caycédienne. La Fondation Alfonso Caycedo a créé une série d'Écoles, Académies, Instituts et Centres reconnus et délégués par celle-ci, dont l'objectif commun est principalement la sauvegarde de l'histoire de la sophrologie en tant que science de la conscience et des valeurs de l'existence.

L'épistémologie de la Sophrologie Caycédienne propose tout d'abord la découverte des structures de la conscience dans la ligne la plus pure de la phénoménologie de Husserl, qui mène à la découverte de l'espace intérieur, profond, que j'appelle « Région phronique », théorie fondamentale de la Sophrologie

Caycédienne. La vivance de la dynamisation interne des structures de cette « Région », conduit à la découverte de la dimension structurale profonde de l'Être que j'appelle « Moi phronique » ou « Moi phronique radical ». Enfin, notre épistémologie s'ouvre à la découverte et à la conquête de *l'existence sophronique*, objectif fondamental et but ultime de la Sophrologie Caycédienne.

La méthodologie propre à la Sophrologie Caycédienne est apparue en interaction directe avec mes concepts épistémologiques. Le concept central, la structure essentielle de ma méthodologie, c'est la *Vivance phronique*, axe de toutes les méthodes et techniques que j'ai créées depuis le début.

La structure d'une méthode claire et précise s'est élaborée de façon progressive et porte le nom de *Relaxation Dynamique de Caycedo (RDC)*. Elle comprend douze Degrés répartis en trois Cycles – parallèles aux concepts épistémologiques auxquels j'ai fait allusion dans le paragraphe précédent – : Cycle Réductif ou Fondamental, Cycle Radical et Cycle Existentiel. Chacun de ces Cycles est accompagné de techniques spécifiques – 48 en tout –, en lien avec la méthode fondamentale.

En ce qui concerne la terminologie, je suis l'auteur du terme « sophrologie » ainsi que de tous ses dérivés sémantiques ; je les ai proposés au fur et à mesure que les nouvelles structures sont apparues et que les nouveaux concepts se sont structurés. Actuellement, la terminologie de la Sophrologie Caycédienne est au moins trois fois plus riche que celle que j'ai publiée dans mon premier *Dictionnaire*.

Je remercie les sophrologues européens qui, après mon retour d'Amérique, ont bien voulu m'accompagner dans ce renouveau de la sophrologie européenne. Je souhaite aussi manifester que je ne garde aucune rancoeur à l'encontre des sophrologues dissidents, qui sans aucun doute, ont des raisons personnelles de s'être éloignés de la sophrologie authentique.

La Fondation Alfonso Caycedo, dont la coordination européenne se trouve en Principauté d'Andorre, a créé les Écoles et Académies de Sophrologie Caycédienne, seuls organismes autorisés à former les futurs sophrologues caycédiens. Pour diriger ces centres, nous avons nommé des sophrologues cliniciens possédant une grande préparation scientifique et morale. Ils sont les piliers fondamentaux sur lesquels se base l'enseignement de la Sophrologie Caycédienne.

Pour notre organisation en France, je tiens à remercier tout spécialement le Dr Guerry, de Nice, le Dr Raynal et son épouse, de Rochefort-sur-Mer et de Bordeaux, pour leur collaboration. Leur travail dans l'élaboration de la Revue *Sophrologie Caycédienne en médecine et en sciences humaines* et la mise en marche du *Minitel 3615 Sophro*, mérite toute ma reconnaissance ainsi que celle de toute la Sophrologie Caycédienne francophone.

Pour la Suisse, j'ai eu le privilège de compter sur le magnifique appui de mon grand ami et l'un de mes plus anciens disciples, le Dr Raymond Abrezol, ainsi que de Mme et Mr Schwaar, qui ont réalisé une oeuvre gigantesque d'adaptation et de diffusion des méthodes pour la démarche prophylactique et sociale de la Sophrologie Caycédienne en Suisse ; plus de 70.000 personnes appartenant à différents niveaux de la société ont suivi l'entraînement dans pratiquement toutes les villes de Suisse. Le travail effectué par le Dr Abrezol avec les équipes olympiques suisses est également connu de tous. Je les remercie pour leur fidélité, leur grandeur et leur amitié.

Je souhaite également remercier tous les directeurs des Écoles reconnues ainsi que ceux des Écoles déléguées de la Fondation Alfonso Caycedo pour les pays de langue française, dont l'énumération serait longue et dont les coordonnées se trouvent sur le *Minitel 3615 Sophro*. Sur eux, reposent la confiance et l'espoir de la formation de base des professionnels de la Sophrologie Caycédienne : la sophrologie authentique.

Annexe 2

La sophrologie médicale : Orient-Occident[1]

[1] La documentation relative au 1er congrès mondial de sophrologie se trouve dans Caycedo A. (1975). *Sofrología médica Oriente-Occidente*. Ed Aura, Barcelona, 1973-1975. Cette période comprend les années de publication des trois tomes de cet ouvrage concernant l'approche de la médecine traditionnelle indienne, tibétaine et japonaise, avec des résumés en espagnol, français et anglais.

Présentation

Le cadre historique de cette partie du livre comprend essentiellement les exposés et conférences présentés lors du Ier congrès mondial de médecine Orient-Occident, qui s'est tenu à Barcelone, du 1 au 5 octobre 1970. En raison de leur affinité thématique, d'autres documents issus du premier symposium – et consignés par ailleurs dans le livre *Progrès en Sophrologie* –, y ont été inclus.

Le Pr. Alfonso Caycedo, en tant qu'initiateur et président de ce congrès, souhaita la bienvenue aux personnalités présentes ainsi qu'à la nombreuse assemblée constituée principalement par un groupe de médecins psychiatres venus de plusieurs pays d'Orient et d'Occident. Ce moment des retrouvailles avec les yogis et les bouddhistes tibétains qu'il avait connus en Inde, et auxquels l'unissait une amitié profonde, fut particulièrement fort et émouvant pour le créateur de la sophrologie.

Le Pr. Caycedo décrit ainsi les objectifs de ce congrès :

> *La sophrologie, science de l'harmonie et de la sérénité de l'homme, entre avec ce congrès, dans sa période de maturité. Cette étape de la sophrologie se caractérise par la rencontre scientifique entre la médecine classique d'Occident et la médecine traditionnelle d'Orient, une rencontre née, dans le cas présent, de l'étude - commune à ces deux médecines - de la conscience de l'homme.*

Le Pr. Agustín Pedro-Pons, *Président de l'Académie royale de médecine de Barcelone et président d'honneur du congrès*, présenta un panorama historique du développement des deux médecines, orientale et occidentale, depuis leur naissance jusqu'au moment de l'apparition de la sophrologie au sein de la médecine psychiatrique. La sophrologie était à ses yeux une synthèse de ces deux médecines, le fruit « d'un effort titanesque » du Pr. Alfonso Caycedo pour approfondir l'étude de la conscience, « alliant » dans sa démarche, sa vocation médicale et son sens anthropologique. »

Lors de ce congrès, le Pr. Caycedo précisa qu'il avait consacré dix longues années de travail intense à cette recherche, avant de parvenir à réunir dans la sophrologie, à la fois l'expérience et les connaissances ramenées d'Orient et les pratiques et théories en vigueur en Occident. Pour autant, cette union ne s'est pas opérée de manière mécanique et artificielle, mais en suivant la méthode phénoménologique qui a offert à la sophrologie l'outil précis pour se développer en tant que science. Cette méthode devint la marque originale de la sophrologie, caractéristique de l'authenticité de cette « science de la conscience ».

Il ajoute ces précisions :

La sophrologie se rapproche de la psychologie orientale, en assumant une attitude neutre, libre de préjugés et de déformations conceptuelles. Nous essayons de ne pas avoir une attitude négative, comme cela a pu être communément pratiqué dans certains secteurs de la pensée occidentale, mais nous n'optons pas non plus pour l'attitude contraire.

Le Ier congrès mondial de sophrologie atteint aujourd'hui, à l'occasion de cette session extraordinaire, son point culminant. Dix années ont été nécessaires pour arriver à nous réunir aujourd'hui, médecins et spécialistes de différents pays, civilisations et cultures. Dix années ont été nécessaires pour que la sophrologie atteigne un de ses grands objectifs : servir de véhicule d'union directe entre les représentants des sciences médicales orientales et ceux des systèmes thérapeutiques d'Occident.

Le Pr. Caycedo fait ensuite une étude comparative de l'approche de la psychologie et de celle de la sophrologie. Il expose une synthèse des recherches qu'il fit sur le yoga et le zen, toujours avec l'intention de découvrir dans ces deux disciplines, ce qui pourrait être important pour la sophrologie.

La sophrologie a à peine commencé l'approche des méthodes psychophysiques orientales. Nous sommes conscients de leur importance et des extraordinaires possibilités de recherche qu'elles renferment. Si cette approche est effectuée avec la délicatesse et l'honnêteté scientifique que cette démarche requiert, nous sommes sûrs que la sophrologie trouvera dans ces méthodes un matériel d'une richesse incalculable.

Ce document contient une excellente synthèse sur la philosophie et les traditions orientales du yoga et du zen.

Bibliographie

– Caycedo, A. (1973). Oriente-Occidente. In *Sofrología médica Oriente-Occidente. Aproximación a una medicina tradicional india,* Tome 1. Barcelona : Aura.
– Pedro Pons, A. (1973). La Sofrología, ciencia y universalidad. In Caycedo, A. *Sofrología médica Oriente-Occidente. Aproximación a una medicina tradicional india,* Tome 1 (pp.59-69) Barcelona : Aura.
– Caycedo, A. (1975). La sophrologie à ses dix ans d'existence. In *Sofrología médica Oriente- Occidente. Aproximación a una medicina tradicional del zen japonés,* Tome 3 (pp. 358-364). Barcelona : Aura.
– Caycedo, A. (1969). La sophrologie et la psychologie orientale In *Progrès en sophrologie* (pp. 353-361). Barcelone : Emegé.

Orient-Occident[1]

Paroles de bienvenue du Dr Alfonso Caycedo, fondateur de la sophrologie et président du Ier congrès mondial de sophrologie

[1] Caycedo, A. (1973). Oriente-Occidente. In *Sofrología médica Oriente-Occidente. Aproximación a una medicina tradicional india*, Tome 1. Barcelona : Aura.

Nous saluons tous les assistants au Ier congrès mondial de sophrologie au nom du Centre international de sophrologie médicale et de son comité organisateur.

Nous sommes conscients de l'importance historique de cette réunion pour laquelle nous nous sommes donné un premier rendez-vous, scientifiques d'Orient et d'Occident, sur un pied d'égalité absolue, en marge de toute couleur politique ou religieuse. Notre intention est l'échange de connaissances et la recherche de nouvelles méthodes qui nous permettent de faire face à cette époque, génératrice d'angoisse, dans laquelle nous vivons.

Tout d'abord, nous adressons nos remerciements à leurs Altesses : Don Juan Carlos et Doña Sofia, Prince et Princesse d'Espagne qui, le samedi 3 octobre, se déplacent de Madrid pour saluer les congressistes et ont accepté la présidence d'honneur de ce congrès. Leur présence parmi nous symbolise la hauteur de vue avec laquelle l'Espagne sait accueillir les écoles d'avant-garde qui contribuent au progrès de la médecine.

Nous adressons – de manière toute particulière – nos remerciements, au ministère des Affaires étrangères, à celui de l'Information et du Tourisme, ainsi qu'à l'Institut de culture hispanique, à la direction générale de la Santé, au conseil régional de Catalogne et à la mairie de Barcelone, qui ont grandement contribué à la bonne réalisation de nos aspirations.

Nous saluons tous nos collègues occidentaux ainsi que leurs familles et en particulier nos collègues venus d'Orient. La délégation indienne présidée par le Dr Narain Varandani de Jaipur, avec lequel nous avons tissé une profonde amitié lors de notre séjour dans la belle capitale du Rajasthan. Là, nous avons eu l'occasion d'observer son travail clinique et de constater son honnêteté scientifique. C'est avec succès qu'il applique les méthodes du yoga tout en consevant la tradition la plus pure de son peuple.

Notre salutation fraternelle à la délégation tibétaine dirigée par le médecin personnel du dalaï-lama, le Dr Yerskey Thonden et Monsieur Gyatsho Tshering, l'un des secrétaires du dalaï-lama exilé avec son peuple dans l'Himalaya Indien. Nous leur avons aussi rendu visite dans leurs humbles petites cabanes où ils ont construit la faculté de Médecine la plus pauvre et la plus éloignée du monde. C'est dans ce lieu qu'ils veillent jalousement sur la plus ancienne tradition médicale du Tibet.

Nous saluons également les représentants de la médecine chinoise, les Drs Lavier et Chuang. Le premier a cédé à l'Occident de précieux incunables de la sagesse chinoise, le second représente la jeunesse d'une médecine toujours renouvelée, à l'intérieur d'une tradition inébranlable.

Bienvenue également aux représentants du zen japonais. La tradition médicale du Japon est vive dans ce congrès, avec la présence du Pr Yujiro Ikemi, délégué du ministère de l'Éducation du Japon et du Comité de recherches du zen, ainsi

mercredi 20 janvier 2021	15:00	20 mns
mercredi 20 janvier 2021	15:20	10 mns

Docteur BONNET Bruno
Docteur en Chirurgie Dentaire DFCD Paris V
Spécialiste Qualifié en Orthopédie Dento-Faciale
ANCIEN ASSISTANT HOSPITALIO-UNIVERSITAIRE HOTEL DIEU-PARIS VII
CES Orthopédie Dento-Faciale
Diplôme Universitaire d'Orthopédie Dento-Maxillo-Faciale - Nantes

Madame FOURNIER Isabelle
2 Rue Victor Hugo

91370 VERRIERES LE BUISSON

Le mercredi 25 novembre 2020,

Patient : Alice RULLAC

Code d'entrée : 61 A 58

Le prochain rendez-vous de votre enfant sera le :

Heure **Durée**

que celle du Dr Joseph I. Shibata, directeur de l'hôpital Sainte Lucie, et de leurs collaborateurs respectifs. Ils nous apportent un message d'une réalité surprenante, celle de la pensée zen qui a joué un rôle si important dans la culture japonaise.

La tradition la plus pure de la médecine orientale est donc représentée dans ce congrès. La Chine, l'Inde, le Japon et le Tibet sont les quatre piliers sur lesquels l'on a construit et sauvegardé à travers les siècles, une philosophie et des méthodes que nous, médecins d'Occident, commençons seulement à étudier et à considérer. Les cultures d'Orient sont dépositaires de techniques qui agissent directement sur le développement psychophysique et transcendantal de l'homme. Leurs méthodes renferment la valeur d'une expérimentation millénaire et, d'après les premières recherches, commencent à faire preuve de leur intérêt pratique dans la médecine occidentale.

La sophrologie, science de l'harmonie et de la sérénité humaines, inaugure dans ce congrès son époque de maturité. Cette période se caractérise par la rencontre scientifique entre la médecine classique occidentale et la médecine traditionnelle d'Orient, en particulier en ce qui concerne l'étude de la conscience psychologique de l'homme.

L'École sophrologique est persuadée que l'échange de connaissances entre Occident et Orient est bénéfique ; entre les sciences physiques qui se développent de façon spectaculaire en ce siècle et la sagesse millénaire de la tradition orientale, dans cette « union des opposés », se situe le commencement d'une nouvelle ère, le début d'une véritable médecine intégrale.

Nous présentons aux congressistes nos excuses pour les imperfections qu'ils pourraient éventuellement rencontrer dans ce Congrès et souhaitons que ces journées contribuent à créer entre nous tous un esprit d'union, sans lequel il n'est pas possible de réaliser le grand objectif de la Sophrologie : faire des recherches et connaître les phénomènes de la conscience humaine.

En dehors de quelques approches, c'est une ignorance historique, absurde, qui a existé entre les peuples et les sciences d'Orient et d'Occident. Il est certain, d'autre part, que les Orientaux sont ceux qui se sont le plus rapprochés de notre culture. Nous croyons que cette connaissance mutuelle peut dès maintenant commencer à s'approfondir de part et d'autre, grâce au corps médical car les médecins du monde ont un objectif commun au-delà de tout préjugé : le bien de l'humanité.

Le 24 septembre nous avons appris le décès du Professeur J.H. Schultz qui avait accepté notre invitation pour assister, en compagnie de son épouse, à ce Premier Congrès Mondial de Sophrologie dans lequel il occupait l'une des présidences d'honneur. À 87 ans, le Professeur Schultz s'en est allé. Il n'a pas pu, comme il le souhaitait, réaliser ce « dernier voyage » à Barcelone comme il nous l'avait écrit dans une de ses dernières lettres. Ce fut le scientifique occidental qui a le plus œuvré, durant ce siècle, pour l'harmonie et la paix intérieure de l'humanité et celui qui a le plus contribué en Occident à la démystification des phénomènes spécifiques propres à la conscience humaine. Outre une technique d'entraînement autogène et un gigantesque travail de recherche, il laisse à la Sophrologie et à la médecine de son temps le message de sa vie. Il a mis toute son existence au service de l'humanité et à la construction des bases d'une médecine nouvelle, d'une véritable médecine intégrale. Que Dieu vous garde en sa paix éternelle, Professeur Schultz !

C'est avec un profond sentiment de responsabilité que nous commençons les travaux de ce 1er Congrès Mondial de Sophrologie. Nous faisons le vœu que ces journées se déroulent dans l'esprit d'harmonie, de sérénité et d'enthousiasme qui doit caractériser tout travail sophrologique. Nous souhaitons à tous les congressistes, un séjour à Barcelone agréable et plein d'intérêt.

Sophrologie, science et universalité[1]

Pr Agustín Pedro-Pons, président de l'Académie royale de médecine de Barcelone et président d'honneur du congrès.

(Ce fut sa dernière conférence internationale)

---

[1] Pedro Pons, A. (1973). La Sofrología, ciencia y universalidad. In Caycedo, A. Sofrología médica Oriente-Occidente. Aproximación a una medicina tradicional india, Tome 1 (pp.59-69) Barcelona : Aura.

La géographie, les races, les cultures et les langues des peuples ont créé des mondes diversifiés. Dans chacun d'eux, la sensibilité, le sens éthique, les religions et l'idéal de transcendance sont différents. Chaque peuple garde dans ses coffres ce qui le définit de la façon la plus authentique, c'est-à-dire sa culture et son art qui, en définitive, font également partie du patrimoine de son histoire.

L'idée et les objectifs de la convention à laquelle nous assistons aujourd'hui à Barcelone, sont le fruit de l'effort scientifique d'un médecin neurologue, psychiatre, chercheur et grand voyageur : le Dr Alfonso Caycedo. Caycedo a beaucoup voyagé. Son vaste bagage d'explorateur s'est rempli des cultures des divers pays qu'il a visités ; elles ont nourri les bases d'une nouvelle École, d'une nouvelle science à laquelle il a donné le nom de Sophrologie.

À l'heure actuelle, les fondations des civilisations sont mises à mal. Les peuples tendent à s'unir, bien que cela se fasse à travers les luttes qui apparemment les séparent, mais qui finalement, par la loi étrange du feu, finissent par les unir.

La distance entre Orient et Occident

L'histoire de l'humanité révèle que chaque peuple a vécu refermé sur lui-même, créant son propre savoir et évitant soigneusement l'influence et les connaissances des étrangers. Le congrès qui nous réunit aujourd'hui est un peu plus qu'une convention médicale, c'est un événement historique qui rompt la distance culturelle entre l'Orient et l'Occident.

Au-delà des inquiétudes actuelles, les progrès scientifiques constituent une force intégratrice plus puissante qui finira par nous unir. La convention que nous tenons aujourd'hui en est un exemple. Cette occasion a une signification historique toute particulière : le lien qui nous unit ici est précisément la sophrologie, dans laquelle confluent l'art de guérir et la science qui veut comprendre et faire des recherches sur la conscience humaine, menant à bien ce but avec l'humanisme propre à la médecine et à ses travailleurs qui portent encore sur leurs vêtements la poussière des siècles provenant de l'Antiquité.

Le Ier congrès mondial de sophrologie se déroule sous le signe d'une communauté de peuples qui prétendent mieux se connaître. Le fil conducteur de ces journées est la science. Les religions séparent, les sciences unissent. Par-delà les nationalismes concurrents, les hommes se lèvent pour proclamer qu'un destin commun doit les rapprocher. L'universalité de la science n'affecte pas la personnalité des peuples. Chacun d'eux doit conserver sa langue et ses coutumes et préserver le respect de ses traditions qui constituent le creuset caractéristique de leur personnalité. On peut être universel, ce qui n'empêche pas de se sentir aussi national et régional.

Sur le plan scientifique toutefois, ce manque d'union entre les états doit prendre fin si nous voulons constituer une communauté, un organisme supranational. Il faut ouvrir les frontières à ce qui ne doit pas en avoir : le savoir. C'est ainsi que nous parviendrons à cette grande aspiration de notre temps qui est de faire la somme des composantes des diverses races et nations où chacun apportera sa particularité.

La médecine et l'histoire des civilisations

La science qui aujourd'hui réunit la pluspart d'entre nous de façon représentative, est la médecine, qui est elle-même rattachée à d'autres sciences et à l'histoire de la civilisation.

Mais ce qui fait que nous sommes ici, tous rassemblés en ce jour, c'est la Sophrologie, ce mouvement scientifique jeune et plein de vigueur, né ici en Espagne, et dont l'objectif principal est l'étude des phénomènes obscurs de la conscience humaine. On ne pouvait choisir meilleur thème d'échange pour cette rencontre : il favorise le croisement des connaissances et des questionnements qui contribuera à la solidarité de tous les peuples de notre planète, sous toutes les latitudes.

Tout au long de son histoire, la médecine fut le témoin des connaissances de son temps, recevant les influences de la science et des doctrines philosophiques de chaque peuple.

La Chine ancestrale

Pour les taoïstes de la Chine ancienne, la fin de la vie était la découverte du moi, chemin qui mène à l'absolu, au « Tao », au Grand Mystère. Sous les dynasties Han, le taoïsme atteint un certain essor et se trouva confronté au confucionisme. Cette époque fut cruciale pour la médecine chinoise (le Ling Tchrou qui contient la doctrine des aiguilles et des moxas et l'utilisation des aiguilles par les médecins acupuncteurs chinois et de certains autres au Japon, est classique).

Toutes ces doctrines perdureront jusqu'à ces importantes manifestations étudiantes de mai 1919 qui devaient ébranler l'histoire de la médecine chinoise. Il semble qu'à partir de cette date tout se mette à changer dans ce pays. La médecine traditionnelle s'ouvre à la médecine occidentale ; entre 1921 et 1929 plus de quarante-cinq publications médicales périodiques voient le jour.

En 1928, l'Académie nationale de Pékin est créée et en 1930, la pharmacopée est révisée. Après les guerres viennent les révolutions ; à l'activité destructrice des premières, succède la période de reconstruction des secondes ; des structures politiques apparaissent, les sentiments de religiosité du peuple changent ; l'esprit, les idées et les principes philosophiques traditionnels succombent, au rythme de la destruction des bâtiments et des villes. De tout cela, naît un « ordre nouveau ».

La disparition de ces « obstacles traditionnels » amena la médecine traditionnelle chinoise à s'ouvrir à la médecine occidentale. Quand en 1949 le gouvernement révolutionnaire prit le pouvoir, il y avait en Chine, selon Lefèvre, environ 500.000 médecins traditionnels et 20.000 autres dont la formation était occidentale ; le nombre de ces derniers augmente sans que ne disparaissent pour autant les médecins qui se consacrent à l'enseignement et à la pratique de la médecine traditionnelle chinoise.

La sophrologie, école et science médicale née en Occident, veut préserver et respecter les systèmes médicaux traditionnels pour étudier leur sagesse millénaire. C'est pourquoi, au nom des médecins d'Occident et d'Orient, je voudrais saluer tous les médecins ici présents, qui représentent la médecine traditionnelle chinoise la plus authentique.

La médecine au-delà de la politique et de la géographie

Il est indéniable qu'à l'heure actuelle, la tendance va dans le sens de l'échange et de l'étude entre les doctrines et les procédures médicales des différents peuples. La science médicale a la vertu de représenter, entre les différentes écoles, une sorte de force osmotique qui les attire et les relie. Au-delà des régimes politiques, des structures géographiques qui séparent et opposent les peuples, l'œuvre médicale est là pour les unir. La science est liberté et entendement entre tous les peuples ; elle sera l'instrument de dissuasion contre la guerre et elle permettra l'union pacifique entre les êtres humains.

La médecine japonaise

Au Japon, la médecine chinoise fut source d'information, tout comme le fut la médecine grecque pour l'Empire romain et pour notre culture.

La médecine japonaise s'identifiera plus tard avec les écoles occidentales, apportant à la médecine internationale des noms qui sont déjà classiques : il suffit de citer Noguchi, Tahamine, Kitazato, Hata, Yoshida entre autres, pour s'en rendre compte.

L'incidence, au Japon, de la pensée zen transmise depuis l'Inde par le biais de la Chine, ouvre des perspectives insoupçonnées pour l'étude de la psychologie et en particulier pour les recherches sur la conscience humaine. De grands médecins, psychologues et psychiatres, parmi lesquels notre grand ami le Dr Caycedo fondateur de l'École sophrologique, orientent leurs recherches vers une psychologie et des techniques millénaires qui peuvent apporter à l'Occident des connaissances nouvelles, d'une importance fondamentale pour la médecine du futur.

Nous saluons les médecins japonais ici présents qui, comme le Pr Ikemi, sont là en représentation officielle du ministère de l'Éducation du Japon et des recherches du zen, ainsi que le Pr Shibata, directeur de l'hôpital Sainte Lucie à Fukuoka.

La médecine indienne, depuis la nuit des temps

Nous saluons la présence à Barcelone des représentants de la médecine du yoga, que la tradition a acceptée comme science humaine depuis que Brahma l'a transmise à travers sa mythologie.

Depuis la nuit des temps, nous trouvons les textes védiques, le Rig-Veda et l'Atar-Veda ; le premier contient des passages qui font allusion aux maladies et à la médecine. Tout comme cela s'est produit pour la médecine occidentale de l'ère chrétienne, le sud de l'Inde a également eu une alchimie médicale – peu acceptée par les Arabes en raison du style ésotérique et trop confus, avec des textes sanskrits. Dans les racines du yoga, en Inde et au Tibet, nous trouvons l'écho d'une médecine millénaire peu connue de nous, Occidentaux, mais qui a influencé directement ou indirectement le développement de la culture universelle.

La sophrologie a voulu assumer la responsabilité et le risque d'apporter à la lumière de la médecine contemporaine occidentale une grande partie des connaissances des sciences médicales de l'Inde et du Tibet. Nous avons passé de nombreuses heures, le Dr Caycedo et moi-même, à discuter et commenter ces sujets de grande importance. La sagesse indienne, qui a été conservée à travers les siècles dans sa pureté et dans sa tradition originelles, est digne d'une étude approfondie. Le yoga et ses procédés thérapeutiques ne peuvent pas de nos jours être considérés superficiellement et encore moins être laissés entre les mains d'opportunistes et de personnes étrangères aux sciences médicales.

Je voudrais saluer les médecins représentant la médecine traditionnelle indienne, présents à cette réunion historique, qui, comme le Dr Varandani de la faculté de médecine de Jaipur, sont les messagers, sur un pied d'égalité, de l'un des systèmes d'intégration psychophysique les plus anciens de l'humanité.

La médecine du Tibet

Le médecin particulier du dalaï-lama, le Dr Donden, assiste à ce Ier congrès mondial de sophrologie.

La médecine tibétaine est pratiquement inconnue en Occident mais nous connaissons tous l'histoire dramatique d'un peuple qui, pour des raisons philosophiques, religieuses et politiques, se trouve paradoxalement en marge des études médicales de notre temps.

C'est pour le corps médical espagnol, un grand honneur de voir pour la première fois dans l'histoire, le drapeau du Tibet occuper la place qui lui revient et côtoyer ceux des pays de tous les médecins ici présents. Nous sommes honorés qu'un tel événement se produise grâce à un congrès de médecine. Pour les médecins du monde, le message des médecins tibétains doit être considéré avec la même dignité, le même respect et au même niveau que chacune des doctrines présentes dans cette réunion historique.

Il reviendra probablement à la nouvelle École sophrologique, l'honneur et le privilège d'avoir obtenu que des médecins tibétains viennent pour la première fois en Occident, en représentation de leur tradition millénaire.

Qu'il me soit permis, au nom de la médecine officielle d'Occident, de saluer la médecine tibétaine et ses représentants : le Dr Donden et Monsieur Tshering, respectivement médecin et secrétaire du dalaï-lama, comme symbole de compréhension et de premier contact, qui, je l'espère, marquera le début d'une amitié qui subsistera à travers le temps.

Iran, Avesta et Alexandre

Les représentants de la médecine iranienne peuvent se sentir fiers de leur médecine, très ancienne, présente dans l'Avesta, et parvenue jusqu'à nous grâce à Alexandre qui fit traduire en grec la partie des textes de ce livre sacré, relative à l'astronomie et aux maladies.

Depuis l'islamisation de l'Iran, l'on constate une préférence pour la langue arabe et la médecine propre au pays lui-même. A l'heure actuelle, la diffusion scientifique arrive en Occident, s'intégrant dans le patrimoine commun des autres peuples.

La médecine de l'Égypte ancienne

La présente réunion historique ayant fait vœu de solidarité, nous nous devons d'honorer aussi la médecine égyptienne.

L'ancienne Égypte fut considérée comme la terre d'élection des magiciens. À travers les siècles, l'on a maintenu cette assertion typique des peuples de la vallée du Nil dont l'art et les mythes fascinent encore aujourd'hui les profanes. La médecine de l'Égypte ancienne est décrite dans les anciens papyrus, tandis que la chirurgie est représentée dans les monuments et est visible sur les crânes trépanés ; la paléo-pathologie nous a fourni des documents abondants sur les fractures. Hubert et Mauss affirment qu'une partie des sciences a été élaborée par les magiciens. Le trésor des idées malaxées par la magie a été pendant des siècles le chapitre de la sagesse dont les sciences ont profité. La magie a nourri la science et les magiciens furent les précurseurs des sages.

Tout ce passé si passionnant, en quoi s'est-il converti ? En un ensemble d'expériences difficiles à évaluer qui a laissé des interrogations, de l'incertitude et du mécontentement. La compréhension d'un esprit scientifique ne peut cependant que les accepter et en aucun cas les rejeter d'une manière définitive.

La médecine égyptienne de l'Antiquité a joui d'un certain prestige et d'une grande réputation ; Hippocrate, Galène, Pline et Dioscorides s'en sont en partie inspirés.

De nos jours, la médecine égyptienne est imprégnée de la modernité des courants universels : les médecins égyptiens parlent le même langage que tous les médecins, sans cesser d'y imprimer les caractéristiques et l'originalité de leur glorieux passé.

Bienvenue également aux représentants des médecines classiques de l'Iran et de l'Égypte.

La médecine arabe et l'Espagne

Nous saluons également nos collègues venus du monde arabe et dont nous attendons la collaboration érudite ; les continuateurs de la médecine arabe ne pouvaient manquer ce rendez-vous d'aujourd'hui car pour eux le seul nom d'Avicène est synonyme d'exigence et source de motivation.

Quant aux espagnols, nous devons rendre grâce à la figure d'Abulcasis, auteur du *Tesrif*, qui est un traité de pratique de la médecine, véritable encyclopédie de trente volumes, la plus considérable de l'Espagne musulmane.

Une fois encore, notre nation ouvre ses bras à la représentation noble et sage de la médecine de ces pays.

Israélites, Grecs et Latins

Je ne voudrais pas m'étendre davantage mais mes salutations et ma gratitude vont également aux autres représentations médicales, toutes présentes dans notre esprit. C'est le remerciement que doit un intellectuel à ces peuples dont nous avons tant appris.

Nos remerciements aux médecins grecs, aux israélites, sans oublier les représentants de la médecine latine qui a été, jusqu'à nos jours, le fondement intellectuel des conquêtes modernes. Nous saluons cordialement les médecins qui représentent ces pays.

La conscience humaine, la sophrologie et la médecine psychosomatique

L'étude des névroses et des psychoses mais aussi de toutes les autres affections psychosomatiques, nécessite de chercher la base de leur signification dans l'exploration de la conscience. Il ne peut exister de véritable savoir psychiatrique ni de connaissance des modifications psychosomatiques, sans une connaissance préalable de la psychologie et des phénomènes de la conscience humaine. C'est là que réside le fondement rationnel qui permettra à la sophrologie de trouver une place adéquate dans la médecine actuelle et future, parmi les connaissances dont la base scientifique est rigoureuse.

La sophrologie

Les méthodes d'exploration de la conscience sont préalables et nécessaires à la découverte des méandres cachés par lesquels circulent les perturbations psychophysiques. Aborder l'étude de la conscience, c'est se plonger dans les couches superposées et profondes de sa formation, tout comme on le ferait pour l'étude des strates géologiques d'un terrain et la compréhension de sa formation originelle.

Pour parvenir à explorer la conscience, Freud a mis entre nos mains le phare de la psychanalyse, qui étudie les forces psychologiques en conflit. La sophrologie, dans une perspective plus vaste et intégrale, prétend s'occuper de l'étude de la conscience au moyen d'autres méthodes qui, sans être antagoniques, les complètent, à l'aide de différentes techniques psychologiques et pharmacologiques.

Il faut chercher la racine de nombreuses études psychologiques dans les couches profondes de la conscience ; c'est là que se trouve l'intérêt de toute méthode au service de cette entreprise. La sophrologie aspire à contribuer, avec de nouvelles techniques, à une meilleure connaissance de la physiopathologie des états psychopathiques. Héritière des anciennes techniques de l'hypnose, elle a révisé ce qu'il y avait de fiction ; elle a dépassé ses techniques rituelles sans dédaigner certains phénomènes et les a élevés à la catégorie de méthode scientifique et rigoureuse.

Le travail de titan de la sophrologie

Dans ses études sur la conscience, Caycedo a intégré les connaissances et les méthodes du yoga hindou ainsi que les techniques bouddhistes, tout comme les progrès de la physiologie moderne concernant le système nerveux. Chez Caycedo, le neurologue et l'anthopologue se rejoignent, ce qui l'a amené à intégrer les processus d'information issus du monde extérieur grâce aux stimulants proprioceptifs de notre monde somatique – conduits à travers les structures neurovégétatives – qui influencent notre psyché – pleine de connaissance et de vivances – et qui à leur tour sont influencés par elle. Cette fusion est l'une des manières de concevoir la formation du complexe psychophysiologique que représente la conscience en sophrologie.

La médecine orientale s'est occupée de la recherche de la conscience, bien avant que l'Occident européen ne s'y intéresse. Dans les quatre modalités du yoga de base, nous trouvons le même but, de même que dans le zen, variante bouddhiste du système du yoga, qui a été pratiqué en Chine et au Japon. Comme l'a écrit Caycedo, les religions orientales sont souvent de véritables traités de psychologie et le bouddhisme zen apparaît comme un traité spécifique de la conscience.

Le rôle de la sophrologie est d'essayer d'obtenir la meilleure connaissance possible, et nous pouvons constater qu'elle est très éloignée de l'ancien magnétisme et de l'hypnotisme. Sa racine sémantique dérivée du terme grec *sophrosyne* a un sens plus vaste, plus complet, plus actuel que les méthodes préalablement citées ; en outre, elle dispose d'armes scientifiques plus appropriées pour accomplir la mission ambitieuse qu'elle s'est fixée. Pour sa recherche et ses thérapeutiques, elle se sert non seulement de l'enchantement magique de la parole, mais aussi d'autres moyens, qu'ils soient physiologiques ou de nature chimique. Dans le riche arsenal que la pharmacologie actuelle lui fournit, la sophrologie sélectionne les éléments les plus appropriés pour arriver à son but transcendant.

Tout cela contribuera sans doute à une meilleure connaissance de l'humanité ainsi qu'au traitement des troubles de notre temps, dont l'ampleur extrême ne peut laisser indifférent aucun professionnel de la médecine, quelle que soit sa spécialité.

La sophrologie à ses dix ans d'existence[1]

Prof Alfonso Caycedo

1 Caycedo, A. (1975). La sofrología a sus diez años de existencia. In *Sofrología médica Oriente-Occidente. Aproximación a una medicina tradicional del zen japonés*, Vol. 3 (pp. 358-364). Barcelona : Aura.

Le Ier congrès mondial de sophrologie arrive à son terme.

Avec lui, s'achève la première étape que nous nous étions fixée : la fondation de l'École sophrologique et la construction de ses structures, de ses hypothèses de travail et de ses thèses fondamentales. Nous avons consacré dix ans de notre existence à la réalisation de tels objectifs. Je veux utiliser ici le pluriel dans le sens le plus strict du terme, parce que je n'ai pas été seul à couvrir une étape aussi difficile. Nombreux sont les collègues issus de différentes spécialités – certains d'entre eux sont ici présents –, qui depuis le début m'ont accompagné dans ce travail difficile qui a rendu possible le démarrage d'une nouvelle recherche de la conscience humaine en médecine.

Dix ans après sa fondation, ces premiers objectifs atteints, nous aspirons à ce que la sophrologie inaugure une autre étape décisive : celle de sa maturité scientifique proprement dite.

La première partie de notre programme a consisté à semer dans la classe médicale le germe de la curiosité pour l'étude fondamentale de la conscience humaine, non comme une spécialité de plus, mais comme une nécessité vitale pour notre profession, car l'étude de la conscience doit nécessairement donner naissance à une philosophie pratique, dans la médecine de notre temps. Nous avons simultanément réussi à intégrer une équipe de chercheurs de différents pays et spécialités et nous avons repris les premiers matériaux avec lesquels nous allons commencer une étape fondamentale basée sur la recherche scientifique et qui est appelée à octroyer à la sophrologie sa véritable raison d'être en tant qu'École aspirant à occuper une place dans les sciences humaines et en médecine.

Le développement de la sophrologie, née au sein de la médecine, a été programmé en trois étapes : la première, constitutive ; la deuxième, relative à sa structuration quant à ses thèses et hypothèses de travail ; la dernière, de nature scientifique. Les deux premières ont été accomplies.

En 1960 j'ai fondé la sophrologie à Madrid, comme une école médicale dont l'objectif fondamental serait l'étude des phénomènes spéciaux de la conscience humaine pour son emploi en médecine. Nous connaissons tous l'évolution de ses concepts tout au long de ces dix années, fruit de l'expérience et de la vérification clinique. Depuis, de nombreux spécialistes s'y sont intéressés et ont pris part à la recherche, en lien avec les idées de notre École ; grâce à cela, la sophrologie est aujourd'hui une réalité vivante intégrée par des médecins de différents pays et cultures. La période constitutive a pris symboliquement fin lors du IIe congrès de la Société française de sophrologie qui s'est tenu à Versailles en octobre 1968.

Nous voilà deux ans après, à Barcelone, accomplissant la seconde étape de notre programme, avec la clôture du Ier congrès mondial de sophrologie en octobre 1970 et inaugurant à la fois la troisième étape, celle du début de la période de production scientifique, étape la plus importante.

La sophrologie reconnaît que ses origines ont leur base dans la crise conceptuelle des phénomènes connus sous le nom d'« hypnose » en Occident, lorsque Braid proposa ce terme dans la seconde moitié du siècle dernier, pour le substituer à celui de « magnétisme ». Cependant, la sophrologie a su dépasser les barrières créées par de tels concepts et a assumé la responsabilité d'étudier les phénomènes de la conscience humaine d'une façon intégrale, originale et transcendante. L'École sophrologique s'est éloignée peu à peu de l'emploi des techniques rituelles et autoritaires de l'hypnose. Après une étude rigoureuse, elle l'a dépossédée de ses mythes auxquels elle a accordé de moins en moins d'importance pour constituer de nouvelles méthodes intégrales. En même temps, elle a laissé aux autres écoles le soin d'étudier les phénomènes appelés « paranormaux » ou « parapsychologiques » qui s'éloignent des objectifs de la sophrologie en tant qu'École médicale. La sophrologie, classiquement humaniste, a laissé à d'autres écoles la recherche de la conscience animale ou zoo-conscience.

Durant ces dix années de travail, l'École sophrologique n'a pas négligé la recherche, la thérapeutique et l'élaboration de nouveaux systèmes d'entraînement, parce qu'elle a su se maintenir dans la ligne d'observation – approche sophrologique – des systèmes les plus variés.

Un des événements les plus importants de la brève histoire de notre École fut la rencontre avec les systèmes philosophiques et thérapeutiques d'Orient. La sophrologie a pris l'initiative d'un premier contact médical en des termes d'égalité absolue, avec des représentants renommés de la médecine du yoga, en Inde, et des systèmes thérapeutiques du Tibet, de la Chine et du Japon. Notre initiative a été reçue avec enthousiasme par beaucoup de nos collègues orientaux. La sophrologie a également pris l'initiative de ce second contact, à un niveau plus général, en organisant ce Ier congrès mondial sous le signe de l'union scientifique entre médecins d'Orient et d'Occident.

Nombreux ont été les penseurs qui, dans diverses directions, d'un côté comme de l'autre, ont senti la nécessité d'une entente réciproque entre des systèmes médicaux qui ont évolué séparément à travers l'histoire de l'humanité, jusqu'à constituer deux mondes parallèles et même opposés. Il serait trop long de mentionner ici les grands penseurs orientaux qui, comme Vivekananda et Susuki, pour parler de deux époques et de deux systèmes tels que le yoga et le zen, ont effectué un rapprochement direct de la culture orientale avec la nôtre.

De notre côté, un phénomène inverse s'est produit sur différents plans. Dans le domaine qui nous intéresse, il faut souligner, entre autres, les personnalités de Fromm, Boss et Jung. Pour Jung, « la conscience occidentale n'est aucunement la conscience en général, mais un facteur historiquement conditionné et géographiquement limité, représentant seulement une partie de l'humanité. » Le psychiatre suisse se sentait puissamment attiré par les concepts orientaux, mais il a toujours défendu la thèse selon laquelle l'Occidental serait capable d'atteindre les degrés de maturation des Orientaux, sans pour cela abandonner son propre terrain.

Lors de mon séjour dans l'Ashram d'Aurobindo à Pondichéry, je me suis lié d'amitié avec le psychologue indien Indra Sen qui a aussi été l'ami de Jung lors de son voyage en Inde. Il s'est montré très favorable aux idées sophrologiques. J'échangeai avec lui sur les particularités de la pensée de Jung tout en traitant de sujets concernant la philosophie, la psychologie et les méthodes indiennes d'entraînement. L'élargissement de notre conscience ne doit pas partir vers d'autres espaces, affirmait Jung, mais doit avoir lieu grâce au développement des éléments de notre propre psyché, analogues aux qualités de la psyché étrangère. Jung part de la base de l'identité de l'être ; si les orientaux, partant de leurs potentiels psychologiques, arrivent à réveiller de nouveaux éléments de la conscience, l'Occidental peut aussi y parvenir.

La sophrologie défend la thèse suivante : en mettant en jeu des potentiels vierges de la conscience au moyen de différentes méthodes, non seulement nous obtenons des phénomènes hautement curatifs, mais nous contribuons au développement intégral de la personnalité humaine, dans toute sa transcendance.

Le fait que Jung ait traité avec un grand respect les principes psychologiques orientaux, ne le mena pas pour autant, comme nous l'avons déjà dit, à méconnaître la possibilité d'adaptation de ces systèmes à la mentalité occidentale. Il est regrettable de voir les Occidentaux s'abandonner à une imitation fréquemment puérile des Orientaux, alors qu'ils renferment en eux les mêmes possibilités qu'ils pourraient développer sans avoir besoin d'hypothéquer leurs croyances ni de renoncer à leur culture.

À la suite de notre contact avec l'Orient, et toujours dans la ligne sophrologique, après de longues années d'observation et de pratique, nous essayons de créer une méthode d'entraînement de la personnalité que nous pourrions placer à mi-chemin entre Orient et Occident. Il s'agit d'une méthode particulière pour laquelle j'ai proposé le nom apparemment paradoxal de *Relaxation Dynamique*. Ses fondements sont enracinés dans les techniques sophrologiques occidentales les plus pures quant aux modifications du niveau de la conscience. Elle utilise toutefois comme activation intra-sophronique, des éléments directement inspirés de certaines techniques appelées de « libération orientale », telles que le yoga hindou, le bouddhisme traditionnel et le zen japonais, selon qu'il s'agisse des Premier, Deuxième ou Troisième Degrés de la Méthode.

La Relaxation Dynamique respecte les croyances philosophiques et religieuses qui sont une partie fondamentale des techniques orientales d'entraînement ; certaines de ses méthodes s'en inspirent mais sans utiliser leur terminologie et en évitant les postures et les exercices que les Orientaux considèrent comme sacrés. Elle offre aux Occidentaux et en général à l'individu de notre époque, une méthode pratique, courte et facile à apprendre, qui respecte sa liberté, ne compromet pas ses croyances et se limite à favoriser l'intégration de sa personnalité, en activant les capacités physiques et mentales.

La pratique de la Relaxation Dynamique divise en deux parties l'histoire de la sophrologie. Bien que nous nous trouvions en pleine recherche concernant ses trois premiers Degrés, nous obtenons déjà des résultats hautement prometteurs. Nous commençons à avoir des communications, dont certaines sont présentées à ce congrès, dans lesquelles sont soulignés des résultats positifs dans le sport, la réadaptation respiratoire, en médecine générale, dans la prévention de l'infarctus, dans certains tableaux psychiatriques, en obstétrique, physiothérapie ou kinésithérapie, etc. Il semblerait que nous soyons en présence d'une méthode dont la puissance est indéniable ; la sophrologie peut s'adapter à des domaines très différents, surtout grâce à la possibilité qu'elle offre d'être appliquée aussi bien à de grands groupes qu'au niveau individuel. La prudence médicale conseille une vérification systématique. Les années futures devront confirmer, tempérer ou éliminer notre optimisme.

Lors de ce congrès nous avons assisté à une apparente « Tour de Babel » : une grande multiplicité de sujets, d'idées, de théories et surtout une grande variété de termes et de mots pour désigner souvent une même chose. Nous nous sommes malgré tout, un peu compris et surtout, nous avons mieux fait connaissance. Nous avons tous vécu la nécessité urgente d'une terminologie commune pour favoriser la recherche et le travail en équipe ainsi que la précision des principes fondamentaux sur lesquels s'appuient les nouvelles techniques et la recherche future. Ce sera un travail à réaliser de façon prioritaire, une fois ce congrès terminé.

Dans ce congrès, chacun de nous représentait un phénomène ou une série de phénomènes de la conscience humaine, quelle que soit l'école, la spécialité ou la culture. Dans ce paradoxe sublime, dans cette pluridimension apparente, se manifestait l'unité existentielle de l'être humain dans toute sa transcendance. Cette unité sera présente dans les pages de l'ouvrage dans lequel seront publiées les communications de cette réunion, même si nous essayons de classifier les travaux par spécialités.

Demain, ou dans les prochains jours, chacun de nous retournera dans son pays, retrouvera sa maison, sa culture, ses patients, son destin ; mais chacun de nous gardera dans son âme une impression profonde : celle d'avoir fait preuve de bonne volonté en prenant activement part à cette réunion, lors de ce premier congrès – et pourquoi ne pas le mentionner –, d'avoir contribué à la rencontre entre deux cultures médicales traditionnellement séparées.

La sophrologie, jeune école scientifique dont l'aspiration noble et ambitieuse est celle de contribuer à la création d'une nouvelle médecine, une véritable médecine intégrale plus en accord avec les temps que nous vivons, a tenu à organiser cette réunion.

Ce congrès est le premier pas international de notre École. Je suis convaincu qu'il y en aura d'autres et que l'union entre les médecins d'Orient et d'Occident se réalisera pour le bien de l'humanité toute entière.

La sophrologie et son approche de la pensée orientale[1]

La sophrologie et la psychologie orientale
Brèves considérations sur la conscience dans le yoga hindou et le zen japonais

A. Caycedo

1 Caycedo, A. (1969). La sofrología y la psicología oriental. En *Progresos en sofrología* (pp. 353-361). Barcelona : Emegé.

La sophrologie se rapproche de la psychologie orientale ; elle adopte une attitude neutre, libre de préjugés et de déformations conceptuelles. Nous essayons de ne pas nous positionner négativement, comme cela fut le cas de certains secteurs de la pensée occidentale, mais nous ne tombons pas non plus dans l'attitude opposée.

Tous les procédés psychophysiques orientaux sont issus de la pensée hindoue qui, d'un point de vue historique, peut être considérée, sans aucun doute, comme l'un des premiers systèmes psychologiques de l'humanité. Il est surprenant de constater que beaucoup de conceptions occidentales modernes en lien avec des aspects psychologiques donnés, ont déjà fait l'objet d'études et de recherches scientifiques en Inde, plusieurs siècles avant Jésus Christ.

Les observations psychologiques des hindous sont d'un intérêt extraordinaire pour l'École sophrologique. Leurs méthodes de recherche ont perduré au cours des siècles, centrées sur un objectif fondamental : l'étude de la conscience humaine, et ceci sans se dénaturer. Ce phénomène traditionnel s'explique par le fait que la psychologie hindoue se trouve imbriquée dans les bases mêmes de la religion. La psychologie et la religion sont intimement et indissolublement liées, dès l'aube même de son histoire.

L'Occident commence à étudier la conscience en tant que thème psychologique, depuis moins d'un siècle. Le point de départ des recherches psychologiques occidentales, comme on le sait, furent les états pathologiques.

En Orient, l'étude des phénomènes psychiques a évolué pendant des siècles et prend traditionnellement son point de départ dans les expériences mystiques. À la base des croyances hindoues se trouve le principe de l'évolution. L'homme représente la fin de la chaîne de perfectionnement qui permet l'accès des êtres à Dieu. Il doit, dès lors, se préparer pour la rencontre suprême avec le Créateur ; si la perfection n'est pas atteinte, s'il n'acquiert pas les conditions requises, il devra renaître. Cette croyance, profondément enracinée, est vécue dans toute sa plénitude par les hindous et constitue la colonne vertébrale de leur histoire.

L'Inde a vécu une situation de « compromis existentiel » qui en fait le pays le plus religieux de la Terre. Ce compromis vital avec la perfection, fut la raison qui poussa les hindous à se lancer à la recherche de méthodes et de systèmes qui devaient leur servir à conquérir les conditions mentales et physiques exigées pour atteindre le point culminant de leur existence. Cette expérience millénaire les amena à élaborer des procédés psychophysiques de perfectionnement, pierres angulaires de la construction de leurs doctrines.

Lorsque l'on étudie les religions orientales, pour la plupart dérivées de l'hindouisme, et que l'on cherche à les comparer aux idées que nous avons de la religion en Occident, l'on a plus souvent l'impression d'avoir à faire à de véritables traités de psychologie plutôt qu' à des systèmes théologiques.

Le yoga

Les procédés psychologiques et physiques de perfectionnement que nous commentons furent compris dans le vaste concept du yoga.

Il y a quatre catégories de yoga traditionnellement acceptées par les hindous. Pendant notre long séjour en Inde, nous avons essayé d'éclaircir cet aspect, car de nombreuses classifications sont proposées par différents auteurs.

Les grands Yogis de l'Inde d'aujourd'hui, dont nous publions les conversations dans notre livre *L'Inde des Yogis*, ratifièrent invariablement la classification de base du yoga en quatre catégories :
– *le Raja-Yoga*, yoga psychophysique par excellence ;
– *le Gnani-Yoga*, yoga de l'intellect ;
– *le Bhakti-Yoga*, yoga de l'affectivité ;
– *le Karma-Yoga*, yoga du Travail.

Le Hatha-Yoga, système exclusivement physique, est le plus connu en Occident, mais il n'est pas inclus par les Yogis dans le classement antérieur ; cependant, on le considère comme un yoga auxiliaire pour les autres catégories.

Il est logique de supposer que le yoga n'entra pas dans l'histoire de l'Inde de façon structurée, mais qu'il fut la synthèse d'une tradition archaïque. Si nous tenons compte de la tradition conservatrice et traditionnaliste des hindous et d'une simple analyse actuelle soulignant le caractère rituel des coutumes, il ne semble pas que soit erronée l'hypothèse selon laquelle le yoga prit ses origines dans les rites magico-religieux des premiers habitants du sous-continent indien. En ce sens, le rituel pourrait être considéré comme une sorte de claudication des plans conscients, mettant en marche des impulsions et activités dont la structuration est complexe, dans lesquels l'homme se réfugie face à l'abîme de l'inconnu. Encore actuellement, de sa naissance jusqu'à sa mort, l'hindou emplit son existence de milliers d'éléments rituels. Tout est délimité, tout est encadré dans des catégories et des strates compliquées. La vie sera marquée par quatre étapes ; les structures sociales reposent traditionnellement sur quatre castes ; tous les objets, attitudes, aliments, etc. sont compris dans les trois catégories qui constituent la loi des « Gunas ».

Cette condition rituelle des hindous pourrait avoir une explication psychologique. Comme on le sait, l'homme développe face à l'angoisse des mécanismes de défense, parmi lesquels se trouve le rituel. Il est possible que les processus rituels soient l'une des modalités les plus élémentaires des mécanismes de défense psychologique. Certains tableaux psychopathologiques tels que la névrose obsessionnelle, se caractérisent par l'apparition de composants rituels qui sont certainement interprétés comme des mécanismes défensifs primaires que le malade utilise dans l'effort qu'il fait pour se libérer de son angoisse pathologique.

Il est très possible que le yoga soit issu des rituels primitifs, dans une intention de rationalisation du rituel lui-même. Ceci expliquerait le nombre important d'éléments rituels que l'on trouve, aujourd'hui encore, dans les différents systèmes du yoga.

Un des faits les plus intéressants dont il faut tenir compte est que le yoga a conservé indéniablement la même pureté que celle qui caractérisait ses premières structures. Cela veut dire que l'essai de rationalisation fait par les hindous à une époque où les civilisations qui sont à l'origine de notre culture existaient à peine, fut réellement gigantesque. N'oublions pas que le yoga est décrit dans les Vedas, considérés comme appartenant à l'un des livres les plus anciens de l'humanité.

La classification du yoga en quatre catégories est fondée sur des principes psychologiques. CHIDANANDA, reconnu aujourd'hui comme le plus remarquable représentant du Raja-Yoga dans l'Himalaya indien, avec lequel nous avons lié une grande amitié, nous expliquait que les quatre éléments de conscience, traditionnellement acceptés comme fondamentaux par la psychologie indienne sont :

– la capacité de pensée, sans connexion directe avec l'émotion ni la raison ;
– la capacité de raisonnement ;
– la capacité sensible, dans le sens de capter les sensations ;
– la capacité de développer le dynamisme physique.

Sur cette base se constituèrent quatre systèmes différents de yoga, comme procédés à utiliser par les personnes, en accord avec leurs caractéristiques individuelles. Les psychologues hindous ont soin d'expliquer que ces qualités existent séparément. En réalité elles sont inséparables, mais dans les faits, l'une de ces qualités prime généralement sur les autres.

– *le Raja-Yoga* sera indiqué pour des personnes ayant une grande capacité de pensée et d'analyse, ce qui leur permet d'utiliser des techniques d'auto-analyse et de contrôle psychophysique. C'est probablement la modalité présentant le plus d'intérêt pour la sophrologie. Les yogis effectuent leur entraînement – sadhana –, par l'analyse de leur propre conscience ; ils manient des techniques de concentration et de méditation dont l'impact psychologique est extraordinaire, les combinant avec des exercices physiques d'une indéniable valeur. Ils se retirent généralement dans les hauteurs de l'Himalaya où, dans la solitude la plus absolue, pendant des années, ils font face à des conditions de vie incroyablement difficiles. Dans nos livres, *L'Inde des Yogis* et *Le Secret du Yoga*, nous décrivons quelques-unes de leurs pratiques et publions les observations faites pendant notre séjour auprès d'eux. Les bases fondamentales du Raja-Yoga furent décrites par PATANJALI dans son livre *Les Yoga-Sutras*.

– *le Gnani-Yoga* est indiqué aux personnes présentant une grande capacité de raisonnement. On le considère comme le yoga des intellectuels purs. Il utilise les forces du discernement comme technique d'action directe sur la conscience.

Le pouvoir de la raison chasserait les nuages qui obnubilent la conscience, lui permettant de se projeter vers les niveaux supérieurs, « unique forme de contact avec l'Être suprême ». Les principes fondamentaux du Gnani Yoga se trouvent dans les *Upanishads*.
– *le Bhakti-Yoga* est la méthode conseillée en Inde aux personnes de grande sensibilité, qui manifestent une nette prédominance de la capacité affective et émotionnelle. Ce procédé utilise des techniques d'action sur la conscience, basées fondamentalement sur le développement de l'affectivité. L'émotivité, développée au maximum, est utilisée comme répercussion sur la conscience. Cette activité interne conditionnerait l'équilibre affectif nécessaire pour « l'ascension » vers des plans conscients supérieurs.
– *le Karma-Yoga* est pratiqué par ceux dont la prédominance est dynamique ; il utilise l'action en elle-même comme système pour influer sur la conscience ; il développe des méthodes de travail – un travail qui ne cherche d'autre bénéfice que l'influence de l'activité sur le psychisme. Le livre fondamental de ces deux dernières catégories de Yoga est la *Bhagavad Gita*.

Ces quatre modalités sont considérées par les Yogis comme les *Yogas basiques*. Chacun d'eux présente de multiples divisions, dont l'énumération rallongerait ces commentaires. Ce sont des méthodes différentes dont le but est essentiellement le même : l'obtention des états supérieurs de la conscience.

Naturellement, des éléments magico-rituels se mêlent généreusement aux procédés – ce qui s'explique par les raisons historiques commentées précédemment –, lesquels proviennent de traditions millénaires ; nous ne pouvons donc pas les juger avec le prisme des connaissances actuelles.

Cependant, dans le fond des systèmes existent, sous-jacents, des principes psychologiques et physiques d'une valeur incalculable. La psychologie hindoue, depuis des millénaires avant Jésus Christ, maintient des postulats surprenants, récemment ratifiés en Occident où on les présente comme des découvertes modernes. Dans les *Upanishads*, par exemple, sont décrits quatre plans fondamentaux de conscience :
– *le plan correspondant au sommeil naturel*, qui reçoit le nom sanscrit de *Susupti* ;
– *le plan des rêves*, différent du précédent, appelé *Swapna* ;
– *l'état de veille ordinaire*, connu depuis lors sous le nom de *Jagrat* ;
– *le plan supérieur de la conscience* ou *Turiya*, désignant les états supérieurs.

En Occident, l'on a découvert très récemment, grâce aux méthodes modernes de recherche, les différents niveaux ou phases du sommeil naturel, accordant une extraordinaire importance aux mécanismes neurophysiologiques des rêves et à la phase paradoxale. Prenons comme exemple les travaux de Barraquer-Bordas et de Pallardo. D'après Barraquer : « Selon l'électroencéphalogramme, le rêve correspond presque strictement à la phase appelée paradoxale. »

Un des principes classiques de la psychologie hindoue est l'existence de plans supraconscients auxquels l'on arrive après l'entraînement psychophysique.

Alors que les psychanalystes occidentaux commencèrent leur investigation en partant d'états pathologiques de la conscience, les psychologues et les mystiques hindous, eux, étudièrent la conscience en partant des états normaux ordinaires et en étudiant les états autres que ceux considérés comme pathologiques. Ce sont ceux que l'on appela *Turiya* ou états supraconscients.

Tandis qu'en Occident l'on étudiait surtout l'esprit en conflit interne, la psychologie hindoue l'étudie, depuis des siècles, en tant qu'intégration à des niveaux supérieurs.

Nous ne pensons pas qu'il soit logique de supposer que les Orientaux se soient trompés et que tout leur travail, pendant plus de vingt cinq siècles, soit le produit d'une phase narcissique ou d'une fixation à caractère sadomasochiste, pour employer la curieuse terminologie des psychanalystes. Nous ne croyons pas non plus que la conscience humaine se limite aux frontières tracées sur les cartes de quelques écoles occidentales.

Depuis le début du développement des plans supraconscients, l'être humain, selon la psychologie hindoue, met en jeu des qualités intuitives qui ne sont pas utilisables sur des plans inférieurs. Le principe de l'intuition se trouve à la base de la connaissance dans la philosophie du Yoga, processus différent des méthodes occidentales, dont le caractère est inductif-déductif.

L'illumination totale de la conscience – la conscience absolue –, prend le nom de *Samadhi* et fait l'objet de toutes les méthodes de yoga.

Le zen

Le zen est un autre procédé parmi les procédés psychophysiques orientaux. Il présente un intérêt fondamental pour la sophrologie. C'est un système bouddhiste issu du yoga, qui a tout d'abord subi des modifications en Chine, puis plus tard au Japon.

Shidarta Gautama, le Bouddha, naquit en Inde en 563 avant Jésus Christ. Il fonda un mouvement religieux qui introduisait de sérieuses réformes dans les structures rigides de la religion hindouiste. Ses doctrines s'étendirent dans toute l'Inde, mettant en péril l'hégémonie brahmanique. La violente réaction hindouiste entraîna l'expulsion du bouddhisme, du territoire indien, à tel point qu'il n'est plus aujourd'hui qu'une religion minoritaire.

La période comprise entre le IVe siècle avant Jésus Christ et le Ier siècle après J.C., reçoit le nom de *Hinayana* ou *Petit Véhicule*. Vient ensuite *Le Mahayana* ou *Grand Véhicule*. Les deux vont de pair pendant deux siècles ; vers le IIIe siècle de notre ère, se produit la rupture entre les deux doctrines. L'une des différences fondamentales entre les deux Écoles réside dans le fait que *Le Mahayana* insiste sur le principe de la charité et de la compassion envers les autres tandis que *Le Hinayana* défend au contraire le principe d'éclaircissement et d'auto-évolution. Les deux s'attribuent la possession des idées originales de Bouddha.

J'ai voulu faire ce bref résumé historique pour établir la position du zen japonais qui fut élaboré par l'École *Mahayana* et dont les principes de base sont l'idéalisme transcendantal et l'affection pour toutes sortes de créatures.

Au VIe siècle après Jésus Christ, le bouddhisme *Mahayana* avait déjà atteint le Tibet et la Chine, grâce aux patriarches bouddhistes d'origine indienne qui se chargèrent de sa diffusion. L'un d'eux, Buddhidarma, fonda alors l'École Chang en Chine, laquelle gagna le Japon au VIIe siècle et fut à l'origine de l'École Zen.

Le bouddhisme, comme on le sait, n'est pas à la recherche d'une explication rationnelle de l'univers et ne pratique pas non plus l'étude théologique de Dieu. Si auparavant nous avons commenté que les religions orientales sont de véritables traités de psychologie, il est fort possible que le bouddhisme zen soit un traité spécifique de la psychologie de la conscience, en accord avec le concept oriental classique. Le zen utilise des techniques d'activation de la conscience dans le but d'obtenir l'illumination mentale. Comme l'on peut le constater, le principe hindou se retrouve dans tous les systèmes psychophysiques orientaux. Le zen, qui s'en tient aux concepts bouddhistes, ne se préoccupe pas du monde objectif et n'établit pas non plus de systèmes philosophiques basés sur les principes de la logique ; il se plonge dans les abîmes de l'être, recherchant l'expérience directe dans les phénomènes du monde intérieur.

Depuis le VIIIe siècle jusqu'à nos jours, les doctrines zen ont joué un rôle important dans toute la culture japonaise ; leurs procédés psychologiques diffèrent de ceux des hindous bien que l'objectif en soit le même : la recherche de l'ouverture de la conscience vers des plans supérieurs.

Les états Turiya des hindous reçoivent le nom de *Satori* ; les procédés psychologiques en vue de l'obtention du *Satori* sont fondamentalement actifs. Ces méthodes visent à exciter la conscience car il s'agit de « l'éveiller » dit Suzuki ; le sujet retrouve la forme directe, naïve, de prise de contact avec la réalité.

Les deux systèmes utilisés en priorité portent les noms de *Koan* et *Mondo*. Le terme « koan » des Japonais vient du chinois *Kungen* qui signifie exercice. Le pratiquant doit apprendre à développer l'esprit de recherche interne comme voie d'obtention du *Satori*. Il doit se préparer pour l'instant où il pénètrera dans la nouvelle conscience. Le koan consiste en une méditation active sur une sorte de problème insoluble qui doit être proposé par le maître zen ou Roshi, en accord avec la situation de son élève.

Cette méditation « irritante » conduit le pratiquant à une impasse. La tension progressivement accrue le conduira à un point, dit Suzuki, où la seule solution consiste en la rupture des barrières de la conscience, vers l'ouverture de l'esprit et la libération des murs qui l'encerclaient.

Le *Mondo* consiste en une sorte de questions et de réponses rapides dépourvues de sens manifeste, entre l'élève et le Roshi, dans le but d'activer au maximum la conscience du pratiquant.

Pour Chang-Chench, le zen suit le langage de ses propres intuitions, sans dogmes ni règles afin de s'exprimer par lui-même. Le zen serait comparable au saut existentiel de Kierkegaard, qui précipiterait l'individu dans la vivance des plans supérieurs de la conscience.

Jung, qui s'intéressa grandement à ces thèmes orientaux, écrivit l'introduction au travail de Suzuki dans *Zen et Bouddhisme*. Au sujet du *Satori*, Jung écrit : « Le Satori décrit un mode d'illumination impossible à appréhender par l'Occident. »

Les principes du zen ne s'opposent à aucune religion bien que certains auteurs, comme Humphreys, affirment le contraire. Le jésuite allemand Lasalle dit ceci :

> *En fait, l'illumination du zen est incontestable. Il est difficile d'arriver à cet état quand on a une formation dialectique ; cependant, celui qui s'est formé dialectiquement et qui est capable d'abandonner son système, obtiendra le Satori dans les profondeurs du zen.*

Récemment, Fromm rapproche la psychanalyse des conceptions du zen, arrivant à la conclusion que sous de nombreux aspects, elles sont semblables car elles s'avèrent être identiques sur certains points essentiels.

> *Le but de la psychanalyse est de rendre conscient l'inconscient, écrit Fromm ; cependant, parler du conscient ou de l'inconscient signifie prendre les mots pour des réalités. Nous pouvons seulement parler d'états et de degrés de refoulement, c'est à dire d'un état où l'on ne permet de faire entrer dans la conscience que les expériences pouvant pénétrer à travers le filtre social du langage, de la logique et du contenu.*

Plus loin, Fromm affirme :

> *Si on supprime tout refoulement, il n'y a plus d'inconscient face au conscient ; il y a alors une expérience directe, immédiate, pour autant que je ne suis pas étranger à moi-même, personne ni rien n'est étranger pour moi.*

Beaucoup de comparaisons de ce genre conduisent Fromm à établir un certain parallèle entre la systématique du zen et la psychanalyse.

Nous voyons ainsi de quelle façon une approximation de la pensée psychologique occidentale aux systèmes orientaux, peut se faire depuis différents angles.

Pendant notre séjour au Japon, nous avons pu prendre contact avec quelques monastères appartenant aux deux Écoles du zen : la secte Soto et la secte Rinzai, qui se différencient surtout par l'utilisation du koan plus spécifique au zen Rinzai.

La sophrologie vient à peine de commencer son approche des méthodes psychophysiques orientales. Nous sommes conscients de leur importance et des extraordinaires possibilités de recherche qu'elles renferment. Si cette approche se fait avec la délicatesse et l'honnêteté scientifique requises, nous sommes sûrs que la sophrologie trouvera dans ces méthodes un matériel d'une richesse incalculable.

Annexe 3

Les Déclarations

Présentation

Au cours de l'histoire de la sophrologie, Alfonso Caycedo fit deux Déclarations. Il avait intentionnellement choisi le terme de « déclaration », afin d'attirer l'attention sur l'importance et la nature transcendante du message qu'il voulait transmettre.

La Déclaration de Récife, présentée en 1977, marquait un tournant pour la sophrologie. Le Pr Caycedo y annonçait l'ouverture de la sophrologie à deux nouvelles dimensions qui, depuis longtemps, habitaient son esprit : les valeurs et la sophrologie sociale. Il s'agissait de la création d'une autre branche, la branche sociale. Elle venait s'ajouter à la branche médicale déjà existante, faisant grandir ainsi cet « arbre », déjà vigoureux, qu'était la sophrologie. Les valeurs, telle une sève nouvelle qui circule et imprègne de sa force l'arbre tout entier, lui apportaient une qualité axiologique, significative et complémentaire qui renforçait sa vocation humaniste. Il est certain qu'après la Déclaration de Récife, l'action même de la sophrologie et son champ de travail et d'influence se développèrent, gagnèrent en richesse et en profondeur.

On peut en dire autant de la Déclaration de Genève, faite en 2001. Le Dr Caycedo présente cette Déclaration dans la continuité de celle de Récife, en soulignant, une fois de plus, l'importance de l'orientation sociale et axiologique de la sophrologie dont la mission est d'apporter une réponse face à ce qu'il appelle la « maladie de masse ». Il y présente clairement les fondements épistémologiques et méthodologiques de la Sophrologie Caycédienne. Il insiste aussi tout particulièrement sur la présence des Valeurs Fondamentales, Radicales et Existentielles qui accompagnent et renforcent toute la Méthode tant du point de vue structurel que vivantiel.

Nous allons présenter ici la Déclaration de Genève qui offre l'intérêt de reprendre les points les plus importants de la Déclaration de Récife. Nous mettrons l'accent sur les aspects les plus significatifs de cet exposé.

Nous devons tenir compte du fait que dans cette Déclaration de Genève, les concepts et théories présentés par le Pr Caycedo furent exposés en 2001. Après cette date, le fondateur de la sophrologie continua à proposer des actualisations de sa Méthode, concernant essentiellement les Cycles Radical et Existentiel. Ces actualisations seront publiées prochainement dans le cadre de la Série *Fondements théoriques et méthodologiques* appartenant à la Collection *Ut Conscienta Noscatur.*

Bibliographie

– Caycedo, A. (2001). Déclaration de Genève ou Déclaration des Valeurs Radicales et Existentielles de l'homme. *Sophrologie Caycédienne,* 26, 3-19.
– Caycedo, A. (2001). Déclaration de Genève ou Déclaration des Valeurs Radicales et Existentielles de l'homme. *Sophrologie* Caycédienne, 27, 3-31.

Déclaration de Genève ou Déclaration des Valeurs Radicales et Existentielles de l'Homme[1]

Discours prononcé par le Professeur Alfonso CAYCEDO, le 17 mai 2001, dans l'Auditoire des Droits de l'Homme de l'université de Genève

[1] Caycedo, A. (2001). Déclaration de Genève ou Déclaration des Valeurs Radicales et Existentielles de l'Homme. *Sophrologie Caycédienne*, 26, 3-19 et Caycedo, A. (2001). Déclaration de Genève ou Déclaration des Valeurs Radicales et Existentielles de l'Homme. *Sophrologie Caycédienne*, 27, 3-31.

Monsieur le président de l'Académie suisse de formation en Sophrologie Caycédienne, Madame la présidente de l'Association suisse des sophrologues caycédiens agréés, Monsieur le président de l'Association suisse de sophro-prophylaxie, Messieurs les responsables locaux et régionaux de la diffusion de la Sophrologie Caycédienne en Suisse, Messieurs les professeurs et étudiants de l'université de Genève ici présents, Mesdames et Messieurs.

Au moment de prendre la parole devant vous, je sens dans mon âme la présence de grandes valeurs historiques.

La présence de la Suisse

C'est pour moi un privilège que de me retrouver en Suisse, cette fois, pour faire l'annonce publique d'une Déclaration qui relie l'historicité de la sophrologie avec la grandeur et la noblesse de ce pays auquel ma formation scientifique et humaine doit tant. La Suisse est le pays où la Méthode qui porte mon nom – et qui est la base méthodologique de la sophrologie –, a été la plus expérimentée et la plus adaptée au niveau social pendant plus de 25 ans, dans 46 villes – 34 de langue française, 9 de langue allemande et 3 de langue italienne. C'est grâce au remarquable travail des sophrologues suisses ici présents qu'elle a pu être diffusée. Plus de cent vingt mille personnes, selon les statistiques officielles, ont été entraînées avec ma Méthode.

La Suisse est un exemple historique vivant de la force intégratrice – au niveau social –, des valeurs que je vais exposer dans cette Déclaration. J'y décrirai quatre valeurs essentielles de l'existence : la liberté, la tridimensionnalité, la responsabilité et la dignité.

La Suisse est un pays fédéral où les cantons constituent de véritables républiques ou états indépendants, où chacun d'eux dispose d'un organe législatif et d'un Conseil d'État exécutif, élus librement par le peuple. Sa première grande valeur est la liberté et la deuxième, la responsabilité avec laquelle ses lois ont été votées, orientées vers l'intégration et vers l'équilibre des différents cantons qui représentent une mosaïque de langues et de cultures, mais dont la force d'intégration est l'axe tridimensionnel d'un passé, d'un présent et d'un futur. Nous trouvons donc ici la tridimensionnalité comme troisième grande valeur. Le libre exercice de cette responsabilité historique constitue la dignité de la Confédération helvétique, cette dignité étant la quatrième valeur essentielle de son existence. La présence permanente de ces quatre valeurs constitue l'essence même de la grandeur historique de la Suisse.

La présence de Genève

Je suis pleinement conscient de l'importance que représente pour la sophrologie, le fait de faire cette Déclaration ici à Genève. Genève dont on dit que c'est la ville où l'Europe est devenue patrie de la personne, ville de la paix et temple de l'humanisme, lieu d'origine des règles suprêmes de la morale et des principes de la démocratie, point de départ de grandes institutions internationales telles que la Croix-Rouge fondée par le genevois Henri Dunant – qui inaugure un vaste mouvement de droit international à l'origine d'un ensemble de lois humanitaires destinées à protéger les droits de la personne en situation difficile.

La présence dans cette université de Genève

Je suis pleinement conscient de l'importance historique que représente pour la sophrologie cette Déclaration à l'université de Genève – berceau de l'humanisme européen, École née en 1559, devenue ensuite Académie impériale puis université cantonale. Elle a vécu l'essor et la crise de l'université libérale et vit à l'heure actuelle une formidable adaptation aux temps modernes.

La présence dans cet Auditoire des Droits de l'Homme

Je suis aussi pleinement conscient de l'importance historique, pour moi, de faire cette Déclaration au nom de la sophrologie, dans cet Auditoire des Droits de l'Homme de l'université de Genève. Les Droits de l'Homme sont assurément une valeur inhérente à la dignité humaine qui, elle-même, est une valeur essentielle de l'existence de l'Être. Quant aux Valeurs de l'Homme, elles sont le droit de l'humain à une existence libre, responsable et digne.

Je voudrais que cette Déclaration soit connue sous le nom de « Déclaration de Genève ou Déclaration des Valeurs Radicales et Existentielles de l'Homme » et qu'elle s'inscrive dans l'histoire de la sophrologie que je représente en ma condition de responsable de sa fondation comme école scientifique ainsi que de la création de son épistémologie, de sa sémantique et de sa méthodologie, intégrées au moyen de la méthode unitaire qui porte mon nom.

Cette Déclaration de Genève se conçoit et s'inscrit dans la continuité de la Déclaration de Récife

Je voudrais que cette Déclaration s'inscrive dans la continuité de celle que j'ai prononcée dans la ville de Récife, au Brésil, le 25 Août 1977, sous le nom de « Déclaration de Récife ou Déclaration des Valeurs Fondamentales de l'Homme ». Je souhaite que son contenu actualisé soit partie intégrante de cette « Déclaration de Genève ou Déclaration des Valeurs Radicales et Existentielles de l'Homme ».

Dans la *Déclaration de Récife*, je présentai la première catégorie de valeurs que l'on découvrait avec la pratique du Premier Cycle de ma Méthode. Cette Déclaration de Genève complète le Tableau des Valeurs proposé à Récife en y ajoutant les valeurs que l'on découvre dans le Cycle Radical et le Cycle Existentiel de ma Méthode.

Avec la Déclaration de Récife, j'ai inauguré officiellement la branche sociale de la sophrologie ; jusqu'alors, j'avais réservé sa pratique aux seuls professionnels de la santé. Maintenant, avec la Déclaration de Genève, je présente à la société une méthode scientifique – dont l'expertise vivantielle a plus de 40 ans –, comme moyen de lutte contre la « maladie de masse » dont souffre l'humanité.

Une nouvelle axiologie sophrologique

Avec la Méthode Caycedo, j'inaugure une nouvelle axiologie, dans laquelle la première valeur est l'Homme lui-même ; c'est l'existence sophronique de l'Homme. Sa table des valeurs se découvre grâce à la pratique d'une méthode d'entraînement de l'Être, inspirée de la phénoménologie existentielle ; je l'ai créée grâce à des procédés originaux qui découvrent la conscience afin qu'elle brille de sa propre lumière : la lumière des Valeurs de l'Homme où la première valeur est l'existence de l'Homme lui-même. La force de la Méthode comme thérapeutique et comme entraînement existentiel consiste dans la découverte et le renforcement des Valeurs de l'Homme décrites dans cette Déclaration.

L'axiologie est la science ou la théorie des valeurs. En général, l'on définit les valeurs comme ce qui fait que la vie est digne d'estime ou de reconnaissance, en conformité avec les normes et les principes établis dans la société.

Le concept de « valeur » a eu différentes significations à travers l'histoire, de la philosophie grecque à nos jours. Certains considèrent les valeurs d'un point de vue objectif, d'autres d'un point de vue subjectif, d'autres encore les décrivent conformément aux différentes sciences, professions ou théories. Le concept de Valeurs de l'Homme que je décris ici présente un caractère d'originalité parce que la première grande valeur est l'Homme, l'Homme même, comme point de départ des autres valeurs qui constituent les structures inhérentes à la vie et à l'existence de l'Être et que je décris dans cette Déclaration.

Première définition des Valeurs de l'Homme

Dans ma *Déclaration de Récife*, je définissais les Valeurs de l'Homme de la façon suivante : « La sophrologie entend par « Valeurs de l'Homme », les qualités spécifiques qui caractérisent l'être humain et le définissent comme doté d'une conscience individuelle, originale et transcendantale. »

Comme nous le verrons plus loin, cette définition est complétée dans la présente Déclaration de Genève.

Dans la *Déclaration de Récife*, je définissais la sophrologie comme : « une fondation à caractère international, créée dans le but de sauvegarder les Valeurs de l'Homme, face à la crise de la civilisation contemporaine. » J'ajoutais qu'à partir de ce moment-là, « elle est composée de deux branches : la sophrologie médicale et la sophrologie à orientation sociale. » Comme l'on peut le constater la sophrologie est, dans ses deux branches, orientée vers l'axiologie, une axiologie originale et propre qui considère l'Homme, la personne humaine, comme la valeur principale. Avec *Récife*, la sophrologie acquiert un caractère axiologique et social. Sa définition s'enrichit car, jusque-là, je l'avais seulement définie comme une école de recherche de la conscience. Comme nous allons le voir, la définition actuelle de la sophrologie est complétée par le Tableau des Valeurs de l'Homme. Avec cette *Déclaration de Genève*, la sophrologie acquiert définitivement un caractère axiologique.

La Déclaration de Récife et la « maladie de masse »

Dans ma Déclaration de Récife, je justifiais l'aventure de la sophrologie dans sa dimension sociale, pour pouvoir affronter la grave crise qu'était en train de vivre l'humanité, de la façon suivante :

> *La sophrologie a pris pleinement conscience que l'humanité a commencé de vivre une grande crise de son histoire, car les Valeurs de l'Homme sont en train d'être attaquées au niveau biologique, ce qui met en péril le développement de notre civilisation. Le processus de désintégration que vit l'homme de notre temps, peut conduire à l'auto-destruction de notre culture si nous ne trouvons pas des solutions adaptées et immédiates. Les graves altérations dont souffre l'humanité peuvent être considérées comme une « maladie de masse », dont les symptômes se manifestent chez différents groupes humains, sans distinction de pays, de race ou de religion.*
>
> *La cause de ce grave processus réside dans le fait que l'être humain de notre temps manque de structures appropriées pour faire face à une réalité qu'il vit pour la première fois de son histoire : la civilisation dite de consommation ou civilisation de masse qui précipite l'individu dans un monde où sont attaquées ses structures vitales et ses valeurs, au niveau biologique. (...)*

La « maladie de masse » ne cesse de progresser

À l'heure actuelle, cette « maladie de masse » que je décrivais dans ma *Déclaration de Récife*, ne cesse de se développer et la destruction des valeurs se produit de façon plus profonde. Les défenses de l'organisme diminuent et le système immunitaire s'affaiblit, provoquant des maladies infectieuses telles que le sida, véritable pandémie qui décime l'humanité.

La massification développe la consommation de produits alimentaires préjudiciables pour la santé, entraînant une attaque de la biologie humaine.

La perte des valeurs mène les êtres humains à vivre une existence sans morale et sans principes qui les conduit à l'extrême incroyable de proposer la légalisation de l'indignité pour convertir les antivaleurs en valeurs, comme symptôme suprême de la décomposition sociale.

Le manque de travail oblige les peuples du Tiers-Monde à émigrer et à connaître des conditions de vie dégradantes.

De plus en plus est constatée l'apparition de signes cliniques de pathologies variées d'une virulence encore jamais observée : le suicide est la première cause de mortalité chez les jeunes.

Il serait long d'énumérer ici les conflits sociaux et politiques : la confrontation des groupes humains, les différents types de contamination, l'impact désastreux de la drogue à tous les niveaux de la société, etc.

La « maladie de masse » que je décrivais dans ma *Déclaration de Récife* a continué à progresser ; à l'heure actuelle, elle attaque toutes les Valeurs de l'Homme, Valeurs que je veux exposer dans cette *Déclaration de Genève.*

Les « antivaleurs » détruisent les Valeurs de l'Homme

J'appelle « anti-valeurs de l'Homme » les conditions qui affaiblissent et détruisent les Valeurs de l'Homme dans ses différents niveaux. Elles se comportent comme certains virus caractérisés comme destructeurs des structures vitales de l'être humain. De la même façon que le virus du sida attaque les structures-mêmes du système immunitaire, la « maladie de masse » dont souffre l'humanité attaque les structures-mêmes des Valeurs de l'Homme exposées dans cette *Déclaration de Genève.*

Face à cette situation, j'insiste sur le fait que la réponse se trouve en nous-mêmes, dans notre biologie, dans la mobilisation de notre réserve génétique, par des méthodes scientifiques comme celle que j'offre aujourd'hui à la société. Si la « maladie de masse » a progressé, la science a, *elle aussi*, progressé. Mes affirmations de *Récife* trouvent aujourd'hui leur confirmation scientifique dans les concepts modernes de la biologie moléculaire et dans la découverte du pouvoir prodigieux des cellules. Ma méthode a, *elle aussi*, évolué. Les Valeurs décrites dans ma *Déclaration de Récife* se réfèrent aux structures propres et latentes de la conscience ordinaire. La découverte des Valeurs Fondamentales de l'Homme passe par la pratique du Premier Cycle de la Méthode. Avec ce Premier Cycle, je peux aujourd'hui présenter les deux Cycles suivants : le Cycle Radical et le Cycle Existentiel, avec leurs Valeurs respectives que je décris dans cette *Déclaration de Genève.*

La découverte, la conquête et le renforcement de ces Valeurs par la pratique de ma Méthode, représentent un nouvel espoir pour lutter contre la « maladie de masse », au niveau clinique et au niveau social.

L'expérience suisse face à la « maladie de masse »

L'exemple de la Suisse est la meilleure preuve de ces affirmations. L'utilisation de ma Méthode sur l'ensemble du territoire suisse, auprès de personnes appartenant à des groupes sociaux culturels et linguistiques différentes, a entraîné une diminution de l'anxiété à grande échelle. Au niveau symptomatique, nous avons constaté une diminution de la consommation d'anxiolytiques. Dans la Confédération helvétique, selon les statistiques officielles, plus de 120.000 personnes se sont entraînées avec ma Méthode.

La Méthode Caycedo, après 40 ans de mise à l'épreuve au quotidien, est une réponse clinique et sociale à la « maladie de masse » dont souffre l'humanité

L'histoire de la sophrologie est inhérente à l'histoire de la Méthode Caycedo, procédé d'entraînement vivantiel de l'Être, inspiré par la pensée phénoménologique et existentielle, conçu au fur et à mesure que je constituais les bases théoriques et pratiques de l'École sophrologique.

La Méthode que je présente aujourd'hui dans sa programmation définitive et que j'offre à la société comme moyen de lutte contre la « maladie de masse » a été mise à l'épreuve au quotidien, pendant 40 ans. Elle se compose d'un ensemble de techniques à caractère vivantiel, qui ont été vérifiées au niveau médical par des professionnels de la santé et au niveau socio-prophylactique par des professionnels des sciences humaines (sophrologues sociaux et sophrologues de la prévention et de l'éducation).

Une méthode inspirée par la pensée phénoménologique et existentielle doit réaliser sa vérification scientifique au moyen de la preuve irréfutable du temps. Seuls les véritables résultats se maintiennent dans le temps (...).

C'est pourquoi ce n'est que maintenant que je présente ma Méthode officiellement après 40 ans d'expérience, bien qu'elle soit connue et qu'elle ait été vérifiée par tous les sophrologues caycédiens au fur et à mesure de son élaboration.

Voici sa programmation définitive, actualisée, qui en facilitera la diffusion et la pratique. Cette nouvelle présentation porte mon nom, comme le veut la tradition, dans tous les arts médicaux, sociologiques ou pédagogiques. Elle reçoit donc le nom de « Méthode Caycedo », non seulement comme garantie de son originalité, mais également comme protection juridique contre les falsifications.

Schéma fondamental de la Méthode Caycedo : une Phase préparatoire et trois Cycles

La Méthode Caycedo comprend une Phase préparatoire ainsi que trois Cycles de quatre Degrés, soit douze Degrés de Relaxation Dynamique de Caycedo ou RDC, chaque Degré ayant ses Techniques phroniques spécifiques.

Phase préparatoire

Tous les patients ou élèves en séances individuelles ou en groupe devront, avant de commencer la pratique de la Méthode proprement dite, expérimenter la théorie et la pratique de cette Phase préparatoire, sous la direction d'un sophrologue caycédien dûment qualifié.

Cette Phase préparatoire comprend :

La connaissance des trois « Théories-clés » de la Méthode

– Théorie caycédienne des états et niveaux de la conscience, théorie fondatrice de la sophrologie ;
– Théorie caycédienne de la Conscience Isocay, qui implique la connaissance et la pratique de la Posture Isocay nécessaire à toutes les techniques ;
– Théorie caycédienne des cinq Systèmes Isocay qui sont nécessaires à toutes les techniques de la Méthode Caycedo.

La connaissance et la pratique des trois « Techniques-clés » avec lesquelles l'on démarre presque toutes les techniques de la Méthode :

– sophronisation de base vivantielle par les cinq Systèmes Isocay[2] ;
– sophro-déplacement du négatif des cinq Systèmes Isocay ;
– sophro-stimulation vitale des cinq Systèmes Isocay.

Ces trois techniques peuvent selon le cas s'utiliser indifféremment de façon dynamique ou statique.

Une fois ces connaissances acquises, l'on pourra passer à la pratique de la Méthode Caycedo proprement dite.

Remarque : l'apprentissage vivantiel de ces théories et techniques est en lui-même une excellente initiation à l'entraînement vivantiel de la Méthode.

Premier Cycle ou Cycle Fondamental

L'on y découvre *les Valeurs Fondamentales de l'Homme*, propres à la conscience naturelle où « les choses sont comme elles sont ». Ces valeurs qui furent exposées dans la Déclaration de Récife, constituent la première catégorie des Valeurs de l'Homme du Tableau axiologique de la sophrologie.

Dans ce Premier Cycle, l'on pratique les RDC 1, 2, 3, et 4 actualisées, orientées vers la vivance des cinq Systèmes Isocay. Les Techniques phroniques spécifiques de chaque Degré sont les suivantes :

– pour la RDC1 : Techniques phroniques de présentation ;
– pour la RDC2 : Techniques phroniques de futurisation ;
– pour la RDC3 : Techniques phroniques de prétérisation ;
– pour la RDC4 : Techniques phroniques de totalisation.

Toutes ces Techniques ont été actualisées et se pratiquent actuellement à partir des Techniques-clés et en Posture Isocay.

Deuxième Cycle ou Cycle Radical

Il conduit à la découverte des *Valeurs Radicales de l'Homme*, propres à la conscience phénoménologique où « les choses peuvent être autrement. » Ces

---

2 En 2001, le Pr Caycedo avait décrit cinq Systèmes Isocay. Plus tard, il ajoutera le Sixième Système qui intègre la totalité du corps.

Valeurs, décrites dans la Déclaration de Genève, constituent la deuxième catégorie des Valeurs de l'Homme du Tableau axiologique de la sophrologie.

Lors de ce Deuxième Cycle, l'on pratique les RDC 5, 6, 7 et 8 actualisées ainsi que les Techniques phroniques spécifiques de chaque Degré. La sophro-stimulation sonore avec le phonème et le phronème EMOUSOTRIA revêt une importance radicale.

Troisième Cycle ou Cycle Existentiel

L'on y découvre *les Valeurs de l'Existence sophronique de l'Homme*, objectif fondamental de la sophrologie. Dans cette forme d'existence, « les choses sont autrement » : elles sont axiologiques et tridimensionnelles. Ces Valeurs, décrites dans la Déclaration de Genève, constituent la troisième catégorie des Valeurs de l'Homme du Tableau axiologique de la sophrologie.

Dans ce Troisième Cycle, l'on pratique :

– les RDC 9, 10, 11 et 12 actualisées, orientant les vivances à travers les cinq Systèmes Isocay ainsi que les Techniques phroniques spécifiques de chaque Degré, dont les « Techniques « ATRISOMOUÉ[3] ».

Une grande importance est donnée aux quatre Marches phroniques finales :

– Marche phronique de la Liberté ;
– Marche phronique de la Tridimensionnalité des objets ;
– Marche phronique de la Responsabilité et de la Tridimensionnalité des êtres ;
– Marche phronique de la Dignité et de la nouvelle Quotidienneté.

Deux procédés essentiels permettant l'adaptabilité

La Méthode Caycedo se base sur deux procédés inhérents à la Méthode même et qui permettent l'adaptabilité : l'Entraînement sophrologique caycédien (ESC) et la Sophro-analyse vivantielle caycédienne (SAVC).

L'Entraînement sophrologique Caycédien

C'est un procédé qui permet l'adaptation des différents Degrés de la RDC et de ses Techniques spécifiques aux différents champs d'application, aussi bien au niveau clinique qu'au niveau de la prophylaxie sociale. Il consiste en l'élaboration de différents protocoles qui facilitent la bonne pratique de la Méthode.

La Sophro analyse vivantielle caycédienne

Elle est à caractère orientatif et non interprétatif. Elle consiste à étudier la Vivance phronique propre à chaque niveau de la Méthode, pour son orientation correcte. Le travail se réalise toujours d'un commun accord avec le patient ou l'élève, qui établit son propre protocole.

---

[3] Plus tard, Alfonso Caycedo proposera le phonème "EOUMOTRIA" comme stratégie vivantielle employée pendant l'activation sonore du Cycle Existentiel.

Lorsque la pratique se fait avec un caractère didactique pour la formation des sophrologues, on leur explique les différentes stratégies correspondant à chaque Cycle ainsi que les indications de base pour les différents Degrés de la Vivance phronique qui est l'axe de la Méthode.

La diffusion de la Méthode est réservée aux professionnels de la santé et de la prophylaxie sociale

La diffusion et l'application de la Méthode est réservée aux professionnels de la santé et aux professionnels des sciences humaines, avec une section spéciale pour les sophrologues sociaux et les sophrologues de la prévention et de l'éducation. À la fin de leur formation théorique et pratique, les élèves reçoivent le titre de Master Spécialiste en Sophrologie Caycédienne, de la branche clinique pour les professionnels de la santé et de la branche socio-prophylactique pour les professionnels des sciences humaines et les sophrologues sociaux de la prévention et de l'éducation.

Engagement envers la nouvelle axiologie sophrologique

La sophrologie, dans sa nouvelle définition, tout comme la Sophrologie Caycédienne en tant que discipline existentielle, assument désormais l'engagement de développer leurs activités dans le cadre de la nouvelle axiologie sophrologique des Valeurs de l'Homme.

Cette axiologie sophrologique se fonde sur un Tableau qui réunit les Valeurs décrites dans la Déclaration de Récife et celles décrites dans cette Déclaration de Genève.

TABLEAU DES VALEURS DE L'HOMME

Elles constituent une nouvelle axiologie sophrologique, qui considère l'Existence sophronique de l'Homme comme sa Valeur première.

Le Tableau des Valeurs de l'Homme se divise en trois catégories décrites ci-dessous :

– Valeurs Fondamentales de l'Homme ;
– Valeurs Radicales de l'Homme ;
– Valeurs Existentielles de l'Homme.

Les Valeurs Fondamentales de l'Homme

Ce sont celles qui ont été communiquées par le Pr Alfonso Caycedo, ***à Récife, le 25 août 1977***, à l'occasion de sa nomination **comme professeur *honoris causa*** de l'université de Pernambouc.

Ce sont les valeurs propres à la conscience naturelle, que l'on découvre dans le Premier Cycle de la Méthode Caycedo. Les Valeurs Fondamentales sont classées en quatre catégories :

Les Valeurs biologiques

Elles sont présentes dans les racines mêmes de la biologie humaine, au niveau cellulaire et moléculaire.

Elles comprennent :

– le capital génétique ;
– la mémoire cellulaire ;
– l'intégration des structures moléculaires ;
– le rôle des tissus ;
– l'intégration de l'individu ;
– la conservation de l'espèce ;
– l'intégration de la conscience, qualité essentielle, propre à l'Être humain.

Les Valeurs vitales

Liées au comportement des êtres humains, elles sont ancrées comme sentiments vitaux, dans les valeurs biologiques. Parmi elles, nous pouvons souligner :

– l'individualité ;
– la constitution du foyer ;
– la famille comme structure fondamentale du tissu social ;
– l'intégration sociale nécessaire au fonctionnement d'un organisme vivant : l'humanité dans sa totalité.

Les Valeurs historiques

Elles constituent le patrimoine et les conquêtes de l'humanité, au cours des siècles. Nous pouvons, entre autres, citer :

– la religiosité sous toutes ses formes ;
– la « politicité » (l'intérêt pour la chose publique) dans n'importe laquelle de ses manifestations ;
– la science ;
– l'art ;
– la culture.

Les Valeurs Radicales de l'Homme

Elles ont été communiquées par le Pr Alfonso Caycedo, à **Genève, le 17 mai 2001**, dans l'Auditoire des Droits de l'Homme de l'université de Genève.

Ce sont les Valeurs de la Conscience phronique radicale que l'on découvre dans le Deuxième Cycle de la Méthode Caycedo. Elles sont au nombre de quatre. Leur vivance constitue « le Moi phronique radical ». Les Valeurs Radicales possèdent elles aussi les Valeurs vivantielles qui permettent leur entraînement et leur développement.

Le Corps phronique radical

C'est la présence du Corps dans la Vivance phronique radicale la plus profonde.

Parmi ses Valeurs vivantielles, l'on trouve :

– le Poids ;
– la Chaleur ;
– les Systèmes ISOCAY.

L'Esprit phronique radical

C'est la présence de l'Esprit dans la Vivance phronique radicale la plus profonde.

Parmi ses Valeurs vivantielles, l'on trouve :

– la Pensée ;
– le « Libre choix » [4] ;
– le Désir.

La Conscience phronique radicale

C'est la présence de la Conscience dans la Vivance phronique radicale la plus profonde.

Parmi ses Valeurs vivantielles, l'on trouve[5] :

– l'Énergie Omicron ;
– l'Énergie Ompsilon ;
– l'Énergie Epsilon.

L'Âme phronique radicale

C'est la présence de l'Âme dans la Vivance phronique radicale la plus profonde.

Parmi ses Valeurs vivantielles, l'on trouve[6] :

– la Contemplation ;
– la Foi ;
– l'Amour.

---

[4] « Le Libre choix » a été reformulé et décrit comme la valeur de la liberté dans la pratique du Cycle Existentiel.

[5] Plus tard, Alfonso Caycedo proposera l'"énergie fronsilon" comme énergie d'intégration de l'ensemble de l'être.

[6] Plus tard, il intègrera les valeurs vivantielles de l'intuition et de la voix intérieure comme valeurs constitutives de l'Âme phronique radicale.

Les Valeurs Existentielles de l'Homme

Ce sont les valeurs de l'Existence sophronique que nous pouvons découvrir dans le Troisième Cycle de la Méthode Caycedo. Elles sont classées en quatre catégories et contiennent à leur tour les Valeurs vivantielles qui permettent leur entraînement et leur développement.

Une Valeur ontologique

Les quatre composants du Moi phronique se projettent à l'Existence, constituant le Moi phronique existentiel, qui dépasse toute dualité. Parmi ses Valeurs vivantielles, l'on trouve :

- le Corps phronique existentiel ;
- l'Esprit phronique existentiel ;
- la Conscience phronique existentielle ;
- l'Âme phronique existentielle.

Quatre Valeurs essentielles

Ce sont les structures existentielles sans lesquelles l'Être ne peut être. Parmi ses valeurs vivantielles, l'on trouve :

- la Liberté phronique existentielle ;
- la Tridimensionnalité phronique existentielle ;
- la Responsabilité phronique existentielle ;
- la Dignité phronique existentielle.

Cinq Valeurs structurales

Ce sont les structures existentielles qui favorisent l'Existence de l'Être. Parmi ses Valeurs vivantielles, l'on trouve :

- l'Individualité phronique existentielle ;
- la Groupéité phronique existentielle ;
- la Société phronique existentielle ;
- l'Humanité phronique existentielle ;
- l'Universalité phronique existentielle.

Deux Valeurs transcendantales

Ce sont les fondements vitaux qui donnent un sens à l'existence. Parmi ses valeurs vivantielles, l'on trouve :

- l'Éternité ;
- la Divinité.

Comme nous pouvons le constater, la Méthode Caycedo est un processus vivantiel à caractère axiologique, qui découvre progressivement la conscience pendant la pratique de ses trois Cycles. Progressivement, apparaissent les valeurs de l'Être, lesquelles sont à leur tour renforcées grâce au processus vivantiel de la Méthode.

La liste des Valeurs qui apparaît lors de la pratique de la Méthode, constitue le Tableau des Valeurs de l'Homme propre à la sophrologie. Ce Tableau comprend une première liste de valeurs communiquées dans la Déclaration de Récife ; il se réfère aux Valeurs découvertes dans le Premier Cycle, propres à la conscience ordinaire ou naturelle. La deuxième liste comprend les Valeurs communiquées dans ma Déclaration de Genève ; elles apparaissent pendant les Deuxième et Troisième Cycles et sont propres à la Conscience Radicale et à l'Existence sophronique.

LES NOUVELLES DÉFINITIONS À PARTIR DE LA RECHERCHE PHÉNOMÉNOLOGIQUE ET EXISTENTIELLE

Dans la recherche phénoménologique et existentielle, les définitions sont les lectures qui décrivent un phénomène en cours de transformation. C'est pourquoi, la définition se transforme et se complète au fur et à mesure que le phénomène mûrit avec le temps.

Dans ma recherche vivantielle, j'ai complété ma première définition des Valeurs de l'Homme décrites dans la Déclaration de Récife, car je me référais alors aux Valeurs qui apparaissaient lors du travail réductif phénoménologique sur la conscience naturelle. Dans cette première définition, je ne mentionnais ni le monde radical ni le monde de l'existence sophronique qui se découvriront plus tard lors de la pratique des Deuxième et Troisième Cycles de ma Méthode. Dans ma définition actuelle, je complète la première définition en donnant à la conscience la possibilité de conquérir ces dimensions.

Deuxième définition des Valeurs de l'Homme

Je définis actuellement les Valeurs de l'Homme comme suit : « Les Valeurs de l'Homme sont les qualités spécifiques qui caractérisent l'Être humain et le définissent comme doté d'une conscience indivisible, originale et transcendantale dont le développement lui permet la découverte et la conquête d'un monde radical et d'une existence pleine de valeurs qui reçoit le nom d'« Existence sophronique. »

De la même manière, je dois désormais compléter ma définition de la sophrologie en soulignant son engagement total envers le développement des Valeurs de l'Homme puisque l'axiologie sophrologique et son Tableau des Valeurs sont ses objectifs prioritaires.

Nouvelle définition de la sophrologie

« La sophrologie est une méthode scientifique créée par le médecin neuropsychiatre, le Dr Alfonso Caycedo, pour étudier la conscience et renforcer les Valeurs de l'Homme, au moyen de procédés « vivantiels » qui lui sont propres et originaux. »

Ma définition de la Sophrologie Caycédienne doit également être complétée en faisant remarquer l'engagement de la Méthode Caycedo dans la lutte contre la « maladie de masse » dont souffre notre civilisation.

Nouvelle définition de la Sophrologie Caycédienne

« La Sophrologie Caycédienne est une discipline basée sur la phénoménologie existentielle qui propose l'emploi de la Méthode Caycedo en médecine et en prophylaxie sociale, comme moyen de lutte contre la « maladie de masse » dont souffre l'humanité. »

HOMMAGE À LA SUISSE ET AUX SOPHROLOGUES SUISSES

Je voudrais que cette Déclaration de Genève soit un hommage en mon nom propre et au nom de toute la sophrologie, à la Suisse, à tous les sophrologues suisses et à toutes les personnes qui ont collaboré, d'une façon ou d'une autre, pour que puisse se réaliser cette grande expérience d'adaptation et d'application de ma Méthode, comme entraînement vivantiel de l'être, au niveau national, pendant plus de vingt-cinq ans.

Je voudrais que la Suisse soit représentée par la mémoire de mon Maître, le grand psychiatre suisse, le Dr Ludwig Binswanger et que les sophrologues suisses soient représentés par les professionnels ici présents.

Au Dr Ludwig Binswanger

Respect et honneur, en mon nom propre et au nom de l'École sophrologique, à la mémoire du Dr Ludwig Binswanger, médecin psychiatre suisse qui fut l'un des fondateurs de la psychiatrie phénoménologique existentielle et dont j'ai été l'un des derniers disciples ayant travaillé à ses côtés comme médecin stagiaire dans sa clinique, le Sanatorium Bellevue de Kreuzlingen. Ses enseignements dans le domaine de la psychiatrie phénoménologique et existentielle, illuminèrent ma profession et tout le champ de la sophrologie. La Méthode d'entraînement vivantiel de l'Être que je présente aujourd'hui trouva son orientation définitive grâce à ses enseignements. C'est pourquoi aujourd'hui, je voudrais dédier cette Déclaration à sa mémoire.

Aux époux Schwaar

Respect et honneur, en mon nom propre et au nom de l'École sophrologique, à Mr Pierre Schwaar et à Mme Edith Schwaar, pour l'organisation et l'adaptation de ma Méthode dans plus de 46 villes de Suisse (d'après la liste publiée dans la dernière Revue suisse pour le développement international de la Sophrologie Caycédienne) : 34 villes de langue française, 9 de langue allemande et 3 de langue italienne, où la Méthode est diffusée au moyen de pratiques mensuelles ouvertes au grand public et par la réalisation de séminaires et de cours proposés à différents groupes.

Au Dr Raymond Abrezol

Respect et honneur, en mon nom propre et au nom de l'École sophrologique, au Dr Raymond Abrezol, pour son formidable travail d'adaptation de ma Méthode pour les sportifs de Suisse et d'autres pays qui ont remporté plus de 200 médailles olympiques. Respect et honneur, pour avoir su placer ma Méthode au-delà des médailles et avoir permis à ces sportifs de trouver le véritable sens de leur entraînement : celui de leur existence.

Aux trois Sociétés qui représentent la Sophrologie Caycédienne en Suisse

Respect et honneur, en mon nom propre et au nom de l'École sophrologique, aux trois Sociétés qui représentent la Sophrologie Caycédienne en Suisse, à tous leurs membres et à leurs présidents ici présents :

– Le Dr Joseph Borzykowski, président de l'Académie suisse de formation en Sophrologie Caycédienne ;

– Madame Anne-Lise Brugger, présidente de l'Association suisse des sophrologues caycédiens agréés ;

– Monsieur Pierre Schwaar, président de l'Association suisse de sophro-prophylaxie.

Aux responsables locaux et régionaux

Respect et honneur, en mon nom propre et au nom de l'École sophrologique, à tous les responsables locaux et régionaux de la diffusion de la Méthode Caycedo en Suisse. À ceux qui l'adaptent à des programmes de perfectionnement, au niveau social, sportif, pour le troisième âge et pour les enfants, sur le mode ludique et/ou pédagogique.

PHASE PRÉPARATOIRE DE LA MÉTHODE CAYCEDO RÉSUMÉ EXPLICATIF

La boîte noire ou conscience voilée[7] (Figure 1)

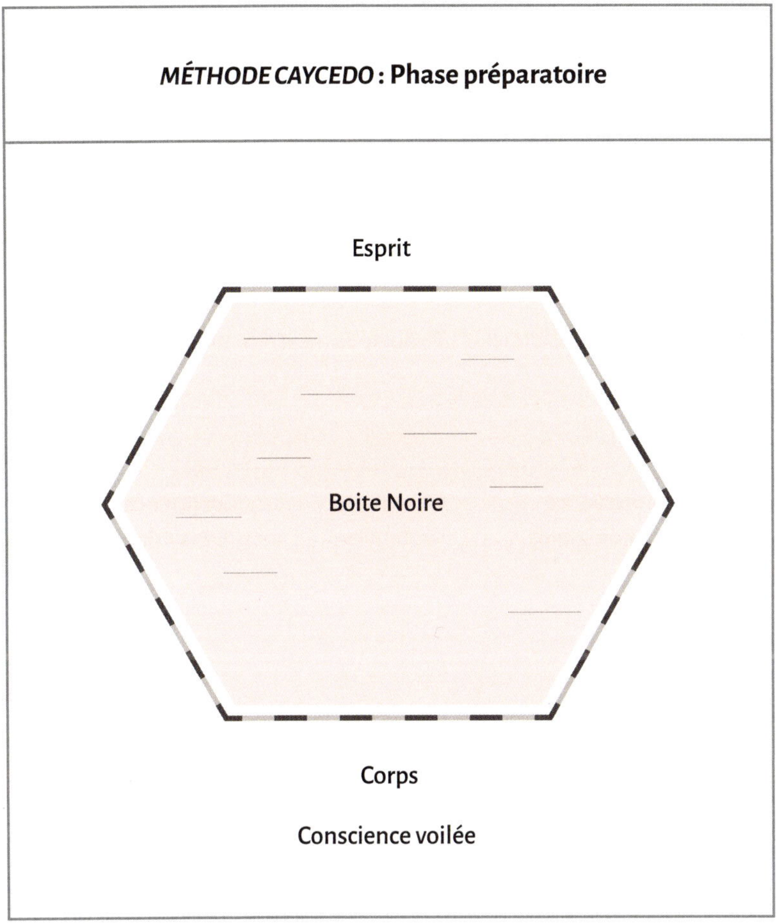

Figure 1. Phase préparatoire de la RDC.

Les personnes qui commencent l'Entraînement vivantiel de la Méthode Caycedo habitent en général le monde de la conscience ordinaire où l'on ignore que cette conscience est voilée ; on la perçoit comme une boîte noire *(schéma ci-dessus)* qui ne permet pas de voir le monde intérieur. L'on sent seulement que l'on

[7] À cette époque-là, le Pr Caycedo représentait la Région phronique par un hexagone. Quelques années plus tard, il lui donnera la forme d'un octogone.

a un corps et un esprit mais l'on ne sait pas quelle est leur interaction, et en général, l'on confond l'esprit avec la conscience.

La phase préparatoire de la Méthode Caycedo comprend trois « Théories-clés » et trois « Techniques-clés ». Avec elle commence le processus de dévoilement de la conscience, sous la direction d'un sophrologue caycédien dûment qualifié qui explique aux personnes les trois « Théories-clés » et leur enseigne les trois « Techniques-clés » nécessaires à la pratique de la Méthode.

Les trois Théories-clés de la Phase préparatoire de la Méthode Caycedo

Première Théorie-clé : Théorie caycédienne des états et des niveaux de la conscience (Figure 2)

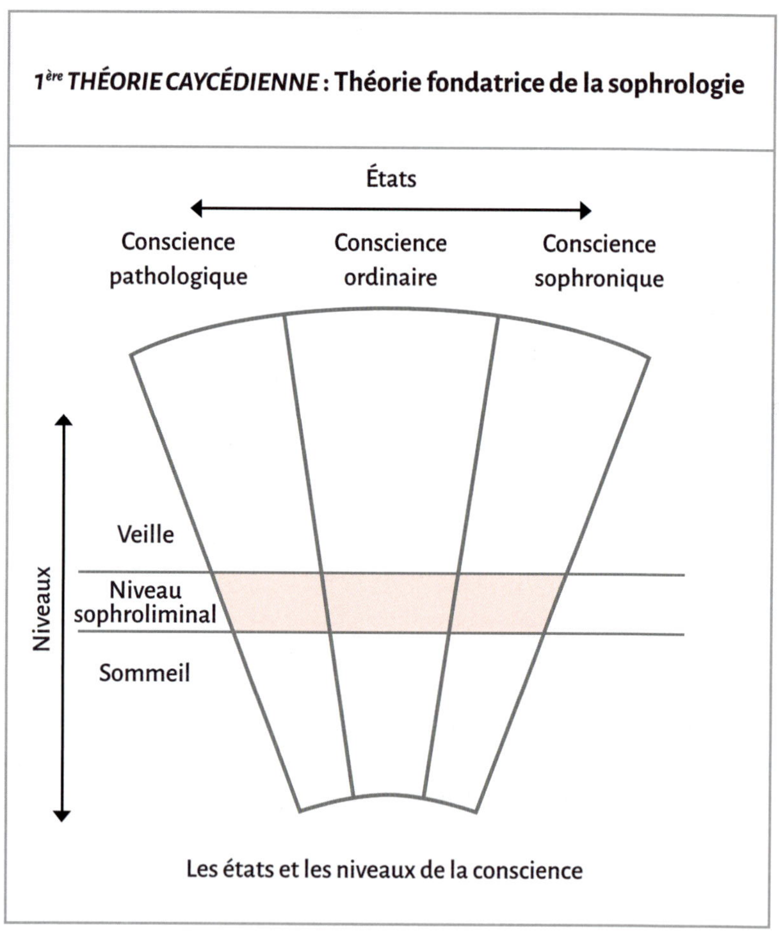

Figure 2. Théorie caycédienne des états et des niveaux de la conscience.

Le sophrologue explique tout d'abord la Première Théorie caycédienne fondatrice de la sophrologie, qui reçoit le nom de « Théorie des états et des niveaux de la *conscience* ».

Sur ce schéma, l'on étudie la conscience divisée en états et en niveaux.

Les états de la conscience, au nombre de trois, sont des variations qualitatives de la conscience :
– état de conscience ordinaire, étudié par la psychologie ;
– état de conscience pathologique, étudié par la psychiatrie ;
– état de conscience sophronique, étudié par la sophrologie.

La plupart des êtres humains habitent le monde de la conscience ordinaire ou naturelle et ont trois possibilités existentielles :
– rester toute leur vie dans cette conscience ordinaire ;
– plonger dans le monde de la conscience pathologique à cause de la maladie mentale ou physique ;
– conquérir le monde de la conscience sophronique ou extra-ordinaire qui est l'objectif fondamental de la sophrologie et qui s'obtient par la pratique de la Méthode Caycedo.

Les niveaux de la conscience sont des variations quantitatives qui oscillent selon le rythme veille-sommeil. Dans la frange de séparation, le Pr Caycedo décrit le « Niveau sophroliminal ».

Deuxième Théorie-clé : Théorie caycédienne de la Conscience Isocay (Figure 3)

Dans un premier temps, le Pr Caycedo pensa que l'entraînement sophrologique se réalisait dans le Niveau sophroliminal. Mais après de nombreuses années de recherche phénoménologique et existentielle, il découvrit que celui-ci s'effectuait dans un niveau spécial de la conscience vigile où se trouvent les structures de plus grande intégration de l'être, responsables de la liberté, la clarté, la créativité et l'harmonie de la conscience. Il proposa de désigner ce niveau par le vocable « Conscience Isocay » dont il compara la force intégratrice qui unit toutes les structures de la conscience, au lien qui réunit les épis de blé en une gerbe.

La Conscience Isocay est limitée dans sa partie supérieure par une couche de grande sensibilité nommée « couche supraliminale » et dans sa partie inférieure, par une autre couche également très sensible appelée « couche infraliminale », que nous allons étudier ci-dessous.

La Conscience Isocay est le champ de travail de la Méthode Caycedo, car toutes ses techniques s'y réalisent en évitant de tomber dans la couche infraliminale ou de pénétrer dans la couche supraliminale.

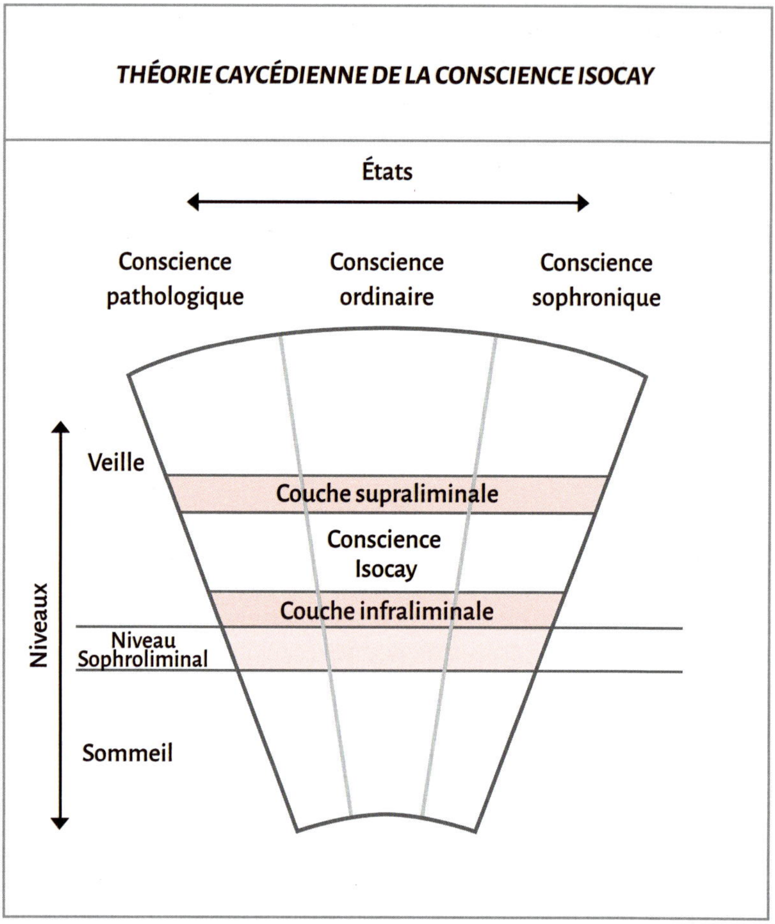

Figure 3. Théorie caycédienne de la Conscience Isocay.

Les couches qui limitent la Conscience Isocay (Figure 4)

Sur le schéma ci-joint nous voyons avec plus de clarté comment la Conscience Isocay, base et fondement de l'entraînement vivantiel de la Méthode Caycedo, se trouve entre deux niveaux : la couche supraliminale et la couche infraliminale.

La Conscience Isocay est une conscience intégrée, claire, consciente et qui s'éclaire de sa propre lumière. Elle est nécessaire pour conquérir l'Existence sophronique et les Valeurs de l'Homme qui sont l'objectif principal de la Méthode Caycedo. C'est dans ce niveau que se pratiquent toutes les techniques de la Méthode.

La couche supraliminale est d'une sensibilité extraordinaire : elle excite la conscience en accélérant ses mécanismes. C'est là qu'ont lieu les expériences extatiques, des expériences mystiques, certaines pratiques du zen ainsi que certaines altérations pathologiques propres aux niveaux hauts. La sophrologie s'éloigne de ces niveaux et ne pratique aucun de ces procédés.

La couche Infraliminale a un caractère inhibiteur puisqu'elle altère les niveaux de la conscience. Elle est limitée dans sa partie inférieure par le Niveau sophroliminal, proche du sommeil. C'est dans cette couche qu'ont lieu des expériences telles que l'hypnose, certaines formes de yoga, les transes et quelques altérations pathologiques propres à ces niveaux profonds. La sophrologie s'éloigne de ce niveau et ne pratique aucun de ces procédés.

Au commencement de la sophrologie, les principales techniques occidentales et orientales qui modifient la conscience, comme l'hypnose ou celles propres au yoga et au zen, ont été étudiées. Actuellement, dans la Méthode Caycedo, l'on n'emploie aucune de ces méthodes, laissant leur pratique aux professionnels et aux Maîtres dûment qualifiés.

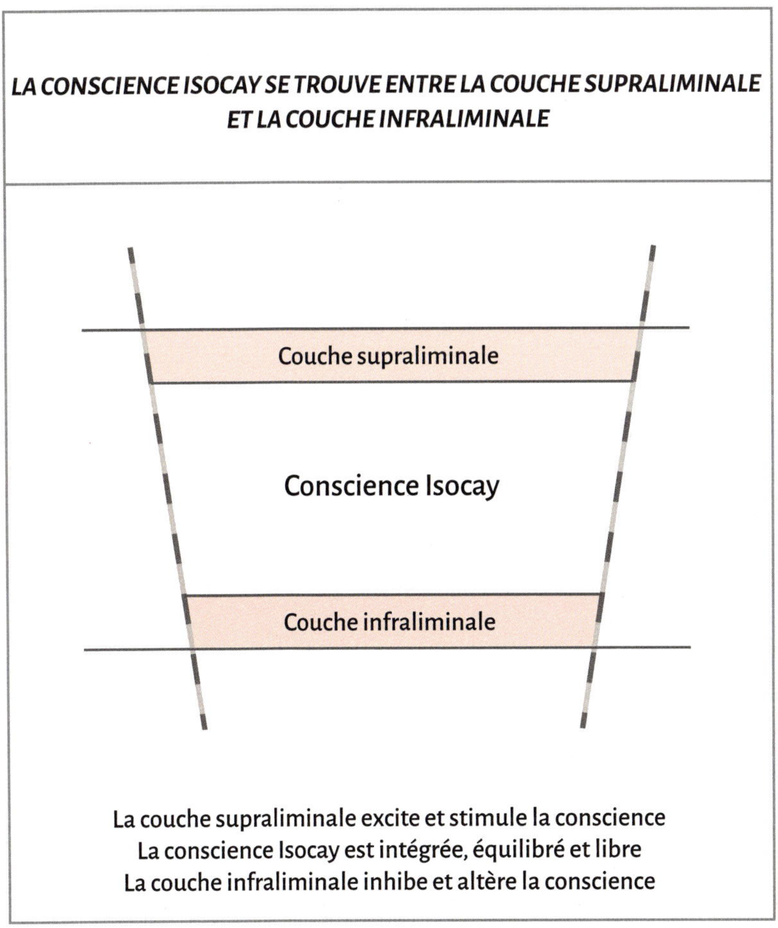

Figure 4. Les couches qui limitent la Conscience Isocay.

Une Posture pour maîtriser la Conscience Isocay (Figure 5)

Après de nombreuses années de pratique et de recherche phénoménologique et existentielle, le Pr Caycedo chercha une posture qui faciliterait le processus vivantiel de la Méthode Caycedo. Pour cela, il étudia les postures caractéristiques des procédés de méditation les plus importants, tels que le zen et le yoga, afin d'en trouver une qui s'adapte à l'homme occidental et aux objectifs de sa Méthode. Il proposa le nom de « Posture Isocay » pour la posture choisie, laquelle s'avéra être très importante pour la découverte et la conquête de la Conscience Isocay.

La Posture Isocay présente les caractéristiques suivantes :

– la personne s'assied au milieu d'une chaise dont le dossier est vertical, sans y appuyer le dos. Elle place les mains sur les cuisses et maintient son corps en position verticale, les épaules légèrement en avant, s'assurant que son centre de gravitation se déplace du thorax au bas-ventre. Les pieds sont bien ancrés au sol.

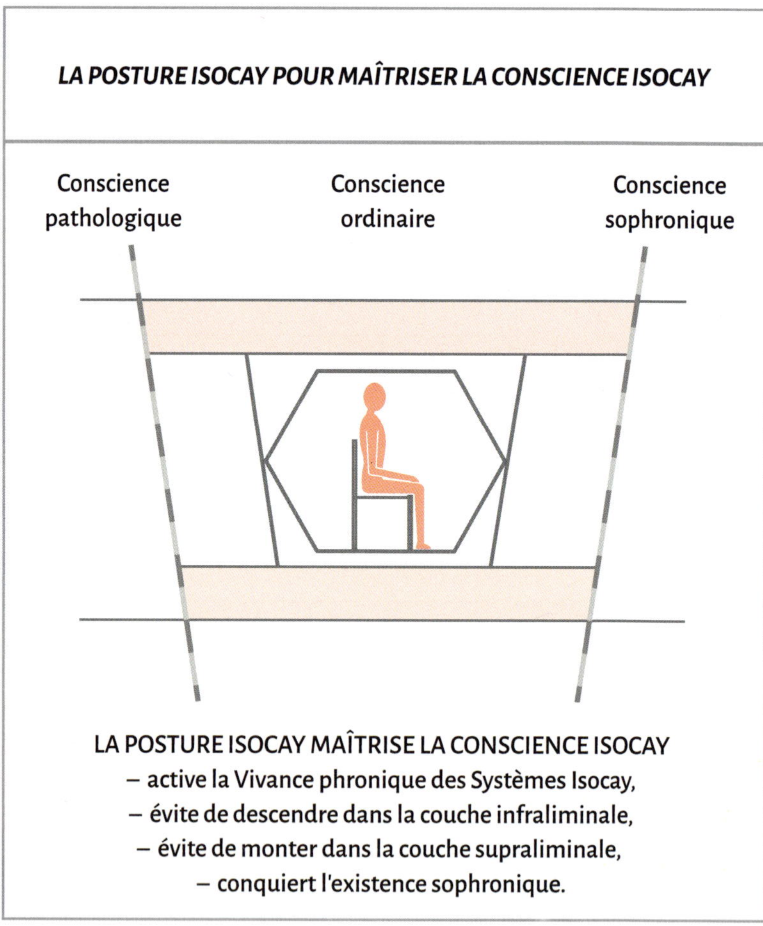

Figure 5.
Posture Isocay.

– pendant la pratique des deux premiers Cycles de la Méthode, la personne aura les yeux fermés ; dans le Troisième Cycle, les yeux seront alternativement entrouverts et fermés. Dans l'entraînement sophrologique, ce regard particulier porte le nom de « regard intermittent ».
– la respiration aura un caractère mixte, avec un rythme normal, des mouvements doux, synchronisés au niveau du thorax, de l'abdomen ou du bas-ventre, selon le choix de chacun.

La Posture Isocay maîtrise la conscience, active la Vivance phronique des Systèmes Isocay et évite de tomber dans la couche infraliminale ou de remonter vers la couche supraliminale. Elle favorise la conquête de l'Existence sophronique.

Troisième Théorie-clé : Théorie caycédienne des cinq Systèmes ISOCAY
(Figure 6)

Pour la Sophrologie Caycédienne, le corps, l'esprit, la conscience et l'âme sont une seule et même chose appelée « être humain ». Ils forment une unité existentielle indissoluble, du moins tant que l'homme est en vie.

Dans cette unité existentielle, l'être humain dispose de cinq Systèmes qui facilitent la pratique de la Vivance phronique nécessaire à l'entraînement de la Méthode. Pour désigner ces Systèmes, le Pr Caycedo a proposé le nom de « Systèmes Isocay », car leur Vivance phronique permet la découverte et l'intégration de la Conscience Isocay nécessaire à la conquête de l'Existence sophronique.

Durant la pratique de la Méthode Caycedo et de l'Entraînement sophrologique Caycédien, ces Systèmes passent progressivement par le processus suivant :
– on les découvre dans le Premier Cycle ;
– on les conquiert lors du Deuxième Cycle ;
– ils se transforment pendant le Troisième Cycle.

La Vivance phronique des cinq Systèmes Isocay selon la pratique établie, évite la descente dans la couche infraliminale et la montée dans la couche supraliminale, non souhaitables pour la Méthode.

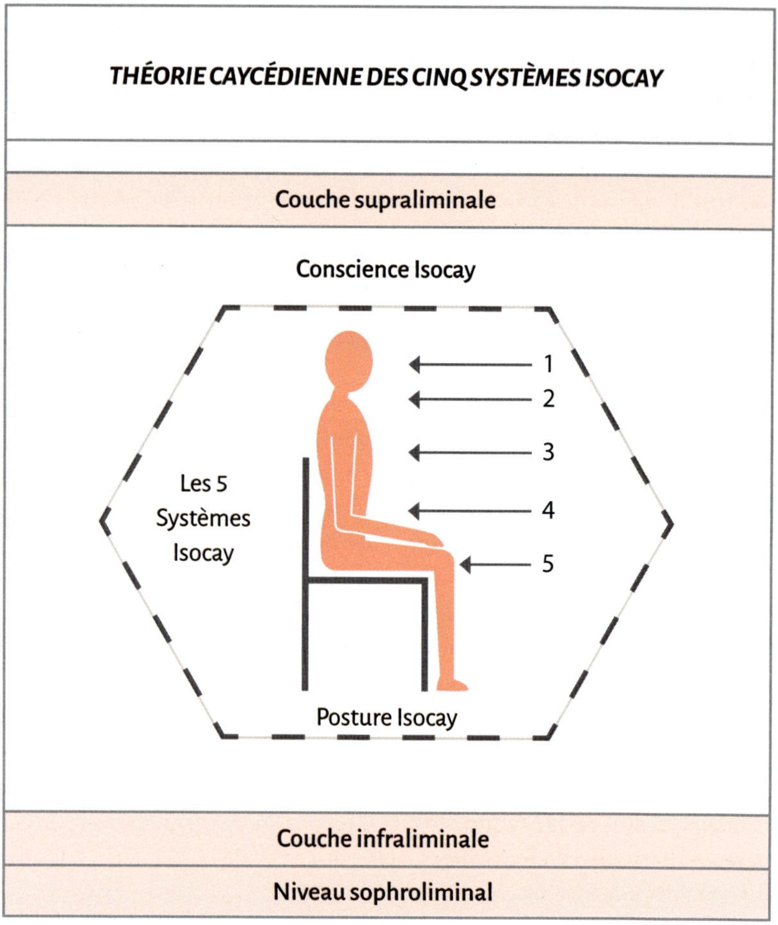

Figure 6. Théorie caycédienne des cinq Systèmes Isocay.

Description schématique des cinq Systèmes Isocay (Figure 6) :

– *Premier Système Isocay*

Il se compose des structures anatomo-physiologiques de la tête (le crâne et la face). Son espace d'interaction se situe au niveau du front.

– *Deuxième Système Isocay*

Il se compose des structures anatomo-physiologiques du cou et de la partie externe des membres supérieurs, qui comprend la région deltoïdienne, la partie postérieure des bras et des avant-bras ainsi que le dos de la main. Son espace d'interaction se situe au niveau de la thyroïde.

– *Troisième Système Isocay*

Il se compose des structures anatomo-physiologiques du thorax et de la partie interne des membres supérieurs, qui comprend les régions axillaires, la partie antérieure des bras et des avant-bras ainsi que la paume de la main. Son espace d'interaction se situe au niveau du sternum.

– *Quatrième Système Isocay*

Il se compose des structures anatomo-physiologiques de la région abdominale, qui comprend la partie supérieure de la région ombilicale et la région épigastrique. Son espace d'interaction se situe à environ 4 centimètres au-dessus du nombril.

– *Cinquième Système Isocay*

Il se compose des structures anatomo-physiologiques de la région du bas-ventre, qui comprend la partie inférieure de la région ombilicale, les régions hypogastrique et pubienne ainsi que les extrémités inférieures. Son espace d'interaction se situe à environ 4 centimètres au-dessous du nombril.

Les trois techniques-clés de la phase préparatoire de la Méthode Caycedo

Ces trois Techniques-clés devront être étudiées et pratiquées par tous, après l'apprentissage des trois Théories-clés. Ces techniques permettent de découvrir les cinq Systèmes Isocay, nécessaires à la pratique vivantielle postérieure de la Méthode.

Première Technique-clé : sophronisation de base vivantielle par les cinq Systèmes Isocay (SBV)

Il est important de savoir que la technique consiste avant tout en une prise de conscience du corps par les Systèmes Isocay et pas seulement en une relaxation ayant pour but la descente du niveau de la conscience.

L'on peut adopter trois postures différentes : la posture assise, la Posture Isocay et la posture debout. La posture allongée n'est pas indiquée car elle provoque facilement une descente du niveau de conscience ; elle est réservée à des cas concrets ou aux patients alités.

Les yeux fermés, le sophrologue, avec son Terpnos Logos, orientera vers la prise de conscience progressive des cinq Systèmes Isocay sans tension, du Premier au Cinquième.

La désophronisation de base vivantielle par les cinq Systèmes Isocay suit le même processus, mais en sens inverse : le Terpnos Logos du sophrologue orientera vers la prise de conscience des cinq Systèmes Isocay, du Cinquième au Premier, grâce à des tensions douces.

Avant d'ouvrir les yeux, l'on activera les capacités de confiance, d'harmonie et d'espoir.

Deuxième Technique-clé : sophro-déplacement du négatif des cinq Systèmes Isocay (SDN)

Après la pratique de la sophronisation de base vivantielle par les cinq Systèmes Isocay, l'on procède au sophro-déplacement du négatif de chaque Système, du Premier au Cinquième : sur l'expiration, l'on évacue toutes les tensions du Système.

En début d'entraînement, l'on réalisera une pause phronique d'intégration après le SDN de chaque Système, pour favoriser la Vivance phronique de chaque Système sans tension. Par la suite, l'on fera la pause phronique d'intégration à la fin de l'activation.

Lorsque la Méthode sera maîtrisée, l'on effectuera un SDN plus rapide sur chaque Système, afin de préparer la pratique de la Technique-clé suivante.

Troisième Technique-clé : sophro-stimulation vitale des cinq Systèmes Isocay (SSV)

Une fois que les deux Techniques-clés précédentes sont maîtrisées, l'on procède à la pratique de la technique de sophro-stimulation vitale des cinq Systèmes Isocay en orientant la Vivance phronique de chaque Système, du Premier au Cinquième. En inspirant, l'on essaie de provoquer une douce augmentation de la température, de l'énergie, de la chaleur vitale et du bon fonctionnement des tissus et des organes vitaux dans chaque Système.

Le procédé est le même que pour la Technique-clé du sophro-déplacement du négatif des cinq Systèmes Isocay, à la différence que l'activation se fait ici à l'inspiration et non à l'expiration ; la découverte et la maîtrise des Systèmes se réalise lentement et progressivement.

Plus tard, cette sophro-stimulation vitale se fera plus rapidement, puisque l'on pratiquera toujours les deux premières Techniques-clés avant n'importe quelle technique de la Méthode proprement dite.

La sophro-stimulation vitale se réalise selon trois modalités :

– *sophro-stimulation vitale des cinq Systèmes Isocay*, décrite ci-dessus.

– *sophro-activation vitale des cinq Systèmes Isocay* qui consiste à activer plus doucement les sensations dans chaque Système, sans aller jusqu'à la stimulation.

– *sophro-harmonisation vitale des cinq Systèmes Isocay* qui consiste à essayer simplement d'activer l'harmonisation des tissus et des organes de chaque Système, mais sans stimulation.

Le sophrologue jugera de la convenance de chacune de ces variantes.

Les trois Techniques-clés peuvent se pratiquer de manière dynamique ou statique. Lorsqu'elles se font sur le mode dynamique, l'on se place debout, avant la pratique des différents Degrés de la RDC. Lorsqu'elles se font de façon statique, l'on est assis en posture du Deuxième Degré ou en Posture Isocay.

Séance pratique avec le public

Je vous propose que nous poursuivions avec une expérience pratique.

Nous sommes rassemblés ici en une « groupéité » de plus de 500 personnes. Je vous invite à faire ces trois Techniques-clés de façon dynamique, en commençant par une sophronisation de base vivantielle des cinq Systèmes Isocay, assis. Nous pratiquerons ensuite le sophro-déplacement du négatif des cinq Systèmes Isocay, en position debout, puis la sophro-activation vitale des cinq Systèmes Isocay, en position assise. Nous terminerons par une désophronisation de base vivantielle.

Nous prendrons ainsi conscience du côté dynamique des techniques de la Méthode Caycedo qui visent à éviter toute sorte d'inhibition ou d'excitation de la conscience. Ces techniques favorisent au contraire, la découverte de la Conscience Isocay, conscience claire, éveillée, toujours alerte, libre de tout contenu négatif et qui peut briller de sa propre lumière.

LES TROIS CYCLES ET LES DOUZE DEGRÉS DE LA MÉTHODE ALFONSO CAYCEDO HISTORICITÉ DE LA MÉTHODE

Après cette pratique de la Phase préparatoire de ma Méthode que je viens de diriger de façon expérimentale devant vous tous et avant d'aborder les trois Cycles et l'historicité de ma Méthode, je vais en faire une présentation schématique ; j'en donnerai ensuite une brève définition que je ferai suivre de quelques commentaires.

Les douze Degrés de la Méthode Caycedo, répartis en trois Cycles

Chacun des douze Degrés de ma Méthode comprend :

– la pratique d'un Degré de la RDC dont le numéro coïncide avec le Degré correspondant à la Méthode ;
– l'expérience de ses Techniques phroniques spécifiques ;
– la connaissance de son épistémologie.

Je vais projeter les transparents de certains schémas didactiques qui expliquent le processus herméneutique du dévoilement de la conscience que l'on expérimente lors de la pratique de chaque Degré ainsi que quelques-uns des protocoles qui orientent l'entraînement des différents Degrés de la Relaxation Dynamique de Caycedo (RDC).

Définition de la Méthode Caycedo

La Méthode Caycedo se définit comme « un processus herméneutique et vivantiel qui s'inspire de la phénoménologie existentielle ; ce processus qui se pratique au moyen de douze Degrés répartis en trois Cycles, permet de découvrir et de conquérir les Valeurs de l'Homme grâce à la transformation vivantielle de la corporalité. On l'emploie en médecine et en prophylaxie sociale et sa pratique est réservée aux professionnels dûment qualifiés. »

Les personnes qui pratiquent les douze Degrés de ma Méthode suivent un processus herméneutique basé sur la découverte des structures de l'Être, par la pratique de la Vivance phronique, et ceci de façon graduelle et progressive. « Le point de partant » du processus est marqué par l'état de conscience de la personne qui pratique la Méthode, qu'elle habite le monde de la conscience ordinaire ou naturelle ou celui de la conscience pathologique. Le processus se met en marche à partir de ces structures et mène de façon progressive à la conquête du monde de l'existence sophronique, existence pleine de valeurs qui permet à la conscience de s'illuminer de sa propre lumière. Dans ce cas, la Méthode devient un procédé d'entraînement de la totalité de l'Être, valable comme renforcement existentiel et comme thérapeutique spéciale. C'est pourquoi on l'emploie aussi bien en médecine qu'en prophylaxie sociale.

Ce que n'est pas la Méthode Caycedo

De nombreuses personnes se méprenant sur ma Méthode et lui attribuant des caractéristiques qu'elle n'a pas, il me semble important d'éclaircir certains points.

Ma Méthode n'est pas un autre nom pour désigner l'hypnose.

J'ai pratiqué les procédés hypnotiques comme moyens de recherche et je les ai abandonnés car certains fondements de l'hypnose consistaient en la modification de l'état de la conscience que je n'ai pas jugée nécessaire pour la pratique de ma Méthode ; j'en ai laissé l'emploi aux psychologues, psychiatres et experts responsables.

Ma Méthode n'est pas non plus une méthode orientale de libération comme le yoga et le zen.

Je me suis rendu en Orient pour étudier le yoga, le zen et le dhumo ainsi que d'autres procédés pratiqués par les mystiques orientaux. Je reconnais la grande importance de ces méthodes et de leurs philosophies. Je suis conscient de l'énorme force que ces mystiques ont dans l'activation et l'inhibition de la conscience pour atteindre leurs objectifs qui sont la conquête du *samadhi*, du *satori*, du *nirvana*, etc. Je crois que ces procédés sont extraordinairement actifs et doivent être dirigés par des Maîtres authentiques.

Ma Méthode va dans une autre direction : elle se base sur l'intégration de la conscience, en évitant tout genre de modification. En dehors de quelques postures empruntées à l'Orient, elle n'utilise pas ce genre de procédés.

Ma Méthode n'utilise aucun procédé, *physique ou chimique, qui modifie ou altère la conscience.*

Ses techniques mènent au contraire à une conscience libre, claire, alerte et intégrée, condition nécessaire à la conquête de la Liberté, la Responsabilité et la Dignité, comme Valeurs essentielles de l'Existence sophronique.

MÉTHODE CAYCEDO
PREMIER CYCLE OU CYCLE FONDAMENTAL

Le Premier Cycle de ma Méthode mène à la découverte des Valeurs Fondamentales de l'Être.

Il comprend les Degrés 1, 2, 3 et 4, chacun d'eux intégrant :
– la pratique d'un Degré de la RDC dont le numéro coïncide avec celui de la Méthode ;
– l'expérience des Techniques phroniques spécifiques à chaque Degré ;
– la connaissance de son épistémologie.

Premier Degré de la Méthode Caycedo

Ce Premier Degré porte également le nom de **Vivance phronique du corps par les cinq Systèmes Isocay**. Il se pratique après avoir réalisé la Phase préparatoire.

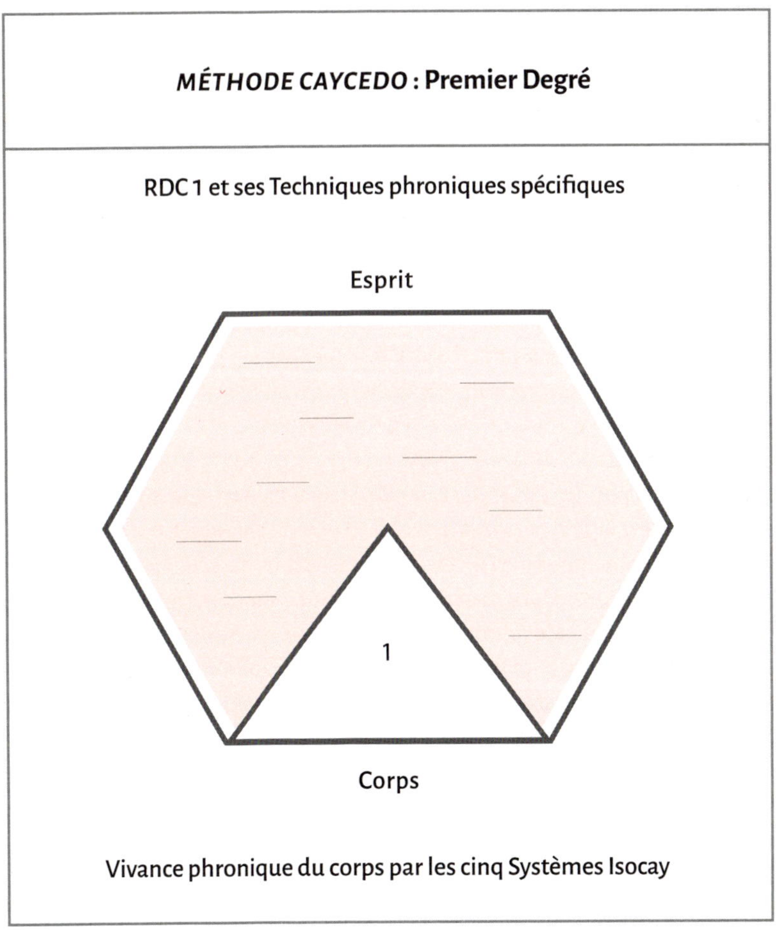

Figure 7.
Premier Degré
de la RDC.

Comme nous pouvons le constater sur la Figure 7, sa pratique favorise la découverte d'un espace de la conscience voilée qui permet la perception du corps d'une façon spéciale ; ce dernier, grâce à la répétition de la Méthode, va expérimenter une transformation vivantielle qui sera à la base du processus.

Le Premier Degré comprend :

– la pratique de la RDC1 ;
– l'expérience de ses Techniques phroniques spécifiques ;
– la connaissance de ses bases épistémologiques.

RDC1

La RDC1 commence avec la pratique des Techniques-clés, sur un mode dynamique, se poursuit avec les exercices qui activent progressivement la Vivance phronique des cinq Systèmes Isocay et se termine par la vivance unitaire de toute la corporalité.

Techniques phroniques spécifiques de présentation

Le terme « phronique », dans la terminologie de ma Méthode, signifie « interne » et se réfère à la dimension profonde de l'Être.

Les techniques phroniques de présentation sont des procédés courts que j'ai conçus comme activation vivantielle du corps, phénomène que j'ai appelé « Paramètre de présentation ». La RDC1 et les Techniques phroniques spécifiques agissent sur ce paramètre.

En voici les principales :

Sophronisation de base vivantielle (SBV), désophronisation de base vivantielle (DBV), sophro-déplacement du négatif (SDN), sophro-présence du positif (SPP), sophro-stimulation vitale (SSV) : ce sont les 3 Techniques-clés ; sophro-respiration synchronique (SRS), protection sophroliminale (PSLm), sophro-substitution sensorielle (SSS).

Épistémologie

La théorie la plus importante pour commencer la pratique du Premier Degré de la Méthode est la *Théorie caycédienne* de la *Vivance phronique.*

La « Vivance phronique » est le terme qui désigne un acte de conscience profond que l'on vit pendant la sophronisation, grâce à une méthodologie spécifique qui active les structures du Moi phronique. J'ai créé ce procédé dès le commencement même de la sophrologie et je l'ai proposé comme loi fondamentale. À l'heure actuelle, elle acquiert le statut de première théorie fondamentale de la Méthode car elle est l'axe de tout le processus.

Cette théorie rend compte de la façon dont la répétition de la Vivance phronique découvre, conquiert et transforme les structures profondes de l'Être ; elle étudie les trois types de Vivances phroniques, selon que l'on pratique le Cycle Fondamental, Radical ou Existentiel.

La Vivance phronique se présente en trois temps qui se développeront tout au long des douze Degrés de la Méthode :
– activation ;
– pause phronique d'intégration ;
– pause phronique de totalisation.

Deuxième Degré de la Méthode Caycedo

Ce Deuxième Degré porte également le nom de **Vivance phronique de l'esprit par les cinq Systèmes Isocay** (Figure 8) L'on y vit de façon théorique et pratique l'entraînement des structures profondes de l'esprit, grâce à un programme vivantiel qui se réalise par la pratique de la RDC 2 et de ses Techniques phroniques spécifiques.

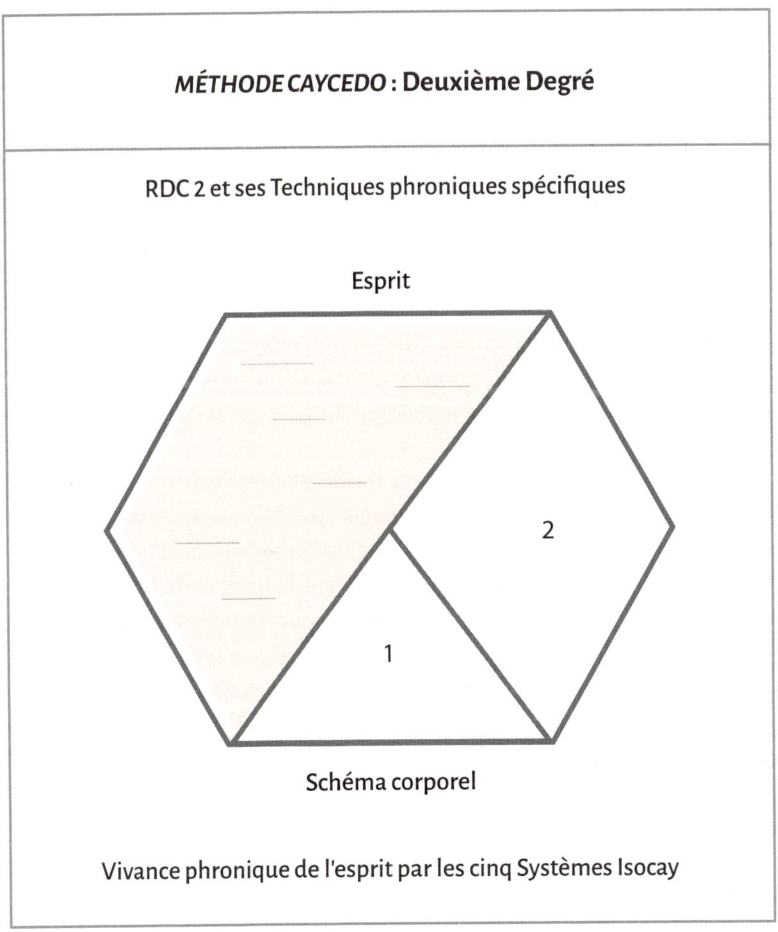

Figure 8. Deuxième Degré de la RDC.

Le Deuxième Degré comprend :
- la pratique de la RDC2 ;
- l'expérience de ses Techniques phroniques spécifiques ;
- la connaissance de ses bases épistémologiques.

RDC2

Le processus de découverte de la conscience se poursuit grâce à la mobilisation spéciale de la concentration et de la contemplation dans le programme vivantiel des cinq Systèmes Isocay (Figure 8). L'on effectue des exercices lents, Système par Système, où l'on combine une respiration spéciale, avec la pratique de la futurisation sophrologique libre (FSL).[8]

L'on réalise des exercices corporels en Posture Isocay et l'on vit la transformation du sentiment du corps, qui se convertit peu à peu en schéma corporel comme réalité vécue. L'on commence, en même temps, l'entraînement du paramètre de futurisation.

Techniques phroniques de futurisation

J'ai conçu les Techniques de futurisation comme entraînement d'une des capacités les plus importantes de l'Être : la capacité de futurisation. Comme nous le verrons plus loin, cette capacité acquiert une prépondérance spéciale dans l'entraînement du Troisième Cycle et pour la conquête de l'Existence sophronique. Comme toutes les Techniques phroniques, elles se réalisent en Posture Isocay, après la pratique préalable des Techniques-clés.

Les Techniques de futurisation les plus importantes sont :

Futurisation sophrologique libre (FSL), sophro-acceptation progressive (SAP), sophro-correction sérielle (SCS), sophro-stimulation projective (SSP), sophro-programmation future (SPF), projection sophronique des capacités (PSC).

Épistémologie

En même temps que l'étude des concepts fondamentaux comme « les quatre piliers et les trois lumières de la Sophrologie Caycédienne », il est important de connaître la *Théorie caycédienne de l'Intégration dynamique de l'Être* appelée plus communément : « Théorie de la coupe ». J'y décris l'existence de trois mondes qui réalisent l'intégration de l'Être, de façon dynamique. Depuis sa naissance jusqu'à sa mort, l'être humain vit tous les jours, dès son réveil, le rythme veille-sommeil, de façon dynamique. Il vit la première catégorie de phénomènes que j'appelle le « monde des phénomènes présents », grâce auxquels il réalise son existence quotidienne dans un échange existentiel permanent avec le monde extérieur. Dans mon schéma didactique, je place ces phénomènes dans la partie supérieure de la « coupe ».

---

8 Cette Technique spécifique prendra plus tard le nom de « futurisation sophronique libre ».

La deuxième catégorie de phénomènes que je nomme « monde des phénomènes latents », se trouverait dans la partie centrale de la « coupe » ; ces phénomènes seraient en rapport avec les « phénomènes présents » et les « phénomènes sous-jacents ».

Les « phénomènes sous-jacents » se trouveraient dans la partie inférieure de la « coupe » et représenteraient fondamentalement le sommeil. L'on y pénètre pendant la nuit et l'on y recueille par un mécanisme que j'appelle de « rétromanence », les phénomènes présents et latents qui y passent la nuit dans une espèce « d'incubation phronique » ou de « pause phronique d'intégration vitale ». Par un mécanisme que j'appelle « manence », les phénomènes se projettent vers la « coupe », le matin ; ce rythme d'intégration dynamique se reproduit tout au long de la vie.

J'insiste sur la différence entre « contenus » et « capacités », comme axe de cette intégration dynamique. Les contenus phroniques ont un caractère individuel et les capacités phroniques ont un caractère universel. Lorsque j'ai élaboré cette théorie il y a plusieurs années, j'avais décrit trente et une capacités ; à l'heure actuelle, j'en décris trente-quatre, parmi lesquelles se trouvent les capacités de présentation, de futurisation, de prétérisation et de totalisation que l'on entraîne pendant les quatre premiers Degrés de la RDC.

Troisième Degré de la Méthode Caycedo

Ce Degré porte également le nom de **Vivance phronique de la rencontre corps-esprit dans les cinq Systèmes Isocay** (Figure 9).

La RDC tout comme les Techniques spécifiques, constituent l'entraînement vivantiel qui favorise la rencontre profonde entre le corps et l'esprit ; l'on découvre la conscience voilée, dans un nouvel espace où apparaissent les structures de prétérisation. Le sentiment du corps poursuit sa transformation vivantielle et se convertit maintenant en « corporalité » ce qui, dans la terminologie phénoménologique, signifie : « projeté à l'existence » (Figure 9).

Le Troisième Degré comprend :
- la pratique de la RDC3 ;
- l'expérience de ses Techniques phroniques spécifiques ;
- la connaissance de ses bases épistémologiques.

RDC3

La Vivance phronique de la rencontre corps-esprit se réalise dans les cinq Systèmes Isocay et se termine comme toujours, par une Vivance de totalisation, avec toute la corporalité.

L'on prend la posture du Troisième Degré inspirée du zen japonais, pour favoriser la présence active du corps et l'on pratique la technique de prétérisation sophronique libre (PSL) ; il est prouvé que c'est pendant la prétérisation que la rencontre corps-esprit se réalise au niveau vivantiel, avec une plus grande clarté.

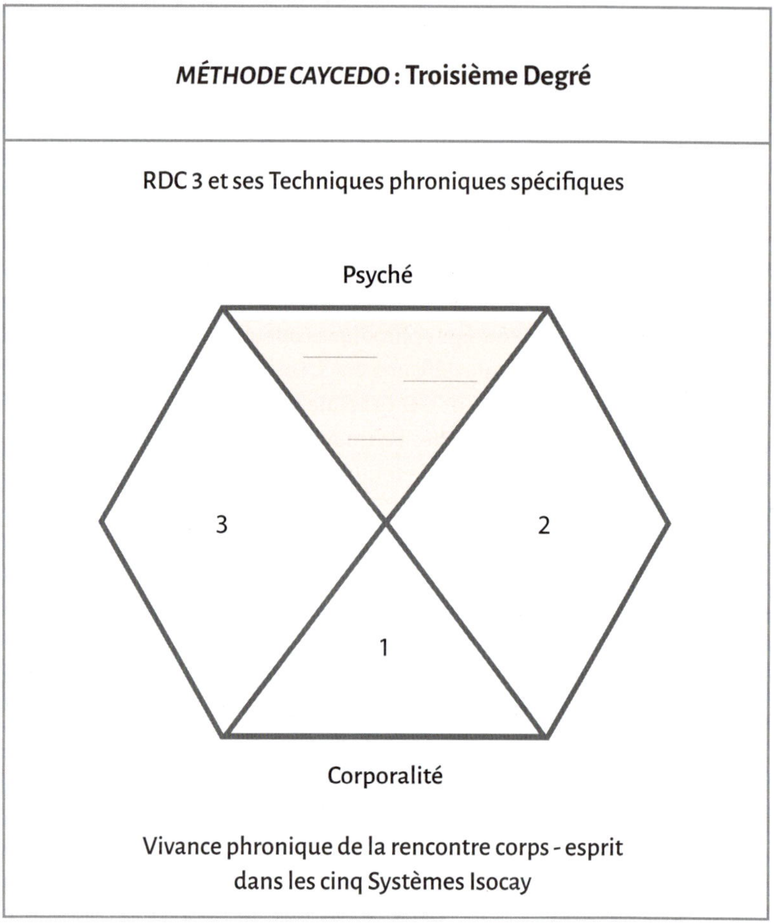

Figure 9. Troisième Degré de la RDC.

L'on effectue la première Marche phronique vivantielle inspirée de la Marche Kin-Hin du zen japonais, mais avec des caractéristiques qui lui sont propres.

Techniques phroniques de prétérisation

J'ai conçu ces techniques dans le but d'entraîner la capacité de prétérisation qui, à mon avis, est plus complète et intégrale que la mémoire ; elle agrandit le champ de la conscience dans le processus d'entraînement de la Méthode.

Les Techniques de prétérisation les plus importantes sont :

Prétérisation sophrologique libre (PSL), sophromnésie libre (SMnL), sophromnésie senso-perceptive (SMnSP), sophro-substitution mnésique (SSuMn), sophro-hypermnésie associative (SHMnA), Entraînement sophrologique de la mémoire (ESM).

Épistémologie

Pendant la pratique de ce Troisième Degré, il convient de poursuivre l'étude des concepts fondamentaux et de retenir les deux théories importantes qui lui sont associées : *Théorie caycédienne des structures phroniques* et *Théorie caycédienne du Moi phronique* réductif.

Théorie caycédienne des structures phroniques

Cette théorie décrit l'être humain comme étant constitué de plusieurs millions d'unités que j'appelle « Unités phroniques » ou « Cellules phroniques ». Ces unités seraient représentées par les cellules biologiques, abritant dans leur contenu intérieur les structures psychologiques et existentielles de l'être. Je désigne aussi ces structures sous le nom de « Valences phroniques ». Ces dernières seraient de quatre sortes :

– Valences phroniques positives ou sophroniques ;
– Valences phroniques négatives ou anaphroniques ;
– Valences phroniques neutres ;
– Valences phroniques muettes.

L'entraînement sophrologique produirait une augmentation des Valences phroniques positives tandis que les expériences d'angoisse et d'anxiété répétées produiraient une augmentation des Valences phroniques négatives.

Théorie caycédienne du Moi phronique réductif

Le Moi phronique est composé des structures essentielles de l'Être. Dans ce Premier Cycle, l'on vit la transformation du corps et de l'esprit qui se convertissent en dimension corporelle et en dimension mentale. Leur relation phénoménologique constitue le Moi phronique réductif qui est à la base des futures étapes de la Méthode.

Quatrième Degré de la Méthode Caycedo

Ce Quatrième Degré reçoit aussi le nom de **Vivance phronique des Valeurs Fondamentales de l'Être et constitution de la Région phronique** (Figure 10).

Dans ce dernier Degré du Premier Cycle de la Méthode, nous arrivons à l'un des moments les plus importants du processus vivantiel, celui où l'on découvre pour la première fois la « Région phronique ». Avec la RDC1 nous avons découvert le corps au niveau vivantiel puis sa transformation en schéma corporel et ensuite en corporalité : cela a donné origine à la Dimension corporelle. Lors de la RDC2, à travers la Vivance phronique, nous avons découvert l'esprit et son paramètre de futurisation. La RDC3 nous a permis de découvrir le paramètre de prétérisation et de maîtriser la relation corps-esprit. Avec la RDC 4 et ses Techniques spécifiques, nous découvrons le paramètre de totalisation avec lequel la Région phronique est intégrée et préparée pour vivre les expériences phénoménologiques et existentielles des Deuxième et Troisième Cycles de la Méthode.

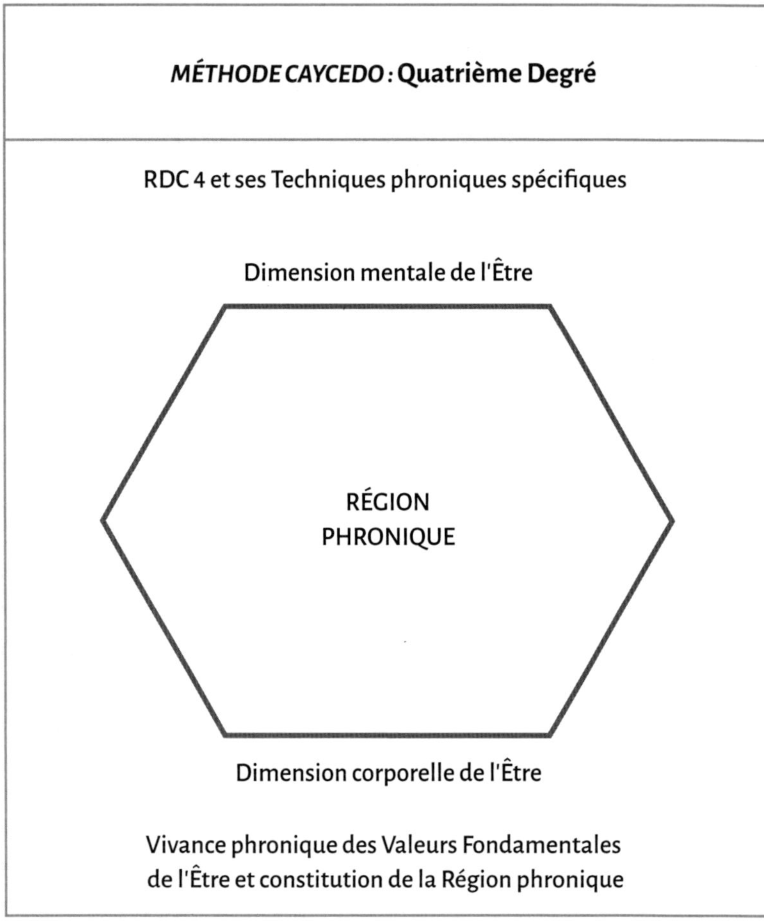

Figure 10. Quatrième Degré de la RDC.

Le Quatrième Degré comprend :
– la pratique de la RDC4 ;
– l'expérience de ses Techniques phroniques spécifiques ;
– la connaissance de ses bases épistémologiques.

RDC4

Lors de la pratique de la RDC 4, nous inaugurons une nouvelle posture que nous appelons « Posture du Quatrième Degré » : en position debout, nous levons les bras à la verticale, nous ouvrons les mains et les bras et nous déplaçons la tête en arrière ; nous allons établir une vivance phénoménologique avec les Valeurs Fondamentales de l'Être en choisissant l'une d'entre elles. Ensuite, pendant la dynamique des exercices et de la Marche phronique, la permanence dans la conscience de cette Valeur librement choisie constituera l'inauguration de la Région phronique.

Rappelons-nous que la Méthode Caycedo préconise quatre postures corporelles :
– posture debout que nous appelons de Premier Degré ;
– posture assise, confortable, que nous appelons de Deuxième Degré ;
– posture assise au bord de la chaise, que nous appelons de Troisième Degré ;
– posture Isocay, assis au centre de la chaise, sans appuyer le dos au dossier.

La Marche phronique du Nouveau regard constitue une première Marche d'inspection, à la « sortie de la caverne » et prépare aux Marches phroniques existentielles du Troisième Cycle.

Techniques phroniques de totalisation

Ces techniques de la RDC4 ont pour objectif la découverte de l'espace de la conscience voilée où se trouvent les structures de totalisation qui intègrent toutes les structures existentielles de l'Être ; la Région phronique va se constituer grâce à ces structures.

Les principales Techniques de totalisation sont les suivantes :

Sophro-manence (SM), sophro-rétromanence (SRM), sophro-présence des Valeurs (SPV), sophro- tridimension interne (STI).

Épistémologie

Dans ce Quatrième Degré de la Méthode, l'on précise les concepts fondamentaux manquants et l'on revoit les plus importants. L'on étudie en même temps, les deux théories suivantes : *Théorie caycédienne de la Région phronique* et *Théorie caycédienne des Valeurs Fondamentales de l'Être.*

Théorie caycédienne de la Région phronique

Je la décris comme le premier espace existentiel de l'Être. Cet espace a un caractère fondamental pour la Méthode ; je le compare à la théorie de l'inconscient de la psychanalyse et j'affirme que, tout comme il ne peut y avoir de psychanalyse sans le concept d'inconscient, il ne peut exister de sophrologie sans le concept de Région phronique. Cet espace intérieur, d'une complète originalité phénoménologique, constitue la relation sujet-objet dans sa dimension interne. C'est dans la Région phronique qu'apparaissent les Valeurs ainsi que la Conscience phronique que l'on étudiera dans le Deuxième Cycle.

Théorie caycédienne des Valeurs Fondamentales de l'Être

Le premier Tableau des Valeurs fut l'objet de ma « Déclaration de Récife ». L'on étudiera son actualisation et son intégration dans ma « Déclaration de Genève ».

MÉTHODE CAYCEDO
DEUXIÈME CYCLE OU CYCLE RADICAL

Le Deuxième Cycle de ma Méthode[9] mène à la découverte des Valeurs Radicales de l'Être.

Il comprend les Degrés 5, 6, 7 et 8, chacun d'eux intégrant :

– la pratique d'un Degré de la RDC dont le numéro coïncide avec celui de la Méthode ;

– l'expérience des Techniques phroniques spécifiques de chaque Degré ;

– la connaissance de son épistémologie.

Phase d'introduction

Les élèves qui terminent le Premier Cycle peuvent poursuivre avec ce Deuxième Cycle. Ils pratiqueront alors une Phase d'introduction qui leur permettra de se préparer aux nouvelles techniques et concepts. Ils étudieront une Théorie-clé et pratiqueront une Technique-clé.

– *Théorie-clé : Théorie caycédienne de la résonance phronique*

L'on explique les effets du son audible et non audible au niveau des cinq Systèmes Isocay.

– *Technique-clé : Vivance phronique des phonèmes et des phronèmes dans les Systèmes Isocay.*

L'on vit l'expérience vivantielle de la percussion sonore avec les phonèmes et les phronèmes, dans les différents Systèmes Isocay.

Cinquième Degré de la Méthode Caycedo

Ce Cinquième Degré est aussi connu sous le nom de **Vivance du Son et de la Conscience phronique radicale par les cinq Systèmes Isocay** (Figure 11).

Grâce à la Vivance phronique du Son, la Force phronique est apparue dans la Région phronique de la Conscience radicale, laissant émerger en son centre, le point central de l'Être que j'ai désigné par le néologisme « Point Ompsilon ».

---

9 Dans les années qui suivront, à partir de l'étude et de l'analyse des vivances de chaque Degré, le Pr Caycedo actualisera les stratégies vivantielles – phonèmes, postures – utilisées dans les Degrés cinq à huit et dans leurs Techniques spécifiques.

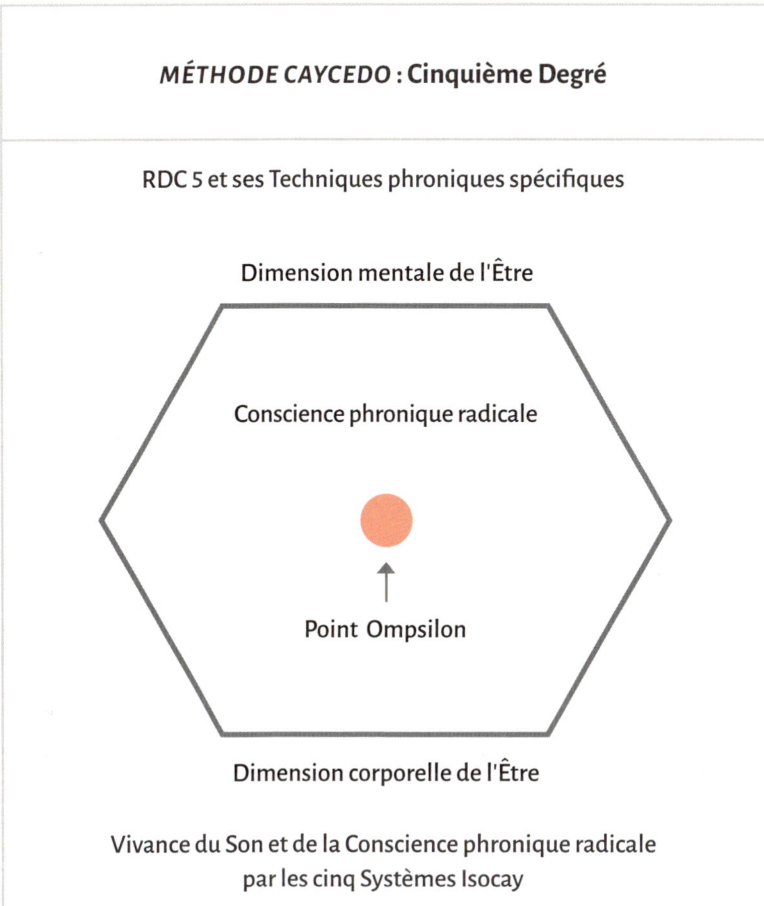

Figure 11. Cinquième Degré de la RDC.

Le Cinquième Degré comprend :
– la pratique de la RDC5 ;
– l'expérience de ses Techniques spécifiques ;
– la connaissance de son épistémologie.

RDC5

Avec la RDC 5, l'on commence la Vivance phronique du son dans les cinq Systèmes Isocay par l'emploi du phronème non audible É-DOU-SO-KI-A. Lors de la pause phronique d'intégration, l'on vit la présence de l'Énergie phronique de la conscience, dans ses trois modalités : Omicron, Ompsilon et Epsilon.

Techniques phroniques spécifiques

L'on pratique de préférence la Technique spécifique É-MOU-SO-TRI-A de la RDC5, qui renforce la présence des Systèmes et favorise la Question phronique radicale.

Épistémologie

L'on étudiera les nouveaux concepts et spécialement la *Théorie caycédienne de la Conscience phronique radicale* qui définit cette structure comme étant la force responsable de l'intégration de l'existence de l'Être.

Sixième Degré de la Méthode Caycedo

Ce Sixième Degré reçoit aussi le nom de **Vivance de l'Âme phronique radicale**[10] **et de l'interaction des cinq Systèmes Isocay** (Figure 12).

Le processus herméneutique propre au Deuxième Cycle de la Méthode permet la découverte des structures de l'Être, de façon plus profonde.

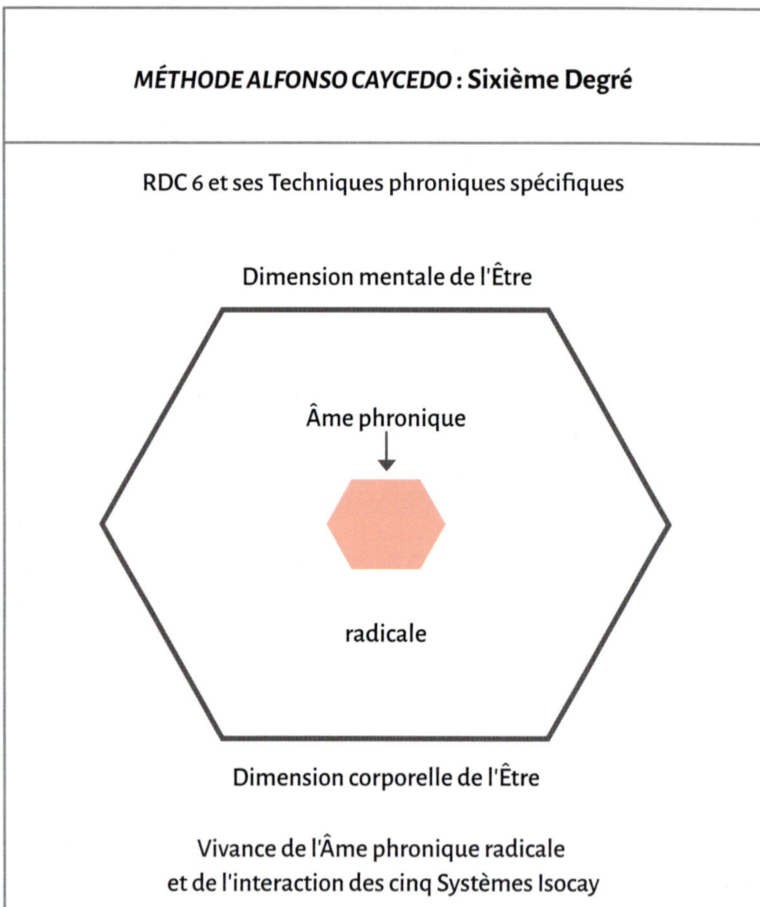

Figure 12. Sixième Degré de la RDC.

10. Voir le Sixième Degré de la RDC : l' Âme phronique radicale (Chapitre 9).

Tout au long de mes recherches vivantielles au niveau radical, apparut une structure centrale que j'appelai « Point Ompsilon ». Plus tard, ce point se révéla être une véritable dimension centrale à laquelle je donnai le nom de « Dimension Lambda ». Ce n'est que plus tard que j'eus la certitude qu'il s'agissait de l'Âme dans sa dimension phronique radicale, dont les structures continuent à illuminer tout le processus.

Le Sixième Degré comprend :
– la pratique de la RDC6 ;
– l'expérience de ses Techniques spécifiques ;
– la connaissance de son épistémologie.

RDC6

Lors de la pratique de la RDC6, l'on emploie le phronème non audible « É-OU-SO-MI-A » comme percussion dans les cinq Systèmes Isocay.

Pendant la pause phronique d'intégration en Posture de Deuxième Degré, l'on vit la contemplation de la Force phronique radicale comme expression et présence profonde de l'Âme phronique radicale, initiant ainsi une pédagogie vivantielle des Valeurs radicales de l'Âme ; l'on y ajoute la Vivance de la Foi[11] et de l'Amour au niveau phronique radical. On essaie de réveiller le sentiment vital de ces Valeurs profondes, au niveau cellulaire. On fait cette expérience dans chacun des Systèmes et l'on termine par une pause phronique de totalisation.

Techniques phroniques spécifiques

L'on pratiquera de préférence la Technique É-MOU-SO-TRI-A, spécifique de la RDC 6, qui renforce la découverte vivantielle de l'Âme par la contemplation et l'interaction des Systèmes.

Épistémologie

L'on revoit les différents concepts en rapport avec l'Âme et ses valeurs vivantielles et l'on étudie la *Théorie caycédienne de l'Âme phronique radicale*, qui est définie comme la force responsable de l'intégration de la conscience même. Je l'ai décrite après plusieurs années de recherche phénoménologique et existentielle.

Septième Degré de la Méthode Caycedo

Ce Septième Degré reçoit aussi le nom de **Vivance du Corps phronique radical et de la dimension Omicron de l'Être**.

La transformation vivantielle du sentiment du corps atteint ici son expression maximale, réveillant le sentiment vital au niveau des structures profondes radicales et de la présence de la Force phronique dans laquelle se révèle une dimension qui

11. Voir chapitre 9: la Foi phronique radicale.

nous met en rapport vivantiel, non seulement avec la phylogenèse de notre espèce mais également avec la phylogenèse d'il y a près de 4 milliards d'années, dès la présence de la matière vivante sur notre planète, avec les cellules procaryotes. Je la nomme : *Phylogenèse phronique* (Figure 13).

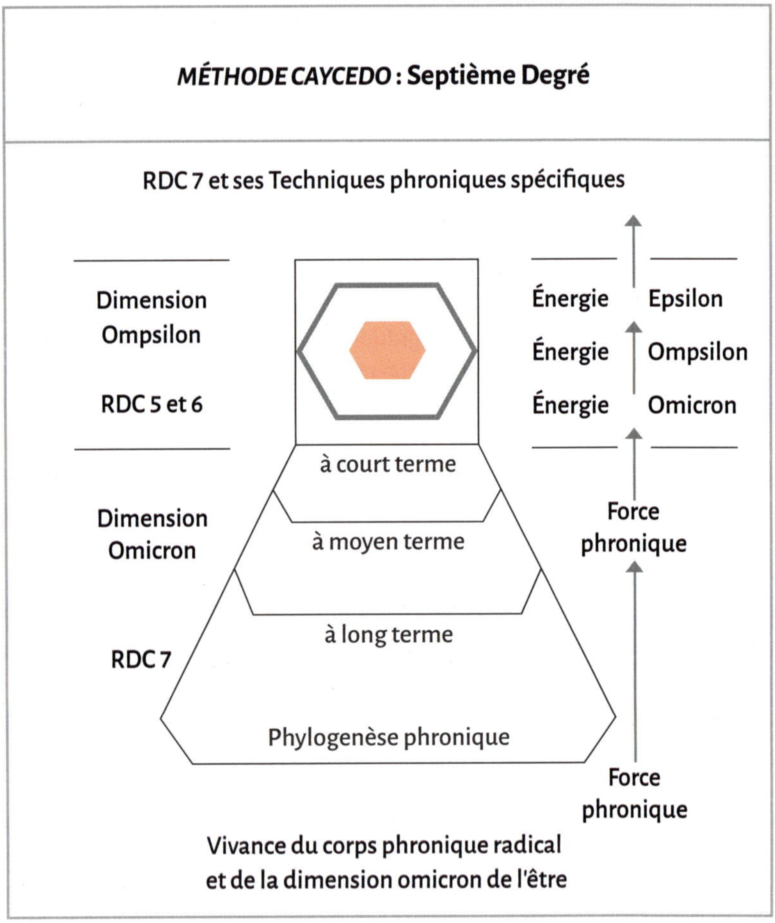

Figure 13. Septième Degré de la RDC.

Le Septième Degré comprend :
– la pratique de la RDC7 ;
– l'expérience de ses Techniques spécifiques ;
– la connaissance de son épistémologie.

RDC7

Lors de la pratique de ce Degré, l'on découvre le Corps phronique radical à travers la perception de la dimension Omicron de l'Être.

Techniques phroniques spécifiques

L'on pratique de préférence la Technique É-MOU-SO-TRI-A, spécifique de la RDC7 ainsi que la Question phronique radicale, qui facilitent la vivance du Corps phronique.

Épistémologie

L'on revoit les concepts principaux en rapport avec le sujet et l'on étudie la *Théorie caycédienne du Corps phronique et la dimension Omicron de l'Être.*

À partir de la conscience naturelle ou ordinaire, l'homme moderne, grâce à des entraînements spécifiques, peut conquérir la Conscience sophronique, fondement de l'Existence sophronique.

Huitième Degré de la Méthode Caycedo

Ce Huitième Degré reçoit aussi le nom de **Vivance de l'Esprit phronique radical et de la dimension Epsilon de l'Être**.

Avec ce Degré, nous arrivons à la découverte d'une nouvelle dimension de l'esprit dont le fondement est la capacité de futurisation qui consiste à aller à la découverte d'un nouveau principe : le « principe du schéma existentiel comme réalité à vivre ». Sa pratique prépare à la méthodologie du Troisième Cycle qui commence avec la RDC9.

Le Huitième Degré comprend :
- la pratique de la RDC8 ;
- l'expérience de ses Techniques spécifiques ;
- la connaissance de son épistémologie.

RDC8

Cette RDC s'inscrit dans la continuité de la RDC 7.

La constitution de cette dimension Epsilon forme un dessin didactique couramment appelé par les sophrologues : « Théorie du *papillon* » (Figure 14).

Techniques phroniques spécifiques

L'on pratique de préférence la Technique É-MOU-SO-TRI-A, spécifique de la RDC8 qui, avec l'aide de la Question radicale, permet la découverte vivantielle de la dimension Epsilon de l'Être.

Epistémologie

L'on reviendra sur les concepts les plus importants de ce sujet et l'on étudiera tout particulièrement la *Théorie caycédienne de l'Esprit phronique radical et de la dimension Epsilon de l'Être.*

L'on y décrit la découverte d'un nouveau principe qui portera le nom de « principe du schéma existentiel comme réalité à vivre », qui devra s'ajouter aux trois principes fondamentaux de la Méthode :

– le principe d'action positive ;
– le principe de la réalité objective ;
– le principe du schéma corporel comme réalité vécue.

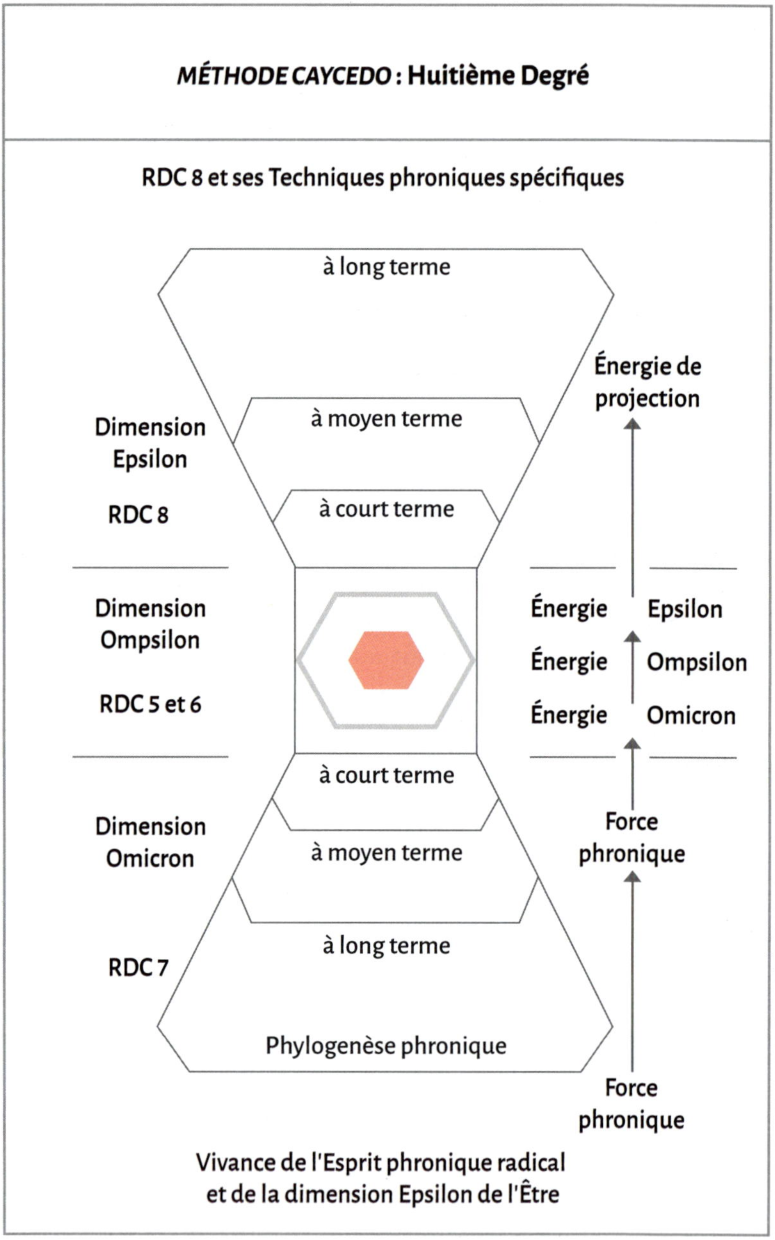

Figure 14.
Huitième Degré
de la RDC.

La découverte, la conquête et la transformation de ce schéma existentiel qui se trouve voilé chez tous les êtres humains, sera maintenant découvert et utilisé comme base fondamentale des techniques que l'on pratiquera dans le Troisième Cycle qui commence avec la RDC9 et qui conduit à la conquête de l'Existence sophronique, objectif fondamental de la Méthode.

MÉTHODE CAYCEDO
TROISIÈME CYCLE OU CYCLE EXISTENTIEL

Le Troisième Cycle de ma Méthode[12] mène à la découverte des Valeurs Existentielles de l'Être.

Il comprend les Degrés 9, 10, 11 et 12, chacun d'eux intégrant :
– la pratique d'un Degré de la RDC dont le numéro coïncide avec celui de la Méthode ;
– l'expérience des Techniques phroniques spécifiques à chaque Degré ;
– la connaissance de son épistémologie.

Phase d'introduction

Les élèves qui terminent le Deuxième Cycle peuvent poursuivre avec le Troisième Cycle. Ils pratiqueront alors cette Phase d'introduction qui leur permettra de se préparer aux nouvelles techniques et aux nouveaux concepts. Ils étudieront une Théorie-clé et pratiqueront une Technique-clé.

– *Théorie-clé : Théorie caycédienne du Moi phronique.*

Elle décrit le concept du Moi phronique à travers les trois Cycles de la Méthode : sa préparation au cours du Cycle Fondamental, sa constitution au cours du Cycle Radical et sa projection au cours du Cycle Existentiel.

– *Technique-clé : Technique de Transportation phronique existentielle.*

Elle nous permet d'apprendre le procédé qui permet de « transporter » les valeurs du Monde Radical au Monde existentiel, comme base de la méthodologie du Troisième Cycle.

---

[12] Dans les années qui suivront, à partir de l'étude et de l'analyse des vivances de chaque Degré, le Pr Caycedo actualisera les stratégies vivantielles – phonèmes, postures – utilisées dans les Degrés neuf à douze et dans leurs Techniques spécifiques.

Neuvième Degré de la Méthode Caycedo

Ce Neuvième Degré porte aussi le nom de **Marche phronique de la Liberté**.

Avec ce Degré, l'on entreprend le Cycle Existentiel qui mène à la conquête des Valeurs de l'Existence sophronique.

Le Neuvième Degré comprend :

– la pratique de la RDC9 ;
– l'expérience de ses Techniques spécifiques ;
– la connaissance de son épistémologie.

RDC9

La RDC 9 représente la « sortie de la caverne » et le salut à la *Lumière du Jour*. Avec elle, l'on débute l'entraînement de la Liberté, la pédagogie des valeurs essentielles de l'Être. La Marche phronique de la Liberté est le commencement de l'Existence sophronique.

La RDC9 démarre avec les Techniques-clés de la Méthode. En posture du Troisième Degré, l'on réalise ensuite la sophro-stimulation sonore avec le phonème É-DOU-SO-KI-A sur le Cinquième Système. L'on poursuit debout et, avec le même phonème, l'on pratique la sophro-stimulation sonore sur le Premier Système Isocay. Toujours debout, en faisant quelques tensions pour activer l'énergie phronique, l'on réalise la Vivance phronique de la *Lumière du Jour* et de *l'Existence Nouvelle* puis, les mains sur la nuque, l'on vit la Vivance phronique de rotation axiale qui symbolise la Tridimensionnalité.

L'on commence la *Marche phronique de la Liberté* pendant laquelle l'on perçoit la capacité de libre choix comme Vivance première de la Liberté phronique « transportée à l'existence ».

Techniques phroniques spécifiques

L'on pratique de préférence la Technique A-TRI-SO-MOU-É spécifique de la RDC9, qui mobilise l'interaction des Systèmes Isocay, en commençant par le Cinquième Système et en remontant. L'on adresse la Question phronique radicale à toutes les cellules de la corporalité pour commencer un programme existentiel, propre à ma Méthode, qui permet la conquête des valeurs de l'Existence sophronique en quatre temps : à très court terme, à court terme, à moyen terme et à long terme. La programmation à très court terme correspond à la RDC9.

Épistémologie

L'on revoit les concepts les plus importants en rapport avec le sujet et plus spécialement la Théorie *caycédienne des Valeurs de l'Existence sophronique, 1ère partie et la Théorie caycédienne de la Liberté phronique Existentielle.*

Dixième Degré de la Méthode Caycedo

Ce Dixième Degré est aussi appelé **Marche phronique de la Tridimensionnalité des objets**.

Dans la classification des Valeurs de l'Existence sophronique que nous proposons, l'on trouve quatre Valeurs essentielles :
– la Liberté phronique existentielle ;
– la Tridimensionnalité phronique existentielle ;
– la Responsabilité phronique existentielle ;
– la Dignité phronique existentielle.

Alors que dans le Neuvième Degré de ma Méthode nous avions commencé une pédagogie vivantielle de la Liberté, dans ce Dixième Degré, nous initierons une pédagogie vivantielle de la Tridimensionnalité que nous continuerons d'utiliser, comme nous le verrons dans la RDC11.

Le Dixième Degré, comprend :
– la pratique de la RDC10 ;
– l'expérience de ses Techniques spécifiques ;
– la connaissance de son épistémologie.

RDC10

Dans la RDC10, nous continuons le processus vivantiel du Troisième Cycle que nous avions commencé avec la RDC9. Elle commence avec le même rythme, avec une différence cependant : nous utiliserons désormais le phronème non audible É-OU-SO-MIA comme stimulation sonore dans les Cinquième et Premier Systèmes.

L'on réalise ensuite la *Marche phronique* (20 minutes) et avec un regard intermittent, l'on essaie de voir la *Tridimensionnalité des objets* comme si c'était la première fois. Nous essayons de percevoir par intuition les valeurs passées, présentes et futures des objets. Avec les yeux fermés, nous activons la perception profonde de notre capacité de libre choix comme Vivance première de la Liberté.

Techniques phroniques spécifiques

L'on pratique de préférence la Technique A-TRI-SO-MOU-É, spécifique de la RDC10, comme dans la RDC9, en dirigeant la Question phronique radicale vers toutes les cellules de la corporalité et en projetant le programme existentiel qui a commencé avec la RDC9 (à très court terme) et qui maintenant se projette à court terme.

Épistémologie

L'on reviendra sur les concepts les plus importants en rapport avec le sujet, spécialement la **Théorie caycédienne de la Tridimensionnalité des objets comme projection de la Région phronique**. Dans cette théorie, l'on étudie la relation sujet-objet, avec la perception tridimensionnelle des Valeurs. L'on explique le processus vivantiel qui montre de quelle façon la rencontre tridimensionnelle avec les objets nous prépare à la rencontre avec autrui, que l'on entraînera avec la pratique de la RDC11.

Onzième Degré de la Méthode Caycedo

Ce Onzième Degré reçoit le nom de **Marche phronique de la Responsabilité et de la Tridimensionnalité des êtres**.

Le processus vivantiel qui permet la découverte et la conquête des valeurs propres à l'existence sophronique, se poursuit dans ce Onzième Degré. L'on y découvre les structures mêmes de la responsabilité phronique existentielle de l'être et on la met en rapport avec la rencontre vivantielle avec autrui, au niveau des Valeurs.

Le Onzième Degré comprend :
– la pratique de la RDC11 ;
– l'expérience de ses Techniques spécifiques ;
– la connaissance de son épistémologie.

RDC11

L'expérience vivantielle que nous réalisons avec la pratique de la RDC11 est une continuité de la pédagogie des Valeurs essentielles que je propose dans les 4 Degrés existentiels de la RDC. Dans les Neuvième et Dixième Degrés, nous avons commencé la pédagogie vivantielle de la Liberté et de la Tridimensionnalité des objets. Dans la RDC11 nous commencerons la pédagogie vivantielle de la Responsabilité phronique existentielle, sentiment vital de l'être que l'on active au cours de la rencontre avec autrui.

Lors de la *Marche phronique* que nous effectuons avec un regard intermittent, nous cherchons la *rencontre avec les êtres, en essayant de percevoir leur Tridimensionnalité au niveau des valeurs*. Dans cette relation vivantielle, déjà préparée par l'expérience de la RDC10, nous constituons la Région sophronique comme un espace tridimensionnel qui nous unit et nous sépare d'autrui. Il s'agit du deuxième espace existentiel de l'être, le premier étant la Région phronique.

Techniques phroniques spécifiques

L'on pratique de préférence la Technique A-TRI-SO-MOU-É, spécifique de la RDC11 qui se déroule au même rythme que les Techniques spécifiques des RDC 9 et 10. La répétition vivantielle est à la base du processus ; ici, il s'agit d'obtenir la participation de toutes les cellules de notre corps dans la vivance.

La Question radicale active la présence de toutes les cellules ; la projection du programme se réalise cette fois à moyen terme, selon le schéma existentiel proposé.

Épistémologie

L'on reviendra sur les concepts les plus importants en rapport avec le sujet et l'on étudiera plus spécialement la *Théorie caycédienne des Valeurs propres à l'Existence sophronique de l'Être, 2e partie* et la *Théorie caycédienne de la Responsabilité phronique existentielle et de la Tridimensionnalité des êtres.* Dans ces deux théories, je décris l'importance qu'acquiert la rencontre avec autrui dans ma Méthode, car cette rencontre a été l'un des grands problèmes de la phénoménologie classique de Husserl. Dans ma Méthode, l'on étudie le concept de tridimensionnalité en commençant par l'élaboration des Techniques phroniques du Premier Cycle. Pour leur programmation, je me suis inspiré du concept de la tridimensionnalité unitaire de la temporalité de Heidegger. C'est sur cette base que j'ai conçu les Techniques des paramètres de présentation, de futurisation et de prétérisation ; je les ai clôturées avec le paramètre de totalisation.

Douzième Degré de la Méthode Caycedo

Ce Douzième Degré reçoit aussi le nom de ***Marche phronique de la Dignité et de la Nouvelle Quotidienneté*** (Figure 15).

Le processus herméneutique et vivantiel que nous avons commencé avec le Premier Degré de ma Méthode et que nous avons maintenu tout au long des onze Degrés précédents, arrive maintenant à son terme, avec la pratique vivantielle du Douzième Degré.

Nous ne pouvons pas dire que le processus arrive véritablement à sa fin car comme tout processus dont la base est phénoménologique et existentielle, il y a un « point de sortant » et « un point d'arrivant » qui ne signifie pas exactement un point final. Le « point d'arrivant » est à son tour un « point de sortant » vers une autre étape certainement supérieure où les valeurs conquises dans l'étape précédente sont capitalisées. Nous savons tous que ma Méthode a son « point de sortant » dans la conscience ordinaire et son « point d'arrivant » dans l'Existence sophronique ; le programme d'entraînement se termine avec la RDC12 mais c'est le « point d'arrivant » d'une première étape. C'est à partir de maintenant que naît en nous un nouveau « point de sortant » vers la conquête de notre Existence sophronique libre, tridimensionnelle, responsable et digne.

Avec les techniques et les procédés appris, chacun de nous peut construire son existence sur la base de ses propres valeurs et de ses propres programmes.

Le Douzième Degré comprend :

– la pratique de la RDC12 ;
– l'expérience de ses Techniques spécifiques ;
– la connaissance de son épistémologie.

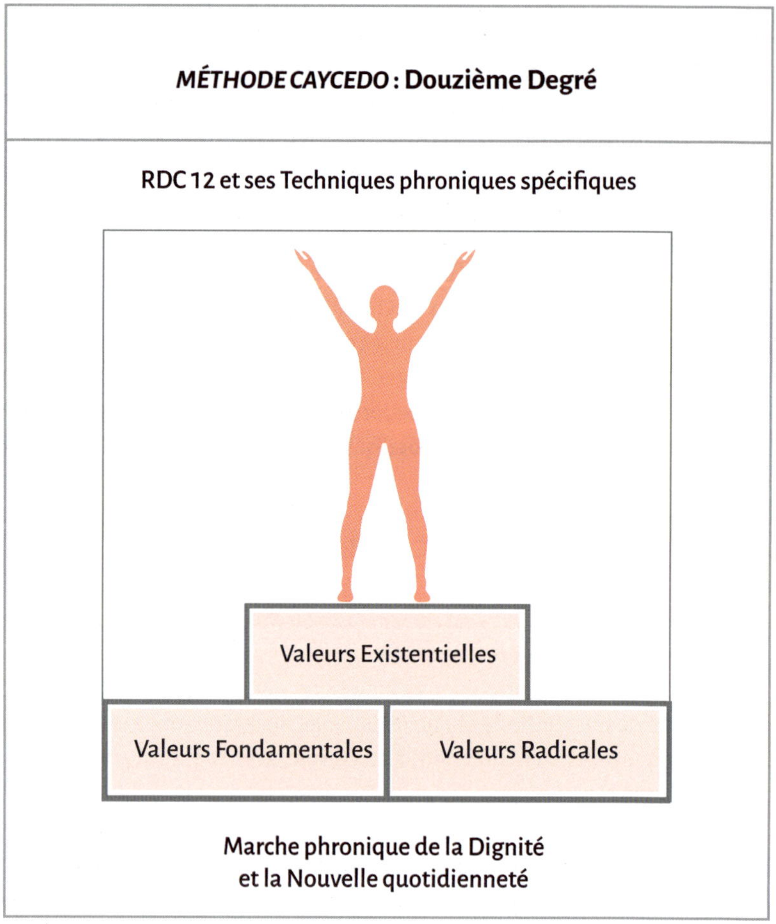

Figure 15. Douzième Degré de la RDC.

RDC12

Une fois de plus, nous vivons la répétition vivantielle qui est à la base des techniques sophrologiques authentiques et spécialement de ma Méthode, dans les 12 Degrés de la RDC, ainsi que des techniques spécifiques, le tout constituant un ensemble méthodologique avec les mêmes objectifs et les mêmes étapes.

Les Vivances phroniques se répètent dans les Systèmes Isocay ainsi que dans toute la corporalité. L'objectif, avec le renforcement des Techniques phroniques spécifiques, est la participation et la présence de toutes les cellules du corps dans la vivance existentielle propre au Troisième Cycle.

La Marche phronique est libre, les yeux seront ouverts en attitude naturelle, ouverts et vigilants, toujours alertes, comme la Conscience sophronique. Pendant la Marche, les élèves formeront des groupes afin de représenter les collectivités humaines ; nous essaierons de voir en eux la rencontre tridimensionnelle au niveau des Valeurs que nous avons vécues dans la RDC. Nous tâcherons de parler avec eux de sujets ayant trait aux *Valeurs de l'Existence sophronique.*

Nous prendrons pleinement conscience du fait que dans ma Méthode, les quatre Valeurs essentielles qui sont à la base de l'entraînement de toutes les autres valeurs, sont en réalité une norme de vie : Liberté + Tridimensionnalité (la rencontre existentielle avec autrui) + Responsabilité = Dignité. Il s'agit de conquérir et de conserver la Dignité de notre existence comme expression de la grandeur de la vie et de l'Existence de l'Homme, pour contrer la « maladie de masse » dont souffre l'humanité et dont la crise se caractérise par la destruction des Valeurs de l'Homme.

Techniques phroniques spécifiques

L'on pratique de préférence la Technique A-TRI-SO-MOU-É, spécifique de la RDC12, dans laquelle l'on répète l'activation de l'énergie phronique dans les Systèmes Isocay ; avec la participation de toutes les cellules de la corporalité, la Question radicale mobilise toutes les structures de l'Être et les projette dans le programme existentiel caractéristique de ma Méthode, le projetant cette fois à long terme où l'on vivra la *Transportation phronique des Valeurs* conquises et conservées librement pendant notre vie, avec responsabilité et dignité.

Épistémologie

L'on revoit les concepts les plus importants en rapport avec le sujet et l'on étudiera les nouveaux concepts et spécialement la *Théorie caycédienne de la Dignité phronique existentielle* et *de la Nouvelle Quotidienneté.* J'y décris les structures de la conscience transcendantale de l'homme qui, grâce à la Vivance phronique répétée tout au long de ma Méthode ont été découvertes, conquises et transformées en Existence sophronique. J'analyse comment la somme vivantielle des Valeurs que nous portons en nous-mêmes et que nous avons découvertes pendant l'étape fondamentale de la Méthode, puis dans l'étape radicale et maintenant dans l'étape existentielle, constitue l'essence de notre Dignité phronique existentielle. C'est une Dignité phronique parce que nous découvrons nos Valeurs à partir de notre monde intérieur, de notre propre biologie ; c'est aussi une Dignité existentielle car nous projetons ces Valeurs à l'Existence sophronique en faisant de cette nouvelle Existence une norme de vie pour nous-mêmes, pour notre famille et pour nos patients et nos élèves.

CONSIDÉRATIONS FINALES

Cette Déclaration de Genève propose une nouvelle classification des Valeurs de l'Homme où la Valeur première est l'Homme lui-même, ainsi que sa conquête de l'Existence sophronique. Elle affirme et démontre que ces Valeurs se trouvent en danger à cause de la « maladie de masse » que vit l'Humanité.

Ces Valeurs se découvrent et se conquièrent grâce à la pratique d'une Méthode que j'ai conçue et structurée pendant plus de quarante ans de mise à l'épreuve au quotidien. Cette Méthode se compose de douze Degrés répartis en trois Cycles. Le Premier Cycle reçoit le nom de Cycle Fondamental. Sa pratique conduit à la découverte des Valeurs Fondamentales de l'Homme. Le Deuxième Cycle est également appelé Cycle Radical. Sa pratique mène à la découverte des Valeurs Radicales de l'Homme. Le Troisième Cycle reçoit le nom de Cycle Existentiel. Sa pratique permet la découverte des Valeurs Existentielles de l'Homme.

Dans cette Déclaration de Genève, je présente ma Méthode dans sa planification définitive et je la propose comme moyen de lutte contre la « maladie de masse » que je décris ici-même.

La Méthode porte mon nom comme garantie d'authenticité et comme protection juridique face à la banalisation à laquelle elle a dû faire face.

L'application de la Méthode ici proposée s'est révélée de grande importance au niveau clinique et au niveau de la prophylaxie sociale, la Suisse étant précisément le pays où elle a eu une expérimentation de plus de 25 ans : plus de 120.0000 personnes l'ont pratiquée, dans différents groupes sociaux.

Il est possible que cette présentation ait été complexe étant donné les caractéristiques spéciales de la Méthode, mais je suis certain que le public de qualité qui assiste à cette manifestation a amplement compris les bases et les objectifs du procédé. Je crois que l'expérience pratique de la Phase préparatoire que nous avons réalisée ensemble a permis aux assistants non sophrologues qui constituent la plus grande partie d'entre vous, de vivre d'une façon rapide, une courte expérience qui leur a permis de connaître les structures d'une stratégie que j'appelle « Vivance phronique » et qui consiste en un acte de conscience qui nous démontre qu'il ne s'agit d'aucun procédé qui altère ou modifie les niveaux de la conscience, mais bien au contraire, d'une méthode qui renforce, éclaire et intègre la conscience et toutes les structures de l'Être.

Pour terminer je voudrais faire un bref compte-rendu de **l'historicité de ma Méthode**. J'emploie le terme « historicité » parce que je me réfère à des moments qui ont laissé une empreinte importante dans son processus dont le caractère est herméneutique et vivantiel ; ces moments l'ont marquée depuis son commencement jusqu'à maintenant. L'historicité ne se réfère pas à la petite histoire, si riche en anecdotes vécues dans des circonstances spéciales, telles que mes voyages en Orient, mes difficultés multiples, etc.

Il y a des moments spéciaux qui ont laissé une marque dans l'historicité de ma Méthode. Son chemin a été illuminé par la phénoménologie, l'herméneutique et l'axiologie et nous pourrions conclure en disant qu'en tant que processus herméneutique et vivantiel, elle a un « point de sortant » historique et un « point d'arrivant » qui devient à son tour, un « point de sortant ».

Le « point de sortant »

Je placerai son « point de sortant » en Espagne, en 1960, lorsque j'ai fondé la sophrologie dans le Service de neuropsychiatrie de l'Hôpital Provincial de Madrid que dirigeait le Pr Juan José Lopez Ibor. Je m'occupais alors du traitement de patients psychiatriques et ma rencontre avec la conscience malade de ces patients a été déterminante.

Une grande partie de la thérapeutique d'alors produisait une modification ou une altération de la conscience : je me réfère aux traitements par électrochocs et aux comas insuliniques qui représentaient à l'époque une thérapie de choix et que je devais souvent appliquer et diriger moi-même ; l'état de coma créé par l'insuline et par les convulsions dues à l'électrochoc était une forme de coma cinétique. Ces traitements m'amenèrent à cette question : est-il nécessaire d'utiliser la modification ou l'altération de la conscience en thérapie ?

Je me suis ensuite intéressé à l'hypnose clinique qui représentait aussi une modification de la conscience, tout comme la plus grande partie des traitements pharmacologiques.

Naquit alors en moi un désir de recherche de la conscience parce qu'il me semblait que les maladies mentales étaient fondamentalement des altérations pathologiques de la conscience. « Pourrais-je un jour connaître la conscience en harmonie ? » fut ma première Question radicale, question qui me conduisit à mettre en marche un mouvement médical pour rechercher la conscience en harmonie et auquel je donnai le nom de « Sophrologie » : du grec *Sos* / harmonie, *Phren* / esprit et *Logos* / étude ; une école scientifique pour laquelle je proposai la devise *Ut conscientia noscatur : pour que la conscience soit connue.*

Ce fut le « point de sortant » d'une méthode occidentale qui devait nécessairement m'amener à la recherche de techniques et de procédés qui modifieraient la conscience dans une intention thérapeutique, alors qu'en Orient cela se pratiquait dans une intention mystique.

Peut-être à cause de ma trajectoire, certains confondent encore la sophrologie et sa méthode avec les techniques et les méthodes que j'ai étudiées et abandonnées au fur et à mesure que je découvrais les structures responsables de l'intégration de la conscience, celles que ma Méthode renforce à l'heure actuelle.

Le « point d'arrivant »

Je placerai le grand « point d'arrivant » de ma Méthode, quarante et un ans après, lorsque j'eus le privilège de prononcer ma « Déclaration de Genève ou Déclaration des Valeurs Radicales et Existentielles de l'Homme », dans cet Auditoire des Droits de l'Homme de l'université de Genève. À partir de ce « point d'arrivant » se constitue un nouveau « point de sortant » de ma Méthode. Une fois son efficacité prouvée après quarante ans de mise à l'épreuve au quotidien, ce nouveau « point de sortant » consiste à mettre en œuvre la diffusion et les applications de ma Méthode au niveau médical et au niveau de la prophylaxie sociale, comme moyen de faire face à la « maladie de masse » que notre société est en train de vivre.

Entre le « point de sortant » de Madrid en 1960 et le « point d'arrivant » de Genève en 2001, plus de quarante années de recherche et de vérification vivantielle permanente se sont écoulées, recherches effectuées tant par des professionnels de la santé que par des professionnels des sciences de l'homme, au niveau clinique et au niveau de la prophylaxie sociale, dans plusieurs pays et dans différentes applications.

Mais du point de vue de l'historicité de la méthode, je diviserai cette époque en trois étapes qui coïncident avec les 3 Cycles.

Le Premier Cycle ou Cycle Fondamental

La première étape commence à Madrid à partir du « point de sortant » et se termine au Brésil lors de ma Déclaration de Récife ou Déclaration des Valeurs Fondamentales de l'Homme, le 25 Août 1977, à l'université de Pernambuco. Pendant ce temps, le Premier Cycle de ma Méthode qui reçoit le nom de Cycle Fondamental ou Réductif, s'est constitué. Je créai les trois premiers Degrés de la RDC et constituai les Techniques spécifiques de chaque Degré ainsi que leurs bases épistémologiques ; le Quatrième Degré de la RDC se trouvait en pleine expérimentation.

Le Deuxième Cycle ou Cycle Radical

Pour l'historicité de la Méthode, le Deuxième Cycle démarre à partir de la Déclaration de Récife en 1977 et se termine en Espagne lorsque je le présentai officiellement au VIe congrès européen de psychiatrie qui eut lieu à Barcelone les 6 et 7 novembre 1992, sous la présidence du Pr Carlos Ballus, alors président de l'Association européenne de psychiatrie. À cette présentation assistèrent des médecins européens de différentes spécialités qui communiquèrent leurs résultats. Y assista également en tant que président de la délégation suisse et en représentation de la branche sociale de la sophrologie, Mr Pierre Schwaar ici présent, qui communiqua les résultats de ma Méthode appliquée en Suisse au niveau social. J'avais déjà élaboré la méthodologie du Deuxième Cycle et me trouvais en pleine recherche des Degrés 5, 6, 7 et 8 de la RDC, de ses Techniques spécifiques et de son épistémologie.

Le Troisième Cycle ou Cycle Existentiel

Le Troisième Cycle ou Cycle Existentiel a son point de départ au congrès européen de psychiatrie de 1992 et son « point d'arrivant » en Suisse, puisqu'il coïncide avec cette Déclaration de Genève. Entre temps, neuf ans se sont écoulés pendant lesquels j'ai élaboré et expérimenté vivantiellement les Degrés 9, 10, 11 et 12 de la RDC, leurs Techniques spécifiques et leur épistémologie.

L'historicité de ma Méthode se reflète dans ses trois Cycles et se constitue dans les étapes que je viens de décrire.

Je voudrais situer le grand « point d'arrivant » dans cet Auditoire des Droits de l'Homme de l'université de Genève qui est tout un symbole de l'historicité de cette Méthode et de sa projection future ainsi que de son engagement au service de l'Homme de notre temps, tout spécialement comme je l'ai déjà dit, envers la « maladie de masse » que traverse notre civilisation et qui attaque les Valeurs de l'Homme décrites dans cette Déclaration.

Conclusion

Au moment de mettre un terme à cet écrit, je ressens une grande émotion et un profond respect pour le parcours et l'oeuvre du Pr Alfonso Caycedo, mon père. J'éprouve également une grande satisfaction de m'être acquittée d'un devoir et d'une dette historique envers la sophrologie et la Sophrologie Caycédienne.

Plus de cinquante ans se sont écoulés depuis la naissance de la sophrologie. Il était urgent que soit écrit ce livre qui retrace de façon précise *le parcours hors du commun* de son créateur ainsi que celui de cette science qui lui est intimement liée.

Le Dr Caycedo commence son parcours professionnel dans le contexte de la psychiatrie phénoménologique et existentielle. Lorsqu'en 1960, au sein du vieil Hôpital Provincial de Madrid, le jeune psychiatre qu'il est alors, décide de créer une discipline qui étudierait la conscience, c'est pour répondre à un réel besoin : celui d'améliorer les conditions de vie de patients atteints de pathologies mentales lourdes. Il base son étude de la conscience sur la phénoménologie en intégrant à cette approche résolument occidentale, des techniques inspirées de la tradition orientale. Grâce à son génie créatif et intuitif et au fil d'années de recherche et d'expérimentation, il parviendra à mettre au point une Méthode tout à fait originale et pleinement adaptée à la vie et aux besoins de l'être humain.

Le Pr Caycedo a consacré toute sa vie à cette exploration de la conscience. Chercheur inspiré et engagé, travailleur infatigable, animé d'une forte volonté et d'une capacité d'abnégation hors du commun, il a toujours suivi ses intuitions en osant fouler des chemins inhabituels. Lorsqu'il pensait sa Méthode aboutie, de nouveaux phénomènes se présentaient, qui venaient le contraindre à la réinventer. Il donna forme à son œuvre en progressant pas à pas, Degré après Degré, Cycle après Cycle, jusqu'à l'élaboration de la Relaxation Dynamique de Caycedo et de ses Techniques spécifiques.

Ce parcours ne fut ni simple, ni facile : les phases de création, d'enthousiasme et de réussite côtoyèrent des périodes de difficultés et d'efforts. Il n'aura de cesse de perfectionner la méthodologie, d'enrichir l'épistémologie, de développer son axiologie de la conscience, d'affiner la sémantique, tel l'artiste cherchant à ciseler son œuvre. Il travaillera avec le goût de la recherche et la patience qui caractérisent le scientifique ainsi qu'avec une connaissance profonde de la nature humaine et des valeurs qui sous-tendent l'existence de l'être humain. Il saura toujours mettre son inspiration, son intuition et son génie créatif au service de son œuvre.

Tout au long de ces années, la sophrologie n'a cessé de s'affirmer en même temps qu'elle s'est fait une place dans l'histoire des sciences de la santé et dans celle des sciences humaines.

Nombreuses sont les personnes qui l'ont intégrée à leur pratique professionnelle ou qui en ont fait leur profession. Plus nombreuses encore sont celles qui l'utilisent dans leur quotidien afin d'améliorer leur santé et leurs capacités – physiques, mentales, émotionnelles – ou de renforcer leurs valeurs.

Nous pouvons également dire que le parcours du créateur de la sophrologie est celui d'un anthropologue. En effet, il alla chercher son inspiration dans d'autres cultures. Il étudia de façon phénoménologique divers modes d'entraînement de la conscience. Il put observer le caractère universel des capacités de l'homme et déceler ce qui donne du sens à son existence et l'ouvre à la transcendance.

La sophrologie est anthropologique dans le sens où elle place l'homme au centre de ses préoccupations :

– elle étudie la conscience à travers le phénomène de l'évolution de la vie ;
– elle considère l'homme dans sa globalité et sa complexité. Elle définit l'être humain comme un être composé d'un corps, d'un esprit, capable d'émotions et animé par des valeurs qui lui permettent de trouver du sens à son existence ;
– elle s'intéresse à l'être dans le monde, à son interrelation avec son environnement.

Lorsque le 17 mai 2001, dans sa *Déclaration de Genève*, Alfonso Caycedo osa utiliser le terme d'*antivaleurs* pour décrire le monde dans lequel nous vivons, c'était pour exprimer sa vive inquiétude quant au devenir de l'Homme. Le visionnaire qu'il était, pressentait que dans cette société en perte de repères et de valeurs, il devenait urgent de sauvegarder l'humanité de l'être humain.

Dans la continuité de sa pensée, nous pouvons considérer que la sophrologie est une des réponses au vide existentiel généré par notre mode de vie. En effet, en abordant l'individu à la fois dans sa globalité et dans son unicité et en le considérant dans son milieu, elle propose à l'homme moderne de se mettre à l'écoute de lui-même, de développer ses valeurs et de renforcer son intégrité et sa liberté. Devenu sujet "existant", il pourra alors se situer, évoluer et s'engager dans son environnement, en pleine responsabilité.

En lui offrant la possibilité de donner un sens à sa vie, cette science qu'est la sophrologie permet à l'homme de se relier à son humanité.

La première grande valeur de l'Homme, c'est l'Homme lui-même, point de départ des autres valeurs qui constituent les structures inhérentes à la vie et à l'existence de l'Être.

(Pr Alfonso Caycedo, *Déclaration de Genève*, 17 mai 2001)

Table des matières